日中戦争と中ソ関係

1937年ソ連外交文書
邦訳・解題・解説

河原地英武・平野達志 [訳著]

家近亮子・川島 真・岩谷 將 [監修]

東京大学出版会

The Sino-Japanese War and the Sino-Soviet Relations
in Soviet Diplomatic Documents of 1937: Translation and Commentaries.

Translation and commentaries by Hidetake KAWARAJI and Tatsushi HIRANO
Editorial supervision by Ryoko IECHIKA, Shin KAWASHIMA and Nobu IWATANI

University of Tokyo Press, 2018
ISBN 978-4-13-020307-4

まえがき

河原地英武・川島　真

　本書はソ連・中国関係のロシア語史料集の 1937 年部分から抜粋して翻訳したものである。1937 年を特に訳出したのは、この年に日中戦争が勃発したことによる。1936 年 12 月の西安事件で日中間の緊張度が一定程度増し、中国側も戦争準備を急いでいた。だが、それは中国が独力でできることではなかった。蔣介石は常に英米、そしてソ連などとの関係を想定し、それらの国々が中国を支援し、かつ日本との対立を深めていくことを欲していた。孤立状態に陥ることを懸念していたのである。

　だが、ソ連という存在について蔣介石には拭いきれない警戒心があった。1937 年 3 月末の反省録でも、「対英、対ソ、対日外交の方針について徹底的に研究しなければならない」などと述べ、イギリスから支援を受けて日本と戦いつつ、自立の道を模索すべきだとした上で、「イギリスの精神は、決して日本やソ連が横暴なのと一緒にしてはいけない。だからこそイギリスと協力するのがよいのだ」としている。ソ連はそれだけ警戒されていたのである。

　だが、それでも蔣介石は日本という敵を目の前にしてソ連との協力を模索したし、七月に日中戦争が生じると、翌月には中ソ不可侵協定が締結された。日中戦争は緊張度が増していた 1930 年代の世界政治に一つの変化を与えたのだった。11 月 21 日の『讀賣新聞』の記事「英米の通商協定問題」は次のように日中戦争のもった世界政治上の意味を指摘する。

　　支那事変は直接には日支間の武力的闘争にすぎないが、今日における錯雑紛糾した国際政局のもとでは、部分的な闘争も当然に<u>何等かの形で世界的な波紋を起さずには済み得ない</u>のである。蘇支不可侵協定も支那事変を機縁として成立を見たものであり伊国の日独防共協定参加も亦その結果であ

ii——まえがき

る。<u>かくて支那事変を契機として各種の政治的異変が誘発され、さらにそ</u>
<u>れが因となって世界政局の変化をますます複雑多岐ならしめんとしている</u>
<u>のである</u>。（下線部筆者）

　果たしてこの記事の通りであったかは別途議論を要するが、日中戦争の勃発
が世界政治に一定のインパクトを与えたことはあったのだろう。確かに日中戦
争は、日中双方の国内的な要因のみならず、世界政治との深い関わりの中で発
生した戦争だった。だからこそ、その後の戦争の推移もそうした国内外の諸要
因と深く関わっていた。

　現在の歴史研究者がこれらの諸要因のすべてを扱うことは難しい。それどこ
ろか、目下のところ各国・地域の研究者の多くが自国・地域の言語の史料に基
づいた歴史研究をおこない、先行研究が蓄積されてきたことに鑑みれば、本来
複雑に絡み合っていた日中戦争にまつわる様々な歴史的な文脈が、個々の要因
ごとに引き裂かれたかたちで叙述されてきているようにも思える。

　そうした状況を踏まえ、本書は 1937 年の中ソ関係に関するロシア語史料を
日本語に訳し、多角的な視野から日中戦争を考えるひとつの基礎となることを
目指している。解題、解説は、採録した史料の由来や翻訳に際しての留意点、
そしてロシア史や中国史の観点からのこの史料に対する見方の例を示すもので
ある。

　日本で教鞭をとるロシア史研究者、中国史研究者による共同研究の成果とし
ての本書が、日中戦争史をめぐる引き裂かれた歴史叙述を互いに結び付け、紡
いでいく上で、少しでも貢献できれば幸いである。

目　次

まえがき————————————————河原地英武・川島　真 i

邦訳　ソ連外交文書————————————河原地英武・平野達志 1

解　題————————————————————平野達志 245

解説 1
1937 年前半におけるソ連の対中、対日認識
————————————————————家近亮子 283

解説 2
1937 年後半における中国の対日方針とソ連
————————————————————岩谷　將 295

解説 3
「蔣介石日記」から見た 1937 年ソ連外交文書
————————————————————川島　真 301

あとがき————————————————家近亮子・川島　真 323

索　引　327
執筆者紹介　338

凡　例

1. 本資料集は、*А. М. Ледовский, Р. А. Мировицкая и В. С. Мясников*, сост. *С. Л. Тих-винский*, отв. ред. Русско-китайские отношения в XX веке. Т. 4. Советско-китайские отношения: 1937‒1945. М., 2000 の収録資料のうち、1937 年の文書を翻訳したものである。本資料集において、このロシア語原書を RKO4 と略記する。
   また、RKO4 に続いて刊行された同シリーズの Т. 3. Советско-китайские отношения: Сентябрь 1931‒ сентябрь 1937. М., 2010 からも、日中戦争に関連するものを選んで収録した。このロシア語原書を RKO3 と略記する。以上に関する詳細は解題を参照。
2. 本資料集に収録されている各文書には、RKO4 と同一の文書番号を付す。RKO3 を底本とするものについても同様とするが、文書番号の前に「III-」を付す。
3. RKO3 文書のうち、本資料集に収録されていない文書については、「III-」を付して表記することをせず、その都度 RKO3 文書であることを明記する。単に文書番号のみが記されている場合は、RKO4 が出典となっている。
4. 各文書のタイトルは、基本的に底本のものをそのまま訳すが、必要な場合には修正を施し、その旨を訳注で示す。
5. 他の文献によって底本のテクストを補った箇所には〔　〕を付す。
6. RKO3 の文書や注には下線が付されている箇所があり、これらはそのまま訳文に反映させる。RKO4 の底本には下線が付されていない。
7. 本資料集の注には 3 種類あり、それぞれ次のように示す。［訳注］と冒頭にあるものは、訳者による注である。［原注］と冒頭にあるものは、底本の巻末に収められた編者によるコメントである。冒頭に以上の 2 つの記号のないものは、底本本文の頁下部に付された脚注である。
8. 底本の注には、ロシア語の表記に関するものなど、明らかに不要と判断されるために訳出しなかった箇所がある。ただし、本資料集の収録外の文書に言及のある注については訳出する。
9. ロシア語文献の書誌情報においては、慣例に従って著者名・編者名をイタリックで表記するとともに、出版者情報は省略する。出版地がモスクワの場合はこれを М. とのみ記す。他の欧文文献の書誌情報においては書名をイタリックで表記する。
10. キリル文字による項目記号（а, б, в, …）に対しては、五十音順にカタカナ（ア、イ、ウ、……）を当てる。

欧露文略語

DVP: Документы внешней политики СССР.『ソ連対外政策文書』。

FRUS: Foreign Relations of the United States.『合衆国の対外関係』。

IPR: Institute of Pacific Relations. 太平洋問題調査会。

RKO: Русско-китайские отношения в XX веке. Советско-китайские отношения.『二十世紀の露中関係——ソ中関係』。

RKO3: RKO 第 3 巻。

RKO4: RKO 第 4 巻。

АВП РФ: Архив внешней политики Российской Федерации. ロシア連邦対外政策文書館。

АП РФ: Архив Президента Российской Федерации. ロシア連邦大統領文書館。

ВКП(б): Всесоюзная коммунистическая партия (большевиков). 全連邦共産党（ボリシェヴィキ）。

г./гг.: года/годов. 年。

Гл.: глава. 章。

глав. ред.: главная редакция. 主編。

Д.: дело. 簿冊。ジェーロ。

ДВП: Документы внешней политики СССР.『ソ連対外政策文書』。

Док.: документ(ы). 文書。

Кн.: книга. 本。冊。

Л.: лист(ы). （簿冊内の）葉。

М.: Москва. モスクワ。

нарком: народный комиссар. 人民委員。

наркомат: народный комиссариат. 人民委員部。

НКВД: Народный комиссариат внутренних дел. 内務人民委員部。

НКИД: Народный комиссариат иностранных дел. 外務人民委員部。

Оп.: опись. （簿冊分類項目における）中項目。オーピシ。

отв. ред.: ответственная редакция. 責任編集者。

П.: папка. （簿冊分類項目における）小項目。パープカ。

РГАСПИ: Российский государственный архив социально-политической истории. ロシア国立社会政治史文書館。ルガスピ。

РКО: Русско-китайские отношения в XX веке. Советско-китайские отношения.『二十世紀の露中関係——ソ中関係』。

РФ: Российская Федерация. ロシア連邦。

С.: страница/страницы. ページ。

СКО: *И. Ф. Курдюков, В. Н. Никифоров и А. С. Перевертайло*, отв. ред. Советско-китайские отношения, 1917‒1957: Сборник документов. М., 1959. I. F. クルジュコフ、

V. N. ニキフォロフ、A. S. ペレヴェルタイロ責任編集『ソ中関係 1917-1957——文書集』モスクワ、1959 年。

СНК: Совет народных комиссаров. 人民委員会議。

Совнарком: Совет народных комиссаров. 人民委員会議。ソヴナルコム。

сост.: составитель/составители. 編者。

СССР: Союз Советских Социалистических Республик. ソヴィエト社会主義共和国連邦。ソ連。

Т.: том. 巻。

Указ. соч.: указанное сочинение. 前掲書。

Ф.: фонд.（簿冊分類項目における）大項目。フォンド。

ЦК: Центральный комитет. 中央委員会。

邦訳　ソ連外交文書

河原地英武

平野達志

【文書 III-371】

1937 年 1 月 21 日[1]。ソ連外務人民委員代理 B. S. ストモニャコフより駐華ソ連代理大使 I. I. スピリヴァネク宛書簡。中国に対する現段階でのソ連の政治方針、ソ連全権代表部および在上海総領事館の任務の要約を含む

1937 年 1 月 21 日。第 2561 号。
駐華ソ連代理大使——スピリヴァネク同志へ
尊敬する同志、

1. 中国で続いている非常事態に関し、我々は、内政状況が明確になるのを待ち、その後に中国に関する方針を定め、またそれに従って、解決すべきあらゆる重大問題をめぐる我々の態度を決定する必要があると考えている。近く開催される国民党中央執行委員会全体会議[2] の後に状況は明らかとなると考えている。そのときまでに、当地でボゴモロフ同志と全ての問題について協議するとともに、指針となる訓令を受けるために政府に報告する。

2. 南京の全権代表部と上海の総領事館は、この非常時に当たってさらなる積極性を発揮し、中国の状況に関するより多くの情報を我々に提供することが不可欠である。この目的のため、貴官や他の責任ある全権代表部および総領事館の職員たちは、中国の有力者や他国の外交官たちと面会することが必要である。もちろんこうした積極性は、せかせかとした騒がしい性質のものであってはならない。特に、情報を得るために話をすることによって、現在生じている中国国内の事件[3] に我々が積極的に介入するかのように解釈されるようなことがあってはならない。

敬具

B. ストモニャコフ

（出典：АВП РФ. Ф. 09. Оп. 27. П. 110. Д. 25. Л. 95. 写。タイプライター版。初公刊）

---

1) 95 葉本文上部に「極秘。機密解除。第 2 部。1937 年 1 月 21 日。第 2561 号」の注記あり。「第 2 東方局クレスチンスキー宛、簿冊へ」とする送付資料あり。
2) ［訳注］1937 年 2 月 15 日-21 日に開催された、いわゆる五期三中全会。
3) 【文書 III-372, 376】を参照。また、次も参照。ДВП. Т. XX. С. 81, 701;【文書 8】。

4——邦訳　ソ連外交文書

【文書 III-376】

1937 年 2 月 11 日[4]。駐華ソ連全権代表 D. V. ボゴモロフよりソ連外務人民委員 M. M. リトヴィノフ[5] 宛報告メモ。南京におけるソ中交渉に関する提案を含む

　　外務人民委員——リトヴィノフ同志
　　蔣介石との交渉に関する提案。
　　1.　中国の反日派の指導者たちが、日本に対する抵抗を成功させることへの期待と、ソ連側からの支援やソ中間の相互援助条約の締結への期待（添付した救国連盟と中国学生連盟による本使へのアピールを参照）[6] とを分かちがたく結びつけているという事実、ならびに条約締結交渉の中止が親日派に有利に作用するだけでなく、中国政府に日本への譲歩を促すことになりかねず、また反日運動の発展に対し必ずや強烈な一撃を加えるであろうという事実を考慮し、本使は、いかなる条件においても中国政府との相互援助条約締結交渉を継続することが必要であると考える。
　　2.　中国との相互援助条約締結交渉が持つ重大な政治的意義は、この交渉によって中国政府は日本に対し、ご承知のような廣田の「共同防共」条項について譲歩することが不可能となるところにもある。中国政府が日本の要求に同意するようなことがあれば、本使の考えでは、ご承知のような日独協定に中国が参加するのと同じ意義を持つことになるであろう。
　　3.　しかし、対華相互不可侵条約は、中国が無条件に態度を変化させ、また中国の対外政策がある程度親ソ的な方向に向けられるという一定の保証があって初めて受け入れられるものであることは、完全に了解している。中国国内の発展に関しては、あらゆる制度の民主化と統一戦線政策の道を歩むべきであることを完全に了解している。本使は、ソ中合意という強固な保証が得られれば、ソ中相互援助条約の締結は日ソ戦争の可能性が早まるのを抑えるどころか、そ

　　4）　日付は文書の発送日に基づく。51 葉に「1937 年 2 月 11 日。第 2615 号。極秘。機密解除」の注記。手書きで「KPB」——全連邦共産党（ボ）中央委員会政治局会議へ。手書きで「B. S.」（B. S. ストモニャコフに 1 部）。
　　5）　［訳注］マクシム・マクシモヴィチ・リトヴィノフ（Максим Максимович Литвинов）。
　　6）　RKO3 文書 337、338、344、379 を参照。また、ДВП. Т. XX. С. 701 も参照。

れが現実化する時期を遠ざけることになると考えている。最近6ヶ月間の中日関係の展開が示しているのは、日本が大規模な対ソ戦争を直ちに実施する準備ができていないのみならず、中国単独に対してさえも大規模な戦争を行う準備ができていないということである[7]。ご承知の通り、成都、北海、上海、漢口における「事変」との関係で日本から中国政府に最後通牒が提示され、中国政府はその内容を履行していないにもかかわらず、日本は中国に対して大規模な声明を公然と発するには至っていない。それだけに、日本が遠大なソ中条約の存在に直面すれば、日本は自らの計画の見直しと、すでに2つの戦線を有する大戦への準備を強いられ、それにかなりの時間を要することになると期待できる。我々に関して言えば、中国の膨大な量の資源をあり得べき対日戦争に利用できることは巨大な利点となる。加えて、ソ連・モンゴル相互援助条約は、ソ中相互援助条約（もちろん、中国政府側の相応の保証があるという条件下であるが）がソ日戦争の可能性を引き延ばすことになるであろうという本使の述べた意見を裏書きするものだと考えている。もしソ連・モンゴル条約が時宜にかなった形で調印されていなければ、日本はモンゴル人民共和国で大きな冒険を行っていたであろうし、我々も戦争に引き込まれるか、日本のバイカル接近に直面することになっていただろうことは、今やきわめて明白である。

4. 中国政府が我々に与えるべき保証は、概ね次のようにまとめることができる。

ア）政府首脳（蔣介石本人）の交渉が公式に開始する前に、中国の対外政策に関する公開の声明を発表すべきであり、それによって今後の政策の基礎の一つがソ中友好であることを明確なものとする。

イ）ブルジョワ中国の反日グループの指導的な人物を要職（とりわけ外交部長）に就かせることによる、中国政府の再編（共産党の代表を政府に引き入れることは、現段階の中国において時宜にかなっていないものと思われる）。

ウ）共産党の合法化。

エ）紅軍に一定の地区を提供し、中国政府の指示のもとでそのリーダーを行政職に就かせる。

7）【文書 III-387、399】を参照。

これまでの蔣介石との交渉の基礎の上に立てば、上記の要求を慎重な方法で提示することは全く可能であると考えている。本使との会話の中で、蔣介石は中国紅軍に関する問題の協議を回避しようとしなかったのみならず、まさしくその問題に自ら進んで詳細に言及した。このことは、蔣介石その他の国民党のリーダーたちが、我々と合意するためには、紅軍との合意を不可避と考えていることを明らかにしている。例えば、本使が中国から帰国する前の会談において、宋子文は政府再編の必要性を完全に理解していることを認め、また孔祥熙は我々との条約締結が締結されるならば紅軍との合意に一切困難はないと話した。

　5．中国政府が我々の要求を実行する場合、我々の容認できる新しい外交部長を通じて、公式な手順に基づく交渉をさらに行うことが適切であると思われる。

　6．我々はいかなる条件下においても、事態が深刻化することではなく、むしろ中国が日本に対して立ち向かう方向で発展することや反日運動が強化することに利益を有しているのであり、また他の列国、とりわけ英国からの、我々が中国を影響下に置こうとしているとする非難を避けることが（「保証」に関する我々の要求との関連で）不可欠であると考えられる。したがって本使は、我々が極東の平和の安定へのイニシアティヴを発揮する役割を果たすとともに、中国政府が我々の事前の要求を実行するに当たって、極東の状況に利害関心を有する全ての諸国の間での地域的な相互援助協定の締結を提案することが望ましいのではないかと考える。その国々とは、英国、合衆国、そしてもちろん日本であるが、中国政府には他国から拒否された場合、個別に中国と交渉を行うことを保証するものとする。この件での我々のイニシアティヴは中国の、そしてあるいは英国および合衆国の十分に広範な層（中国に物質的利益を見出す層や、日本の侵略に直接的な脅威を見出す層）の世論にきわめて好意的な印象をもたらすと本使は考えている。

　7．条約の全般的な内容は、概ねソ仏条約に対応したものとし、中国と個別に交渉を行う場合においても、条約に他国が参加する可能性を見越した但し書きを付すべきである。本使はまた、国際連盟において増大しつつある我々の影響力を生かし、国際連盟を通じて条約を正式なものとすることがまさしく望ま

文書 III-376——7

しいものと考えている。

8. 蔣介石との交渉を最大限真剣で具体的なものとするため、本使が中国に到着するまでに、たとえ手渡さないとしても、少なくとも蔣介石に提示することができるような、大まかな条約案（地域的なものおよび個別的なもの）を準備することが望ましいと考える。

9. 本使が中国に戻るまでにはまだ機が十分に熟さず、蔣介石が我々の要求する保証に同意しないこともおそらくあり得ると考えている。その場合の我々の第2の（そしておそらく現時点において最も現実的な）態度として、中国政府に友好、不可侵、協議に関する条約の締結を提案してもよいであろう。相互援助条約の問題と全く同様に、極東の平和維持に利害関心を有する（あるいは利害関心を有すると言われている）諸国に類似の提案を行うのが適切だと考えている。思うに、いずれかの国の圧力を受けて、蔣介石の取り得る態度が予期に反するものになったとしても、この種の提案を行うことは我々にとって極めて有益である。この問題における我々のイニシアティヴは我々の極東における威信を強め、他の列国の威信を（その国が我々の提案する協定への参加を拒否した場合には）損ねるとともに、中国における反日運動の発展と我々への共感の拡大を相当推し進めることになるであろう。加えて、国民党反日派の指導者たちの間で、蔣介石の優柔不断さのためにソ中相互援助条約問題の意義が失われたことが知られるようになれば、これらのグループの活動が反日的な方向のみならず、親ソ的な方向にも展開していくことを期待するあらゆる根拠が生じることとなる。

10. いかなる条約の交渉に入るにせよ、好結果がもたらされるまで対中技術援助条約の交渉を継続することが極めて不可欠であると考えている[8]。いずれにしても、この交渉の当初から、我々が支援し得る期間と具体的な額を述べながら（これは何よりもまず、中国政府が関心を寄せる航空機と戦車を基本とする）、真剣に中国政府に関心を持つことが不可欠である。技術協力は必然的に顧問の派遣を含むはずであり、また本使の知る限り、中国政府は顧問業務を中国現地で行うよう主張してくるであろう。

11. 技術協力はバーター取引を基礎とし、中国側からは我々が必要とする一

---

8) 【文書 III-383、384】の原注を参照。

8——邦訳　ソ連外交文書

連の品目、例えばウォルフラム、タングステン[9]、錫などを受け取るというのでもよいであろう。しかし、例えば茶、絹など、我々が特に必要としていないような品目に対しても補償しなければならなくなることには注意が必要である[10]。

　　駐華ソ連全権代表

ボゴモロフ

（出典：АВП РФ. Ф. 09. Оп. 30. П. 14. Д. 180. Л. 51-56. 原本。初公刊）

【文書1】

1937年2月16日[11]。駐華全権代表 D. V. ボゴモロフと駐ソ中華民国大使蒋廷黻の会談記録。ソ中関係について。日本・満洲側への中東鉄道売却と中国の国際的状況について

　1.　中国大使が次のように伝えてきた[12]。南京から得た最新情報によれば、孔[13]財政部長はおそらく英国の戴冠式に出席する。一方、宋子文はおそらく財政部長に任命されるだろう。孔は行政院副院長の職は保持する。

　最近、中国の新聞は汪精衛のことを対日和平路線の代表として盛んに書きたてているが、この事実をどのように説明するのかとの本使の質問に、蒋はこう答えた。汪精衛を対日和平派と考えるのは間違いだ。張群についても同様のことが言われているが、これも正しくない。一体に外国人は、さまざまな政治活動家を親欧派とか親日派とかいったふうに見なしがちである。しかしこれは正しくない。つまるところ、すべての中国人は親中派である。

　大使の情報によれば、本日、上海から南京に蒋介石がやってくるそうだが、あらゆる政治問題の最終的な決定権を握っているのは、実質上、彼である。

---

　9)　［訳注］原文は вольфрам, тунгстен。ウォルフラムとタングステンの間に区別はないはずであるが、原文を尊重して訳出した。
　10)　51葉に自筆の署名あり。「駐華ソ連全権代表 D. ボゴモロフ」。
　11)　日付は駐華全権代表の日記に基づく。
　12)　文書の33葉に「機密」と注記。文書の上方、左側に「駐華ソ連全権代表ボゴモロフ同志の日記」。文書の上方、中央部に「外務人民委員部、第2東方局、受入698、1937年2月17日。1991年機密解除」と印字。
　13)　孔祥熙。

文書1——9

2. 大使は、本使がいつ中国に戻るか尋ねた。

2月末には発てるようにせよとの指示を受けているが、個人的な事情から、たぶんもう数日留まり、3月初めに出発するつもりだと答えた。

大使は本使の出発予定日が2月末である旨の情報を南京から得ていると述べ、本使が何を携えて南京に行くのかと尋ねた。

本使はここで一連の予備的協議を行い、出発までにはソ中関係改善のための具体的な腹案ができていると思うと答えた。これらの協議から本使は、ソ中関係をよい方向に進めることができそうだとの感触を得た。

本使は遺憾ながら、次のことを指摘しなくてはならないと言い添えた。すなわち、周知のようにソ連社会は、中国の世論がソ中接近の問題に何の反応も示さないことに失望している、と。例えば我が国の新聞が、西安事件についてきわめて好意的な記事を載せた後も、中国の新聞はこれを肯定的に受け止めるどころか、むしろ逆に、『プラウダ』や『イズヴェスチヤ』が述べている事柄を黙殺したのである[14]。

大使はそれらの記事が出た後、中国に好意的なその内容を直ちに南京に報告したという。それがすぐに掲載されなかったとすれば、原因はおそらく事件が汪精衛の名前と結びつけられていたせいだろうとのことだった。

本使はこう答えた[15]。事件が汪精衛の名前と結びつけられたせいで一部の段落が印刷されなかったことが問題なのではない。中国に対して好意的な記事

---

14) ［原注］1936年12月の西安事件は、日本と戦おうとしない中国政府の政策に反対し、1936年12月12日から25日に西安で、張学良と楊虎城指導下の国民政府軍部隊が起こした行動。西安に来た蒋介石が逮捕された。事態打開のため、ソ連政府とコミンテルンが助力した。現代ロシア史学の研究によれば、ソ連政府の政策路線は事件の平和的解決に貢献した。他方、中国の歴史研究は、この事件における中国共産党の役割を強調している（この問題については次を参照。*С. Л. Тихвинский*. Путь Китая к объединению и независимости, 1898-1949: По материалам биографии Чжоу Эньлая. М., 1996. С. 284-305; Памяти премьера Чжоу Эньлая. Пекин, 1978）。今日の外国の歴史学界も、第二次世界大戦終結50周年を機に、再びこの問題に関心を向けている。国際会議では、西安事件におけるソ連の役割をめぐる問題、なかんずく、蒋介石に反対する行動がもし1931年に起こっていたとすれば、あるいはこのようなことが全く起こらなかったとすれば、アジア情勢はどのように展開したかが論じられた。見解の一致は見られなかった。チフヴィンスキーは（*Тихвинский*. Указ. соч. С. 515）、日本による中国東北地方占拠60周年を記念して1991年12月、瀋陽市で国際シンポジウムが開かれたことを報告している。中国の学者は張学良の役割を高く評価したという（*Тихвинский*. Указ. соч. С. 515）。

　［訳注］Памяти премьера Чжоу Эньлая は、同時に日本語版も出版されている。『周恩来首相の思い出』北京：外文出版社、1978年。

10——邦訳　ソ連外交文書

の内容でさえ報道されなかったのが問題なのだ、と。だいたい中国の新聞は日本との接近を望む声であふれているのに、ソ連との接近を求める記事はめったにないと本使は述べた。これは大きな欠点だ。

中国の状況や弱さを考慮すべきだと大使は指摘した。中国人は、日本の侵略が強まることを恐れ、ソ連との接近を声高に主張できずにいるが、きわめて多くの者がそれを望んでいるという。中国政府も、ソ連と確実に条約が結べるならば、断乎として明確な姿勢をとることができるとのことである。

3. 昨年夏の日中紛争から中国政府は見事に脱出することができた以上、日本の侵略に怯えつづける必要はないと本使は述べた。中国政府は日本の最後通牒的な要求を満たさなかったにもかかわらず何も起きなかった。むしろ過去の事例をみれば、中国政府側が不用意な譲歩をするからこそ日本が侵略を強めるのだといえる。たしかにソ連の政治的・軍事的な力の強化は、極東情勢を好転させるうえで計り知れない作用をおよぼすだろう。だがソ連が消極的なままであったとしても、すでにその軍事・政治力は中国にとって十分すぎるほど役立っている。なぜなら、それによって日本の軍国主義者たちは、自らの欲望を抑えるほかないのが実情だからだ。

大使は本使に全面的に賛成し、中国では多くの人々がソ連の強化は中国に有利な状況をもたらすと考えていると述べた。ただし、ソ日関係の発展はまったく不可解であるとの苦言も呈した。例えば中東鉄道の売却や、石油や漁業の利権問題におけるソ連の対日譲歩などの事実は、ソ連の強大化と相容れないと彼は考えている。

本使はこう答えた。中東鉄道[16]の売却にあたっては、極東における戦争の

15）［原注］ドミトリー・ヴァシーリエヴィチ・ボゴモロフ（1890-1937 年）。有名なソ連の外交官。1920 年から外交の任務に従事。1933 年から 1937 年まで駐華ソ連全権代表。困難な交渉にあたった。中国政府はソ連との相互援助条約締結を求めた。だがソ連は、同条約を結ぶことはできなかった。それはドイツによるソ連への攻撃が迫っている当時の状況下で、日本との戦争に突入することを意味したからである。ソ中不可侵条約調印後ほどなく、ボゴモロフは中国から召還され、「人民の敵」として逮捕、銃殺された。そのことをスターリンは、中国政府代表の楊杰と張冲に伝えている。スターリンによれば、ボゴモロフは中国情勢に関する誤った報告をソ連政府に行い、当面中国に対する日本の戦争はあり得ないと述べた（1937 年 11 月 1 日付の【文書 111】を参照）。この文書集に収められた史料に徴する限り、ボゴモロフが依拠した情報は主として、中国政府の指導者や中国に駐在する他国の大使たちとの会談であった。彼にはそれを補う他の情報源がなかった。後にボゴモロフは名誉回復された。

勃発を回避したいとの意図も幾分あったことは、別に隠すつもりはない。だが主要な理由は、言うまでもなく、極東での帝政期の膨張政策という伝統と決別したかったことだ。我々は以前、中国側に中東鉄道を売ろうとしていた。しかしその交渉をひどく引き伸ばした点で、非はあなた方自身にある。しかも数年来、ソ中間の外交関係が決裂していた責任はソ連側にないことも考えるべきだ。他方、ソ日関係は、決して良好とはいえないものの、外交関係はつづいている。石油と漁業の利権問題についていえば、ソ連との関係改善を望む日本側勢力との良好な関係を保つことに反対する理由はない。

4. 中国政府はどんな状況下であれ、日独条約に加わることはない。この際そう断言しておきたいと、蒋は述べた。

本使はそれを聞いてうれしいと答え、中国に赴任していた当時も、中国政府が廣田の第3条項をのまないことは確信していたと述べた。それは日本軍が中国領に居座る権利を与え、中国側が実質上、日本の保護統治を認めるに等しいものだからだ。

5. 蒋は前回の会談時と同じく、ソ連へ経つ前に蒋介石から受けた指示に関する議論をまた始めた。彼は蒋介石が明言したことを伝え、モスクワでは在外公館の業務ばかりでなく、中ソ間の親善友好のために何か具体的なことを行いたいと述べた。蒋介石は彼の企図に全く同意している由。つまるところ蒋介石の意見は次のようなものだ。ソ連に限らず、極東の平和維持を希求するすべて

---

16) ［原注］1931年に満洲が占拠されて以来、中国は中東鉄道の開発に参加する可能性を断たれた。同時に、中東鉄道敷設地帯にあるソ連の国外施設への、さらにはソ満国境での挑発行為が頻発するようになった。ソ連政府は地域安定化のため、そして緊張が高まる可能性のある地帯を一つ減らすため、日満側に対し、2億5500万金ルーブルで中東鉄道を売却することについて交渉を始めたい旨提案した。

1936年から1937年までにソ満国境における衝突は700回に達していたことを忘れてはならない。

ソ連による日満への鉄道売却案は、中国各紙の大々的な反ソキャンペーンをもたらした。日本は中東鉄道の奪取を目論み、ソ連との交渉開始に消極的だった。2年間の引き延ばしや挑発行為の末、ようやく日本政府は1億4000万円で鉄道を購入し、別途、ソ連の鉄道従業員の解雇に伴う経費3000万円を支払うことに合意した。この金額は決して中東鉄道の真の価格に見合うものではなかったが、その売却によって、対日関係を悪化させている根本原因の一つを取り除くことができたのである。

1935年に鉄道が売却された事実は、中国でほとんど注目されなかった。現に宋慶齢は、ボゴモロフ全権代表とのある会談の中で、鉄道の売却は中国進歩派のソ連へのきわめて友好的な態度に何ら影響をおよぼすものでないと強調した。

の国々は、中国と協力することができる。といっても、むろん他国が中国のために戦うことは望んでいないし、中国も手をこまねいているわけではない。中国は平和維持のため、他国と積極的に協力するつもりである。

本使は中英関係が現在どうなっているか、蔣に尋ねた。

英国との関係はきわめて良好であると、彼は答えた。言うまでもなく、以前の英国は満洲における日本の政策を黙認していたが、しかし現在の英国は、すっかり態度を変えている。というのも、日本が英国の利益を脅かしているからだ。いまや英国は中国の中央政府を支持している。

フランスについては、彼はこう考えている。フランスはソ連が極東に深入りすることを望んでいない。なぜなら、ソ連が極東で何らかの合意に達すれば、それはヨーロッパでのソ連の行動をも左右すると考えているらしいからだ。それゆえ、ソ仏協定でも成立したら、極東におけるソ連の活動に悪影響をおよぼすのではないかと、彼は個人的に危ぶんでいる。

その見解は間違っていると、本使は言明した。ソ仏協定はヨーロッパに限定され、いかなる意味でも両国の極東政策に影響するものではないからだ。

蔣が言うには、中国の情報によると、まもなく帰国する駐フランス日本大使は、外務大臣に任命されるようだ。佐藤大使はパリできわめて良好な関係を築いていたので、たぶんフランスとは、極東でもよい関係を維持できるだろう。中独関係についていえば、彼は中国を経つ前にこう聞かされたそうだ。すなわち、昨年中国にいたドイツのF将軍[17]は、ドイツの全政策の根本に置かれているのは英国といかに接近するかであって、極東における英日関係の悪化は不可避である以上、ドイツは英国が嫌がるいかなる政策もとらない、と述べたというのである。日独協定が結ばれた今日、事態はどうなるかわからないと蔣は付け加えた。

中国軍司令部はドイツ人顧問であふれているというのに、中国の政治家たちが日本との抗戦を口にするのは甚だ不可解である、と本使は言った。

彼はこう答えた。これらの顧問はどんどん少なくなっているし、いずれにせ

---

17) ［原注］ドイツ軍事顧問団団長のファルケンハウゼン。1937年末、在中国ドイツ諜報部の部長であったクラインと交代した。

よ、中国政府にとってドイツ人顧問は問題ではない。我々の政府は彼らなしでも十分やっていける、と。

中米関係に関する蒋の見方はこうである。米国の政策はもう少し積極化すると期待してよい。実際、長年米国に滞在した彼の経験からしても、アメリカ人を自ら極東に介入させるためには、何か力強いスローガンが必要なのである。先の大戦でも「戦争を終わらせるために戦争を！」というスローガンを掲げたように。

6. 蒋は外交部長から、本使が彼と貿易協定の問題を話し合ったと聞いていると述べた。外交部は彼に、この問題を推し進めて（pushed through）[18] もよいと伝えたそうだ。

本使はこう回答した。中国を離れてもう3ヶ月になるが、この件に関していかなる動きがあったとも聞いていない。おそらく、どこかにこの件を思案している人がいるのだろう。だが今のところ、まだだれもこの問題に弾みをつける（pushed through）[19] ことに気づかないのだ。蒋は笑うのみだった。

友好協力に関する中ソ政府間の交渉を統一戦線の問題と結びつけることはできないだろうかと、蒋は本使に尋ねた。

言うまでもないことだが、統一戦線の問題は中国の内政事情であると本使は指摘した。ただし、本使が中国にいたとき、何人かの中国の指導者から直接意見を聞かされたが、彼ら自身がこう語っていたと付言した。すなわち、中国軍が日本軍に比べて弱い状況下では、中国政府は、あらゆる階層の人民が同政府を支持した場合にのみ、首尾よく抗戦し得るだろう、というのである[20]。

7. 会談の最後に蒋はこう言った。3月4日か5日には、中国情勢に関する興味深い情報が入手できると思う。その頃にまた本使と会いたい、と。

まだ自分はモスクワにいると思うと、本使は答えた[21]。

ボゴモロフ[22]

---

18) 原文にそのように記載。
19) 原文にそのように記載。
20) ［原注］中国における抗日統一戦線の形成については、ソ連の専門家によって詳細に研究されている。例えば科学アカデミー極東研究所の共同研究（*М. И. Сладковский*, глав. ред. Новейшая история Китая. М., 1983-1984）の中のチフヴィンスキーの著作。また中国、その他の国の歴史家による研究など。
21) ［原注］この問題については【文書4】を参照。

14——邦訳　ソ連外交文書

（出典：АВП РФ. Ф. 0100. Оп. 21. П. 187. Д. 11. Л. 33-39[23]）。写。タイプライター版。初公刊）

【文書2】

1937年2月22日。中華民国と国民党の代表的活動家である宋慶齢の声明。孫文の遺訓に従い、日本の侵略と戦うために全人民を団結させる必要性について

　　我らの歴史の、この危機的な時期に、全中国人民は、南京における国民党の中央執行委第3会期[24]に熱いまなざしを注いでいる[25]。日本の侵略者は中国を窮地に追いやった。新たな犠牲者は不可避である。日本の挑発行為は中国の抗日運動を極点にまで高めた。そしてそれは、大いなる意味をもつに至った。華北を奪取しようとの日本の試みは全て水泡に帰した。日本の盗賊どもは綏遠を奪おうとして失敗し、自分の要求を中国政府に押しつけようという彼らの目論見も破綻した。これ以上日本人に譲歩せず、失地を回復しようとの中国人民の強固な意志と決意は、中国にとって巨大な政治的意味を有している。日本と

---

22)　39葉の中ほど左側に「配布資料」（リトヴィノフ、クレスチンスキー、ストモニャコフ、第2東方局、ボゴモロフ宛）と注記。39葉の中央に公印、「相違なし。外務人民委員部書記 N. プレハーノフ」と注記。

23)　［訳注］RKO4では、П. 187とД. 11が逆順に記されている。

24)　［訳注］中国国民党第5期中央委員会第3回全体会議（三中全会）。

25)　［原注］宋慶齢は最も著名にして尊敬された20世紀の女性社会・国家活動家の一人で、中国のみならず国際社会の歴史に大きな足跡を残した。彼女は孫文の妻であり戦友であった。孫文没後、彼女は強大な中国の建設を目指す愛国者たちの旗印となった。宋慶齢は中華人民共和国創設者の一人であり、亡くなる直前に中華人民共和国名誉主席に推挙された。

　　抗日戦争中、宋慶齢は中国民族を団結させるため少なからぬ貢献をした。そのことを証し立てるのがこの巻に収録された論文「中国の声（Voice of China）」（China Weekly Review, Feb. 27, 1937）である。宋は民族解放のために国内政治勢力の団結が重要であると説き、次のように強調した。「いまだに政府には、救国のためには内戦を止めるしかないことを理解しない人士がいる。まずは共産主義者をやっつけ、ついで日本と戦おうなどという時代遅れの説がまだ聞こえてくるのは笑止千万である。我々は折れた片手で戦えると思っているのか。……喜ばしいことに、中国政府は仲たがいを止め」ねばならぬことに気づき始めた、と。さらに宋は、中国のすべての愛国者、中国政府のすべての健全な人士は、中国共産党との共闘を第一の課題とすべきであると訴えたのである。

　　抗日戦争の全期間を通じ、彼女は抗日を基盤とする国府と中共の協力のために一貫して尽力した。宋慶齢については以下を参照。Р. А. Мировицкая. Сун Цинлин. К 100-летию со дня рождения. // Проблемы Дальнего Востока. 1991. № 3; Soon Shing Ling（M-me Sun Yatsen）, "The Difference between Soviet and American Foreign Politics," People's China, Vol. 1, No. 2（Jan. 1950）.

の屈辱的な交渉は止めねばならない。残念なことに現実を直視できず、「日本恐怖症」に罹っている政治活動家がまだ存在している。彼らは日本帝国主義勢力を過大評価し、中国人民の力を過小評価しているのだ。このような謬見には何の根拠もない。以下の理由から、日本は中国に勝つことはできない。1）経済的・財政的にあまりに脆弱で、長期戦に耐えられない。2）日本国民自身が戦争に反対している。動揺する日本政治情勢をみれば、政府の冒険主義に対する国民の不安と不満は明らかだ。3）日本の軍事力は他の列国のそれに比べて弱く、技術的にも後れている。最後に、そしてこれが決定的な要因だが、中国人民は最後まで戦いぬく決意にみちている。極東における複雑な情勢を考えれば、日本が中国に 15 から 20 個師団送ることができるなどと想像することはばかげている。日本の小勢力が広大無辺な中国領に投じられても、数において圧倒する我が軍によって粉砕されるだろう。我らが兵士たちは、祖国のために命をなげうって戦うであろう。彼らは侵略者から綏遠を守った。次は全国家を守るだろう。

　どちらが勝利するかについては一点の疑いもない。ただし、それには条件がある。政府が我らの指導者孫文の遺訓を実行することである。彼は今わの際に、中国の救済は三民主義を正しく遂行することにかかっていると述べた[26]。

　人民の生活水準を高めることは、中国のいかなる政府であれ重要課題である。たしかに近年、鉄道と道路の建設はある程度の進捗をみたが、生活水準はほとんど変わっていない。農村にあるのは貧困と困窮と絶望である。封建主義的階層の残滓によって法外な徴税と取立てと強要が行われている。だが農民は、我が国経済の土台である。都市にあるのは失業だ。知識階層も職がなく、貧困状態にある。学校や大学で教育を受けても、その知識を生かす望みがなく、若者たちは街をさまよっている。問題解決の方法は、我が国の再建と工業化しかない。その課題完遂のためには、孫文の教えに従うことが肝要だ。すなわち大衆

26）［原注］三民主義とは孫文の最も重要な理論。孫文が三民主義を最終的に定式化したのは 1924年 1 月、広州で開かれた国民党第一次全国代表大会においてであった。民族主義は反帝国主義的な傾向を持ち、民権主義は民衆に民主主義的な権利と自由を与えるものであり、民生主義は農民と労働者に関する孫文の政策をまとめたものである。孫文は「遺言」の中で、国民党第一次全国代表大会の文書に即した形で三民主義を指針とするよう説いている。次を参照。С. Л. Тихвинский, отв. ред. Сунь Ятсен: Избранные произведения. Изд. второе, исправленное и дополненное. М., 1985.

16——邦訳　ソ連外交文書

運動の自由を認め、再建を目指す熱意と自主性を奨励することである。再建と発展はわれらの首領の遺訓であり、我らの道である。大衆運動を促すためには保護統治期間を終わらせ、できるだけ早急に国民議会を招集しなくてはならない。大衆が投票し得るような選挙制度にすれば、国民議会はその任務を全うできよう。選挙制限を緩和するため、政府は直ちに検閲を止め、言論、集会、結社の自由を認め、政治犯を解放し、民主政権を樹立せねばならない。

　ところがいまだに政府には、救国のためには内戦を止めるしかないことを理解しない人士がいる。まずは共産主義者をやっつけ、ついで日本と戦おうなどという時代遅れの説がまだ聞こえてくるのは笑止千万である。

　我々は折れた片手で戦えると思っているのか。我々はもう10年も内戦をしている。その間に国家の力は内輪もめに向けられ、それに乗じて日本人が国土を荒廃させてしまった。彼らは我々の領土を少しずつ奪っていったのだ。

　皆にとって喜ばしいことに、中国政府は救国のために仲たがいを止め、中国領の保全を目指し、共産主義者を含む国内の全勢力が共闘すべきことに気づき始めた。中国人同士が戦ってはならないのだ。いかなる内紛も、平和的・友好的方法によって解決せねばならない。内戦はもうよそう。我々に必要なのは平和と団結だ。我々は国防を強化すべきである。中国の救済が国民自身にかかっていることはたしかだが、それは外部世界から孤立したり、アメリカ、ソ連、イギリス、フランスといった我が国を同等に扱う国々との協力を拒んだりするものでないことは、故指導者が教える通りだ。日本と戦う中国は、全世界の大きな共感を呼んでいる。

　私は目新しいことを唱えているのではない。ただ指導者の遺訓を想起させただけだ。政府が孫文の遺志に従い、彼の指示を実現すべく断手とした行動をとれば、国内の分裂と困難は過去のものとなり、中国は難題を克服して平和を尊重するようになるだろう。私はそれを信じて疑わない[27]。

　　(出典：АВП РФ. Ф. 100. Оп. 26. П. 2. Л. 297-296. タイプライター版（英語からの翻訳）。訳者不明。既刊：*China Weekly Review*, Feb. 27, 1937. 初公刊)

---

27)　[原注] 1937年初頭、中国の軍人や政治家の多くは、宋慶齢のように日本の侵略への抵抗に積極的だった。例えば著名な中国の軍司令官、軍事委員会副委員長の馮玉祥は、将兵の前で演説を行い、民族が存亡の危機に立たされており、忍耐の限度を超えていること、そして侵略者との戦いが必須であることを訴えた（АВП РФ. Ф. 0100. Оп. 26. П. 2. Л. 298）。

文書 III-378——17

【文書 III-378】

1937 年 2 月 26-27 日。駐華ソ連全権代表部一等書記官 G. M. メラメードと中国の友好人士たちの会談記録。西安事変後の中国の政治状況[28]、ならびに中国共産党との関係正常化およびソ中関係問題をめぐる蔣介石の周恩来への提案について

　西安から戻ったばかりの張冲（陳立夫の秘書）が来訪した。張冲の話によると、彼が出向いたのは周恩来と交渉するよう蔣介石から委任を受けたためであった。張冲の伝えるところによれば、彼は周恩来に次のような蔣介石の提案を伝えたという。

1. 中国紅軍は紅軍と称するのをやめ、政府の軍事機構に合流する。
2. 旧紅軍部隊の兵員数は 5 個師分または 60,000-70,000 人にとどめる。

　蔣介石政権は日本との戦いを決議し、国民党内の親ソ的な要人たちにソ連政府との交渉の準備にあたらせた。ソ連政府は多大の注意を傾けて中国情勢の推移を見守り、1937 年以前から極東問題に対処するための政策を検討し始めていた。中国への道義的、政治的、さらに外交的、軍事技術的な支援の問題が取り上げられた。この巻には従来の歴史研究であまり知られていない史料が収められている。ソ連における最上層の外交政策決定機関であるソ連共産党中央委政治局の決議、中国問題に関する最も重大な決断を自ら下したスターリンと、ソ連の対中支援問題を協議させるため蔣介石がモスクワに派遣した中国使節団との会談記録、駐華ソ連全権代表 I. T. ルガネツ＝オレリスキーへの政治書簡等の文書は、初めて歴史学界に紹介されるものである。これらの文書は、中国問題においてソ連が主として何を重視していたかを示すものだが、それを列記すれば以下のとおりである。1）日本軍の攻勢に対し、中国軍を増補するために、中国に軍事技術支援を行うことの必要性、2）抗日戦継続の条件として、中国における政治的団結の維持が重要であること、3）一国内に二つの政党と二つの軍隊が併存している中国の現状に鑑みて、中国共産党へ配慮すること。

　中国の対ソ政策が目指したのは、ソ連側の支援を一層活発にすること、中ソ関係を深化させるための諸条件の醸成、ソ連と追加的な条約や協定を結び、ソ連を極東の戦争に引き込むことであった。さらに戦時中の蔣介石の著作を分析すれば、彼が勝利の日まで戦争を戦い抜き、中国を影響力のある世界大国にしようと固く決意していたことがわかる。

　中国への武器供給は、そのための条約が調印される以前から行われていたことに留意したい。当時、義勇兵の形で、ソ連の飛行士や他の軍事専門家たちを中国に派遣する準備も始められていた（次を参照。RKO4 所収の V. S. ミャスニコフ、A. M. レドフスキーによる解説論文。*P. A. Мировицкая.* Китайская государственность и советская политика в Китае: Годы Тихоокеанской войны. 1941-1945. М., 1999. Гл. II; *А. А. Громыко, Б. Н. Пономарева,* ред. История внешней политики СССР. 1917-1985. Т. 1. 1917-1945 гг. М., 1986; *А. М. Ледовский.* СССР и Сталин в судьбах Китая: Документы и свидетельства участника событий. 1937-1952. М., 1999)。

28)　次を参照。*С. Л. Тихвинский.* Путь Китая к объединению и независимости, 1898-1949: По материалам биографии Чжоу Эньлая. М., 1996. Глава XXIII. また、RKO3 付録 9 も参照。

　20 葉末尾に「第 11 号／1937 年 2 月 27 日付」。「駐華ソ連全権代表部一等書記官 G. メラメード」との自筆による署名あり。

18——邦訳　ソ連外交文書

3. 南京政府はこれらの部隊に対し、1ヶ月当たり100万ドルの融資を行う。

4. 「ソヴィエト共和国」の名称は廃止する。これに属する地区（山西北部、甘粛北東部）は中央政府の全面的な行政統治下に置く。

5. 共産党は国民会議の後に初めて合法化されるものとし、同会議には共産党も代表を派遣する。

6. 共産党は南京政府に反対する扇動活動を停止する（張冲は、これは南京政府の転覆への呼びかけを意味していると念を押した）。

張冲が明言するところによれば、周恩来はこれら全ての提案を受け入れた。彼は国民会議選挙の手順に関していくつかの修正を加え、また国民議会で審議されるべき憲法草案についてもいくつかの変更を加えただけであった。周恩来の回答はすでに蔣介石に報告された。張冲は、この問題が会期後に発表される声明にどのような形で盛り込まれようと、南京政府と中国紅軍の相互関係をめぐる問題は正常化されなければならないと考えている。

国民党三中全会の話題に移ると、張冲は公表された決議のほかに秘密の決議があると話した。外交部長張群の報告に関しては次の通り―― 1. 中国と米英ソの外交関係を活発化させる、2. 国際連盟の活動を積極的に支持し、これに参加する、3. 集団安全保障の思想を支持する。何応欽の報告は、1. 冀察政務委員会を廃止する、2. 殷汝耕の「自治」を廃止する。孔[29]の報告は、五ヶ年経済計画の生産を鈍化させる、というものである。

張冲が本官に伝えたところによれば、外交部長の報告は非常に曖昧なもので、いかなる提案も含んでいなかった。会議の出席者は彼の日本に関する冗談に笑ったが、報告は中身のないものと見なされていたという。

張冲は、蔣介石が行政院長にとどまるのは確実だと考えられると述べた。また、張群が外交部長の職を退き、後任は王寵恵となることも確実だという。ほかにも交代の可能性があるが、それについて語るのは時期尚早だとのことである。

外交部主催の梅蘭芳歓迎レセプションにおいて、本官は次長[30]の陳介と会談したが、そこで彼は張群の外交部長離任が正しいことを裏書きした。彼によ

---

29)　〔訳注〕孔祥熙。
30)　〔訳注〕外交部常務次長。

ると、辞職届はすでに彼のもとに提出されており、たとえ辞職が認められなかったとしても、彼は 2 月末には離任すると考えなければならないという。陳介は、彼の後任はおそらく王寵恵だろうと述べた。

このレセプションで高[31]とも話した。彼は上記の陳介の発言内容を全て正しいと述べ、また部長とともに次長の陳介も離任すると付け加えた。徐謨[32]もおそらく辞職する。高によれば、外交部全体で多くの異動があるとのことである。

卜道明（『中蘇文化』誌の編集者）が来訪した。卜によると、3 月 1 日日曜[33]、ソ連から帰国した学生たちによる最初の組織的な集会が行われるという。議長は于右任が務める。この集会で協会の委員が選出される。構成員はすでに次の通り決定、了承されている。以下の人物が委員に内定している。名誉議長——蔣介石。委員——馮玉祥、于右任、邵力子、王陸一（于右任の秘書）、鄧[34]（『軍報』[35]の編集者）、周天儆（『蘇俄評論』誌の編集者）、于国楨（国民党中央委員会の留俄学生招待所主任）、高（馮玉祥の秘書）、卜道明。

卜の話では、『軍報』[36]——黄埔学校[37]の機関紙——編集者の鄧は、彼の路線、特にその論文「民主主義と民族統一」が黄埔で反発を受けたため、職を離れたという。

卜の要約によれば、蔣介石の周辺では在モスクワ中国大使の蔣廷黻に対する不満が大きく、それは彼の考えによると、蔣廷黻がモスクワで何もしていないからだという。彼らの間では蔣廷黻の交代が強く論じられているとのことである。

劉蘆隠の逮捕は当地で大きなセンセーションを巻き起こしている。卜の話によると、彼の逮捕をめぐる話は全て蔣介石の広西派[38]に対する政治的キャン

---

31) ［訳注］高宗武。
32) ［訳注］外交部政務次長。
33) ［訳注］原文ママ。実際には、1937 年 3 月 1 日は月曜日である。
34) ［訳注］鄧文儀。
35) ［訳注］原文は «Чжэн бао»。綴りがやや異なるが、すぐ後に言及される «Чжун бао» と同じ刊行物と考えられる。
36) ［訳注］原文は «Чжун бао»。黄埔軍官学校の機関紙である『党軍日報』の略称か。『党軍日報』は、1945 年 7 月に『黄埔日報』と改称され、黄埔日報社の社長には鄧文儀が就任している。
37) ［訳注］黄埔軍官学校（黄埔軍校）。

20——邦訳　ソ連外交文書

ペーンの序幕に過ぎず、蔣介石は劉蘆隠を犠牲に広西派を政治的に抹殺しよう
としているのだと、多くの人は固く信じているという。実際には、劉蘆隠は楊
永泰も唐有壬も殺害しておらず、たとえ彼がこのことを知り得ていたとしても、
犯人は他のグループの中から見つかるはずである。より正確に言えば、南京政
府の最上層部は犯人をよく知っている。それにもかかわらず、楊永泰殺害のか
どで逮捕された成[39]という学生が事実上自由の身となっていることも判明し
ている。

（出典：АВП РФ. Ф. 0100. Оп. 21. П. 187. Д. 12. Л. 18-20. 写。タイプライター版。初公刊）

【文書 3】

1937 年 3 月 8 日。全連邦共産党（ボ）政治局の中国問題に関する決議より抜粋

86. 中国について
1. 不可侵条約に関する交渉の再開をボゴモロフ同志に任せる。
2. 太平洋地域条約締結問題で南京政府がイニシアティヴを示すなら、彼ら
に我々の支援を約束する。
3. 南京政府に対し、2 年以内に 6 年の期間、5000 万メキシコドルのクレジ
ットを与え、飛行機、戦車、その他の軍需品を売ることに同意する。支払いを
補うものとして錫、ウォルフラム、タングステン[40]、さらに現在の量を超え
ない範囲での茶を納入する。
4. ソ連で中国人パイロットと戦車兵を養成することに同意する[41]。
5. 蔣介石の息子がもし同意するなら、彼の中国訪問に反対しない。
6. ボゴモロフの次の提案を受け入れる。
ア）ソ連の民族芸術（諸民族の歌、踊り、音楽）を見せるため、中国に混成団
を派遣する。ソ連国内と上海までのソ連汽船の往復費用は、ソ連人民委員会議

38）　［訳注］RKO3 では пуансийцев とあるが、гуансийцев の誤りと考えられる。
39）　［訳注］成燮超。
40）　［訳注］原文は вольфрам[a]、тунгстен[a]。ウォルフラムとタングステンの間に区別はないはず
　　であるが、原文を尊重して訳出した。
41）　【文書 1】、【文書 6】の付録を参照。

文書 4——21

予算で補う。

　イ）中国でソ連の著名な画家たちの絵画展を催す。輸送や企画の費用は、ソ連人民委員会議の予備費で賄う[42]。

中央委書記[43]

（出典：АП РФ. Ф. 3. Оп. 86. Д. 145. Л. 15. 写。タイプライター版。初公刊）

【文書 4】

1937 年 3 月 8 日。ボゴモロフと駐ソ中華民国大使蔣廷黻の会談記録。国民政府中央執行委員会総会、太平洋会議の結果、ソ連と新疆省の交易について

　1. 蔣が公式訪問した。蔣介石が本使の出発日をじかに尋ねたそうだ。それで彼は、先日の我々の話し合いをもとに、3 月初頭になるだろうと答えた由である。本使は出発日を 16 日に最終決定したと彼に回答した。蔣はそのことを蔣介石に伝えると述べた。

　2. 蔣廷黻に国民党大会に関する新情報はあるかと尋ねると、彼が毛沢東の有名なインタビューを肯定的に評価していた初回のモスクワでの我々の会談を引き合いに出しつつ、こう述べた。入手した情報によれば、中央政府と中国紅軍の間でもう合意が成立したかどうかはさだかでないものの、交渉が進んでいることはたしかであり、いずれにせよ、どのような条件下であれ、両者間で戦闘が再開することはありえないと断言できる。

　3. 蔣は本使がリトヴィノフ同志と中国問題について話し合い、もう最終的な指示を受け取ったかと尋ねた。リトヴィノフ同志と中国問題について話したが、最終的な指示を受け取るのは出発直前になるだろうと回答した。

　4. 蔣は以下のように述べた。ソ連代表団は（アメリカでの）太平洋会議からもうモスクワに戻ったと聞いている。同代表団が太平洋協定の成立を望んでい

---

42)　15 葉に事務標識。文書は全連邦共産党（ボ）中央委の用紙に印刷。No. П46/86、極秘。特別ファイル。下方に「秘密解除」。文書には上から順に、「リトヴィノフへ、全部」、「ロゼンゴリツへ、3」、「ヴォロシーロフへ、3 と 4」、「エジョフへ、5 と 6」、「ケルジェンツェフ、ミロシニコフ、ブロウンへ、6」。

43)　ここに次の注意書き。19……付中央委政治局会議議事録 46 より抜粋。文書に署名なし。

22——邦訳　ソ連外交文書

る旨の発言をしたことに中国政府は注目している。中国政府自身、この協定には全面的に賛成だ。アメリカとイギリスは今のところこの種の協定にあまり乗り気でないようだが、これらの国でも現在、この協定案を全面的に支持する有力な人々がすでに存在している。本使は、その考えは非常に興味深いと答えた。そして、彼らの意見が実際、イギリスやアメリカのしっかりした新聞に載るとよいのだが、と述べた。これは一考すべき問題である。

5.　蔣廷黻が言うには、最近モスクワではトゥハチェフスキーの辞任だとか、スターリンとヴォロシーロフの不和だとか、彼曰く「最も信じがたい」噂が飛び交っている。彼はこれらの噂の真偽を確かめるよう南京からも委託された由である。

本使はこう答えた。ソ連にこれだけ広範に民主主義が存している以上、ソ連政府が国民世論に隠していることは何もない。したがって在外公館に流布している噂に耳を傾ける必要はない。それよりソ連の新聞を読むことだ。

蔣廷黻はもう、それらがみな根も葉もない噂だと南京に打電したそうだ。それは賢明なことだと本使は言った。

6.　蔣は次のように述べた。モスクワに着任し、ストモニャコフ同志と最初に会談した際、自分は彼に、中国政府は新疆とソ連の正常な交易の発展に反対していないと言明した。しかるにソ連は、なぜ単純な事実すら隠そうとするのか不可解である。例えば昨年の秋、ストモニャコフ同志と話したとき、新疆の代表団がモスクワに来たのは本当かと問い質したところ、彼はその代表団のことは何も聞いていないが、調べたうえで回答すると約束した。遺憾なことに、自分はいまだにその回答を受け取っていない。実はストモニャコフ同志との会談のあと、新疆の代表団が中国大使館での昼食会に現れたため、自分はこの代表団が専ら交易を目的としたものであることを知った次第である。それに対し中国政府は何ら反対していない。ところがどういうわけか、ソ連外交人民委員部からは今もって何の報告もない。事情を確かめておこうと本使は回答した。

　　　　　　　　　　　　　　　　　　　　　　　　　　　D. ボゴモロフ

（出典：АВП РФ. Ф. 0100. Оп. 21. П. 187. Д. 11. Л. 57-59.[44] 写。タイプライター版。初公刊）

44）　［訳注］RKO4 では、П. 187 と Д. 11 が逆順に記されている。

文書 5——23

【文書 5】

1937 年 3 月 11 日。ソ連外務人民委員 M. M. リトヴィノフと駐ソ中華民国大使蔣廷黻の会談記録。太平洋地域協定、中国の政治情勢、経済国有化の実際を学ぶために中国の専門家がソ連へ赴くことについて

　大使はまず、本委員が明日彼を別荘に招いていることに感謝し、中国政府はソ連といかに協力していくべきかに関心をもっていると話し始めた。昨日の記者会見で本委員が太平洋地域協定について述べたことは、彼に伝えられていた。

　本委員は次のように述べた。ソ連も協力の方途を探っているところであり、16 日に中国へ赴くボゴモロフ同志に然るべき指示を与える予定である。現に本委員も昨日オフレコで、報道関係者に太平洋地域協定の構想を詳述したところだ。この種の協定のみが日本の侵略を最終的に終わらせ、極東に平和をもたらし得ると信ずる。日本にしても、他の太平洋諸国の連合から背を向けることはできないだろうし、そうするつもりもあるまい。早晩それに加盟せざるを得ないはずだ。我々はこの構想を支持している。あとは他の国々、特にイギリスとアメリカの同意を得なくてはならない[45]。そのために中国もソ連も外交努力を傾ける必要がある。

　大使は、最初に中ソ協定という形の核を作っておいたほうがよくはないかと尋ねた。そうすれば、そこに他の太平洋諸国も加盟できるだろうというのである。

　本委員はその考えに賛成できないし、むしろ逆効果になるだろうと答えた。かりに太平洋連合形成の可能性がわずかでもあるとして、ソ中の二国間協定はそれを完全にぶちこわしてしまうだろう。イギリスとアメリカはいかなる新しい責務も担う気はないのだから、ソ中が個別に協定を結ぶのを大喜びで眺めているだろう。中国が日本の侵略を食い止めるには、それで十分だと考えて。だが、その思惑は認めがたい。全く逆の方向から始めることが肝要だ。ヨーロッパに平和を打ち立てようとしたときもそうだった。我々はまず地域協定から開始した。そこにソ連、フランス、チェコスロヴァキアだけでなく、ドイツ、ポ

---

45) 【文書 4】を参照。

24——邦訳　ソ連外交文書

ーランド、バルト国家を加盟させようとしたのである。そのために長期の交渉を行い、イギリスやイタリアの賛意を得ることができた。結局ドイツとポーランドがその協定への参加を拒んだとき、初めて我々はフランスやチェコスロヴァキアとの二国間交渉に移行したのだった。ただし、ドイツとポーランドにもその協定に加わる余地は残しておいた。

　このようにして我々は、ブロックや軍事同盟を作ろうとしているという非難を免れることができた。極東でも同様の行動をとることが必要だと思われる。ローズヴェルト大統領個人は、ヒトラーやベック[46]と同じく、基本的には地域協定に反対ではない。しかし彼は、大きな内政上の困難を克服せねばならない。世論が孤立主義に傾いているからだ。イギリスの動きも極めて緩慢だ。同国は2年近くもヒトラーを説き伏せようとして甲斐なく、ようやく今、彼の説得が不可能だと悟って、軍事増強や地域協定案の喧伝といった現実的な手を打つことに転じようとしている。イギリスとアメリカを太平洋協定案に引き入れるには、多大の働きかけが必要だ。最終的にそのような協定が無理だと判明した暁には、より限定的な協定を考えてもよい。

　大使は反論せず本委員の話を聞いた。その後本委員は、国民党大会の決議がさっぱり理解できないと言った[47]。すると大使は微笑みながらこう答えた。『イズヴェスチヤ』と『プラウダ』は決議を実に巧みに論評しているが、その決議を文字通り受け止めてはだめだ、と。我々の主な関心事は、全中国が実際に団結することだと本委員は述べた。

　本委員は大使に、中国軍にはまだたくさんドイツ人顧問がいるのか、中国の軍事機密が日本の友好国であるドイツを通じて日本に流れる危険性はないのか、最近結ばれた日独協定はそういったことを義務付けているようにも取れるが、と問うた[48]。大使は自分もそれについてはよく考え、赴任前に同問題を蒋介

46）　［訳注］ポーランド外相。

47）　［原注］ソ連の中央紙は、国民党中央執行委員会全体会議の決議が国民党と共産党の協力関係を大きく妨げるものではないと論評した。この件については次を参照。『イズヴェスチヤ』1937年2月27日。

48）　［原注］中国に駐留するドイツ人の軍事顧問団については次を参照。ДВП. Т. XIX. С. 447-448. 1936年11月25日にベルリンで調印された日独協定（その前にベルリン＝ローマ・ブロックが形成されていた）は、両国内の共産主義者と戦うことを目的としつつも、直接的にはソ連に向けられたものであるとソ連政府は見なしていた。この件については例えば次を参照。K. K.

ユレーネフ全権代表の 1936 年 11 月 17 日付外務人民委員部宛電報（ДВП. Т. XIX. С. 591-593）。
ソ連外務人民委員と重光駐ソ日本大使との対話記録（ДВП. Т. XIX. С. 636-648）。

ソ連外務人民委員部次官 B. S. スモトニャコフの 1937 年 1 月 21 日付駐日ソ連全権代表 K. K. ユレーネフ宛書簡には、日独協定調印後のソ日関係について次のような記述がある。

「1. 『日独協定は実質上、これらの国と我が国との関係に何ら変更をもたらすものではない』し、むしろ『ソ日不可侵条約について断念させた』点でよい結果をもたらしたとの貴官の意見には同意できない。

我々当局の考えは全く逆で、日独協定の締結は日ソ関係への大打撃であると見なしてきたし、現在もそうである。日本との戦争は大いにありうるにせよ、できる限り先延ばしするために二国関係の調整が必要だったが、この協定がそれを極めて困難にしてしまった。日本は反ソ的立場をとる公的義務を負うことになっただけではない。これからはいかなる日本政府も対ソ政策において大なり小なりこの協定を考慮せざるを得ないし、常にドイツの意向を気にかけなくてはならないのである。これは当然、我々に最も敵対する日本の軍部やファシストたちの政策を活発化させることになるだろう。

2. 日独は「反コミンテルン」協定と同時かその後に、何か秘密の協定を結んだのではないかという疑問が生じる。全世界と、特に日本国内で不評を買ったためにやむを得ず、この協定の調印が間際になって延期されたのではないかとの憶測が述べられた。今日我々は、同趣旨の報告を受けている。本官は、これおよび同種の報道が、ドイツまたはおそらく海外の日本人スパイによる意図的な情報操作ではないかと考えている。この協定に対する国際社会の極めて否定的な反応を見て、ドイツ人も日本人も、事態鎮静化のために何かしら策を講じる必要があったと推測してよかろう。

日本政府による日独協定の熱烈な支持や、それを目的としてとられた異例の措置、例えば大衆集会で有田がドイツ大使と一緒に行った演説など、さらに有田が日本の国会で本日行った演説におけるこの協定への時間の割き方、そしてこの協定と自らの政治生命を結び付けようとする廣田内閣の見せかけ上の決意——これら全てのことは、「反コミンテルン」協定のみを見ていてもほとんど理解できないだろう。英国の政治家のような用心深い懐疑派でさえ、日独間に秘密協定が結ばれたことは間違いないと思っている。

日独が 1 年半の交渉の後、突如、最終的に一致してこの協定を破棄することに決めたとは到底考えられない。仮に一方だけが拒否したとすれば、結果として関係は悪化するはずだが、実際そうしたことは全く認められない。

3. 日独協定の締結と日本の世論、我が国の漁業協定調印拒否に対する日本政府の対応、さらには最近の日本の対ソ関係一般を見ると、近年の極東における力関係の変化が歴然としてきた。将来の対ソ戦争への支持が得られるように、日本は時期尚早にソ連と紛争を起こすことを警戒し、対ソ関係においてかつてないほど細心慎重になってきている。

1935 年 10 月 12 日以来、ソ連モンゴル軍が日満軍部隊に加えている反撃、モンゴルと我々との相互援助条約の締結、そして最後に、ソ連に敵対する日独協定の締結に伴うソ連の漁業協定調印拒否——これら全てのせいで、日本では徐々に対ソ関係への厳しさが増していったのである。

4. 国境駅を通る鉄道網の我が国による遮断、ウラジオストクでの 2 隻の日本船の検査など、近年の我が国の行動によって、日本では日独協定締結後、ソ連の態度が硬化し、日ソ関係が悪化したとの印象が一段と強まっている。これらの行動に加え、最近では日本大使館に対する懲罰的措置が増えている。その目的は、在東京ソ連全権代表部の封鎖を完全に取り除くことである。

さらに、昨年 12 月 15 日付第 5989 号の本官の書簡中、第 8 項に記された問題に対し、貴官が十全の結論を引き出すことを期待したい。言うまでもなく我々は、領事館の数を日本と相互に減らすことに関心を持っている。特に我々は、ノヴォシビルスクとオデッサの日本領事館を閉鎖したい。これらは領事部の仕事を一切行ってはおらず、専ら極めて有害なスパイ活動を行

い、日本政府の虚報を流すだけのセンターと化している。

5. 対日関係にとって、日本国内の危機の増大が大きな意味を有することは言を俟たない。本日始まった国会の会期は、間違いなくこの危機を加速化させるだろう。ただし廣田内閣が崩れるとは到底思えないが。国際情勢、とりわけ中国情勢の進展も大きな影響をおよぼすはずである。

これら全てのことから、今後一時期我が国は、受け身の立場を余儀なくされ、二国関係において日本のイニシアティヴを甘受せばなるまい。

6. 日独協定が締結された以上、対日関係の緊張を気にする必要はなくなり、むしろ我が国との平和維持を望む全ての分子を動員すべく、日本での活動を倍加させる必要がある。この点で貴官に完全に賛同する。しかしこの活動は、日本政府に節度ある態度を見せつつ行う必要がある。我々が継続すべき路線は、日独協定に関する貴官の有名な有田への声明のなかにあり、それは漁業協定をめぐるリトヴィノフ同志と重光とのやり取りのなかでも論及されている。

今月3日、重光のために開いた昼食会で、彼は全ての誤解を解き、両国の関係を改善するため全力を尽くしたいと、きわめて慇懃におもねるような口調で語った。また、漁業協定調印を従来通り行うための交渉を早急に再開できるかどうか探りを入れてきた。本官は、日独協定が日ソ関係にきわめて深刻な打撃を与えたこと、日本がソ連を標的にしてドイツと結んだこの侵略的協定に対してソ連国民が大変憤っていること、一方ソ連政府は、日本との平和的関係を築くために全力を傾けていることを伝え、さらにこう述べた。この協定がもたらした雰囲気は、両国関係の喫緊の問題を解決する上で非常によくない。大使が関係改善のための行動をとりたいと考えるならば、まずは日本政府に現今の情勢を説明し、関係正常化とソ連世論の鎮静化のために何か策を講じるよう説得すべきである、と。

重光の個々の質問に答える形で本官は、善意を以てすれば日本政府は現状を改善させる策を見出すことができるだろうと述べつつ、ただし現段階ではソ連政府に漁業協定調印の問題を提起するのは時期尚早だと指摘した。なぜならここ最近の情勢は何も変わっていないからである。重光は議論を避け、本官の考えに一切異を唱えずに、相変わらずの低姿勢で「日本政府が現今の情勢を改善させる策を見出せるよう」（と、本官の言を繰り返した）できる限りのことをしたいと言明した。そして漁業協定のことを念頭に置きながら、これ以上具体的な問題は提起せず、本官の「指示を待ちたい」と述べた。

我々への返礼として、昨日日本大使館で催された昼食会の折にも重光は、関係改善のために尽力したいと繰り返し、協力を求めたが、漁業協定には一語も触れなかった。本官が有田の演説は無内容であり、日本の深刻な状況にも、ソ連との関係にも何も対応していないと指摘すると、重光は太田と比べても驚くほど控えめな調子で、その代わり、有田演説をめぐる議論の中で多くの新しいことや重要なことが語られるはずだと意味深長に述べた。重光の物言いは非常に控えめであったが、今日の日本の内閣、特に有田に対する本官の否定的な見解に賛同しているようであった。

7. 如上の方針に従い、貴官とライヴィード同志は国境委員会に関する交渉継続について、当面いかなるイニシアティヴも取る必要はない。もしも日本側が自らこの件の交渉を提起してきた場合には、同委員会の諸条件を詰める具体的交渉を始める前に、その交渉に先立つ2つの根本問題を解決せばならないと、従来通り主張することが必要である。

8. 日本の内政事情に関する貴官の11月22日付第427報告書を大いに注目して読んだ。日本の政策決定における内政事情の重要性の増大に鑑み、貴官および全権代表部には、この問題に関わる情報の一層の充実を求める。

敬具　B.ストモニャコフ」（ДВП. Т. XX. С. 54-58）。

駐日ソ連全権代表 K. K. ユレーネフのソ連外交人民委員部宛 1937 年 1 月 27 日付電報には、ソ関係および日独協定をめぐる日本の有田外相との話し合いについて、以下のように詳述されている。

「日本の船舶に対し我が国が新たに設けた規則について有田が疑義を呈した。本官は彼に、

石と話し合ったそうで、彼は以下のように請け合ったという。第1に、ドイツ人とはさまざまな期間の契約を個別に結んでいるので、それに基づいて何の面倒もなく、順次彼らを去らせることができる。第2に、ドイツ人には各地区における軍事教練や要塞建造の監督を依頼しているが、そのなかに中国の軍事作戦全般を知る者は誰一人としていない。それにこれらの顧問たちは、ヒトラーが政権につく以前に赴任している。

　中国の企業家や銀行家たちの間では、ソ連経済なかんずく国有化の方法を学び、それを中国に取り入れたいと考え、ソ連を視察しようとの案が検討されている由である。大使はそれについてどう思うかと尋ねた。むろん歓迎するが、まずはボゴモロフ同志と掛け合い、旅程を話し合うようにと回答した[49]。

リトヴィノフ

（出典：АВП РФ. Ф. 05. Оп. 21. П. 187. Л. 1-3. 原本。タイプライター版。既刊：ДВП. Т. XX. С. 117-118）

この差別的規則は長年我が国の船舶に押し付けられてきたものであると説き、この件で昨年重光と話し合った内容を想起させ、指示に基づきこう結論付けた。我が国は日本の船舶に対し、我が国に対して行われているものと全く同様の規則を適用する。それが継続されるか中止されるかは日本政府次第である、と。これに対し有田は、日本がコミンテルンの活動に関して非常に『敏感になって』おり、ソ連の船舶への特殊な規則もそれのみが理由であると長広舌をふるった。本官はその論を一笑に付した。有田は黙らず、コミンテルン談義を続け、日本政府の『一連の行動』はまさにプロパガンダへの恐怖心によって説明し得ると強調し、本官が話題にしないにもかかわらず、日独協定の問題に持ち込もうとする意図が明らかだった。ともかく有田は、我が国全権代表部の一部の職員が『禁じられている活動』に従事したと言明した。その名前を挙げてほしいとの要求に対して有田は、本官の在任中にそのような行為はなく、『過去』のことだと回答した。彼が名を挙げなかったため、本官もそれ以上の関心は示さなかった。次いで有田は、日ソ関係改善の必要性を語り出し、我々が日本の政策を正しく理解していないため関係が悪化していると述べた。本官は、ソ連は関係の悪化を目指していないが、日本政府のせいで大きな打撃がもたらされたのだと答えた。それに対し有田は、『貴殿はコミンテルンに関する日独協定のことを言っているのか』と慨嘆するような調子で言った。本官はそれを否定し、この空疎な協定は密約の隠れ蓑に過ぎないと指摘しつつ、我々がモスクワと東京で偽りの策を講じぬようにと警告したにもかかわらず、彼はその警告に耳を傾けず、その結果、両国関係が弱体化した経緯を想起させた。有田は、ドイツとの協定はすでに決定済みだと答え、日本政府がこの協定を結んだのは、ソ連がそれに反対しないと考えたためだと述べた。我々の『警告』は奏功しなかったわけである。

　朝食会の後、有田は再び日独協定の問題を取り上げ、我々の疑念は事実無根であり、我々が日本政府を信じないために、彼らとしても『ドイツと抱擁』せざるを得なくなっているのだと論じた。有田は日本とドイツを純潔な若い男女になぞらえ、その『特別の関係』を周囲から不当に疑われているとの論を立てたが、本官はそれを一笑に付した。全権代表」（以下を参照。АВП РФ Ф. 059. Оп. I. П. 288. Д. 2822. Л. 65-67; ДВП. Т. XX. С. 59-60）。

49）【文書43】を参照。

28——邦訳　ソ連外交文書

【文書6】

1937年3月16日。駐華全権代表D. V. ボゴモロフの、I. V. スターリンの秘書長A. N. ポスクリョブィシェフ宛書簡。蒋介石の子息蒋経国がソ連から中国へ帰ることについて

　　拝啓[50]

　スターリン同志に次のように伝言願います。彼の命令により昨日蒋介石の息子に会いました。彼自身も中国に帰りたいと言っています。状況の変化に鑑み、自分の帰国が何事かの役に立つだろうとの考えからです。父親と連絡をとるため、自ら彼に手紙を書く由です。

　蒋介石の息子と次のように取り決めました。中国へは（スターリンの指示に従い）ウラジオストク経由で行くこと、そして上海に着いてからも、本使とのコンタクトを維持することです[51]。

　　敬具

D. ボゴモロフ[52]

　　(出典：АП РФ. Ф. 3. Оп. 86. Д. 146. Л. 17. 原本。タイプライター版。初公刊)

【文書7】

1937年3月24日。駐日ソ連全権代表部の日本外務省宛抗議文書。日本・満洲軍のソ連国境侵犯に対し

　　駐日ソ連大使館は大日本帝国外務省に対し、以下の通り通告する光栄を有する。

　1. 3月17日、満洲領に駐留する日満兵士6名は、国境標識第11番の北東3キロメートル、ヤンチヘ地区にて、国境から400メートルのソ連領にいたソ連国境警備隊に対し発砲した。銃弾は警備隊の頭上を通過した。

---

50)　文書本文17葉の右に「機密。部外秘。解禁」と注記。
51)　付録1参照。
52)　17葉、書簡末尾に「駐華ソ連全権代表D. ボゴモロフ」と自筆署名。同葉の左に「2部（ボゴモロフ同志宛）」と注記。

文書 8——29

2. 3月17日、ウスリー川沿岸のニジェ・ミハイロフスコエ村の地区にて、3名の満洲兵からなる一団が、満洲の沿岸よりソ連の沿岸に向けて5回発砲した。

3. 3月21日23時40分、ソ連国境警備隊は、ブラゴヴェシチェンスクの下方、アムール川のソ連領スレードニー島にて、不法に侵入した日満軍部隊と遭遇した。ソ連警備隊の誰かに対し、日満部隊は彼らに発砲した。交戦の末、国境侵犯者たちは満洲側沿岸に退散した。23時55分、上記の島にいたソ連国境警備隊は、満洲側のアムール川沿岸から再び発砲された。

ソ連大使館は、このようにソ連の国境を侵犯し、ソ連国境警備隊に発砲した、日満軍部隊の不法行為に対して抗議する。当大使館は大日本帝国外務省がこれら3件の事件を調査し、その犯人たちを処罰するとともに、今後同種の不法行為が再発することを防止する策を講じるよう要求する。

同時に大使館は、大日本帝国外務省に対し、日満軍隊員によるソ連国境の侵犯とソ連国境警備隊への挑発的発砲が最近増えていることを直視するよう求める。当大使館は日本外務省が、このような日満軍の許しがたい行為を直ちに、かつ完全にやめさせるべく、必要不可欠な措置を講じることを期待する[53]。

(出典：АВП РФ. Ф. 146. Оп. 1. П. 47. Д. 3. Л. 40-41; Ф. 146. Оп. 1. П. 25. Д. 353. Л. 79-81. 既刊：ДВП. Т. XX. С. 144-145)

【文書8】

1937年4月6日。駐日ソ連臨時代理大使 N. Ya. ライヴィードのソ連外務人民委員宛電報。現段階のソ日関係について

本日、佐藤[54]を訪問し、貴委員より託された意見陳述を行ってきた（昨日彼は本官に、堀内を訪ねるよう促したが、貴委員からの依頼であるからと、あくまで佐藤との面会を求め、受入れられたのである）。佐藤は本官が述べたことを討議しようとしなかったので、非公式な陳述書を渡してきた。それを検討したうえで回答

---

53) ［原注］1937年4月26日付日本外務省の覚書には、1937年3月のソ中国境地帯での事件に日本軍が関与していることは否定されている。この件については以下を参照。ДВП. Т. XX. С. 160-161.

54) ［原注］佐藤は1937年3月3日より日本外相。

30——邦訳　ソ連外交文書

するとの約束を取り付けた。

　ついで彼は次のように述べた。両国の関係は「あまり輝かしい状態」とはい
えない。自分はパリからこちらに戻るとき、それを 1925 年時のように改善で
きると考えた。当時のソ日関係は、非常に困難な時期を経て改善されたのだ[55]。
しかし帰国後、事態ははるかに深刻だと悟った。このような状態は極東平和の
安定化にとって危険である。そうは思わないか。本官はこう答えた。たしかに
両国関係はよくない状況だ。特に日独「反コミンテルン」協定の締結後にそう
感じられる。佐藤はそれに反駁し、協定の締結前から困難は増大していたと答
え、以下のようにつづけた。ソ連側には満洲政府や日本政府にいろいろと不満
があることは知っているし、日本にも言いたいことはある。例えば国境の現況、
ウラジオストクにおける日本国民の逮捕等だ。とりわけ中[56]への死刑宣告に
は衝撃を受けた。近々ユレーネフが着任することに鑑み、本官は政治的議論に
深入りすることを望まず、あらゆる紛糾や衝突の発端は、専ら日本側がもたら
していること、ソ連側は今まで忍耐強く外交的な意見表明にとどめてきたが、
結局その効果が見られなかったため、我が政府もことあるごとに相互主義に基
づく行動をとらざるを得なくなったことだけを伝えた。両国関係に大きな危険
が迫っていること、それに深刻な打撃が加えられていることについては、11 月
16 日と 19 日、ユレーネフが有田に語り、ついで人民委員も重光に話している
以上、責任は日本自身にあり、必要な転換がなされるか否かは日本次第である。

　すると佐藤はこう述べた。ソ連政府は日本を正しく理解していない。ドイツ
と条約を結んだのは、一つには日本国内が極めて深刻な状態にあるからだ。す
なわち日本を外国の影響から防御する必要があるのだ。「あなた方はよろしい。
ソ連国内は非常に強固だから万事問題ない。だが我が国は安定せず、いつ安定
するのかもわからない」。さらに、こうも言った。ソ連政府の発言は極めて非

55）　［原注］1925 年北京でソ日基本条約が締結され、同年 2 月 26 日発効した（ДВП. Т. VIII. С. 70-
　　77）。

56）　［原注］日本人のハマはウラジオストクで逮捕され、死刑宣告を受けた。その後減刑され、10
　　年の懲役刑となった。日本側は彼の本国送還を要求した。この件については以下を参照。
　　ДВП. Т. XIX. С. 643.［訳注］原注内で「ハマ（Хама）」とあるのは、「中」すなわち中嘉一郎の
　　誤りである。中の死刑判決とそれに対する日本側の対応については、外務省編『外務省執務報
　　告　欧亜局　第一巻　昭和十一年、十二年』クレス出版、1994 年、昭和十一年度欧亜局第一
　　課 116-119 頁。

論理的だ。いつもコミンテルンとの関係を否定しているのに、今は「反コミンテルン協定は自分たちに向けられている」と難じているのだから。本官はコミンテルン云々ではなく、人民委員が第 8 回ソヴィエト大会で述べたごとく、明らかにソ連を標的とした協定が存在することが問題なのだと指摘した。つづけて佐藤は次のように語った。ソ連政府はリトヴィノフがいつも言っている通り、本当に平和を望んでいるだろう。だがそれなら、西洋だけでなく極東でも同じ平和を望まなくてはならない。リトヴィノフの平和不可分の原則は、まさにそのように理解すべきである。それゆえソ連政府が関係改善と極東平和の強化を望むなら、その点を明確にする必要がある。そうすれば自分もその目的達成のために、全力を傾けるつもりだ。自分はこの問題を話し合う用意がある。

　本官は言った。ソ連政府が国の全方向における平和の強化を心底求めていることを疑う者はあるまい。それは何度も実際行動で示されている。分けても我々は、現今の係争問題を解決する用意があると常に表明してきた。それは国境交渉や、船舶・大使館の慣行をめぐる交渉などにも見て取れる。これら全ての問題に関する責任は今や日本政府側にある[57]。

　佐藤は我々に係争問題解決の用意があることを聞いて喜び、そのなかに漁業問題も含まれるかと訊いた。本官は漁業問題は大きな懸案だが、本年にはもう解決されるだろうと答えた。

57）［原注］現行の漁業取り決めを 1937 年まで延長することについてのソ日間の議定書は、1936 年 12 月 28 日、モスクワで調印された（ДВП. Т. XIX. С. 690）。
　　　周知のように、1928 年モスクワで調印されたソ日間の漁業協定は 8 年間有効であり、双方の合意によって 12 年間に延長可能であった。この協定には議定書 A、B、C、2 通の付録を伴う最終議定書、双方が交換した覚書、総会議定書が付属していた。文書には次のことが明記された。漁、漁獲高、加工、海産物の諸条件。ただし日本海沿岸、オホーツク海、ベーリング海峡（議定書 A に定められた入江や川を除く）のオットセイとラッコは禁止。如上の件に関するソ連国営企業と日本国民の相互関係について。日本の利権所有者による納税の総額や方法。協定は、日本の利権所有者への特恵を大幅に縮小するなど諸々の変更を伴いながら、何度か延長された（最終は 1944 年）。協定は 1945 年に失効した（ДВП. Т. XI. С. 42-47; А. А. Громыко, И. Н. Земсков, В. М. Хвостов, глав. ред. Дипломатический словарь: В 3-х томах. М., 1986. Т. III. С. 368-369）。
　　　1935 年から日本側のイニシアティヴにより、漁業協定の現行文書に変更を加える交渉が開始された。1935 年 3 月 26 日、双方は漁業協定見直しの文書に関する基本合意に達した（АВП РФ. Ф. 146. Оп. 20. П. 47. Д. 50-61）。しかし協定案はモスクワで承認されず、ソ連側は交渉継続を提案した。1937 年末、協定は調印されずじまいであった（АВП РФ. Ф. 146. Оп. 20. П. 47. Д. 6. Л. 116-118）。

32——邦訳　ソ連外交文書

　佐藤はユレーネフが両国の関係に新鮮な朗報をもたらしてくれるだろうとの期待を表明し、対話を締めくくった。彼はこの対話を友好的に行った。関係に話が及んだのも、彼のイニシアティヴによるものだった。

代理大使

　　（出典：АВП РФ. Ф. 059. Оп. 1. П. 261. Д. 1823. Л. 245-248. 既刊：58）ДВП. Т. XX. С. 160-161)

【文書 III-384】

1937 年 4 月 7 日59)60)。1937 年 4 月 7 日付全連邦共産党（ボ）中央委員会政治局決議（158）。ソ中不可侵条約について

---

58)　〔訳注〕RKO4 では、この箇所に ДВП. Т. XIX. С. 690. Собрание законов... Оп. 11. № 15. 27 апреля 1937 г. С. 224 との書誌情報も併記されているが、これは本文書と無関係である。

59)　【文書 III-402、404、405】、ならびに【文書 III-384】の原注を参照。

60)　〔原注〕1937 年の最初の数ヶ月間、ソ連指導部は、中国で起きている非常事態（【文書 III-371】を参照）について、中国の内政状況を見極め、「その後に中国に関する方針を定め」ることが必要であると考えた。モスクワにいた全権代表 D. V. ボゴモロフは、М. М. リトヴィノフへの報告メモにおいて、中国の反日運動の指導者たちの全ての希望がソ連側からの支援と分かちがたく結びついた日本に対する抵抗と、ソ中相互援助条約の締結にあることを考慮しつつ、「いかなる条件においても、中国政府との相互援助条約締結交渉を継続することが必要である」と記した（【文書 III-376、377】を参照）。

　日本が華中に侵略を行う前の 1937 年 5-6 月、ソ連の対華外交は、日本の大陸における侵略を地域的に限定するための太平洋協定構想を推進しようとするものであった。モスクワでは、列国間の太平洋協定が日本の対華侵略を停止させ得るとともに、日本は太平洋諸国の連合と対決する決意がなく、遅かれ早かれ太平洋協定に合流するものと考えられていた。米国は、日本が協定に参加しないのであれば、合意は意味を持たないと見ていた。米国はこの時期、対日宥和の追随者だったのである。モスクワでは同時に対華交渉継続の決定が行われた（【文書 III-384】を参照）。

　中華民国指導部は、米英の太平洋協定に対する消極的な態度に基づき、列国との対立を避けるため、ソ連との二国間不可侵条約締結をめぐる交渉を活発化させ、同条約は 1937 年 8 月 21 日に南京で調印された。ソ中不可侵条約は、不可侵に関する伝統的な国際条約の形となった。ソ中間で合意された文書「口頭による声明」を考慮するならば、両者は事実上、対日戦争における相互援助条約に調印したことになる。ソ連の外交および中国の解放運動における重要な任務の一つが決定されたのである。中国は降伏することなく、抗日戦争を継続した。

　日中戦争開始後のソ中関係は 3 つの方向性において活発な展開を見せた。その第 1 は、中国へのソ連の軍事技術の供与、ならびに後にソ連の武器を扱うことのできる中国人人員を育てるためのソ連の専門家の派遣に向けて、組織化を進めることである。

　第 2 の方向性は、国際連盟その他の国際機関における中国の政治的支持であり、中国代表団はこれらの場において日本の中国領土に対する侵略の問題を審議するよう要求していた。この問題での中国支持を示したソ連は、第三国の反対運動にぶつかることとなった。外務人民委員 М. М. リトヴィノフを団長とするソ連代表団に押された国際連盟は、1937 年に中国への道徳的支持を表明するとともに、日本の侵略を非難したが、その後国際連盟によって招集されたブリ

文書 9（III-386）——33

ソ中不可侵条約について

外務人民委員部に提出されたソ中不可侵条約案につき、第1条を除いて承認する。

抜粋送付：リトヴィノフ同志へ

（出典：РГАСПИ. Ф. 17. Оп. 162. Д. 21. Л. 13. 写。タイプライター版）

【文書 9（III-386）[61]】

1937 年 4 月 1-30 日、5 月 1-5 日。駐華ソ連全権代表 D. V. ボゴモロフの日記。蔣介石な

ュッセル会議（1937 年 11 月）において中国に有利なことは何も生み出されなかった。ブリュッセル会議は、西側列国による対日武器供給の停止と対日クレジット供与の拒否に関する、中国代表団と合意したソ連の提案を却下したのである（RKO4 第 1 分冊を参照）。

第 3 の、また非常に重要な方向性は、中国国内の政治的統一に対するソ連の支援活動である（【文書 III-370、378】を参照）。

これらの方向性は相互に関連していた。これらは、中国の抗日戦争を支持するとともに、日独が中国の降伏を勝ち取ることを容認しないという措置を内包していた。日中戦争期、日本側は様々なチャネルを通じて 20 回以上にわたり中国政府に日本の条件に基づく和平提案を伝えてきたが、蔣介石はなお統一の達成と中国国家の独立を確固として追求した。

第 1 の方向性において問題は手際よく解決されたが、第 2 の方向性においては、上述のように、日本との関係悪化や中国におけるソ連の立場の強化を警戒する世界の主要国の抵抗に直面した。

ソ中関係に対するアメリカ要因の影響は矛盾したものであった。一方で、米国は中国におけるソ連の立場の強化に反対していたが、日本の侵略が中国における米国の立場をも脅かしかねない中、それとの戦いにおいて、ソ連が中国の民族的、国民的な勢力を支援することには利害関心を見出していた。米国は、ソ連が対日戦争において中国を支援することにより、国民党の親日勢力に対日戦争を停止するきっかけを与えないようにすることに関心を寄せていた。米国はまた、将来におけるソ中関係の改善によって、国民党が国内の共産主義問題を政治的な方法で解決するよう促すことになると考えていた。米国はこの時期、蔣介石の政府とソ連の関係が改善することに賛意を表したが、それはこのような方法によって中国における内戦の新たな段階が未然に防止されるとともに、中国が対日戦争に集中できると考えてのことであった。

ソ連とその第二次世界大戦中の盟邦は、とりわけコミンテルンの自発的解散（1943 年）以降、中国の内戦が突発することを警戒していた。1943 年には、国民党と中国共産党の間で燃え上がろうとした戦争の炎を消すために、第二次世界大戦の歴史で初めてソ連と米国の外交が中国において併行的な措置を行った。こうした方向でのソ米外交の統一行動は、極東の戦争が終わるまで基本的に維持された。

1937 年の露中関係に関するこの資料集のシリーズ第 4 巻への序文の著者である V. S. ミャスニコフと A. M. レドフスキーは、1937 年のソ中関係の展開に影響を与えた主要な要因とは、日本によって中国に対して始められた戦争であると強調した。ソ連が中国を支援したのは、中国国民に対する有効と団結の感情からだけでなく、軍国日本がソ連の安全保障およびソ連極東に対する脅威となったためである。日本の対ソ侵略計画を困難なものとした要因の一つは、日中戦争であった。

34——邦訳 ソ連外交文書

らびに他の政府指導者との会談記録

　上海。4月1日。ソ連からこちらに来て、晩に孔と話し合った。翌日もう彼はロンドンに行くことになっていたからである[62]。

　4月2日。外務人民委員部の指示により、陳立夫と詳細に話し合った。蔣介石の息子が次の汽船で帰国すると知って、陳立夫は狂喜した[63]。蔣介石は息子の帰国に協力してくれたソ連政府への恩をいつまでも忘れないだろうと彼は言った。

　4月3日。蔣介石と面会した。通訳は彼の妻が務めた。蔣介石は、ソ連諸民族の首領であるスターリン同志によろしく伝えてほしいと再度依頼し、西安事件の際にソ連がとった立場に感謝した。会談は極めて友好的な雰囲気のなかで行われた[64]。

　4月5日。『大公報』編集者の胡霖が訪ねてきた。

　彼は中国世論を代表し、西安事件に際してソ連の新聞がとった立場に感謝した[65]。

　胡が力説するところによれば、私がモスクワへ経つまでは、ソ中国民の間にまだ障害があって緊密な友好関係を築けなかったが、西安事件後の今日、それらの障害は全て取り除かれた。このことは、陝西省の北で現在生じていることを見ただけでもはっきりしている。その地区はいま南京に協力しているし、もうまもなく南京政府にすっかり従うようになるはずである[66]。さらに胡は、

61）　［訳注］本文書はRKO4、RKO3の双方に採録されており、ここでは新しく刊行された後者に収録されている【文書III-386】を底本として訳した。RKO4ではこれがボゴモロフの日記であることが明記されておらず、滞在地や日付も記されていない。出典が異なることが原因とも考えられるが、RKO3版で修正されたこれらの問題点が重要なものであることは明らかである。その他、両者の異同については訳注で示した。なお、5月4日条が2ヶ所あるが、原文ママである。

62）　文書本文78葉の右に「機密」。

63）　【文書6】参照。

64）　［訳注］この4月3日条は、RKO3に付録9文書Xとしても掲載されている。

65）　［原注］述べられている通り、ソ連中央紙はかなり詳しく西安事件を論評し、ソ連が中国の団結を支持し、この事件が無事に解決することを歓迎すると表明した。

66）　文書本文79葉の中央に「1991年、解禁」。同本文中央に外務人民委員部、ストモニャコフ同志のスタンプ。受入れ文書第2910、2部、1937年3月22日。同本文左に「駐華ソ連全権代表の日記。日付は全権代表の日記に付されたものによる」と注記。

文書 9（III-386）——35

ソ中間の経済関係を広範に発展させていく必要性に話題を転じた。特に胡は、新疆経由で中国とソ連を結ぶ案を熱心に説き、両国が特別な条約を結び、蘭州とウルムチの間に鉄道を敷設したいと語った。新疆経由の航空路を設ける問題については、近いうちに中国政府の了解が得られるにちがいないと彼は言明した[67]。

胡はこう弁じた。新疆における政治状況は、現段階ではまだ南京政府を満足させるものとは言い難い。この現実は解消せねばならない。そして新疆の政治状況を他の全ての省と同等の形にし、南京政府の管轄下に置くことが必要である。

私はこう答えた。新疆省政府とは必要だと考える関係を築けばよい。それは南京の問題である。ソ連に関していえば、これはもう何度も中国政府に言明したことだが、新疆で南京政府の権威が高まることを一貫して歓迎している。

胡は貿易の話に移り、次のように強調した。ソ連は茶だけでなく、マーガリンを中国で買うことができる。その代わり中国は、ソ連から可能な限りの機械を受け取りたい。

ソ連は中国との貿易において、何よりもまず金属類を得ることに関心があると私が言うと、胡はこう述べた。最近中国政府はタングステンの採掘を掌握した。湖南では錫や亜鉛の採取も全て行っている。これらの金属の採掘は、主として国防分野において不可欠なため、採掘量を示す数字は公表していない。いまのところ雲南の錫鉱山は政府の管轄外になったままだ。しかしもうすぐそれらの採掘も政府の統制下に置かれるはずだ。

ソ中関係を極めて友好的で緊密なものに発展させるうえでの障害が全て取り除かれた以上、おそらくソ連政府は、貿易なかんずく金属の調達に関する協定を易々と中国政府と結ぶことができようと述べて、胡は話し合いを締めくくった。

4月6日。宋子文と朝食。あらゆる問題について意見交換した。ヨーロッパ、特にスペイン情勢を話題にした際、宋が言うには、ソ連製の飛行機はスピード

67）［原注］塘沽停戦協定、梅津・何応欽協定、上海協定が日本によって中国に押し付けられた。この点について詳しくは以下を参照。*М. И. Сладковский*, глав. ред. Новейшая история Китая: 1928-1949. М., 1984. C. 95-100.

の点で劣るものの、高い性能をもっているので、空中戦ではドイツ機よりはるかに強いと諸外国の専門家は見ているそうである。

中国の内政事情に関しては、西安事件のあと、蔣介石のもとにすべての勢力が集結した由。蔣介石の役割について宋は、次のように自分の考えを定式化した。「蔣介石は聖人でも英雄でもない。がしかし、彼は我々にとって最良の人物なのだ」。

宋の言によれば、西安事件のあと蔣介石は、親日派への信頼を失ったそうだ。彼らは内戦を望んでいるが、それは当然、蔣介石の命を危険にさらすことにつながるからだ。何応欽は黄埔閥に属するが、しかし彼もまた強い親日感情をもっているという。

宋が考えるに、蔣介石が死ねば内戦が勃発する。それも中央政府と北、中央と南の間にとどまらず、中央各省内の将軍間で起こるにちがいない。言うまでもなく日本は、この内戦がもたらした状況を有利に使うだろう。その場合、日本の侵略がどこまで進むか想像もつかない。

さらに我々は、太平洋協定の展望についても大まかに意見交換した[68]。宋はこう語った。たぶんイギリスは賛成に踏み切るだろう。ローズヴェルトの場合も（自分はこのへんの消息に通じているが）協定に反対はしないだろうが、おそらくアメリカ政府が不参加を表明するはずである。事前に緻密な打診をする必要があろう。私はむろん、その打診の件に賛同し、事情のいかんを問わず、それは今後もずっと継続していかねばならないと述べた。

日本情勢に関して宋はきわめて楽観的で、会話のなかでも「日本はもう落日を迎えています」と言っていた。日本はもうじき中国の侵略から完全に撤退せざるを得なくなると確信しているようだった。

中央の省に関する貴兄の結論はおそらく正しいが、日本が今後、北部の省で侵略を手控えるとは思えないとの私の意見に対し、宋はこう答えた。日本の華北膨張は収まったと思われる。日本の対外侵略が止まった主な原因は、日本の内政事情が軍国主義者たちにとってきわめて悪化したためだとみてよい。新しい選挙をやっても状況は変えられないし、野党は依然として多数派を占めるだ

68）【文書3、5】を参照。

ろう。中国は必要とあれば今すぐにでも日本の侵略を軍事的に撃退し得る。そして日本人自らも「小さな戦争」で済ますことはもはや不可能なこと、だが、大戦争をする用意は自分たちにないことを悟っている。それゆえ、日本の中国侵略は終焉を迎えつつある、と彼は見なしているようだ。

南京。4月8日。王寵恵を訪ねた。初回は具体的な議論を避けることとし、話題を外交儀礼上の問題にとどめた。

4月9日。陳立夫が私と全権代表部員たちを昼食に招いてくれた。ちなみに食事会には賀耀組も参加した。藍衣社や蔣介石の取り巻きによれば、彼は蔣介石の期待に応えられない蔣廷黻に代わって、駐ソ大使に任命されるかもしれないとのこと。

駐ソ中国大使館の元顧問呉南如が訪ねてきた。どうやら訪問の目的は、私が王寵恵と何を話すつもりか探ることらしかった。私は話題を中ソ関係の一般的問題にとどめた。ところで呉南如は、ソ連在住の中国人がソ連の官庁から不当な扱いを受けていると訴えた。ついでにソ連人民委員部の中国への態度にも「不平」を鳴らし、ソ連で働いて感じたことだが、自分が会った人民委員部の責任者たちは、ソ中友好の必要性を唱えている在華ソ連全権代表部とは逆に、中国との関係を悪化させるような態度をとっている、と述べた。ソ中問題において人民委員部と全権代表部の間に「相違」があるかのような発言は、もちろん誤解に基づいている。というのは、この場のことも含め、私のすべての言動は人民委員部の指示と同意があってのことだからだ、と私は答えた。

4月10日。現在、国民党中央委部長の邵力子が、私と全権代表部員たちを朝食に招いた。彼の部と他の部の職員たちも同席した。陳立夫もいた。

4月12日。王寵恵が答礼訪問した。

朝食後私は話し合いのため、外交部の王寵恵を訪ねた。

私は外務人民委員部の指示と意向に従い、太平洋協定[69]に対する我々の見解を説明し、同時に、不可侵条約に関する交渉を直ちに始めることが望ましいし不可欠だと強調した。我々が不可侵条約を結べば、中国に実利をもたらすことは言うに及ばず、ソ中関係を一段と強化するための良好な雰囲気を醸成する

---

69) 【文書 3、5、11、12、13、14】を参照。

だろうし、将来行うかもしれない相互援助条約交渉をかなりの程度、容易ならしめるはずだと私は言った。

　私は我が国の提案を以下の通りまとめた。

　1）我々は中国政府が中心になって太平洋諸国に対し、太平洋地域相互援助条約交渉を開始するよう提案してほしいと考える。中国がそうした場合、我々は、ア）そのような提案を断乎として支持し、イ）その案件に関してソ連側も中国政府と全面的に共同するだろう。

　2）太平洋条約が何ら成果をもたらさなかった場合、我々は今後改めて、ソ中二国間の相互援助条約締結の必要性に関する問題を検討する用意がある。しかし私は次のことも強調した。我々は中国政府が他国政府とただ覚書を交換するだけでよしと思っているわけではない。そうではなく、太平洋条約の実現に向けて真剣に、かつ持続的に、共同の外交事業を行うことを求めているのである。そのうえで、太平洋条約に一縷の望みもないと判明した場合にのみ、我々は改めて二国間の相互援助条約に関する問題を検討する用意があるということだ。

　3）私は直ちにソ中不可侵条約の交渉に入るべきだと提起した。そしてこの件に対する中国政府の否定的態度は何に起因しているのか、ソ連政府はさっぱりわからずにいると述べ、不可侵条約が中国政府に実利をもたらすことは言うまでもないし、これは今後行うかもしれぬ二国間条約交渉を大いに容易ならしめるだろうと強調した。

　王寵恵は条約の細部に関していくつかの質問をしたので、私は東欧条約案に対する包括的な指示に基づいて回答した。中国政府がオランダやポルトガルといった国を含めた九ヶ国条約の全加盟国に提案を投げかけることをソ連は望ましいと考えるかどうか、王寵恵は知りたがった。

　我々は太平洋条約を九ヶ国条約と結びつける必要性を感じておらず、中国、イギリス、ソ連、日本、アメリカ、フランスといった主要国のみで十分だと考えていると答えておいた。

　王寵恵は我々の提案に興味をもったようで、それらの提案を政府や蒋介石と検討してみようと言った。個人的には、太平洋条約構想を非常に気に入っているとのことであった。

文書9（III-386）──39

　蒋介石は私に、私が触れた他の具体的問題は彼自身で考えたうえで、次に会ったときもう一度話し合いたいと言っていたので、王寵恵にはそれらについてほんの少し話すにとどめた。すなわちソ連政府が中国に好意をもっている証拠などである。

　4月13日。この数日間、私はアメリカ、イギリス、フランス、ドイツの大使と相互訪問を行った。最も興味深かったのはアメリカのジョンソン大使との対談だった。ジョンソンは、最近裁判が行われたトロツキー派併行本部事件にたいそう関心を寄せていた。彼は、我々が送った裁判の速記録を隈なく熟読したそうだが、いくつかの箇所が解せないとのことだった。特にわからないのは、ピャタコフやラデクというかつての政治活動家が、なぜ祖国の裏切り者に変じたかだ。私の説明を聞いたあと、ジョンソンはこう述べた。「闘争の論理」の帰結として、トロツキー派は外国の諜報員たちと結びつき、祖国の裏切り者になったらしいことがわかってきたと。

　ジョンソンと同様、フランス大使のナジャール[70]も裁判の真相の説明を求めてきた。ただし彼は速記録を読んでいないとのことだった。おもしろいことに、ナジャールは黙って私の説明を聞きながらも納得していないふうだったのに対し、ジョンソンはいくつか不明な点を質問しつつ、私の説明をじっくりと興味津々に聞き入っていた。イギリスとドイツの大使は裁判に関して一切質問しなかった。

　ジョンソンに西安事件について聞いてみた。彼は次のように語った。自分が考えるに、西安事件を引き起こしたのは、疑いなく張学良軍のなかの反日感情である。彼らは皆、蒋介石の対日政策に反対であった。満洲に関わりのある将校や兵士は、そこで自分の親族が日本人に虐待されているゆえに、日本と戦いたかった。蒋介石が張学良軍の陣営にいるのを見て取ると、一部の若い指導者は蒋介石を捕え、彼の政策路線を変えさせようと目論んだ。張学良は当初、蒋介石を拘束するつもりはなかったと言われる。だが、彼がやらねば他の者がそうするだろうと悟ったとき、初めてそのような行動をとったらしい。

　彼が捕らわれると国内情勢が変わった。国内では反日スローガンが無条件に

───────────
70）　［訳注］ポール＝エミール・ナジャール（Paul-Émile Naggiar）。1936年1月より駐華大使、1938年11月に駐ソ大使に転出。

40——邦訳　ソ連外交文書

支持され、そのもとで西安事件も生じ、多くの者が蔣介石の政策に反対であった。だが、蔣介石は中国統合の旗頭である。彼の拘束は内戦を再開させ、中国を弱体化させるおそれがあった。それで世論の圧倒的多数は蔣介石の側につき、張学良に反対したのだ。

　ジョンソンによれば、張学良は直ちに情勢を理解し、そこから脱出したかったが、それは難しかった。そこで蔣介石をこっそりと西安から連れ出すほかなかった。

　張学良の飛行機はスタンバイしていたが、それがどこに飛ぼうとしているのか、彼の側近でさえ知らなかった。彼は交渉のため紅軍のもとへ飛ぶものと思われていた。そして飛行場では紅軍の代表団を待ち構えていた。それゆえ代表団を迎えるための委員会まで招集された。ところが意外なことに、張学良、蔣介石、彼の妻、そして宋が乗った自動車が到着したのである。彼らは飛行機に乗り、洛陽へ飛び立った。

　ジョンソンと日本の情勢について意見交換した。彼の意見によれば、新しい議会は前のそれと同様、反政府感情が強いだろうとのことである。

　日本の中国における侵略については、彼の見るところ、あらゆる兆候からして日本は侵略をやめるだろうとのことである。北方の諸省においてさえ、日本の侵略は頂点に達しており、これからは弱まっていくだろうという。実際、彼がそう考える主な理由は、北方諸省の経済発展のために日本が十分な投資ができなくなっていることである。

　ジョンソンの考えでは、日本政府は新しい議会を再び解散し、そのあと日本国内の情勢は一段と緊迫する。すなわち天皇、陸軍、海軍の側と民衆の側の対立である。彼の見るところ、このまま日本はファッショ化の道を歩み、軍国主義者はドイツを模範とした産業の再編を図るだろう。その場合、当然のことながら財界や産業界は政府に抵抗する。そして日本国内で長期の闘争が行われるのを我々は目の当たりにするだろう。そのなかで、場合によってはすぐにでも、軍国主義者は対外的冒険主義から手を引くことも大いにあり得る。イギリスおよびドイツの大使とも日本情勢に関する意見交換をしたが、彼らもまた、日本の対中侵略は極点に達しており、それは今後弱まっていくと見なさねばならないと断じた。そして二人とも、ジョンソンほどきっぱりとした口調ではないに

せよ、膨張主義を止める主要な原因が日本国内における闘争の先鋭化であると考えざるを得ない旨の見解を示した。

4月14日。中国のマスコミと応対した。出席者の一覧を添付する。

4月15日。孫科を訪ねた。彼が病気だったため、今まで会えなかったのである。

孫科の言によれば、日本の経済代表団と交渉するにあたって王寵恵は、中国政府は経済協力交渉を始めるに先立ち、政治問題に関する事前決定を堅持する旨、明言したそうである。中国側の主な要求は以下の通りである。1）殷汝耕体制の廃止、2）塘沽協定、梅津・何応欽協定、上海協定の廃棄[71]。

孫科が言うには、日本側は殷汝耕体制の廃止には同意しそうであるが、経済的利権の供与を求めているようだ。日本側はすでに天津―大連間の直通航空便の合意は得ている。現在、彼らの主要な要求は、石家荘と山西における鉄道敷設の利権、竜陽における鉄鉱山開発の利権、そして河北におけるすべての綿生産の管理である。さらには、冀東経由の密貿易を禁ずる埋め合わせということらしいが、日本製品の関税引き下げも要求している。

日本側はしきりに対中政策の転換を口にしているが、彼はそれを信じていない。最近日本の新聞が書き立てていることを総合すれば、日本の軍国主義者は相変わらず華北において脅しと難癖の政策を行うつもりらしいとのことである。

孫科の見解によれば、日本の新しい議会選挙で野党が多数派となり、その結果、日本の内政事情は一段と緊迫化する由。

4月20日。王寵恵が外交団のために最初の盛大な昼食会を催した。昼食のとき私は内政部長の蔣作賓と軍政部長の何応欽の隣に座った。何は近々「内情視察」のためヨーロッパに赴く予定で、ソ連に関心があるので、我が国を通って行きたいと語った。どのような経路で行くか決まったら、事前に私に伝えてほしいと述べておいた。

上海。4月24日。中ソ文化協会上海分会会長の黎照寰教授[72]を朝食に招いた。

日中関係の展望については彼も孫科と同意見らしく、日中の経済協力の可能

71）〔原注〕アルマアタ・蘭州間の空路開設に関する協定は、1937年末に調印された。

72）〔訳注〕交通大学学長。

42——邦訳　ソ連外交文書

性にはきわめて懐疑的であると語った。

　会話のなかで彼は2つの具体的な問題を提起した。1）ソ連に20名から25名程度の中国科学代表団を送ることについて。四川から3名、広東から3名、北京と天津から3名、残りの10名から12名は南京と上海からとしたい。

　2）計画経済に関する講師もしくは専門家を中国に派遣することについて。その人物は英語ができることが必須だ。というのも、計画経済に関する一連の講義を上海、南京、広東、漢口、その他いくつかの都市の大学で行ってほしいからである。中国におけるすべての経費は中国の大学が支払う。一方、上海までの講師の旅費は全連邦対外文化交流協会にお願いしたいと黎は述べた。私はモスクワに聞いてみようと約束した。

　南京。4月28日。中国に来ていた東京在勤イギリス海軍武官のローリングス大佐[73]が表敬訪問した。日本の情勢について情報交換を行ったが、彼の考えでは、新しい議会選挙の結果が政府にとって望ましいものでなくても、林は辞任しないだろうとのことである。

　4月29日。日本大使館のレセプションでは、いままで同大使館では見たことがないほど大勢の中国人が集まっていた。例えばそのなかには陳立夫や、顔[74]博士の弟の鉄道部次長[75]もいた（我が同志たちの言によれば、上海でもまったく同様の光景が目撃されたそうで、そこのレセプションには杜月笙や王暁籟なども来ていたそうである）。

　4月29日。妻とともにジョンソン宅の朝食会に参加した。むろん話題の中心は日本情勢と予見される選挙結果であった。外国の外交官や中国人（例えば外交部情報司司長の李[76]）の共通した見方は、選挙での政府の敗北は不可避だというものであった。

　4月30日。イタリア新大使のコーラとフィンランド新公使（東京在勤公使を

73）　［訳注］RKO4版では本文のこの箇所に（？）という記号が付されているが、RKO3版には見られない。
74）　［訳注］顔恵慶。1933-36年に駐ソ大使を務めていた。
75）　［訳注］顔徳慶。顔恵慶の弟で、当時は鉄道部技監であった。当時の鉄道部において、政務次長は曾養甫、常務次長は曾鎔浦であったから、ここで「鉄道部次長（вице-министр железных дорог）」とされているのはソ連側の事実誤認によるものと考えられる。
76）　［訳注］李迪俊。

兼任）のヴァルヴァンヌが表敬訪問した。イタリア新大使の第一印象は、前任者のロヤコーノより幾分よいものだった。

4月30日。外交部亜州司を昼食に招いた。昼食後に高[77]は、いつものようにソ連に対する親愛感を表明し、両国の関係改善に向けて全面的に協力すると請け合った。同時に彼は、最近中国人がソ連から国外追放処分を受けたことに不平を述べ、このような処分が止まらなければ、中国のあらゆる層にきわめて由々しい印象をもたらすだろうと言った。

5月4日。余銘[78]が訪ねてきた。彼は張群の辞任と王寵恵の任命に関する一部始終を語った。ちなみに彼は王とは長年の付き合いである。その話によれば、蔣介石は2度、張群の辞任を思いとどまらせたものの、文字通り彼を排斥し、いかなる外交問題も協議することはなかった。逆に王寵恵とは絶えず相談していたのである。それゆえ張群も改めて辞任を申し出るほかなく、蔣介石もようやく受理したのであった。王寵恵が外交部長に任命されると、蔣介石をはじめ皆に評判がよかった。というのも、彼は外交部員の配置換えをしようとはせず、張群のもとで働いていた職員をそのまま残したからである。

余銘によれば、西安事件のあと宋の影響力が大いに強まり、いまでは蔣介石も彼を信頼しているという。宋はいまや自由に好みの閣僚の座を得ることができるが、そうすることを望んでいないそうだ。というのは、中国的な見方からすると、それは西安で蔣介石を助けたことに対する一種の報酬と見なされてしまうからである。

西安事件の帰結として明白に言えるのは、蔣介石が親日派グループに失望したことである。彼らは蔣介石の死を招きかねないことを承知のうえで、内戦の開始を欲していたのだ。

日中関係に関する私の質問に対し、余銘はこう答えた。日本は経済利権と交換なら本当に殷汝耕体制を廃止してもよいと考えている（彼は孫科が私に語ったのとまったく同じことを繰り返した）。しかし中国政府はそれに応じないだろう。他方、当然のことだが、中国政府も日中関係を緊迫させるようなことは一切するつもりがない。中国としては、今日の日本国内の混迷こそが好都合なのであ

77）［訳注］高宗武。
78）［訳注］1937年12月23日から駐ソ臨時代理大使を務める人物である。

44——邦訳　ソ連外交文書

る。そのために日本の軍国主義者は、対外侵略を止めざるを得なくなるだろう。対日関係における中国政府の主要課題は、今まで通り時間をかせぐことである。

　中国の情報によれば、吉田はイギリス政府に対し、中国における「協力」に関して、実際何らかの提案を行ったと余銘は断言した。しかしそれがいかなる提案か、彼も知らないそうである。

　終わりに余銘は、王寵恵を称賛しつつ、私にこう述べた。新しい大臣は重大問題を急いで解決することを好まない。むしろ決断を下す前に、全ての問題を然るべく検討することをよしとする、と（この余銘の発言は、王寵恵が指図したものと思われる。というのは、彼は私が出した質問への回答を引き延ばしているからだ）。

　5月4日。王寵恵と外交部職員を昼食に招いた（出席者の一覧を添付する[79]）。

　昼食後に王寵恵は、私が行った提案にまだ明確な回答ができないことを残念がり、15日以後に、中国政府の立場を明らかにできるので、そのとき再び会って話したいと述べた。私は同意した。王寵恵が言うには、日本の国内事情がどのように推移するのか、すなわち議会派の勢力が強まるのか、それとも軍事独裁が強くなるのか、まだわかりかねるそうである[80]。

　　（出典：АВП РФ。Ф. 05. Оп. 17. П. 132. Д. 69. Л. 128-143. 写。タイプライター版[81]）

【文書10】

1937 年 5 月 7 日。駐華全権代表 D. V. ボゴモロフのソ連外務人民委員部宛電報。中日関係およびソ中関係について

　本使との昼食の席で王寵恵が述べたところによると、我々の提案[82]に対する回答は 15 日以後に寄越すそうである。この発言は自発的になされた。というのは、本使はあえて一般的な問題に話題を限定していたからである。

---

79)　リストは非公開。

80)　［訳注］RKO4 版では、これに続けて「全権代表：D. ボゴモロフ」と記されている。しかし、RKO4 版のこの箇所には、「文書に署名なし」との脚注も付されている。

81)　［訳注］出典情報は RKO3 版に基づく。RKO4 版での出典情報は次の通り「АВП РФ. Ф. 0100. Оп. 21. Д. 11. П. 187. Л. 78-93. 作業用メモ。タイプライター版。初公刊」。なお、Д. 11 と П. 187 は順逆である。

82)　［原注］太平洋協定およびソ中不可侵条約に関するソ連の中国政府への提案のこと。

文書 10──45

　最近、中国の活動家や外国の外交官と数多くの会談を行ったが、それらに基づいて考えるに、日本の対中政策はいくぶん「和らいだ」ようである。新しい最後通告が云々されることもなくなったし、むしろ中国政府のほうが日本に対し、経済交渉を行う前提として一連の政治条件の履行を求めている。すなわち殷汝耕体制の廃止、塘沽協定、梅津・何応欽協定、上海協定の廃棄である。日本政府は、以下の経済利権の獲得を条件に、中国側の要求を受け入れると見てよかろう。1) 石家荘の鉄道敷設の利権、2) 竜陽における鉄鉱山開発の利権、3) 河北における綿生産の管理、4) 日本製品の関税引き下げ[83]。これらの要求のうち、中国側が断固拒否しているのは最初のものだけで、他のものに関しては合意が得られそうである。東京にいる川越[84] は、対中政策を一段と「軟化」させることを支持する発言を行っている。

　中国政府の考えによれば、緊迫する国内情勢のせいで、またソ連軍の増強もいくらかは手伝って、日本はこれ以上の中国侵略を断念せざるを得なくなっている。しかし中国の指導者は相変わらず自身の力量や国民を信じることができずにいるため、前述の諸事情を失地回復のための戦いの好機とはとらえず、むしろ日本の一時的な弱体化を利用して、好条件で彼らと取引すべきだとの結論を引き出している。中国が我々との交渉を遅らせているのは、日中交渉を行おうとしているからである。もっとも本使が中国を離任する前から、王寵恵は太平洋協定案に賛同する旨言明していた。

　日本が何より恐れているのはソ中条約であることを知りながら、中国政府は自国の新聞社に、この問題には決して触れないよう指図した。日本の通信社が中国は太平洋協定[85] に与しそうだとの情報を流すと、南京政府の御用新聞『チャイナ・プレス』は直ちに社説に、中国にとってはいかなる多国間協定よりも日本との二国間条約が大切であると書き立てた。どうやら中国政府は我々との交渉を今後も先延ばしするつもりらしい。日中が一時的な合意に達することはあり得る。それで両者は一休みできるからだ。しかしその合意が長続きす

---

83) ［原注］この問題については、次を参照。*М. И. Сладковский*, глав. ред. Новейшая история Китая: 1928-1949. М., 1984. С. 95-100.
84) ［原注］川越駐華日本大使のこと。
85) 【文書 4、5、11、12、13】を参照。

46──邦訳　ソ連外交文書

るとは思えない。この点については、本使がこの外交郵便で詳述している通りである。日本の内政事情の緊迫化は、軍国主義者を新たな冒険主義に駆り立てるだろうが、それとは別個に、関東軍が統制する内モンゴルの状況は依然として緊張状態を続けており、そこにいつ難題が持ち上がるか、予断を許さない。

ボゴモロフ

（出典：АВП РФ. Ф. 059. Оп. 1. П. 281. Д. 2768. Л. 82-84. 既刊：ДВП. Т. ХХ. С. 232-233）

【文書 III-389】

1937 年 5 月 18 日[86][87]。駐華ソ連全権代表 D. V. ボゴモロフと、中国の著名な政治家である中華民国軍事委員会副委員長馮玉祥、立法院院長孫科、外交部長王寵恵の会談記録。ソ連の対華軍事支援、太平洋協定案、ソ中相互援助条約、その他のソ中関係に関する問題について

　会談は馮が、全権代表はどのくらいの期間ソ連にいたのかを尋ねることとともに開始された。旅程を通じて失われた長い時間について全権代表が回答した後、馮玉祥は次のように述べる。

　馮：本件は急を要します。新疆経由の鉄道を建設するとともに、飛行機も利用しなければなりません。

　ボゴモロフ：鉄道建設には時間がかかります。航空路線に関しては、ソ連は以前、折半形式の合弁会社を設立し、中国とソ連―欧州間の航空路線を整備することを中国に提案しました。しかし、この提案に対する中国の態度は甚だ冷淡なものでした。

　馮：ソ連と中国の間に軍事同盟ができ、全ての細かな問題が自ずと解決されるまで、しばらく待たなければなりません。

　（出席者たちは食堂に移る）

　一般的な実務外の話が交わされた後、馮が口火を切る。

---

86)　113 葉本文上部に「馮玉祥の部屋での会談記録」との注記あり。「受入第 134.070 号。極秘。機密解除」との文書受け入れデータあり。「リトヴィノフ、ポチョムキン両同志宛。S M. M. 16.7」との（手書きの）決裁あり。

87)　［訳注］底本に「5 月 17 日」とあるのを修正した。

文書 III-389――47

　馮：そもそも最も重要なのは、我々が盟邦として互いにどのようにして日本帝国主義を打ち破るかです。相互援助条約の具体化への着手を急がなければなりません。

　ボゴモロフ：回答のなかでボゴモロフ同志は[88]太平洋地域協定構想について述べる。

　馮：それは我々には役に立ちません。中国の状況は非常に深刻です。中国は重病人に似ており、不首尾な歩みを一歩一歩進めることは破滅的な結末をもたらしかねません。我々はこうした絶望的な事業において自らイニシアティヴを取ることはできません。もし誰かが多くの客を食事に呼んだのに、その客が来なければ、主人は体面を大きく損なうことになります。

　D. V. B（ボゴモロフ）：ただの知り合いは来ないかもしれませんが、よい友人たちは必ず来て、主人は彼らとともに食卓にとどまります。これが悪いこととは思いませんが。

　馮：しかし、日本がこの提案に断固として反対を表明することは全く明らかです。もし交渉に応じてきたとしても、当然満洲国を引き入れることを要求するでしょう。そのとき我々はどうすればいいのでしょうか。

　D. V. B（ボゴモロフ）：たとえ日本が拒否したとしても、太平洋協定を締結しようという提案自体は、日本国内においてさえも一部の世論の支持を得られるでしょう。（さらにボゴモロフ同志は、5月17日付『シャンハイ・タイムズ』紙の社説を引用しつつ、日本国内にもなお産業界と軍部の間に対立的な特徴があると述べ、日本の商工業界は、たとえ衷心からではないとしても、この協定に有利となる意見を表明するはずであると指摘する。ボゴモロフ同志は、この種の提案は中国にとって何ら損になるとは思われず、逆にこの提案を出すことによって、日本軍部の中国における要求が低くなることはあっても高くなることはないと説明する。ボゴモロフ同志は、中国は以前よりも強く、日本は弱くなっており、現在日本にとって中国における大規模な軍事的冒険を開始することは全く不可能であることを想起させる。この最後のテーゼを孫科は支持する）

　孫科[89]：この後、各列国の太平洋協定に対する態度の個別研究に移るよう

88）　〔訳注〕ボゴモロフ自身の発言であるが、原文ママ。この次の訳注も参照。

89）　〔訳注〕原文でもコロンが付されているにもかかわらず、会話調ではなく、現在形を用いた事

48——邦訳　ソ連外交文書

提案する。孫は、日本はきっと条約に反対し、常に政策が欧州とアジアの問題への不干渉に帰着する米国も、——もちろん条約への参加を拒否するだろうと指摘する。

　D. V. B（ボゴモロフ）：米国が太平洋問題に欧州問題よりもはるかに大きな関心を寄せていることを指摘し、改めて条約が持つ米国世論への巨大な意義を強調する。

　王：米国中立法を引き合いに出し、米国が条約に対して消極的な姿勢を見せるのは疑いの余地がないと述べる。王はただ英国を除けば比較的望みがあると指摘する。王は結論として、条約からは何も生まれず、そのような行動には利益がないと述べる。

　D. V. B（ボゴモロフ）：彼がまだモスクワに向けて出発する前に行われた、孫科の部屋での会談を次のように述べて想起させる。王寵恵も居合わせたこの会談の際、王はこの種の太平洋条約についての考えを示していた。それゆえ、ボゴモロフ同志は中国がこの条約を望んでいると確信した。この確信は、同じくこの条約の締結について非常に肯定的に応じた蒋廷黻大使とモスクワで意見交換をした後、一層強化された。

　（王は回答しない。長い沈黙が訪れる）

　馮：中国にとって必要なもの——それは攻守の性格を持った秘密条約であり、必要ならば我々はそれをテーブルに載せることができるでしょう。

　D. V. B（ボゴモロフ）：改めてソ連の対外政策の原則を説明する（秘密条約の否定、あらゆる国際条約がソ連の世論によって支持される必要性など）。ボゴモロフ同志は、中国に関する世論の喚起が大きな困難を伴うものであることを次のように述べて想起させる。特に我が国の世論に中国が対ソ接近を希望していることを知らせるのは難しい。中国の新聞はこの問題について完全に沈黙している。ボゴモロフ同志は、世論工作の必要性に立ち返りつつ、改めて不可侵条約についてテーゼを提示し、結論として、ソ連が中国に技術支援を行う準備があるこ

　　実描写調の表現となっている。このコロンを「は」と読み替えると意味が通じる。この箇所以降、事実描写調と会話調が混在しており、前者については「だ、である」調で、後者については「です、ます」調で翻訳している。また、一般にロシア語は同じ単語の繰り返しを嫌うが、この文書では「指摘する（указывать）」という動詞が繰り返し用いられており、これについては訳語に変化を加えていない。

とを指摘する。

　馮：貴国は我々にどれほどの武器と鋼鉄を提供いただけますか。我々はそれらを非常に多く必要としています。少なく済ませられるなら、それに越したことはありませんが。我々は貴国から武器と鋼鉄を、8億ドル分とまではいかないまでも、4億ドル分は受け取る必要があります。

　D.V.B（ボゴモロフ）：小規模なものから着手し、その後必要となれば、準備のできているものを基礎としながらさらに本件に関して熟慮することは可能です。

　王：次のように提案する。時間を節約するため、太平洋条約締結交渉を直ちに開始すると同時に、相互援助条約に関する二国間交渉を行う。太平洋条約交渉が失敗に終わったときには、時間を無駄にしないために、相互援助条約に調印してもよい。

　D.V.B（ボゴモロフ）：この提案をきっぱりと拒否し、以下のように指摘する。第1に、その場合、太平洋協定交渉は茶番となってしまう。第2に、相互援助条約交渉に入るのは、ソ連は経験豊富であるため、比較的容易である（仏ソ間およびソ連・チェコスロヴァキア間の条約のことを指摘する）。

　王：極東には特殊な状況があるため、ソ中条約は指摘された2つの条約と完全に同じようなものにはなり得ず、したがって2つの西側との条約で取り決められた支援に係る長い手続きを避けるため、ソ中条約交渉は直ちに開始されるべきだと指摘する。

　D.V.B（ボゴモロフ）：改めてソ連側の全ての条件を繰り返し述べる。彼は、世界の世論が条約を戦前期の軍事同盟条約への回帰であると評価するようなことがあれば、この条約がいかに好ましくないものとなるかを再度指摘する。ボゴモロフ同志はソ連側の見解を要約し、改めて次のように提案する。即座かつ同時に、一方で太平洋地域協定交渉を、他方でソ中不可侵条約締結交渉を開始する。同時に、中国に技術的支援を行う。太平洋条約交渉が不首尾に終わった場合には、不可侵条約がすでにそうであり、技術支援に対しても広がっているように、両国の世論に受け入れられた形での二国間相互援助条約の交渉に移る。

　馮：相互援助条約が成立した場合、ソ連は技術支援に関して我々にどれほどのものを提供いただけそうですか。

50——邦訳 ソ連外交文書

D. V. B（ボゴモロフ）：我々は中国を信じており、我々の関係がさらに好ましいものへと発展していくことを確信していますから、直ちに技術支援についての交渉を開始する用意があります。

王：議論を終えるとともに、全ての話は十分検討し、その後数日内にボゴモロフ同志に正式な回答を伝えると述べる[90]。

協議は約2時間続いた。

南京市、1937年5月18日

（出典：АВП РФ. Ф. 09. On. 30. П. 14. Д. 180. Л. 109-113. 原本。初公刊）

【文書11】

1937年5月24日。ジュネーヴよりソ連外務人民委員 M. M. リトヴィノフのソ連外務人民委員部宛電報。太平洋協定と西側列国の立場について

今日の会話のなかで[91]イーデンは、ロンドンとパリでの会談[92]が何も実質的な成果をもたらさなかったと認めたが、それらのおかげで互いの信頼が深まり、いくつかの不安を解消できたと述べた。本使は彼に、ヒトラーが次は警告なしに電光石火で攻撃すると明言していることを思い出させ、甘く見すぎて安心するのは禁物だと諭した。

イーデンはイタリアとチャーノ個人への侮蔑と敵意を隠そうとしなかった。ベックとの対談について彼が言うには、自分が彼による悪事だと見なしていたことは、おおむねその通りであった由。

本委員はイーデンに、その話はロンドンでもしていたと指摘し、そのあと彼がベックと2度目の対談をしたことを思い起こさせた。イーデンは、ベックが今度もまったく同じことを繰り返したのだと答えたが、本使には信じ難かった。

イーデンは、日本とはまだいかなる交渉もしていないと改めて断言し、吉田

---

90) 文書に下線あり。109葉に「D. ボゴモロフ。I. オシャーニン」との自筆による署名あり。RKO4 文書9も参照。
91) 文書33葉に「最優先。電報コピーは駐英ソ連全権代表部に送付された」。
92) 『イズヴェスチヤ』1937年4月8日付参照。

文書 12——51

は探りを入れているだけで、近々具体的な提案を示したいと約束したが、イギリスは中国を犠牲にするような条約は決して結ばないと請け合った。

　オーストラリアのライオンズ首相の提案に触れながら、イーデンは、相互援助条約を結ぶ用意はあるが、それに固執するつもりはないと述べた。太平洋不可侵条約[93][94]にイギリスは肯定的との由で、その種の条約を孔も容認しているかのような口ぶりであった。その条約を日本は受け入れるだろうかとのイーデンの質問に対し、本使はこう答えた。受け入れぬ場合は日本抜きの条約が成立することを予め承知させておけば、たぶん条約に加わるほうを選ぶだろうし、そうでない場合は、成立を妨害しようとするはずだ、と。イーデンが言うには、ともかくこの件に関する会議を招集してみる価値はあるとのことだった。

リトヴィノフ

（出典：АВП РФ. Ф. 059. Оп. 1. П. 276. Д. 2725. Л. 33-34. 既刊：ДВП. Т. XX. С. 266）

【文書 12】

1937 年 5 月 26 日。ソ連外務人民委員代理 B. S. ストモニャコフの、ジュネーヴにいるソ連外務人民委員 M. M. リトヴィノフ宛電報。中国問題と日英貿易に関するロンドンでの英日交渉について。また英国の日本へのクレジット供与について

　ロンドンでの英日交渉はかなり進展した。論点は中国問題、貿易問題、財政問題の 3 つである。1 つ目と 2 つ目に関して日本側はすでに具体的な提案を行った。

　中国に関する日本側の主な提案は、華中と華南で日本がイギリスと協力するのと引き換えに、華北における日本の特殊権益を認めてほしいというものだ。その際に日本は、いかなるイギリスの権益も侵さないと約束した。華北に関して日本は、言質を取られることがない曖昧な表現で、領土の獲得を目指しているわけでないことを示し、イギリスを安心させた。

93）【文書 4、5、6、7、12、13、14、15、16、22、24】参照。

94）〔原注〕1937 年春の太平洋協定問題に関するイギリスの立場については以下を参照。ДВП. Т. XX. С. 258-259.

52——邦訳　ソ連外交文書

　貿易問題に関しては、中国に経済拡大するうえでの障害を除去するのに手を貸してくれるなら、その他の市場ではイギリスとあまり張り合わないようにすると、日本は約束した。

　財政問題に関しては、吉田とリース＝ロス[95]との間で、大規模な借款についての交渉が行われているが、それは現在我々が受けているものよりはるかによい特恵条件になる見通しだ。

　　　（出典：АВП РФ. Ф. 059. Оп. 1. П. 249. Д. 1748. Л. 39. 既刊：ДВП. Т. XX. С. 271）

【文書13】

1937年5月29日。ジュネーヴよりソ連外務人民委員 M. M. リトヴィノフの、ソ連外務人民委員部及び駐華全権代表 D. V. ボゴモロフ宛電報。太平洋協定と西側列国の立場について

　孔[96]が当地でいっしょに食事をした際、本委員に話したところによれば、イーデンは協定[97]がアメリカにとって受け入れ可能かは疑わしいとのみ述べたそうである。孔自身も現在は、この件はゆっくり長期的に取り組まねばならないと認識している。

　　　　　　　　　　　　　　　　　　　　　　　　　　　リトヴィノフ

　　　（出典：АВП РФ. Ф. 059. Оп. 1. П. 254. Д. 1778. Л. 52. 既刊：ДВП. Т. XX. С. 278）

【文書14】

1937年6月29日。駐米ソ連全権代表 A. A. トロヤノフスキーのソ連外務人民委員部宛電報。太平洋協定と列国の立場について

　本使は昨日飛行士たち[98]をハル[99]に引き合わせた。彼は大いに歓迎し、本

95）［原注］リース＝ロスは1937年、イギリス政府の主要な経済顧問だった。
96）孔祥熙のこと。
97）太平洋協定のことを指している。
98）［原注］ソ連飛行士 V. P. チカーロフ、G. F. バイドゥコフ、A. V. ベリャコフの北極を経由してのソ連からアメリカへの飛行のこと。

文書 15——53

使に対し、出発のまえに必ず立ち寄ってくれと依頼した。何か伝えたいことが
あるらしい。そのあと、我々はローズヴェルトに会った。非常にあたたかく、
友好的なもてなしを受けた。

　そのあとローズヴェルトは、本使と二人だけになりたいので残ってほしいと
頼んだ（了解した）。本使は彼に、オーストラリア首相が提案した太平洋集団安
全保障条約[100]もしくは不可侵条約についてどう考えるか尋ねた。ローズヴェ
ルトはこう語った。この秋に、アメリカ、それに日本、ことによれば蘭印やイ
ンドシナを含めた地域の太平洋島嶼を非軍事化し、不可侵の保証を与える問題
を提起したい。非軍事化は現実的なものだが、協定は何の保証にもならないし、
信を置けない。アメリカは同盟やその類のものに加わることはできない。いず
れにせよ、日本抜きの協定は意味がない。主な保証とすべきは、我々アメリカ
やイギリス、それにおそらくソ連の強力な艦隊である。貴国としても、いくつ
もの海を守るのは困難だが、必要だろう。日本は 14 インチ砲に制限されるの
を嫌っていることが先週明らかになった。我々は 16 インチ砲を造ろうではな
いか。イギリスも同様だ。日本がどこまで海軍競争に持ち堪えられるか見てみ
ようではないか。

　これで対談は終わった。

トロヤノフスキー

（出典：АВП РФ. Ф. 059. Оп. 1. П. 274. Д. 2707. Л. 31-32. 既刊：ДВП. Т. XX. С. 337-338）

【文書 15】

1937 年 6 月 30 日。ソ連外務人民委員部第 2 東方局長コズロフスキーと在ソ日本大使館
一等書記官宮川の会談記録。ソ連極東国境における日・満軍部隊の挑発行為に対し、ソ
連外務人民委員部が宮川[101]に抗議表明

---

99)　[原注] 1933-1944 年のアメリカ国務長官 C. ハル。C. ハルとアメリカ政府は長年、日本との
　　戦争は回避できると考え、対日宥和策をとってきた。

100)　【文書 5、6、7、9、10、11、12、13、14、22、26】を参照。

101)　[訳注] 宮川（みやがわ）船夫。RKO4 では Миякава（ミヤカワ）となっている。外務省きっ
　　てのロシア語通訳官で、在ハルビン総領事などを務めたが、ソ連側に拘束され、1950 年にモス
　　クワの監獄で死去した。2017 年 1 月 12 日に公開された外交記録により、終戦前後にハルビン
　　で邦人保護のため奔走していたことが明らかとなっている。

54──邦訳　ソ連外交文書

　抗議文を渡そうと重光を探したが、なかなか見つからなかった。8 時に宮川がやって来たので、以下の文面を大使に渡すよう依頼した。

　現地時間の 16 時 40 分、日満軍部隊は突如、乾岔子村もしくは近辺の諸島より、当時ロシア領の諸島付近にいた我が国の小艦艇に対し、砲撃及び銃撃をしてきました。この攻撃により我が軍に死傷者が出ました。我が国の砲艦は反撃しませんでした。日満軍部隊のこうした前代未聞の挑発行為に対し断固たる抗議を行うよう私は委任されました。このことと同時に、リトヴィノフ同志は次の事実についても貴大使の注意を促すよう私に委任しました。すなわち、いかなる偶発事も情勢の複雑化を招くことがないよう、双方はあらゆる必要な策を講じるという昨日の合意がなされたあとに、我が国の小艦艇に砲撃と銃撃がなされるという許しがたい事件が生じたことです。我々は日本政府がこれ以上の挑発行為を許さぬ措置を直ちにとることを期待するとともに、この種の行為の結果、我が軍部隊が報復し、こうしてリトヴィノフ同志と重光大使の合意が破談になっても、全責任は日本政府の側にあることを予め伝えておきます[102]。

　宮川はこの声明を大使に伝えると約束したが、事件の責任は自分たちにないと考える、なぜなら日本政府は問題の平和的解決に向けてできる限りのことをしているからだと述べた。それから彼は、重光大使の委託により、以下のことをリトヴィノフ同志に伝えるよう依頼した。

　リトヴィノフ同志と重光の会談に関するコミュニケは、討議内容を十分に反映していない。それには大使が述べたことの多くが漏れている。大使はまずソ連軍部隊が不法に占拠している諸島から撤退すべしと主張したのである。満洲側に占拠や撤退を云々される筋合いはない。大使は会談の内容を東京、そしてついでながら新疆にも伝えると約束した。大使は関東軍司令部については一語も発していない。にもかかわらずコミュニケには、大使が会談内容を東京と関東軍司令部に伝える由が記されている。いわゆるリトヴィノフ同志との合意に関するコミュニケの最後の文言について言えば、彼は自分の願望を述べたのである。大使も無論、同意見ではあったが。大使が約束したということはあり得ず、それゆえ合意の違反との言い分は通らない。

───────────

102）〔原注〕M. M. リトヴィノフと重光の交渉と合意については『イズヴェスチヤ』1937 年 6 月 30 日付を参照。

文書 16——55

　私はこう述べた。コミュニケにおけるリトヴィノフ同志の談話が正しく伝えられているか、またその解釈はどうかについて宮川と議論するのは適切でない。それは大使自身がリトヴィノフ同志と会って行うしかない、と。ただし、次の点だけは付け加えておきたい。私はリトヴィノフ同志と重光の会談内容を承知しているが、コミュニケはその内容を全く正しく記しているということである。

コズロフスキー

　（出典：АВП РФ. Ф. 09. Оп. 1. П. 115. Д. 58. Л. 128-130. 既刊：ДВП. Т. XX. С. 338-339）

【文書 III-398】

1937 年 7 月 7 日。1937 年 7 月 7 日付全連邦共産党（ボ）中央委員会政治局決議。国境問題について

　アムール川の島について[103]。
　リトヴィノフ同志に、日本大使を呼び出すとともに、島の原状回復に関する合意に違反し、軍隊によってアムール川の島を占領したことに対し、抗議を表明するよう委任する。
　抜粋の発送：リトヴィノフ同志へ

中央委員会書記

　（出典：РГАСПИ. Ф. 17. Оп. 162. Д. 21. Л. 115. 写。タイプライター版）

【文書 16】

1937 年 7 月 8 日。タス報道。ソ連極東国境における日・満軍部隊の挑発行為について[104]

　ハバロフスク、7 月 6 日（タス）。
　7 月 5 日 12 時 15 分、5 名からなる我が国境守備隊は、第 24 国境標識の南に位置するヴィノクルカ山系地域の国境巡視をしていた際、ソ連領に日満軍の兵

103）【文書 III-390、391】を参照。
104）【文書 15】参照。

56——邦訳　ソ連外交文書

隊を発見した。我が隊の接近を察知した日満軍側は、我が国境守備隊に発砲し、満洲領へ逃げ込んだ。

14 時 30 分、再び同地域の巡視をしていた我が国境守備隊は、日満軍部隊から突如、小銃および機関銃による集中攻撃を受けた。彼らは 1 個中隊程度の規模で、ソ連領ヴィノクルカ山の斜面に待ち伏せしていたのである。交戦が行われた結果、日満軍部隊は国境線の向こう側へと撃退された。両軍に死傷者が出た。

（既刊：『イズヴェスチヤ』 1937 年 7 月 7 日）

【文書 17】

1937 年 7 月 9 日。ソ連外務人民委員部の公報。アムール川流域諸島の帰属およびソ連領内への日・満軍部隊の侵攻に関する問題について

7 月 6 日、外務人民委員部はアムール川ボリショイ島に 1 個中隊程の規模の日満軍部隊が現れたとの報を受けた。同日、外務人民委員部は、在モスクワ日本大使館に釈明を求めた。昨日までに日本大使館から満足な回答が得られなかったため、外務人民委員のリトヴィノフ同志は昨日、重光日本大使を招き、以下の通り言明した。

アムール川の諸島が原因で、今にも紛争が起きそうであった情勢は、双方がそこに駐留する軍隊を撤退させると合意したことにより、沈静化した。ソ連政府は両軍の同時撤退を主張し、7 月 2 日付の日本大使の公式声明に基づき、自国軍の撤退を行った。その声明によれば、日満軍は諸島付近にもういないとのことであった。諸島に日満軍が再び出現したことは、このような次第で、日満側による約束違反である。ソ連政府は満洲の諸島を承認しないし、これからも承認するつもりはない。それゆえそこに日満軍の兵隊がいることは違法と見なす。

あたかも満洲に諸島が所属し、それらの付近をソ連の小艦艇が 2、3 隻航行したかのような大使の言い分をリトヴィノフ同志は不服と見なし、自身の論拠を譲らず、自分の声明と抗議を日本政府に伝えるよう大使に依頼した。

文書 18──57

　リトヴィノフ同志は、最近再び日満軍部隊がソ連領に侵入したり、日本の飛行機がソ連国境を侵犯したりといった事態が頻発していることに対し、日本政府の注意を促してほしい旨も大使に依頼した。ソ連の国境守備隊は、日満軍部隊の国境侵犯を許してはならないこと、ソ連領に彼らの姿を認めた場合、あらゆる手段をもって彼らを撃退すべきことを厳命されていると、リトヴィノフ同志は警告した。

　リトヴィノフ同志は、満洲沿岸から砲撃され沈没した小艦艇をソ連政府が引き揚げる予定であると大使に伝えた。

　（既刊：『イズヴェスチヤ』1937 年 7 月 9 日）

【文書 18】

1937 年 7 月 9 日。北京よりタス報道。1937 年 7 月 7 日、日本軍が盧溝橋の中国軍を攻撃し、日本の中国侵略が新たな段階に入ったことについて[105]

　日本軍部によるいつもの挑発行為（北平付近の中国軍に対する日本軍の攻撃）は、どうやら次のような目的をもっているようである。華北政府をテロ行為で脅かし、服従から脱しようとの試みを断念させ、重要な戦略拠点である盧溝橋を奪い、その後に山東、山西、綏遠等の省へと支配地域を拡大していくことである[106][107]。

---

105)　北京の新聞に公表された日付。

106)　〔原注〕この文書は、新たな段階に入った日本の中国侵略に関してソ連中央紙が報じた最初のものである。6 月 16 日、駐モスクワ中国大使はソ連外務人民委員部に対し、盧溝橋事件について書状で報告を行った。
　　1937 年 7 月 29 日、B. S. ストモニャコフは D. V. ボゴモロフに宛て、新たな段階に入った日本の中国侵略に関する文書を送った。「我々はクレムリンに呼ばれた。その場で、最近の中国政府の提案に関する貴殿の報告書が審議された。
　　……事件について貴殿から受け取った情報は甚だ不十分である。タスの電信のほかは、実のところ貴殿からの電報にしても得るものがなく、中国で生じている極めて重大で、かつ複雑な情勢に我々がどう対応すればいいのか考える上で助けにならない。
　　貴殿が人手不足であることは承知している。しかし事態の緊急性に鑑み、持てる力を総動員し、より多くの情報をもたらしてくれることを望む。B. ストモニャコフ」（АВП РФ. Ф. 09. Оп. 27. Д. 25. Л. 100-101）。

107)　〔原注〕日本の中国侵略の規模が拡大しているとの情報がモスクワに届いたのは、駐華米大使館がワシントン宛に同種の情報を送ったあとのことであった。中国からワシントンに情報が伝

58——邦訳　ソ連外交文書

（既刊：『イズヴェスチヤ』1937 年 7 月 10 日）

【文書 19】

1937 年 7 月 11 日。上海よりタス報道。華北情勢について [108]

　セントラル・ニュース社の北平特派員が伝えるところによれば、日本は自国軍を豊台（北平付近）に集中させている模様である。昨日、天津からここに約 1000 人の日本兵が到着した。日本軍は通州（北平の東方）からも豊台に結集している。それに加え、日本軍は北平から盧溝橋地区に結集している。

　南京政府の外交部は昨夜、日本軍の華北における行為に対し口頭の抗議を行い、法の定めていることを求めた。

　同盟通信社の報道によれば、北平の燕京大学の学生が 7 月 8 日、日本軍の行動を非難する大衆集会を開き、日本への宣戦布告を要求した。同様の集会が上海でも開かれている。

　中国の新聞は一致して、日本の侵略者にこれ以上譲歩してはならないと主張している。

（既刊：『イズヴェスチヤ』1937 年 7 月 11 日）

　えられたのは、1937 年 7 月 9 日だったのである（駐華米大使館参事官ペックの C. ハル米国務長官宛電報）。*FRUS*, Vol. III, The Far East, pp. 129-130 を参照。

　日本の新たな中国侵略に関する情報の一つとして、日本の中国侵略に関する中共中央委声明が 1937 年 7 月半ば、モスクワで公表された。

　1937 年 7 月 8 日、中共中央委と中国紅軍司令部の中国人民に対する声明より。

　「全国の同胞たちよ！　北京と天津が危機にある！　華北が危機にある！　中華民族が危機にある！　全民族が抗戦して初めて我々の活路があるのであって、我々は直ちに進攻する日本軍に対し決然と抵抗し、また直ちに新たな大事変に対処すべく準備するよう要求する。全国の上下に至るまで、日本の侵略者との間にはいかなる気休めの和平を企図することをも放棄すべきである。全中国の同胞たちよ！　我々は馮志安部の果敢な抵抗を称賛し擁護すべきである。我々は国土と存亡を共にするとした華北当局の宣言を称賛し擁護すべきである。我々は宋哲元将軍が直ちに第 29 軍全軍を前線に派遣して応戦することを要求する。我々は南京中央政府が真剣に第 29 軍を支援するとともに、直ちに全国の民衆の愛国運動を昂揚させ、抗戦のための民意を発揚し、また直ちに全国の陸海空軍を応戦に備えさせることを要求する」（張宏志『抗日戦争的戦略防御』北京：軍事学院出版社、1985 年、21 頁）。

108）　ソ連紙に公表された日付。

【文書 20】

1937 年 7 月 13 日。駐華全権代表 D. V. ボゴモロフと立法院院長孫科の会談記録。日本の華北侵攻下におけるソ中関係について

　孫科が上海の新しい外交部全権代表余銘[109]を通じて、対談のため自分のクラブに寄ってほしい旨依頼してきた。孫は王寵恵からの私信を見せてくれたが、それによると、王は彼に本使と会えるよう取り計らってほしいと頼んでおり、昨日外交部からロンドン、パリ、ワシントンの中国大使に送られた電文を本使に渡すよう依頼していた（英語の電文をこの文書に添付する）[110]。外交部の情報によれば、中国大使の蔣廷黻は現在モスクワを留守にしているので、上記の電文をソ連政府に伝達してほしいと、孫科は言い添えた。

　華北で生じている事態[111]について意見交換するなかで、孫科はこう述べた。中国政府は事態をきわめて深刻に受け止めており、大規模な軍事衝突が起きることを心配している、と。彼は戦闘が始まったばかりの今月 9 日に牯嶺[112]からやって来た。蔣介石と紛争について話し合ったが、蔣はこの紛争がますます大規模なものとなり、泥沼化するだろうとの確信を口にしたという。彼自身は紛争が日中間の公然たる戦争に発展すると考えている。中国政府はこれ以上中国の領土を割譲してはならないと決意し、すでに河北の国境地帯と、保定にも軍隊を派遣した。孫科は「日中戦争の結果、ソ満国境地帯はどのような影響を受けると考えますか」と尋ねた。本使は「現段階でその質問に何か答えるのは困難です」と回答した。

　孫科の問いは 2 通りに解することができる。1) 大規模な日中戦争が勃発した場合、ソ連は中国を助けることができるか。または、2) 日本は同時にソ連

---

109)　[原注] この文書記録は、1937 年 6 月 18 日から 7 月 14 日までの D. V. ボゴモロフの日記に収録されている。

110)　非公開。

111)　【文書 18、20、23、25】を参照。

112)　桂林。[訳注] RK04 においては、本文で「牯嶺（Кулин[a]）」とある箇所に、これが「桂林（Гуйлинь）」であるとする旨の脚注が付されているが、正しくは牯嶺である。牯嶺は当時蔣介石ら国民政府要人が滞在していた廬山の景勝地。この箇所に限らず、RK04 では文書本文においても底本の注においても牯嶺と桂林を混同する例が散見されるため、注意が必要である。

60——邦訳　ソ連外交文書

に対しても戦争を始めないか。むろん最初の解釈のほうが正しいとは思ったが、質問があいまいな形でなされたため、回答も言質をとられないよう、あいまいなものとした次第である。

　さらに意見交換を行うなかで本使は、ある程度はロンドンでの英日交渉[113]が、日本の華北侵出を許すことになったのではないかとの推測を述べた。孫科は賛同した。

　ソ中関係に関する会話のなかで孫科は、蔣介石が追求する対ソ政策は用心深すぎると指摘し、自分と馮玉祥はソ中接近を加速化させたいと思っていると述べた。さらに彼は、現外交部長の王寵恵は、当然のことだが、蔣介石なしには何もできないと言った。本使はこう指摘した。もし誰かがソ中関係の停滞の責めを負わねばならないとすれば、それは専ら中国側であると。

　本使が以前提起した問題に関して王寵恵と話したか、と孫科が尋ねたので、馮玉祥主催の昼食会のとき、王寵恵は本使のすべての質問に「早急に」回答すると述べたが、その後彼とは話していないと答えた。そしてこう付け加えた。ソ連で行われていることや、ソ連国民の暮らしぶりを中国の民衆に知らせぬよう、中国の検閲機関が全力で画策しているところをみると、中国政府が本当にソ連と緊密な関係を築こうとしているとは信じがたい、と。

　孫科は華南に行く心積もりであったが、華北での紛争ともからみ、たぶん上海にとどまるだろう。

D. ボゴモロフ[114]

（出典：АВП РФ. Ф. 09. Оп. 1. П. 110. Д. 26. Л. 218-220. 写。タイプライター版。既刊：ДВП. Т. XX. С. 375-376）

【文書21】

1937年7月16日。ソ連外務人民委員 M. M. リトヴィノフの駐英・仏・米ソ連全権代表宛電報。華北への日本の軍事侵攻に関する中国政府のソ連外務人民委員部への通知に関

113）　［原注］英日交渉は日本のイニシアティヴで始まった。ソ連外務人民委員部の見方によれば、日本軍の中国における失策のせいで、日本はイギリスと話し合って中国で勢力圏分割を行い、日本を（［訳注］イギリスを、の間違いか）対中国戦争における自分の同盟国にしようと目論んだのである（この点については ДВП. Т. XX. С. 271 を参照）。

114）　220葉の文書末尾に D. ボゴモロフと自筆署名。

して

　本日中国大使は中国政府の指示に基づき、北京近郊での出来事に関する通知文書を本委員に手渡した。そこに書かれているところによれば、盧溝橋への急襲や、華北への大規模日本軍の侵入は、明らかに中国の主権への侵害であり、九ヶ国条約[115]の精神と文言、ケロッグ＝ブリアン条約、そして国際連盟の規約に反する。報告書は次のような文章によって締めくくられている。「中国は自らが有するあらゆる手段を用いて自国領土と民族の名誉とその生存を守らなくてはならないが、他方、日本との争いを国際法に則った平和的手段で解決する用意がある」。大使の言によれば、同様の通知がワシントン条約に参加した九ヶ国にも送付された。さらに大使が伝えるところによれば、昨日東京に、イギリス、アメリカ、フランスの大使も共同の（ということらしい）抗議を行ったとか。彼は本委員に、集団行動の意味を考え、ソ連政府も東京にそのような抗議を行えないかと尋ねた。本委員は次のように答えた。その3ヶ国は我々に抗議のことを伝えてこないし、共同声明文の中身すら知らされていない以上、我々が何か表明したとしても集団行動の一部とはならず、むしろ単独行動になるだろう。しかも他国の模倣と見なされるはずだ。そのようなことにソ連政府は応じるわけにはいかない[116]。

リトヴィノフ

　　（出典：АВП РФ. Ф. 059. Оп. 1. П. 295. Д. 2863. Л. 144. 既刊：ДВП. Т. XX. С. 383-384）

【文書22】

1937年7月16日。上海より駐華全権代表 D. V. ボゴモロフのソ連外務人民委員部宛電報。極東情勢安定化に関する中国政府の提案に関して

　孫科から再び来てほしいと依頼があった[117]。電話で王寵恵と話したばかり

115）　［原注］1922年ワシントンにおける九ヶ国条約のこと。
116）　【文書22】を参照。
117）　文書144葉に「最優先」。

62——邦訳　ソ連外交文書

だそうで、彼の要望で本使と会いたいとの由。中国政府の外交措置に関する本使の電報に対し、モスクワから何か返事が来たかと孫科は尋ねた。ないと回答し、ソ連政府からの直接的な指示は一切ないと考える、なぜなら公的声明はワシントン、パリ、ロンドンでなされたにすぎないからだ、と言い添えた。我々としては、中国政府は本使を通じてソ連政府に外交措置の件を通達してきたが、それはあくまでイギリス、アメリカ、フランスの各政府との関係上、なされたものと理解する。孫科はこの本使の発言には触れず、本使と話したい第2の事柄は、極東の平和と安定に関する交渉をソ連と始めることに中国政府が賛同したということだと述べた[118]。本使は彼の言説が解せないと答え、我々はすでに3つの具体的な問題提起をしているはずだと指摘した。すなわち、

1）中国政府による太平洋地域条約の提案
2）ソ中間の不可侵条約
3）上の2つに引き続いての相互条約交渉[119]

である。

　これらの問題提起のうち、どれに対して賛同したのか、明確に答えてほしいと本使は述べた。

　孫科は、先日の我々と王寵恵との議論を繰り返し、中国政府が率先して太平洋条約を提起できない理由を長々と説明し始めた。日本はどのみち賛成しないだろうし、よし賛成するにせよ、満洲国の承認を求めてくるはずだ云々と説き、現在考えているのはソ中間の相互援助条約であると言って締めくくった。本使はその問題についてはすでに十分協議したはずだがと述べ、ソ連側の見解を繰り返した。孫科はその要点を再確認し、了解したのでその旨王に伝えると述べた。孫は、華北情勢の変化に鑑み、中国政府の提案をソ連政府に伝えてほしい

118）　［原注］中国共産党の立場を想起されたい。
　　　1937年7月15日、国民党との協力に関する中共中央委の声明より。
　　　「……誰もが知っている通り、民族の生命が深刻な危機にある現在、我々民族内部が団結して初めて日本帝国主義の侵略に勝利することができる」。声明では次のように指摘された。「国民党と真摯に団結し、全国の平和統一を強固なものとし、抗日民族革命戦争を遂行するため、現在我々は、ソヴィエト区の解消、紅軍の改編等といった、合意内容のうち形式上まだ実行していないいくつかの部分について直ちに実行し、それによって全国の力を統一、団結させ、外敵の侵略に抵抗する準備がある」（項立嶺『抗日戦争史話』上海：上海人民出版社、1986年、20頁）。
119）　【文書4、11、12、15、21】参照。

と依頼した。本使は、もちろんこの対談内容については電話で政府に伝えるが、その提案には何も新味がないし、本使の述べたところがソ連政府の立場であると回答した。

華北情勢に変化はないか、また、冀察政務委員会が7月11日に日本側と暫定協定を結んだというのは事実に即した情報かと、本使は孫科に尋ねた。南京の情報によれば、そのような協定は結ばれていないとのことだった。ただし天津市長[120]が口頭の約束を与えたというのはあり得ると認めた。孫科の言によれば、中国政府は祖国防衛のためにあらゆる策を講じており、中央政府軍の一部はすでに保定にいるそうだ。宋哲元[121]が伝えるところによれば、現在、万里の長城の南に1万5000人の日本兵がおり、日本本土から2個師団が移送される見込みだという。宋の計算では、日本が華北に送れるのは5万人以下で、それは第29軍が撃破できる由である。

孫科は王寵恵に、本使の南京行きを希望しているかと尋ねたところ、もう少し待ってほしいとの回答だったそうである。本使としては来週にでも南京に行くつもりだと孫に伝えた。

中国政府はどうも分別を失い、なすべきことがわからず右往左往しているようだ。様々な情報筋によれば、中国政府はすでに自軍を河北に派遣したらしい（例えば第1および第2師を蒋介石は保定の南の正定・石家荘地区に移送させた由）。しかし本使には、蒋介石が多少の面目を失っても、日本人と取引すべく全力を傾注しているように思われる。宋哲元にも日本人と戦おうとの意欲が全く見られない。中国政府が河北へ派兵したのも大規模な示威行動と見なすべき性格のものであって、今日から天津で始まった交渉での立場を強めるのが目的だろう。交渉の結果は日本次第である。今回もし日本側が、石家荘の鉄道敷設を含む経済利権の獲得と、自分たちの戦略的立場の改善だけで収めようと決意すれば、その目的は間違いなく達せられるし、中国政府はそのような条約を結ぶか、あるいはたぶん、宋哲元に結ばせるだろう。もし日本側が今すぐに、殷汝耕の場

---

120)　[訳注] 張自忠。

121)　[原注] 宋哲元は1937年半ば、冀察政務委員会委員長であり第29軍司令官でもあった。この点については *М. И. Сладковский*, глав. ред. Новейшая история Китая: 1928-1949. М., 1984. С. 95-100 を参照。

64──邦訳　ソ連外交文書

合と同じく、河北とチャハルからなる事実上の自治組織をつくろうとすれば、大規模な日本軍の移送ともからみ、蔣介石は不本意ながら、抵抗せざるを得なくなるという可能性も排除できない[122]。

ボゴモロフ

(出典：АВП РФ. Ф. 059. Оп. 1. П. 267. Д. 1852. Л. 121-124. 既刊：ДВП. Т. XX. С. 384-386)

---

[122]　[原注]中国政府としては、（中国領に大きな政治的、経済的関心を抱いている）西側列強と、それら列強が決定的な発言権を持っている国際連盟に大きな期待をかけていた。

国民党の戦略の中では、抗日戦で国際的支援を得ること、日本と戦うための国際共同体を組織すること、連盟の働きを強化することが全体として大きな比重を占めた。周知のように、連盟、アメリカ、イギリス、その他の大国は、太平洋地域で戦争が始まるまで、中国に必要な支援を行わなかった。中国は日中関係の諸問題を政治的方法で解決する可能性を排除するとの見方が、多かれ少なかれ西側諸国の政策を左右していた。蔣介石も中国の国家元首として、強大な東方の隣国と戦争することは望んでいなかった。彼は長年、日本の政権にはいずれ親中的な人士が就くはずだと考えていた。蔣介石は、もし日本が中国の伝統的な領土における主権を認めるなら、和睦する余地はあると思っていたのである。彼の考えでは、現下の情勢においては、他の全ての日中関係問題、例えば中国領における日本の利権問題等々は、合意に達し得るものであった。だが彼の幻想は、1937年春には打ち破られた。もし日本がさらに大規模な侵略を行うなら、中国は戦争を開始するほかないと、蔣介石は決意を固めた。これは容易ならざる決意であった。というのも、中国は経済的、軍事的に日本より弱かったからである。しかし中国では大規模な抗日運動が展開され、もし中国政府が戦争に踏み切らなければ、国内は制御不能になり、中共の中国「赤化」を助けることになりかねないと蔣介石は感じた。このようなことも対日戦を決定する上での理由の一つとなった。さらに蔣介石は、戦争を決断するにあたって、1936年末に日本のエリート層で軍国主義者が主導権を握ってしまい、日本とのしかるべき和平を結ぼうとの望みは断たれたと悟ったのであった。

歴史的文献が示すところによれば、蔣介石は日本と戦争になった場合、2つのシナリオを準備していた。第1のシナリオはこうである。まずドイツ人顧問によって鍛えられた軍隊への期待だ。そして日本の物資的・財政的資源が早晩尽き、西側列国は参戦はしないものの、経済制裁によって日本が中国との和平を模索せざるを得なくするだろうとの計算である。その読み通りにいくためには、中国軍は力を誇示し、地域的戦闘に勝利することが必要であった。

第2のシナリオを蔣介石は最悪のものと考えていた。その基本的進行は次のようなものだった。列国は中国に軍事的、軍事技術的、その他の支援を行う用意がない。中国は自国軍のみを頼りとし、また仮に外国の軍事技術的支援があったにせよ、日本との戦争に勝つことはできない。中国は勝利するまで戦うだろう。しかし極東における世界戦争が始まるまでは、中国は膠着戦に陥るだろう。中国の指導部は、日本が中国に勝利することはあり得ず、中国の主権尊重と独立と領土保全を基本とする和平に合意せざるを得なくなることは確信していた。

西側列国の政策は、極東の戦争に巻き込まれまいとすることだった。その政策はかなりの部分、次のような計算に基づいていた。すなわち、日本の侵略の次の標的はソ連である。ソ日戦争の展開のなかで極東問題の解決を図ればいいというものだった。この問題に関しては、およそ世界の全ての国が同様の立場に従っていた。しかし西欧における戦争も東洋におけるそれも、もとより同一の世界体制の枠内で行われていたのである。それをロシアの政治学や歴史学では、資本主義体制と呼んだ（詳しくは以下を参照。*P. A. Мировицкая*. Китайская государственность и советская политика в Китае: Годы Тихоокеанской войны, 1941-1945. М., 1999. Гл. II）。

【文書 23】

1937 年 7 月 17 日。ソ連外務人民委員 M. M. リトヴィノフ及びワシントン条約加盟九ヶ
国政府への中国外交部声明。日本軍の華北侵攻について

　7 月 16 日、駐ソ連中華民国大使の蔣廷黻が外務人民委員 M. M. リトヴィノ
フ同志を訪問し、政府の命により中華民国外交部の声明文を手渡した。文面は
以下の通りである。

　「7 月 7 日夜、日本軍部隊は盧溝橋付近で演習を行っていたが（それは 1901 年
の議定書の条項でも認められていない）、突如、北平市を攻撃した。そこの駐留隊
が応戦した。中国政府は平和的解決を願い、両軍の撤収によって敵対行動を停
止させようと全力を傾けた。しかし合意が得られるたびに、ほとんど時を置か
ず、それらが次々と破られ、その挙句、日本軍による攻撃が再開されたのであ
る。その間にも北平近郊のあちこちで戦闘行為が行われ、満洲、朝鮮、殊に日
本から河北省に大規模な日本の増援隊が急送されている。北平および天津地区
にはすでに 100 機以上の飛行機と 2 万人以上の兵隊が集結し、より大きな軍事
衝突をいつでも起こせるよう準備を整えているようである。

　指摘するまでもないことだが、大規模な日本軍による盧溝橋への急襲と華北
への侵攻は、明らかに中国の主権への侵害であり、九ヶ国条約、パリ平和条約、
そして国際連盟規約の文言および精神に反するものである。中国における日本
の侵略行為が引き起こした危機を放置すれば、たちまち東アジアの平和が乱さ
れるばかりか、世界の他の地域にとっても前代未聞の災厄を招くだろう。自国
領土と民族の名誉と生存を守るべく、中国は持てる全ての手段を行使せねばな
らないが、他方で、国際法と条約に則り、あらゆる平和的手段を用いて日本と
の対立を解決する用意がある。

　中国大使がリトヴィノフ同志に伝えたところによれば、同様の通知が中国政
府により、ワシントン会議九ヶ国条約のすべての参加国に送られた由である。

　（出典：『イズヴェスチヤ』1937 年 7 月 17 日。既刊：CKO. C. 160-161）

66——邦訳　ソ連外交文書

【文書 24】

1937 年 7 月 17 日。1937 年 7 月 17 日の中華民国南京中央政府決議より。盧溝橋事件に
関する日本側の要求について

　〔第 4 に、〕盧溝橋事件が中日戦争へと拡大することを阻止できるかどうかは、
全て日本政府の態度にかかっており、平和への希望が潰えるかどうかの鍵は、
全て日本軍の行動にかかっている。平和に対する希望が完全に途絶える 1 秒前
にあってなお、我々は平和的な外交手段によって盧溝橋事件の解決を追求する
ことを望むものである〔我々の立場は、次のきわめて明確な 4 点にある〕。(1) いか
なる解決も、中国の主権および領土保全を侵害してはならない。(2) 冀察の行
政組織は、いかなる非合法的改変も認めない。(3) 冀察政務委員会委員長の宋
哲元ら、中央政府が派遣した地方官吏に対しては、誰であっても解任もしくは
交代を要求してはならない。(4) 第 29 軍が現在駐留している地区は、いかな
る制約をも受けてはならない〔この 4 つの立場は、弱国外交の最低限度である。も
し相手側がなお東方民族の立場に立って一つの遠大な打算をなすようなことがあれば、
最後の岐路において両国関係が改善することは考えられない。中日両国の間に怨恨が永
遠に続くことは望まない。我々のこの最低限度の立場を軽視すべきではない。いずれに
しても、政府は盧溝橋事件について、すでに終始一貫した方針と立場を確定し、また必
ずや全力を挙げてこの立場を保持していく〕。我々は平和を希望しているのであり、
一時的な安逸を求めているのではない。また応戦の準備をしてはいるが、決し
て戦いを求めているのではない。我々は全国が応戦した後の情勢を知っている
が、それは全てを犠牲にするしかないというものであり、運よくそれを免れる
ような理は毫も存在しないのである。一たび戦端が開かれれば、南北の別もな
く老若の別もなく、何者であるかを問わず、誰もが国土を守り抗戦する責任を
負い、また一切を犠牲にするという固い覚悟を備えなければならない。

　（既刊：秦孝儀総編纂『総統蔣公大事長編初稿　巻 4 上冊』台北、1978 年、82-83 頁[123]）

---

123)　〔訳注〕RKO4 での書誌情報は次の通り。「張宏志『抗日戦争的戦略防御』北京、1985 年、24
　　　頁（A. M. レドフスキーによる中国語からの翻訳）」。本文書は蔣介石が 1937 年 7 月 17 日に盧
　　　山で行った談話の一部である。

文書 25 （III-399）——67

【文書 25 （III-399）[124]】

1937 年 7 月 17 日。上海より駐華全権代表 D. V. ボゴモロフのソ連外務人民委員代理 B. S. ストモニャコフ宛書簡。日本の中国侵略の原因と結果について

　　尊敬するボリス・スピリドノヴィチ[125]、

　　1.　華北の情勢[126]

　　華北での事態が進展しているなかで、何かしらの結論を出すことはきわめて困難です。しかし本使はこの書簡のなかで、以下の問いに、暫定的で不十分なかたちではありますが、答えてみたいと思います。1）華北における日本の新たな侵略行為を引き起こした要因は何か。2）現段階における中国政府の政策、3）考えられる事態の帰結。

　　案ずるに、中国で日本の侵略が強まった主な原因は、間違いなく英日間の合意にあります。貴殿が先月 8 日付の書簡に書かれたように、ロンドンでの日本側の提案は、主として華北における日本の「特権」を承認することです。私見によれば、その種の特権を認めることは、少なくとも北平とチャハルに関して、日本に「白紙委任状」を渡すことと同義です。他方、廣田を日本の外務大臣に任命したのは、日本政府が、少なくとも華北諸省に関しては、廣田三原則の政策に戻ったからにほかなりません[127]。

　　今日我々は、華北に新たな「自治」組織をつくろうとの日本の計画が実行されつつあるのを目撃しています。日本側の報道によれば、天津市長の張自忠は、4 項目からなる綱領の実施をすでに約束しているそうです。そのなかの一つは、華北諸省における「共産主義との共同闘争」といった馬鹿げたものですが。この項目が、北平とチャハルの随所に軍事拠点を設けられる権利を日本に与えた

124）　［訳注］本文書は RKO3 に文書 399 として再掲された。その際、RKO4 文書 25 や DVP において省略されていた文言や下線が補われている。ここでは、より完全に近い RKO3 文書 399 を底本として翻訳した。

125）　［訳注］ストモニャコフへの敬称。

126）　44 葉の本文上部に次の注記あり。「上海。1937 年 7 月 17 日、第 25 号。機密。機密解除、受入第 4470 号（ストモニャコフ官房へ）」。

127）　［原注］1937 年 8 月 13 日、米国務長官 C. ハルは、駐日米大使 J. グルーに、日中戦争に関する自分と日本大使の懇談内容を伝えた（*FRUS*, Vol. III, The Far East, p. 577）。

68──邦訳　ソ連外交文書

も同然であることは、誰でも知っています。中国は公式的にはこの報道を否定していますが、ことによると口頭で上記の綱領を受け入れたのでしょう。

　一つ明らかなことがあります。それは我々が、華北への新たな日本の侵略行為の目撃者だということです。その行為の帰結として、おそらく冀察政務委員会は殷汝耕体制と似たものになるでしょう。宋哲元には日本の傀儡になるほか道はありません。

　南京政府の政策は、相変わらず駆け引きばかりです。たしかに蔣介石は国防力を増強すべく（それも日本に対して）大いに努めてきましたが、その全行動をみれば、彼が現時点において挑戦をひかえていることは明白です。こうした結論の正しさを示す論拠は、彼の内政にあります。

　中国が日本を打ち負かすことができる条件はただ一つ、抗日戦争が中国にとって真の国民戦争となること、すなわち中国政府がうまく国民の愛国心を鼓舞し、全政党と全社会層の支持をとりつけることです。しかし、我々が目にするところは反対です。救国連盟の指導者は相変わらず投獄されたままです。一部の情報によれば、近々彼らはともかくも解放されるようですが、それは第1に、日本の侵略が強まり、また、孫文未亡人[128]が先頭に立って大規模な「牢獄への行軍」を行うなかで、投獄の事実は、政府の威信を危うくする火種となりかねないからであり、第2に、政府はこうした運動を、自分の傀儡と同じ路線に合流させようとしているからです。しかしこれらのことが起こるのは、北平とチャハルが実際に切り離されたあとの話で、そのまえではありません。抗日運動は、以前よりも抑圧の度合いが弱まったものの、それでも圧迫されつづけています。

　中国政府は数個師を保定に移しました。そして日本側がさらに南へと侵攻しようとすれば、当然中国軍は抗戦するでしょう。しかし日本側は今のところ、北平とチャハルの奪取にとどまり、保定を南京から奪う気はないようです。ですから、後退しつつも南京にあくまでも忠実な第37師が日本軍と小競り合いをしているほかは、何も起こりそうにありません。

　日ソ戦争への期待は、相変わらず蔣介石の固定観念となっています。彼は最

128）　宋慶齢。

近、レーピン[129]同志と話した際にも、日本にとっての主要問題が中国ではなくソ連だとの意見をまたもや述べた由です。蔣介石が我々との交渉に消極的なのもこれで説明がつきます。そしてここに彼の対外政策の主要な過ちがあります。というのも、日本の政治家の机上プランがどんなものであれ、いざ決断を下すとなれば、現実を考える必要があるからです。彼らは一方で我が赤軍の増強を見ないわけにはいきません。他方、華北の省は、ほとんど無防備です。たしかに日本の軍国主義者は、自分の権力維持のために、対外的冒険主義の道を支持せざるを得ません。しかし我々に対する冒険主義は、大規模戦争となり、どう決着するか見当もつきません。かたや華北に対してならば、大きな損失もなく、比較的容易に莫大な資源を奪うこともできるのです。

　本使の考えでは、北平とチャハルの分離が現実と化して初めて、蔣介石は最終的にきっぱりと抗日戦の道を選びとるでしょう。さもなければ辞任するほかありません。杜月笙、王曉籟、虞治卿といった大財閥と昨日話しましたが、彼らは間違いなく日本との軍事対決に賛成で、そのための資金を提供します。

　紛争の正式な解決についていえば、たぶん妥協を見出すのに今しばらく時間がかかるでしょう。それから新たな中間的体制が（宋哲元を入れるにせよ排除するにせよ）殷汝耕を手本に作られて完了となるのでしょうが、華北の諸省と満洲国の緊密な協力関係を築くための土壌を整えるのは大変な作業で、多くの時間を要するはずです。

　今回は（イギリスを怒らせないためにも）、日本は北平とチャハル地区だけで満足し、他の省、特に山東には侵入しないものと思われます。上海に関しては、事を荒立てようとする気配は全くありません。

　2.　全権代表部の情報活動[130]。

　貴簡では我々の情報活動を拡大する必要性を指示されています。しかし、それは本使にとって物理的に不可能です。こちらには職員が全くいません。ビト

---

129)　［原注］軍団長 A. Ya. レーピンは、1933 年から 1937 年まで、駐華ソ連大使館付武官であった。彼はソ中関係改善論者として、中国の軍事・政治エリート層の間で威信を獲得していた。例えば著名な中国の軍総司令官の馮玉祥は、I. T. ルガネツ＝オレリスキーとの対話の中で、1935 年の南京でのことを含め何度か A. Ya. レーピンと会ったが、彼は常に両国関係改善を目指していたと回顧している（АВП РФ. Ф. 09. Оп. 29. Д. 25. Л. 116）。1937 年、根拠のない罪状をもって弾圧された。その後名誉回復された。

130)　本節は初公刊。

70——邦訳　ソ連外交文書

ネル、サラトフツェフ、アレクサンドロヴァ、コヴァリョフはすでに去りました。彼らの後任に来た者は誰もいません。タス通信の職員についても同じ状況です。以前、上海には 3 名の職員がいました。2 名は去り、もう 1 名のソトフは亡くなりました。3 名の後任のうち、着任したのは 1 名だけですが、仕事に慣れるまでは少なくとも半年働いてみなければなりません。上海には南京からロゴフが転任してきましたが、そのために南京ではタス通信の活動が完全に止まってしまいました。

　モスクワ在勤時、広報局の職員の人数を専門官 2 名、主任 1 名にまで増やすことに成功しました。現時点では、3 つの専任ポストがありながら、1 名の職員もいません。着任したクラシンスキーは、中国語も英語もわからず、情報活動には使えませんので、考慮に入れていません。情報活動の全ては、依然としてオシャーニンただ一人に委ねられています。

　中国語のわかる他の職員のなかで最も適任であるのはスクヴォルツォフで、ぜひとも広報局の仕事に就かせたいところですが、秋に休暇でソ連に帰国することとなっています[131]。

　敬具

D. ボゴモロフ

（出典：АВП РФ. Ф. 09. Оп. 27[132]. П. 110. Д. 25. Л. 90-92. 原本。一部既刊：ДВП. Т. XX. С. 388-390; RKO4 文書 25。全体としては初公刊）

【文書 26】

1937 年 7 月 19 日。上海より駐華全権代表 D. V. ボゴモロフのソ連外務人民委員部宛電報[133]。国民党の主要な活動家である陳立夫と、太平洋地域協定や、相互援助とソ連の中国への軍備供給に関する条約の問題を協議したことについて

　本日、陳立夫が来訪。牯嶺から来たばかりで、蔣介石の依頼により本使と話したいとのことであった。彼はまず、情勢の変化にからみ、王寵恵との交渉に関する新たな指示を受けていないかと尋ねた。本使は何も新しい指示はない、

---

131)　【文書 III-394、401】を参照。
132)　［訳注］RKO4 に Оп. 17 とあるのを修正した。
133)　文書の 38 葉に「最優先」。

文書 26——71

こちらが提案したままになっているので、いまは中国政府からの回答待ちであると答えた。

　陳立夫は、中国政府が太平洋条約案[134]を唱道できないそもそもの理由を長々と説明し始めた（以前、王寵恵が語ったこととまったく同じであった）。いや逆に、今日の状況は中国政府がこの件で率先力を示す最上の機会なのだ。もし中国政府が九ヶ国条約を引き合いに出して他国に働きかけることが可能だと考えるなら、その条約よりもはるかに大胆な新しい提案を提起するほうがもっと有益だろうと本使は言った。

　陳立夫は、本使と王との交渉には干渉したくないそうで、個人的な意見だけを述べた。彼の考えでは、太平洋条約構想は日本の侵略への反撃になる。この点で中ソの利害は一致する。というのも、中国は第1の、そしてソ連は第2の日本の攻撃目標だからだ。だが、その他の国にとって、この条約はそれほど切実でない。それらの国は中ソが撃破されるまで、脅威感をおぼえまい。それゆえ中ソは直ちに相互援助条約を話し合うほうが得策だ。

　本使はこう述べた。ソ連の政策構想は全く異なる。我々の政策案は全て、自国の力の計算のみに基づいて立てられる。我々は日本がソ連と一対一では戦争しないことを確信している。今日のソ連は、軍事力においてすでに日本を上回っているからだ。日本ももうそのことに気づいており、西欧でソ連が戦争に巻き込まれたときのみ、ソ連への攻撃計画を策定するだろう。とはいえ、我々は日本の中国侵略に絶対反対だ。それは極東の平和を脅かすものであり、ソ連も座視できない。それゆえ中国を助けたいし、その帰結として太平洋条約の提案を希望するのだ。

　陳立夫はソ連の政策を理解していると言明し、本使が提案する交渉手順もソ連の国益にかなっていると認めた。しかし中国の国益にとっては、交渉の第3項、すなわち相互援助条約から話し始めるほうが望ましいとのことであった。彼は蔣介石の依頼により中国政府はいつでも相互援助条約に調印する用意があると正式に述べ、これをソ連政府に伝達するよう本使に言付けた。本使はむろんその言葉を直ちに政府に伝えると答えたが、しかしソ連政府の考えは、まず

---

134)　【文書 5、11、12、13、14、16、22】を参照。

72——邦訳　ソ連外交文書

は太平洋条約を目指さねばならず、同時に不可侵条約を取り上げるが、そのあと初めて二国間で相互援助条約を話し合うことができるというものだと念押しした。

　さらに陳立夫は、来訪の主たる目的は、武器注文に関する本使の提案への蒋介石の回答を伝えることだと述べた。その提案は全体として中国政府にとっても望ましく、受け入れ可能だが、蒋介石は次のことを望んでいる由。金額の枠を1億5000万か2億中国元まで拡大する。武器の引き渡し時期は、せめて1年までに短縮する要あり。債務返済（物品による）の時期は5年後に開始し、10年後に完了することとする。また中国政府はソ連から次の武器を受け取りたい。1）飛行機（ソ連のカタログを見たうえで明細作成）、2）戦車、3）口径3.7センチメートルの対戦車用高射砲、4）口径2センチメートルの同様の高射砲、5）口径7.5センチメートルの高射砲。本使は彼にソ連の提案を思い出させた。陳は要望を繰り返し、モスクワに伝えるよう頼んだので了解した。

　本使は陳立夫に、彼が不可侵条約については一言も口にしていないことを指摘し、ソ連政府はこの案件を極めて重要視しているのだと強調した。それをさらに推し進めた他の条約について語るなら、なおのこと不可侵条約を真っ先に議題にする必要がある。その件については次に会ったとき答えると陳は言った。彼は蒋介石が自身の提案に対する迅速な回答を欲しているので、ソ連政府はそれに応じてほしいと強く要望した。以下は本使の結論である。中国政府が相互援助条約に関する従前の提案に立ち戻ったことから推して、同政府は日本の侵略にあえぎ、右往左往していると判断せざるを得ない。ソ連の提案を変える必要は認められない。蒋介石が求めている調達の増額については、応じるのが望ましく思われる。1億500万か、少なくとも1億メキシコドル[135]までの増額でどうか。我々の納期を1年以内に短縮するのも望ましいと考える。支払い期限は3年から8年までに設定する。しかし同時に、不可侵条約は要求したい。それには提供した武器が、ソ連に向けられることがないよう、保証を得ておく意味合いがある。

　南京まで早急に指示を送られたし。

135）［原注］メキシコドル。メキシコで鋳造された中国の元銀貨は、普通そのように呼ばれていた。

文書 27——73

ボゴモロフ

（出典：АВП РФ. Ф. 09. Оп. 1. П. 110. Д. 25. Л. 90-94. 原本。タイプライター版。既刊：ДВП. Т. XX. С. 388-390）

【文書 27】

1937 年 7 月 20 日[136]。牯嶺会議[137] における蒋介石の演説

　我々は弱き民族として、自分自身の力を正確にはっきりと評価し、分をわきまえねばならない。この数年のあいだ、我々は平和を得るために、忍耐強く全力を傾けてきた。そして民族の復興と再生を実現すべく、たいへんな困難と大きな辱めに耐えてきた。我々の国はたしかに弱い。しかし我々を追い詰めるなら、残るものは一つだ。我が民族の力と全エネルギーと可能性を結集し、民族の生存のために戦いを始めることである。そうなれば、再び平和を語るために、我々を途中で止めることはできまい。戦争が始まったとたんに平和を求めるのは、我が民族にとって服従と滅亡に等しい和平条件を呑むことを意味するからだ[138]。

　盧溝橋事件は突発的、偶発的な出来事だと考える人もいるだろう。しかしす

---

136)　中国紙に公表された日付。

137)　［原注］1937 年 7 月、（江西省）盧山での会議。
　　　盧山（牯嶺）は、山岳地帯の保養地。Chiang Kai-shek, *Resistance and Reconstruction: Messages During China's Six Years of War, 1937-1943*, New York: Haper & Brothers, 1943, p. 3 所収の有名な蒋介石演説（"The Limit of China's Endurance," July 17, 1937）の注を参照。
　　　盧山会議が中国史において有名になった理由の一つは、ここで蒋介石が周恩来を団長とする中共使節団と会談し、抗日統一戦線について話し合ったためである。S. L. チフヴィンスキーの著作（*С. Л. Тихвинский*. Путь Китая к объединению и независимости, 1898-1949: По материалам биографии Чжоу Эньлая. М., 1996）によれば、1937 年 5 月末（С. 310）と 1937 年 7 月半ば（С. 312-317）の 2 度、蒋介石と中共使節団は会談している。
　　　盧山で蒋介石は、日本の中国侵略に関して、2 度の演説と、2 度の有名な中国国民及び軍への呼びかけを行っている。その呼びかけの一つは上述した通り。その呼びかけの中で、次のように力説されている。「我々は平和を望んでいる。しかし我々は平和への平坦な道を求めてはいない。我々は戦争の準備をしているが、戦争を望んではいない」。
　　　2 番目の呼びかけでは、自由で民主的な国家の創設問題に焦点が当てられている。
　　　1937 年 7 月末（正確な日にちは不明。北京と天津の占拠後と思われる）、蒋介石は「Drive Out the Invador」と題する呼びかけを行った。この巻に掲載されているタス報道は、蒋介石の呼びかけの前半の翻訳である。

138)　付録 3 参照。

でに 1 ヶ月前、事件が起こりそうだという兆候があった。そして双方が新聞を通じて、あるいは直接的、間接的な外交手段を通じて行った声明のあと、予想できたことであった。

我々から東北三省が失われてすでに 6 年になる。

もし華北が失われたら、北平は第 2 の瀋陽になるだろう。冀察両省は異土となり、4 つの東北の省と運命を同じくすることになろう。だがもし北平が第 2 の瀋陽になったら、南京が第 2 の北平になるのを妨げる手立てはあるだろうか。それゆえに盧溝橋確保は、我が民族全体の存亡にかかわる問題なのである。

我々は存続をおびやかす攻撃をはねつけねばならない。我が国民は、今日中央政府が自衛策の準備をしていることを知る必要がある。しかし和平へのすべての望みが完全に断たれるその間際まで、我々は外交努力と平和的手段によって、事態解決のための道をなおも探るつもりである。

〔既刊：『イズヴェスチヤ』1937 年 7 月 23 日〕

【文書 28】

1937 年 7 月 21 日。米国務省の駐米英国大使への覚書。日中の軍事衝突を防ぐため、米英が極東で協力すべきことについて

本文訳省略。

〔既刊：*FRUS*, 1937, Vol. III, The Far East, pp. 235-236〕

【文書 29】

1937 年 7 月 21 日。米国務長官 C. ハルの駐日米国大使 J. C. グルー宛書簡。日中戦争における米国の仲裁の可能性について

本文訳省略。

〔既刊：*FRUS*, 1937, Vol. III, The Far East, pp. 236-237〕

【文書 30】

1937 年 7 月 23 日。ソ連外務人民委員 M. M. リトヴィノフの声明。国際問題解決における
ソ連政府の原則的な外交政策について

　新聞紙上でなされた声明をわざわざ知らせてくれたハル氏[139] に本委員から
の感謝を伝えてほしい。ハル氏の声明の意義に本委員は注目した。それは本委
員の多大な関心を引いた。というのも、そこで扱われている問題に関して、ソ
連政府もほぼ同様の考えを有しているからである。国際関係における緊張や対
立や摩擦、さらには憎悪に満ちた衝突の危機は、最初は二国間あるいは数ヶ国
間だけのものであっても、やがては全国家の権利や利益を侵すことになるのは
疑いない。この命題は本委員が国際連盟で提唱した平和の不可分原則と同義で
ある。本委員はハル氏が声明で総括している他の命題にも賛同する。それらは
ソ連政府が喧伝するだけでなく、実際の対外政策としている諸原則とも合致す
る。すなわち、いかなる国も力による対外政策の追求や他国への内政干渉を自
制すること、国際問題の解決は専ら平和的交渉と合意に基づくこと、国際条約
の誠実な遵守、条約内容の変更は必ず関係諸国の合意に基づくこと、諸民族の
平等、軍縮その他である。特にソ連政府はすでに 10 年前、ジュネーヴに完全
なる全面軍縮案および部分的な軍備削減案を提出した。またソ連政府はジュネ
ーヴで、恒常的な平和会議の創設をも提案したが、必要な場合はその枠内で、
ハル氏の声明に述べられているような共同歩調をとることができる。実際のと
ころ今日の国際情勢は、全世界への脅威に満ちており、どの大陸もそれから免
れることはできない。それゆえ私見によれば、全ての国家による精力的な抵抗
が欠かせない。その抵抗は、連盟の活性化とともに、様々な形態をとり得る。
例えば地域的な相互援助協定などの条約である。それらのなかで、少なからざ
る重要性をもつと思われるのは、真に平和維持を理念とする国家全てが、同時
にかつ定期的に平和への意志を表明することである。本委員は断言したいが、
我が政府はいつでもそのような表明に賛同し、国際平和という共通の事業に貢

---

139)　［原注］この文書（ソ連外務人民委員 M. M. リトヴィノフの声明）は、1937 年 7 月 16 日の C.
　　ハル米国務長官の声明への回答である。

76──邦訳　ソ連外交文書

献する用意がある。

（既刊：『イズヴェスチヤ』1937 年 8 月 8 日）

【文書 31】

1937 年 7 月 23 日。駐華全権代表 D. V. ボゴモロフのソ連外務人民委員部宛電報。中国
への軍事クレジット、ソ中相互援助条約、華北の政治情勢に関する中国外相王寵恵との
会談について

　中国側は本使が本日上海に行こうとしていることを知っていたらしく、王寵
恵が来訪を求めてきた。本使は今日上海に赴く理由を述べた。すなわち中国参
謀本部からもたらされた情報によれば、ロシアの白衛兵はソ連総領事館に対し
何かしらの挑発行為を企んでいるらしいので、領事館職員にどう対応すべきか、
本使自ら指図したい。さらに、アメーバ赤痢が再発したようなので、医者にも
かかりたいと。王寵恵は、次の 3 点を本使と話し合いたいと言った。

　1.　軍事貸付金を 1 億 5000 万メキシコドルまで増額できないかソ連政府に掛
け合うよう、蒋介石が陳立夫を通じて依頼した。本使はソ連政府から回答を受
け取ったかどうか聞かれたので、まだ受け取っていないが、受け取り次第、た
だちに伝えると答えた[140]。

　2.　以前本使と陳立夫が話した問題、すなわち、いまのソ連政府に二国間の
相互援助条約交渉を開始する意向はないのかどうか、中国政府は改めて知りた
がっていた。本使は、ソ連政府の立場を知っているが、現在、その種の条約交
渉を開始することはあり得ないと回答した。以前の会談でもよくわかっている
はずだが、ソ連の立場は従前通りである。

　3.　王寵恵は大使館の発表に対するソ連政府の見解を知りたがった。日本の
目標が中国からの華北分離であることは、いまや歴然としている。現在中国は、
そうした脅威にさらされているが、いずれ日本は、華北を対ソ戦の基地に使う
だろうと王寵恵は考えている。中国政府はソ連の新聞が中国に友好的な態度を
とっている事実を非常に高く評価している由。彼は、ソ連政府が何か具体的な

───────────────

140）【文書 26】を参照。

文書 31——77

かたちで中国を支援することはできないかと尋ねた。本使はこう答えた。ソ連の世論は常にあらゆる侵略者と平和の破壊者に反対してきたし、これからもそうだ。具体的な施策に関していえば、駐モスクワ中国大使がストモニャコフと会談したと聞いている。そこで彼が述べたこと以外に何も付け加えることはできない。

　本使は王に華北情勢がどうなっているか聞いた。中国政府が得た情報によれば、宋哲元と日本の間で交渉がつづけられているそうだ。ただし中国政府は、交渉の詳細は知らない。本使はもう少し端的に、宋が中国政府に内緒で日本と合意することはあり得ると考えるかと尋ねた。王はわからないと答え、さらにこう言った。今日のいざこざがどのように終わるにせよ、対立が収まるのはほんの一時的なことで、1年後にはまた衝突がぶり返すのは必定だ。なぜなら、いまや日本の政策が全アジアの征服であることは分明だからである。日本人は「アジア人のためのアジア」を唱えているが、その本心は「日本人のためのアジア」だ。それは等しく中国とソ連にとっての脅威である。ゆえに結局両国は、共通の言葉を見つけるにしくはない。本使は、ソ連政府の立場は常に両国の関係改善を目指すものであったし、それに強固な基盤を与えようとするものだったと述べた。中ソ関係の進展がきわめて緩慢であるとすれば、その責任がソ連側にないことは、彼自身もよく承知していた。王は「我々はいつもイギリスとアメリカに過大な期待をかけすぎた。これからは中ソ関係の改善に全力を尽くしたい」と、苦渋に満ちた表情で言った。イギリスの仲介役に関する最終的回答は、まだ受け取っていないそうである。そのような仲介が何か成果をもたらすと彼はまだ期待しているようだ。イギリス政府がこの件でソ連政府にも相談していることは、彼も承知しているとのことだったが、本使はそれについて何も聞かされていないため、黙っていた。

　本日上海に発ったため、同地に電報を送られたし。

ボゴモロフ[141]

---

141)　［原注］ソ中不可侵条約の締結後、ソ連の対中軍事支援に関する交渉が始められた。軍事物資を中国に届けるためのルートを決定することが最も重要であった。沿海は日本海軍によって封鎖されていた。新疆経由での輸送は、整備された道路がないため難があった。まさにこのような理由から、最初の軍事物資（砲、飛行機、装甲車）は黒海からハイフォン、香港へと運ばれ、そこから中国軍によって華南経由で輸送された。だが、このルートは両国にとって満足のいく

78——邦訳　ソ連外交文書

（出典：АВП РФ. Ф. 059. Оп. 1. П. 281. Д. 2786. Л. 46-49. 既刊：ДВП. Т. XX. С. 400-401）

【文書32】

1937年7月25日。南京より駐華米国大使N.ジョンソンの国務長官C.ハル宛電報。日本の対中戦争問題に関する蔣介石の米国務長官宛書簡を伝達

本文訳省略。

（既刊：*FRUS*, 1937, Vol. III, The Far East, pp. 256-258）

ものではなかった。非常に長距離で経費もかかり過ぎたし、いつ日本によって遮断されるかもわからなかったからである。中国政府は新疆経由の輸送路の建設に協力してほしいと提議してきた。この輸送路は、ソ連の軍事装備を中国内陸部へ移送する主要ルートとなり得るものであった。ソ連政府は了解し、1937年10月より中国人労働者がソ連人技師の指導のもと、サルィ・オゼク、ウルムチ、蘭州を結ぶ2925キロメートルの自動車道の建造を開始した。内230キロメートルは国境地帯の村ホルゴスまでのソ連領、ついで新疆を通る1530キロメートル、さらに甘粛省を通る蘭州までの1165キロメートルである。道路の建設には数千人のソ連人が従事した。今日、この事業に参加したソ連人の正確な数を明らかにすることは困難である。なぜならこの建設には十数のソ連の省官庁が関わり、作業は同時に全域の建設現場で行われたからである。そのほか、ソ連軍部隊がルートの保全にあたった。作業に参加したソ連人のおよその数は5000人である。1937年11月半ば、戦闘を続ける中国において建設作業はほぼ完了した。サルィ・オゼクから蘭州までの全行程が今や5昼夜でカバーできるようになった（この点については以下を参照。*В. Н. Вартанов*. Операция «Z»: Советские добровольцы в антияпонской войне китайского народа в 30-40 гг. М., 1992; *А. М. Дубинский*. Советско-китайские отношения в период Японо-Китайской войны: 1937-1945. М., 1980）。

　条約履行の初期段階、新疆におけるソ連側の任務は途切れなく活動ができるように輸送路を警備することであった。機密文書における輸送路の標識は「Z」とされた。そのため軍の特殊部隊が創設され、その陣営内には750台の貨物自動車が配置された。また輸送路に沿って宿泊所や飲食施設等が設けられた。1937年と38年だけで様々な種類の兵器が10965トン輸送された。そのなかには数百機の飛行機、砲、その他の軍事物資が含まれる。

　1937年末、中国へ兵器や戦闘機を届けるための空路も順次開設された。アルマアタ、グルジャ、シホ、ウルムチ、グチュン（［訳注］現在の中華人民共和国奇台県）、ハミ、安渓、蘇州、蘭州をつなぐルートである。その全長は2600キロメートルであった。航路に沿って10ヶ所の飛行場が設けられたが、その内の一つはソ連領内、5つが新疆、4つが甘粛に置かれた。全ての運航業務はソ連側の技術スタッフによってなされ、日常運営的な問題は中国側によって賄われた（この点については *В. Н. Вартанов*. Указ. соч. を参照）。

　［訳注］底本において、この原注が本文中のどこに対応するものであるかは明示されていない。

【文書 33】

1937 年 7 月 26 日。上海より駐華全権代表 D. V. ボゴモロフのソ連外務人民委員部宛電報。ソ連の中国への軍事調達問題に関する蔣介石の提案について

　張冲来訪。昨日会った蔣介石の依頼で来たという。彼は軍事調達の問題への回答を急いでいる由。蔣介石の考えでは、政治問題はどれも解決までに膨大な時間がかかる。それゆえいかなる政治問題とも別個に、軍事調達の件をまずは片づけてもらえないか。蔣の言葉によれば、中日戦争はもはや不可避なので、日本の同盟国であるドイツからの軍事調達はもはや期待できない。中国が保有する軍備はあと 6、7 ヶ月しかもたない。中国にとって唯一頼れる供給先はソ連しかない。蔣介石はこの件を、ソ連が全く政治的義務を負う必要がない純通商問題と考えてほしいと言っている。本使が回答を受け取ったら、彼は本使と面談したいそうだ。本使は以上の内容をソ連政府に伝えると約束した。

　対談の終りに本使はこう指摘した。中国政府が公使館への挑発行為を準備している白衛兵と手を切らないうちは、南京に行くことは難しい、と。張冲はそのことを蔣介石に伝えるし、中国政府も直ちに措置を講ずるだろうと述べた。

　華北情勢の急速な展開に鑑みて、本使の以前の提案を変更し、軍事調達を不可侵条約とからめず、この件を事務的に解決することがより合目的的だと考える。指示を待つ。

ボゴモロフ

（出典：АВП РФ. Ф. 059. Оп. 1. П. 267. Д. 1862. Л. 133-134. 既刊：ДВП. Т. ХХ. С. 405）

【文書 34】

1937 年 7 月 27 日[142]。英外相 A. イーデンの声明。日中戦争における同国の立場について

---

142)　英国紙掲載の日付。

80——邦訳　ソ連外交文書

　本日、下院でイーデンは、華北情勢に関する声明を行った。イーデンによれば、日本側が新たな軍事攻勢に出る可能性があるとの情報を得たため、在東京代理大使を通じて、これ以上の軍事衝突が回避されることをイギリス政府は強く望んでいるとの声明を送った。

　さらにイギリス政府は、中国および日本の政府に対し、紛争の平和的解決を希望する旨伝えた由である。イーデンの知るところでは、フランスおよびアメリカ政府も具体的措置を講じた。イギリス政府は両政府、特に後者と密接に連絡を取り合っているとのことである。

　（既刊：『イズヴェスチヤ』1937 年 7 月 28 日）

【文書 35】

1937 年 7 月 24 日 [143]。タス報道。中国大衆により上海に抗日委員会が設立されたことについて

　上海、7 月 22 日（タス）。本日上海で、様々な社会団体の代表による集会が開かれ、1000 人以上が集まった。集会では、日本の侵略と戦うための委員会が選出された。委員会は 121 名よりなり、そのなかには中国の傑出した社会活動家もいる。集会は宣言を公表すること、日本の間諜である裏切り者との戦いを開始すること、そして祖国救済のための資金や基金を募ることを決議した。諸団体連合の宣言は、蔣介石演説の精神に則って策定されることとなった。

　上海の市民連合は政府に対し、日本との経済関係を断ち切り、民族の裏切り者である日本の間諜に断固たる措置をとるよう要請した。

　（既刊：『イズヴェスチヤ』1937 年 7 月 24 日）

【文書 36】

1937 年 7 月 27 日 [144]。タス声明。中国情勢と日中戦争における米国の立場に関する米国

143）　『イズヴェスチヤ』掲載の日付。

務長官 C. ハルとジャーナリストたちの会談について

　ニューヨーク、7 月 27 日（タス）。ハル国務長官は、駐東京および駐北平ア
メリカ大使を通じて、日本政府と中国政府に対し、北平での戦闘行為が回避さ
れることをアメリカ政府が望んでいる旨通知した。

　ハルは、北平に在住する多くのアメリカ人が危険にさらされていることを日
中政府に知らせるよう両大使に命じた。

　新聞社代表との会談のなかで、ハルはこう述べた。中国の主権と領土保全を
保証している九ヶ国条約を適用するか否かについては、まだ国務省内で審議さ
れていない。日中政府に平和を維持させるべく、アメリカ政府は全力を傾ける
所存である。

　国務省の指示によれば、アメリカは英仏外交当局と同種の行動をとるものの、
自国の政策に従い、これらの国とは別個に活動することになる。

　国務省の情報によると、北平には 1300 名のアメリカ人がいるが、そのうち
約 500 名は大使館の警備隊員である。

　（既刊：『イズヴェスチヤ』1937 年 7 月 29 日）

【文書 37】

1937 年 7 月 27 日。駐英ソ連全権代表 I. M. マイスキーのソ連外務人民委員部宛電報。日
本の対中侵略の新展開と、中国への国際的支援体制問題に関する英外相 A. イーデンと
の会談について

　イーデンは本日の対話のなかで [145]、極東問題にも触れた。彼の伝えるとこ
ろによれば、北平からきわめて気がかりな知らせを受け取ったばかりとのこと
で、早速東京に打電し、イギリス政府が中国における事態の進行をきわめて重
く見ており、日中関係の混沌化が回避されることを切望している旨、日本政府
に伝達するよう要請した由である。だがイーデンは、この措置が奏功するかど
うか危ぶんでいる。というには、最近の情勢を掌握しているのは主として関東

144）　米国紙掲載の日付。
145）　以下を参照。【文書 3、36】。ДВП. Т. XX. С. 406-408.

軍であり、東京ではないためである。イーデンは本使に、中国で生じていることをどう見ているか尋ねた。多くの兆候から推して、日本は満洲での経験を華北で再現したがっており、この地に第2の満洲国のようなものを創るつもりなのだろうと本使は答えた。イーデンは、この見方は概ね正しいと述べたが、今日の中国は6年前とは異なり、国家の存続自体がかつてよりはるかに危うくなっていると付け加えた。蔣介石はある限度を越えたら譲歩できなくなるはずだが、その限度にもはや達しているというのがイーデンの考えである。それゆえ極東で深刻な紛争が生じる可能性はきわめて高いと見ている[146]。

　このような事態に至ったことに対し、イギリスはどんな策を講じるつもりかと本使は訊いた。イーデンは両手を左右に開き、東京への三国（英、仏、米）連名の声明にアメリカを引き入れようとして2度失敗した話をまたした。イギリスはアメリカ抜きで日本政府に対し、これ以上非現実的措置を講ずることはできないと考えている。アメリカには「併行的」行動の用意があり、さらにはフランスまで同種の行動をとったが、それだけでは不十分とのこと。それからイーデンは、たまたま思い出したといったふうに、南京政府がソ連に何か言ってこなかったかと尋ねた。彼は駐ロンドン中国大使からこの件について少し聞いたが、詳細を知りたいとのことだった。本使はこう答えた。駐モスクワ中国大使が、諸国連名の提案に対するソ連の反応に興味を寄せていたので、リトヴィノフは彼に「そのような提案が我々になされるなら、我々もそれを検討するにやぶさかでない」と述べた、と。イーデンは、それは非常に興味深いと言ったものの、この話題は切り上げ、ロンドンから地方へ出かけるとかで、カドガン（極東問題常任大臣）と絶えず連絡をとるようにと本使に依頼した。

マイスキー

（出典：АВП РФ. Ф. 059. Оп. 1. П. 252. Д. 1770. Л. 154-155. 既刊：ДВП. Т. XX. С. 408-409）

【文書38】

1937年7月29日[147]。タス報道。日本国会での対アジア政策に関する廣田外相、杉山陸

146）　154葉に「最優先」。
147）　日本の新聞掲載の日付。

文書 38——83

相、米内海相の演説について

　廣田は南京政府が日本の基本政策を理解しようとしないと非難した。日本は日中満の和解と協力、そして「東方への共産主義侵出の阻止」を通じて、東アジア情勢の安定確保のみを目指しているというのだ。

　廣田の言によれば、南京政府は日中関係の正常化を頑なに拒み、国内で反日感情を煽りつづけている。7月7日の盧溝橋事件は「この政策の論理的帰結に過ぎない」。

　「いずれにせよ、今次の事態を収拾する鍵は中国側が握っている。なぜならすべては中国がいかなる道を選ぶかにかかっているからだ」と廣田は総括している。

　ソ満国境で事件が起こりつづけていることを指摘した廣田は、国境が現状のままだと紛争がやまない口実を与えかねないと日本政府が憂慮している旨を伝え、まずはこうした国境論争を終わらせる具体的措置を講じることが不可欠だと述べた。そして以下のように提案した。「この目的のために、我々は時を置かず、国境線を画定し、紛争を終息させるべく2つの委員会を設けなくてはならない。これらの問題はもう何年も検討されてきたのだから。さらにまた、全国境地帯の緊張状態を解消するため、他の手段も試みる必要がある。本使はきわめて真剣な気持ちでソ連政府に呼びかけたい。東アジアの平和のため、この課題に関して胸襟を開き、いかなる前提条件もなしに、我々とともに取り組もう」と。杉山は演説のなかで次のように語った。華北情勢が現状のままでは、「居留する日本人の保護と、北平—天津間の交通確保が保証できない。それゆえ華北の日本守備隊は、自らの任務遂行と自衛を目的として、ついに中国側に対し懲罰行為におよんだのである。同時に国防省は、現地日本軍司令部と歩調を合わせ、重大な措置を取る決意も固めている」。

　米内海軍大臣は3分間の演説のなかで貴族院に対し、中国における日本の権利と国益擁護のため、陸軍を支援すべく、海軍艦隊はしかるべき策を講ずると請け合った。海軍省は、「すでに中国各地に展開している大軍と併行して」、「事件にかかわる地域へ追加の軍隊を」派遣した。「これらの海軍はすでに活発な活動を行っている」。

84──邦訳　ソ連外交文書

　同盟通信社によれば、貴族院本会議は「華北問題に関する国民の一致団結」を誇示すべく、事前に予定した通りの決議を満場一致で行った。それは陸海軍の成員に宛て、「華北の事件勃発以来の尽力と任務遂行に感謝の意を表し、一層の成果と健康を祈る」ものであった。

　　（既刊：『イズヴェスチヤ』1937 年 8 月 1 日）

【文書 III-400】

1937 年 7 月 29 日。1937 年 7 月 29 日付全連邦共産党（ボ）中央委員会政治局決議。ソ連の対華支援について

　　中国について[148]

　1.　武器の供給をクレジットで 1 億中国元まで拡大するとともに、南京政府に、武装した航空機 200 機および戦車 200 両を以前通知した条件で、ただし 1 年の間に供給することを提案する。不可侵条約の締結を必要条件とする。

　2.　中国軍が必要としているものを調査するため、少人数から成る我が国の指揮官の一団が南京に行くことを許可するよう南京政府に提案する。

　3.　中国の飛行士および戦車兵の一団を、学習のため我が国に受け入れることに同意する。

　4.　中国軍人がウラジオストクを経由して満洲へと通行することを許可してほしいとの要請に応じる。

　抜粋の発送：リトヴィノフ、フリノフスキー、ヴォロシーロフ各同志へ

　　　　　　　　　　　　　　　　　　　　　　　　中央委員会書記

　　（出典：РГАСПИ. Ф. 17. Оп. 162. Д. 21. Л. 115. 写。タイプライター版）

【文書 III-401】

1937 年 7 月 29 日。ソ連外務人民委員代理 B. S. ストモニャコフより駐華ソ連全権代表

148）【文書 III-383、384、402】を参照。

文書 III-401——85

D. V. ボゴモロフ宛書簡。中国の内政状況、対日戦への中国世論の喚起に関する資料を中央に送付する必要性について。日中戦争における西側列国の立場について

　駐華ソ連全権代表——d. V. ボゴモロフ同志へ[149]

　尊敬する同志、

　本日、華北で展開された事件についての貴使への政治書簡の口述に専念していたが、クレムリンに招集され、たった今最近の中国政府の提案に関する貴使の通知について審議していたところである。こうして自分の意図を実現できなくなったので、短い書簡にとどめておく。

　1. あらゆる情報から判断するに、確かに英国は日本の華北侵略を懸念しているが、本官は同国がこの侵略にかなりの責任があることを確信している。この数ヶ月間、特に昨年の廣田内閣の退陣後、日本は中国に対してかなり穏健な路線を敷いてきた。それにもかかわらず、日本は今や自らに有利となった国際情勢、特にスペイン事件によって欧州で生じた緊張を利用しているのであり、日本がこのような挙に出たのは、ロンドンでの英国政府との交渉において、英国が新たな華北侵略に抵抗を示さないという確信を得たからではないかと考えている。このことは、最近に至るまでの華北での事件に対する英国の保守的な新聞や、イーデンを始めとする公人たちの反応によって裏書きされている。しかし、イギリス人たち自身は事件がここまで拡大することを明らかに予期していなかったのであり、それはきわめて最近になってようやく判明した。このように、最近 2 日間に認められた英国国内の動揺は、日本の華北侵略が新たな段階に入ったことというよりも、その規模が意外なまでに大きなものだったことによって引き起こされたのだと考えている。

　2. 米国とフランスは華北の事件に興奮してもいるが、プラトニックなジェスチャーを除けば、日本に関して何か重大な言及を加えることは避けており、現時点で何もしていない。

　3. 列国、特に英国の行動には、当然ながら日本の北京および天津の強奪後

---

149) 101 葉本文上部に次の注記あり。「極秘。機密解除。1937 年 7 月 29 日。第 2970 号」（日付は書簡の保管日）。〔訳注〕「d.」は本来は大文字で表記すべきであるが、底本で д. と小文字で表記されているのに倣った。

86——邦訳　ソ連外交文書

に重大な修正が加えられる可能性がある。

4. 注目に値するのは、ベルリンで華北の事件について不安が生じていることである。これはもちろん、日本が中国において行動を縛られることになるのではないか、またまさにそれにより、やがてドイツの同盟国としての価値が失われることはないかとドイツが懸念していることに専ら起因する。

5. 事件に関して貴使からもたらされる情報は全く不十分である。実のところ、タス通信の電報を除けば、貴使の電報からは、中国で起きている例外的なまでに重大でしかも複雑な事態に関し、状況を見極めるために役立つような情報が何も得られていない[150]。

貴使のもとにいる職員が少ないことは承知しているが、開始された事件の持つ異常な性格を考慮し、貴使の持てるあらゆる力を動員して、我々に多くの情報をもたらしていただきたい。

各種の郵便手段を通じ、特に中国国内の状況を特徴づける資料、そしてとりわけ中国社会の対日戦への動員の様子を描き出しているような資料を届けていただきたい[151]。

人民委員代理

B. ストモニャコフ

(出典：АВП РФ. Ф. 09. Оп. 27. П. 110. Д. 25. Л. 100–101. 写。タイプライター版。既刊：ДВП. Т. XX. Док. № 268[152])

【文書 39】

1937 年 7 月 31 日。ソ連外務人民委員 M. M. リトヴィノフの駐華全権代表 D. V. ボゴモロフ宛電報。ソ連の中国への軍備提供、不可侵条約と相互援助条約について[153]

当機関は、以前南京に対してなされた提案に間違いがないことを確認する[154]。

---

150)　【文書 III-394、399】を参照。
151)　100 葉に「リトヴィノフ、ポチョムキンの住所宛、第 2 東方局、簿冊へ」との送付資料あり。
152)　［訳注］底本に № 38 とあるのを修正した。
153)　102 葉に「最優先」。
154)　［原注］D. V. ボゴモロフ全権代表への指示のなかで示され、1936 年 11 月に中華民国政府に伝えられた機関指令を指す（付録 2 および ДВП. Т. XX. С. 701–702 を参照）。

文書 40——87

現在、相互援助条約を締結することは、今まで以上に不都合である。なぜなら、その種の条約は、直ちに日本に宣戦布告するのと同義だからである。武器調達を 1 億中国元まで拡大し、1 年で納品する準備ができている。支払いの時期と条件に関しては、以前の提案通りで変更はない。納入品として、装備品共々200 機の飛行機と 200 両の戦車を提供できる。中国に必要な軍事品を調べるため、少人数のグループを南京に派遣したい。訓練のため中国人の飛行士と戦車操縦士を受け入れる用意がある。軍事品引渡しの必須条件は、事前に不可侵条約を締結することである。

　7 月 29 日付電報に対して。中国人将校を通過目的で満洲に入れる準備はできている[155]。

リトヴィノフ

（出典：АВП РФ. Ф. 059. Оп. 1. П. 281. Д. 2769. Л. 102. 既刊：ДВП. Т. XX. С. 430）

【文書 40】

1937 年 8 月 1 日。駐英ソ連全権代表 I. M. マイスキーよりソ連外務人民委員部宛電報。日中戦争を阻止するための列国の共同行動へのソ連の参加に英米が反対したことについて[156]

　中国大使[157]が本日、本使に伝えたところによれば、最近彼はイーデンと 2 度の会談を行った。イーデンは現在、強い危機感を持って華北の状況を注視しており、日本政府が実際にそこに第 2 の満洲国を建設しようしていることを認めている（これまで彼はそのことを認めようとしなかった）。イーデンは郭泰祺[158]

---

155)　【文書 33】を参照。
156)　文書の 173 葉に「最優先」の注記あり。
157)　〔訳注〕蔣廷黻。
158)　〔原注〕郭泰祺は、中国の著名な外交官。1932 年から 1941 年まで駐英中華民国全権公使、全権大使。1941 年に中華民国外交部長（彼については付録 30 を参照）。〔訳注〕付録 30 にある郭泰祺の説明は次の通り。「郭泰祺（1888-1952）。湖北省生まれ。1904 年に武昌市内の高等小学堂を卒業し、米国に留学。ペンシルヴァニア大学に入学し、博士号を取得した。1912 年の帰国後、外交部を始めとする政府機関で様々なポストを歴任し、1918 年に外交部次長に就任した。1919 年、中国代表団の専門委員としてパリ講和会議に参加した。1920-30 年代には、中国の様々な政権の下において外交部次長を務めた。1932 年から 1941 年までは駐英中国公使および大使であった。国際連盟における中国代表も兼務し、連盟の各会議に参加した。1941 年に中国

88——邦訳　ソ連外交文書

に、改めて米国に対して共同行動を取るよう提案したものの、依然返事が得られていないと述べたという。周知のように、これまで米国は「併行的な」行動だけを認めてきた。郭はソ連を共同行動に引き入れることについて質問したが、これに対してイーデンは、ソ連の引き入れは「事態を紛糾させる」だけだとの考えを示した。郭は、ドイツやイタリアを刺激することへの危惧から、イーデンがソ連を引き込むことを恐れているとの印象を受けたという。この関連で郭が本使に語ったところによれば、10日前に駐モスクワ独・伊大使[159]が駐モスクワ中国大使を訪れ、次のことをきわめて明瞭に知らせてきたという。すなわち、ドイツとイタリアは日中紛争において中立的な立場を取っているが、もしソ連が何らかの形で対華支援に参加するようなことがあれば、ベルリンとローマは公然と日本と手を結ぶというのである[160]。ファシスト国家によるこの種の策動は、おそらくロンドンにおいても行われたであろう[161]。

　また、郭が確かな筋からの情報として語るところによれば、在ベルリン英国大使ヘンダーソンは、同地の米国大使に対して英米共同の対独借款供与に協力するよう説得に努めるとともに、ドイツに対しては同国によるオーストリアおよびチェコスロヴァキアの「連邦方式」の併合を英国が甘受する準備があることを公然と知らせたという。これを理由として、ウィーンとプラハは、ロンドンにおいて苦情すら申し入れているという。

　孔[162]はまだ英国にいるが、数日のうちにパリに赴くようである。

　　外交部長に就任した。1947年、中国の全権代表として国連総会特別会および国連安全保障理事会の作業に参加した。1947年から1949年まで駐ブラジル中国大使を務めた。1952年に米国で死去、64歳」。

159）〔訳注〕ドイツ大使はシューレンブルク、イタリア大使はロッソ。

160）〔原注〕1937年8月1日、駐ソ中国大使が外務人民委員M. M. リトヴィノフに伝えたところによれば、ドイツおよびイタリアの大使館は第三者を通じて彼に、ソ連が中国の側に立つ行動に出た場合には、ドイツとイタリアは日本の支持を必要とすることになるだろうと通知してきたという。

　　M. M. リトヴィノフは駐華英米仏のソ連全権代表にこの件について情報を送付した。8月7日、駐独ソ連全権代表は電報で、中華民国大使の情報が正しいことを確認したと伝えた。

161）〔原注〕米国務長官C. ハルは駐日米国大使への電報の中で、駐米日本大使との会談は、上海における軍事行動がもし起こるのであれば、それは罪の有無を問わず、全ての人々に恐るべき結果をもたらすことを確信させるものであったと伝えた。また、C. ハルは国務省から南京政府に宛てた電報について知らせたが、それによれば、中国当局は上海の戦局が悪化することを許容してはならない……とある（*FRUS*, Vol. III, The Far East, p. 577）。〔訳注〕この原注内の*FRUS*の書誌情報は誤りであるが、正しい情報は特定できていない。

文書 41——89

全権代表

（出典：АВП РФ. Ф. 059. Оп. 1. П. 252. Д. 1770. Л. 173-174. 既刊：ДВП. Т. XX. С. 435-436）

【文書41】

1937年8月2日[163]。タス報道。在華ソ連公使館施設への挑発行為について

上海。8月2日（タス）。

7月30日、ソ連公使館のある天津市の第三特別区[164]が日本軍によって占領された。そのとき中国警察はこの地区を離れており、ソ連公使館の建物は警備のないままであった。昨日8月1日夜9時、日本の情報機関に雇われた白衛兵および日本人の諜報員が、民間人の服装をして、モーゼル銃、小銃、爆弾、小機関銃で武装し、公使館の建物に突入した。無法者たちは扉をこじ開け、公使館の財産をトラックへと運び始めた。

タス通信の報道によると、本年8月1日、日本当局の代表者の一部の協力を得た白衛兵の無法者たちによって、在天津ソ連公使館に対する武装襲撃が行われ、その財産が略奪されたとの報道がモスクワに届くと、これに関してソ連政府は、直ちに在東京代理大使に対し、日本外務省に断固とした抗議を表明するよう指示した。日本の襲撃の時点で、天津の当局は事実上日本の指揮下に入っていたため、ソ連政府は、日本政府にはこの襲撃の責任があると見て、賠償を請求している。罪人たちのうち何人かの姓は、有名であったり、日本政府が知っていたりするものであるため、ソ連政府はなおのこと彼らの即時逮捕と見せしめのための処罰を望んでいる。ソ連政府は、盗まれた公使館資産の返還および襲撃によってもたらされた損害の補償のため、対応するよう要求している。そして最後に、ソ連政府は公使館の警備のために有効な措置を実施することを要求している。

（既刊：『イズヴェスチヤ』1937年8月3日）

162）　［訳注］孔祥煕。
163）　日付は中国の新聞で発表された日に基づく。
164）　［訳注］原文は третий особый район。

90──邦訳　ソ連外交文書

【文書 42】

1937 年 8 月 2 日。駐華ソ連全権代表 D. V. ボゴモロフよりソ連外務人民委員部宛電報。ソ連による対華軍事援助および日中戦争における西側列国の政治に関する中華民国外交部長王寵恵との会談について[165]

　外交部次長徐謨[166] より本使に電話があり、王寵恵との茶話会に招かれた。会談に出席したのは、彼ら両名と本使だけである。王寵恵は、「日本の注意を中国からそらす」ため、満洲国境において何らかの形でソ連の部隊を移動させてほしいという中国政府の要望を、孫科がソ連政府に伝えたかどうかを本使に尋ねた。本使は、孫科は確かにそれについて本使に話していたこと、また孫科に対し彼にすぐに表明すべき内容を返答したことを伝えた。本使がこのような問題についていかなる返事もできないことを、彼は理解すべきである。この孫科との会談については、もちろんモスクワに報告したと話した。

　本使は晩に蔣介石と会談する予定であったため、王寵恵と詳細に話すことを望んでいなかった。本使は彼に手短に、本使は軍備供給の問題についてはモスクワから満足のいく回答を得ており、またソ中関係のあらゆる問題について蔣介石と話し合う準備をしていると話した。本使は再度、ソ連政府としては現時点で相互援助条約に関するいかなる交渉を行うことも時宜を得ていないと考えていると述べた。

　本使の印象では、王寵恵も孫科も一連の出来事にあまりに驚いており、何をなすべきかわからないようであった。日本は保定や石家荘だけでなく、今後は山西、甘粛、そして北西部全域を占領するつもりであると、両名は口を揃えて力説した。彼らは、一昨日日本の航空機が保定を爆撃したと証言し、また日本の青島上陸を非常に警戒していると語った。

　本使が列国の立場について質問したところ、王寵恵は次のように答えた。

　1.　米国──不介入を完全に貫いており、いかなる共同行動をも拒否。

　2.　英国は日本のさらなる中国侵略を抑えるべく努めている。東京で英国は日本政府に対し「友好的な」忠告を行った[167]。それにもかかわらず、英国は

---

165)　文書 145 葉に「特別」の注記あり。
166)　［訳注］原文は Вице-министр иностранных дел。当時、徐謨は外交部政務次長であった。

日本側に対し、両国間のいかなる交渉も当面中断されると通告した。中国政府は、日本の中国侵略が「一定の限界」を超えないよう、英国があらゆる可能な措置を講じているものと確信している。本使は、「一定の限界」が何を意味しているのかを尋ねた。王寵恵は肩をすくめただけで、何も答えなかった。彼の言葉を用いるならば、英国は東京において共同行動をとる用意があったのであるが、米国が同意しないため、問題の意義が失われてしまった。

3. フランスは中国に対し最も友好的な態度をとっているが、米国が加わらない形での共同行動に踏み切ることはできていない。

ドイツの立場について質問すると、王寵恵は次のように回答した。ドイツは東京で日本政府に対して「友好的な」忠告を行った[168]。ドイツは中国との通商関係の発展に利害関心を有しており、それゆえに平和を希望している。しかし、日本はすでに度を超えて自らの計画を遂行してしまい、誰の声にも耳を傾けようとしていない。

王寵恵は、すでに日本は華北に約30,000人の部隊を有しており、絶えず新たな部隊を送り込み続けていると語った。日本は華北に大軍を集中させることを決意しており、それが中国のみならずソ連にも脅威となることを、彼は確信している。

本使の考えでは、我が部隊の満洲国境への「移動」に類する王寵恵の要求に何らかの形で全面的に応えることは、全く無意味である。移動の類いがまったく馬鹿げていることを、中国人は自らもって知るべきである。

ボゴモロフ

（出典：АВП РФ. Ф. 059. Оп. 1. П. 254. Д. 1770. Л. 145-147. 既刊：ДВП. Т. XX. С. 436-437）

【文書 43】

1937年8月3日。ソ連外務人民委員代理 B. S. ストモニャコフより駐華ソ連全権代表 D. V. ボゴモロフ宛電報。中国から工業、農業、生態学、医学教育の専門家が訪ソすることについて

167）［訳注］原文は сделала "дружественные" представления。
168）［訳注］原文は сделала… "дружественное" представление。

92——邦訳　ソ連外交文書

　南京政府の依頼に基づき、大使館を通じて連絡のあった、重工業、コルホーズ組織、土地利用、河川管理、水力工学、農村協力の諸問題の視察を目的とする8名の南京政府代表のモスクワ来訪は、許可された[169]。

　また、医学教育の方法を調査するため、医学研究所の所長[170]である張維がモスクワに来訪することも、許可された。

ストモニャコフ

（出典：АВП РФ. Ф. 095. Оп. 1. П. 281. Д. 2769. Л. 112. 既刊：ДВП. Т. XX. С. 442）

【文書 III-402】

1937 年 8 月 5 日。全連邦共産党（ボ）中央委員会政治局決議。以前より主張されていたソ中不可侵条約案の修正について

外務人民委員部の件[171]

　以前主張したソ中不可侵条約案について、次の修正を加える。

　1.　前文の開始部分を次のようにする。「ソ連政府と中華民国政府は、両国関係を基礎づける相互友好の原則に基づき、またソ連人民と中国人民の利益が等しく平和にあることを確信し、相互信頼に基づく協力を希求する」。その続きは従来案の通りとする。

　2.　第 3 条において、「本条約は批准される」という文言に始まり、「モスクワ」という文言に至る第 2 案を撤回する。

　3.　第 4 条の第 1 段落を次のようにする。「本条約は、事前に確認された全権による調印の時点をもって発効し、その時点から 5 年間効力を有する」。

抜粋を送付：リトヴィノフ同志へ

---

169)　1937 年 7 月 5 日、駐ソ中国大使館はソ連外務人民委員部に対し、ソ連国民経済の調査のため 8 名の中国の専門家を受け入れるよう依頼する覚書を送った。後に中国の使節団の構成は 18 名にまで拡大した。【文書 5 および 9】も参照。

170)　[訳注] 原文は директор [у] медицинского института であるが、具体的にどの機関のどの役職を指しているかは不明。特に具体的な役職を指していない可能性も考えられる。なお、張維は 1937 年までに、国立中央大学医学院公共衛生系、衛生所訓練班、全国経済委員会衛生実験処などでそれぞれ責任者を務めている。

171)　【文書 III-384】を参照。

文書 45——93

中央委員会書記

(出典：РГАСПИ. Ф. 17. Оп. 162. Д. 21. Л. 139. 写。タイプライター版。初公刊)

【文書 44】

1937 年 8 月 10 日。ソ連外務人民委員代理 B. S. ストモニャコフより駐華ソ連全権代表 D. V. ボゴモロフ宛電報。ソ連・中華民国間の航空路について [172]

　8 月 9 日発の電報の件 [173]。今後ソ中合弁の会社が組織され、その会社によってソ連と中国東部の間の定期航空路が開設されるまで、一時的に新疆省政府によってソ連とハミの間で航空路を結ぶものとするという中国側提案に対し、当方は賛同する旨を中国側に伝えられたい。しかし我々は、この路線のさらなる区間——ハミから南京まで——において、ドイツ人が航空路を結ぶことには反対である。なぜなら、日本にとってきわめて重大な時期が訪れた場合には、ドイツが日本の同盟国として、中国とソ連の間の連絡に対する事実上の統制権を直接握ることになるだろうからである。それゆえ、我々は当初の中国の提案に立ち返り、新疆までの路線を中国政府の航空機によって実現するとともに、そこに外国人は参加しないことを提案する。

ストモニャコフ

(出典：АВП РФ. Ф. 095. Оп. 1. П. 281. Д. 2769. Л. 140. 既刊：ДВП. Т. XX. С. 457-458)

【文書 45】

1937 年 8 月 10 日。駐米ソ連臨時代理大使 K. A. ウマンスキーよりソ連外務人民委員部宛電報。M. M. リトヴィノフの C. ハルへの回答に対する米国内の反応について

　リトヴィノフのハルに対する回答 [173] はワシントンで好印象をもたらしてお

---

172)　文書 140 葉に「最優先」の注記あり。
173)　【文書 47】を参照。
173)　[原注] 先に挙げた、1937 年 7 月 16 日付の米国務長官 C. ハルの声明、ならびに、ソ連外務

94——邦訳　ソ連外交文書

り、特に他の大多数の国々からの無内容な回答や、日本、ドイツ、イタリアからの欠席の回答がある中で、それは際立っている。なぜか中国とスペインは回答しなかった。国務省は、米国が関係を維持する全ての国の政府の意見が紹介されていると表明している。

　国務省報道局長のマクダーモットは、ジャーナリストたちに42ヶ国の政府の回答文を配布するとともに、「内容が豊かで、建設的」であるとして、特にソ連政府の回答に注意を向けるよう促した。新聞や雑誌では現時点でコメントされていない。

ウマンスキー

(出典：АВП РФ. Ф. 095. Оп. 1. П. 274. Д. 2707. Л. 119. 既刊：ДВП. Т. XX. С. 458.『イズヴェスチヤ』1937年8月8日)

【文書 III-403】

1937年8月10日。全連邦共産党（ボ）中央委員会政治局決議。新疆省政府への武器および供給品目の納入について[174]

　IV.　新疆省政府への武器および供給品目の納入について

　全連邦対新疆貿易連盟とテフノエクスポルト社の方針の通り、武器および供給品目の納入につき、1935年9月13日に決定された新疆省政府への貸付計画（200万金ルーブルまたは173万7000米ドル）に基づいてソ連外務人民委員会議の準備基金から対外貿易人民委員部へと支出することを、ソ連財務人民委員部（グリニコ同志）に義務づける。

　抜粋を送付：バジレーヴィチ、グリニコ、スジイン各同志へ

中央委員会書記

(出典：РГАСПИ. Ф. 17. Оп. 162. Д. 21. Л. 143. 写。タイプライター版。初公刊)

　人民委員 M. M. リトヴィノフの国際問題の解決におけるソ連政府の対外政策の原則に関する声明を指している（【文書 30】を参照）。
174)　【文書 III-405】を参照。

【文書 III-404】

1937 年 8 月 10 日。全連邦共産党（ボ）中央委員会政治局決議。ソ中不可侵条約問題について[175]

中国について

1. ボゴモロフ同志に不可侵条約に関する交渉を委任し、我々の案を基調に交渉を進めつつも、必要な場合には中国側から提案された条約前文を受け入れる。

2. 第 1 条については、「侵略行為」という用語の不明確さを引き合いに出しつつ、我々の文案を主張する。

3. 第 2 条の結びに次の決議を入れるよう中国側に提案する。

「また同様に、侵略者あるいは侵略たちにより、被侵略者にとって不都合な形で利用されかねないあらゆる行為および取決めは、これを差し控える」。

提起されていた日本との不可侵条約の締結をめぐる問題がこの決議によって解決されること、ならびに我が国はこの決議をもって中国が日本といわゆる反共協定を締結しない義務を負うと理解することを、中国側に口頭で説明する。

4. 第 3 条の中国側対案は、すでに北京条約[176]で言及されていることであることを引き合いに出しつつ、断固拒否する。

5. 必要な場合、第 4 条の中国側対案を受け入れることは可能とする。

6. 条約の期間は 5 年とすることを主張する。

7. 締約国のいずれかが第三国から攻撃を受けた場合、事前の予告なしに条約を放棄する権利を協定に含めることは受け入れないものとする。

8. 条約は調印日をもって発効することを主張する。もし中国憲法によって批准が必要とされている場合には、それが調印後 1 週間以内に行われ、しかも条約は各締約国により直ちに行われる批准の相互通告をもって発効すべきことを主張する。この条件なしに条約に調印することは我々にとって受け入れられないことを中国側に表明する。

---

175) 【文書 III-384、403、408】を参照。
176) ［訳注］文書 75 原注および訳注を参照。

96——邦訳　ソ連外交文書

9. 条約の即時締結には反対しない。

抜粋を送付：ストモニャコフ同志へ

中央委員会書記

(出典：РГАСПИ. Ф. 17. Оп. 162. Д. 21. Л. 143-144. 写。タイプライター版。初公刊)

【文書 III-405】

1937 年 8 月 10 日。全連邦共産党（ボ）中央委員会政治局決議。ソ中間の航空便について

中国について

次のことを中国側に伝えることをボゴモロフ同志に委任する。今後ソ中合弁の会社が組織され、その会社によってソ連と中国東部の間の定期航空路が開設されるまで、一時的に新疆省政府によってソ連とハミの間で航空路を結ぶものとするという中国側提案に対し、当方は賛同する、——しかし我々は、この路線のさらなる区間——ハミから南京まで——において、ドイツ人が航空路を結ぶことには反対である。それゆえ、我々は当初の中国の提案に立ち返り、新疆までの路線を中国政府の航空機によって実現するとともに、そこに外国人は参加しないことを提案する[177]。

抜粋を送付：ストモニャコフ同志へ

中央委員会書記

(出典：РГАСПИ. Ф. 17. Оп. 162. Д. 21. Л. 146. 写。タイプライター版。初公刊)

【文書 46】

1937 年 8 月 13 日。駐日ソ連臨時代理大使 I. N. デイチマンよりソ連外務人民委員部宛電報。日本の議会の臨時会が軍需のための追加予算の支出を承認したことについて

1937 年 8 月 13 日

177）　RKO4 文書 44 を参照。

文書 46——97

　軍部の意向を反映した最も攻撃的な日本の金融資本集団の打算が、中ソ関係に対する攻撃的な計画の実行にあることの正しさが、近衛政権および政友会・民政党に支配された議会の迎合のなかで立証された。華北の「事変」[178] に対する 5 億 [179] を超える追加予算が 14 日間にわたる臨時会を経て承認されるとともに、政府によって提出されたその他全ての戦争法案は、支配層、軍人、議会の統一戦線が鮮明となるなかでいずれも通過した。政党は一連の会議において、日本帝国主義の攻撃的政策への支持を強調した。民政党と政友会は、中国の粉砕を呼びかける排外主義的な声明を発表した。〔議会で可決された法案は、いずれも国家が戦時体制およびファッショへと転換する上での、新たなる大きな飛躍である。そのような例として特筆されるのは、増税に関する諸法案、軍事機密保持に関する法律の改革、商工省の方針に関する法案などである。

　華北の一連の事件の全経過から、火を見るより明らかなのは、この略奪的な行軍が、それを開始した者たち——日本軍部と近衛政権——によって予め全面的に準備されていたということである。そしてそれは、純粋に軍事的な方面のみならず、ブルジョワ層が自らにとって都合のいい形で作り出した方面においても準備されていた。ブルジョワ社会の意図を実現するためのこうした綿密な準備において、大々的に利用されたのは、日本のブルジョワ集団のなかで相当広範に共有されている中国の植民地的搾取への利害関心であり、この行軍の失敗が偉大な帝国主義列国としての日本の破滅をもたらすことへの彼らの懸念であり、予め軍部によって準備された一連の軍事的挑発に基づく盲目的愛国主義プロパガンダであり、あらゆる異分子に対するテロルであり、報道に対する冷酷な検閲であった。こうした内政面における新たな侵略のための準備の結果、きわめて侵略的な行軍に関する正式な閣議決定が可決されたその日をもって、日本資本主義の指導層のなかに存在するあらゆる矛盾が、議事日程から完全に棚上げされたのである。そのほかにこの「国民的一体性」を甚だ促進したのは、南京政府が日本の軍隊や軍艦に対して重大な軍事的抵抗を行うことなど夢想だにできないと陸海軍省が請け合ったことであり、また他の列国が「いかなる事態であろうと日中間の問題に介入したいなどとは思わない」と廣田が保証したことである。それにもかかわらず、日本政府のリーダーたち [180]、

---

178)　〔原注〕1937 年 7 月 7 日の日本軍による華北への侵攻を指している。〔訳注〕原文は северо-китайский «инцидент»。「北支事変」をロシア語に直訳したものと考えられる。

179)　〔訳注〕単位は円であるが、原文には「円」に当たる単語がない。

98――邦訳　ソ連外交文書

とりわけ廣田は、議会での公式な演説のなかで、政府によって講じられているあらゆる軍事的および政治的措置が、〕181) その最も深い根幹において「反コミンテルン」の、換言すれば反ソヴィエトの矛先を有していることを、全く隠そうとしない。より非公式な演説や報道においては、このことはきわめて明瞭に強調されている。「一体性」は議会においてもこの方面においても乱れることはなかった。議会は完全に廣田の反ソ的な演説に同調し、それに先立つ議会において毎回見られたようなソ日関係改善への控えめな呼びかけすら行われることはなかった。

　しかし、議会や報道における公式的な凱旋パレードのなかにありながらも、日本ブルジョワジーの最も慧眼な代表者たちは、華北の略奪の進展に対する深い不安と確信のなさを表面化させている。このことについては、多くの著名な日本人の発言や、取引所で有価証券の大半が急落していることから判断することができる。ブルジョワジーは、根拠ある理由によって、日中戦争が長期戦の性格を有していることを知り、きわめて神経質に反応している。おそらく、現状において日本経済が長期戦の試練に耐え得るなどとは、誰一人信じていないであろう。

　国内政治の戦線において日本帝国主義は再び勝利した。「非常時」を口実としながら、昨年以来スト闘争や小作争議をめぐって急速に広がりを見せた労農運動を、テロルによって封じ込めたのである。大衆に排外主義を煽動するため、あらゆる手段――映画、新聞、集会その他における粗暴極まる反中・反ソプロパガンダ、さらには日本軍の無敵さを強調するプロパガンダ――が講じられている。日独枢軸の強化というスローガンは、日本の対外政策の基本スローガンとしてますます表舞台に登場するようになり、日本の対外政策のドイツに対する従属性を露見させている。

デイチマン

　　（出典：АВП РФ. Ф. 059. Оп. 1. П. 262. Д. 1826. Л. 14-15. 既刊：ДВП. Т. XX. С. 461-462）

---

180)　〔訳注〕原文は лидеры。英語の leader の音をそのままキリル文字で表記して複数形とした、英語風の表現である。

181)　〔訳注〕本文書の〔　〕で括られた箇所は、RKO4 では削除されている。ここでは、DVP 版に依拠し、補って訳した。

【文書 47】

1937 年 8 月 13 日。駐華ソ連全権代表 D. V. ボゴモロフよりソ連外務人民委員部宛電報。ソ連と中華民国の間に新疆省経由で直通航空路を開設するという中国側提案について [182]

　鉄道部 [183] 次長彭 [184] が本使のもとを訪れ、中国政府を代表して新疆経由の直通航空路の開設について公式な提案を行った [185]。中国政府の提案は次の通りである。

　1. 我々が合意している路線は、当方の判断によれば、西安から新疆およびソ連を経て、我々の裁量によって欧州のベルリンまたはパリの方面に至るものとする。

　2. 西安からハミまでの路線は中国政府の航空機によって運営されるものとし、外国企業は参加しない。

　3. ハミ―ウルムチ―チョチェク間の路線は新疆省政府が組織した企業によって運営されるものとし、それに対して中国政府はしかるべき決定を行う準備がある。

　4. 新疆国境から欧州まではソ連の航空機による。

　5. 彭の考えによれば、この路線が開設されることになれば、あらゆる郵便物がこの方面に発送されることになるため、きわめて収益が多くなる。

　本使が当初提案したソ中合弁企業を組織することについて、中国政府の見解はどのようなものであるか尋ねたところ、彭は次のように答えた。中国政府としては、航空路線の運営のために外国が加わった合弁企業を組織することには原則として反対である。中国政府はすでに欧亜航空 [186]（ドイツ資本）および中国航空公司 [187]（英国資本）との契約が終わり次第、これらの会社を整理するという原則的決定を行っている。彼は、契約が直近 3 ヶ年の間に満了するため、

182）　文書 165 葉に「特別」の注記あり。
183）　〔訳注〕原文には「鉄道部」とあるが、正しくは交通部である。
184）　〔訳注〕彭学沛。当時交通部常務次長を務めていた。本文書に記録されている会談の直後の 8 月 20 日に政務次長に転じている。
185）　【文書 44】を参照。
186）　〔訳注〕欧文名は Eurasia Aviation Corporation。
187）　〔訳注〕欧文名は China National Aviation Corporation。

100——邦訳　ソ連外交文書

我々の提案を主張しないよう求めた。

　中国において欧亜航空が運営する全航空路線は、北平から南京および上海を経由して広東まで、南京から西安および四川省成都を経由して雲南府まで、そして広東からハミまで、雲南府からハミまで（ほぼ開通）というものであるため、本使が思うに、欧亜航空の廃止を提議するというのは我々の目的に適合しない。これらはいずれも、今後の日中紛争およびドイツが占める位置によって決めることができるであろうし、またそれによって決めるべきである。

　実際のところ、彭との会談は、この問題に関する最初の公式な会談であったため、本使は彼に何も回答せず、彼の話をモスクワに伝えるとともに、回答があったら彼に伝えるという趣旨を述べただけである。至急、訓令されたい。

ボゴモロフ

（出典：АВП РФ. Ф. 095. Оп. 1. П. 281. Д. 2765. Л. 165-166. 既刊：ДВП. Т. XX. С. 460-461）

【文書48】

1937年8月13日。米国務長官C. ハルより駐日米国大使J. C. グルー宛電報。日本の上海侵攻の結果について

本文訳省略。

（出典：*FRUS*, 1937, Vol. III, The Far East, pp. 400-401[188]）

【文書III-406】

1937年8月13日。1937年8月10日付全連邦共産党（ボ）中央委員会政治局指令。ソ中不可侵条約の有効期間中、いわゆる反共条約に調印しないことを義務化するよう主張するもの[189][190]

---

188)　［訳注］底本にp. 277とあるのを修正した。

189)　【文書III-412】を参照。

190)　［原注］紳士協定とは口頭による協定であり、通常は何も文書を残さない。このように「紳士協定」は、何らかの効力を有する書面による証拠を伴う口頭の国際通牒とは異なっている。

文書 III-406——101

中国について

1. 不可侵条約の全期間中、中国側がいわゆる反共条約に調印しないことを義務化するよう主張する。

もし中日間の戦争状態の終結の際、我々が日本と不可侵条約を締結することについて問題が提起されるようなことがあれば、この条約の文言に、日本が第三国を侵略した場合、我々は条約を放棄する権利を有するという条件を含ませることを中国側に約束することも可能とする。

2. 中国との不可侵条約の公表は、調印が行われた場合、最長で1週間延期することも可能とする。

抜粋を送付：ストモニャコフ同志へ[191]

外務人民委員部の件

　　外交的な「紳士協定」は20世紀の国際慣習において国際連合設立に至るまでの間非常に広範に利用されていたが、その後は全ての国際協定を国連事務局で登録することが要求され（憲章第102条を参照）、これによって正式に歯止めがかけられた。
　　紳士協定は、1937年の不可侵条約調印の際、ソ中両国政府の委任を受けたD. V. ボゴモロフと中華民国外交部長王寵恵により合意された。
　　1937年8月21日付ソ中不可侵条約（RKO4参照）は、（文書調印の際、自国政府の委任を受け、D. V. ボゴモロフ——駐ソ連全権代表と、王寵恵——中華民国外交部長によって読み上げられた「口頭による声明」を考慮に入れると）事実上の相互援助条約であった。「口頭による声明」はまたRKO4の見返しにおいても公刊されている。ここに挙げられた版の1937年8月21日付文書は、中国を支援するソ連が、対日戦争へと直接深入りする用意がなかったために採択されたのである。
　　1937年8月21日、ソ中統一行動を主眼に置き、両国の広範な軍事協力に向けた国際法的な基礎が形成された。1937-39年に中国指導部は、同内容の文書に署名するか、あるいはソ連軍を中国に派遣することを提案した。しかし、追加条約が存在しないまま、ソ連は1941年に至るまで戦時中国の唯一の同盟国であり続けた。
　　ソ連政府は中華民国政府への軍事的支援を行いつつ、戦争における国民党と共産党の共同行動を実現しようと試みた。こうした目標は、西側列国——中国の同盟国もまた追求した（1941年12月）。第二次世界大戦中、中国の内戦は一時的に停止したのである（以下を参照。*B. C. Мясников*. Квадратура китайского круга. М., 2006. С. 324-330, 554-557; *С. Л. Тихвинский*. Избранные произведения. Кн. 3. История Китая 1919-1949. М., 2006. Гл. XXVI; *Р. А. Мировицкая*. Раздвигая горизонты науки: К 90-летию С. Л. Тихвинского. М., 2008. С. 327-336; *А. М. Ледовский*. СССР и Сталин в судьбах Китая: Документы и свидетельства участника событий 1937-1952. М., 1999)。
191)　1937年8月13日付外務人民委員部メモ第3015号では、D. V. ボゴモロフと王寵恵が不可侵条約に調印する際に、双方は日本と不可侵条約を締結しないことを口頭で相互に約束する必要があると中国側に通知する任務が、全権代表に対し委ねられた。この「相互の約束は、条約締結の際に貴使と王寵恵の間で正式に交わされるべきであり、これはこのようにして口頭の紳士協定、追加条約となる」。【文書III-406】原注を参照。

102——邦訳　ソ連外交文書

37 年 8 月 13 日付メモ第 3015 号に要約されているストモニャコフ同志の提案を受け入れる。

抜粋を送付：ストモニャコフ同志へ

中央委員会書記

（出典：РГАСПИ. Ф. 17. Оп. 162. Д. 21. Л. 149. 写。タイプライター版。初公刊）

【文書 49】

1937 年 8 月 18 日。駐華ソ連全権代表 D. V. ボゴモロフよりソ連外務人民委員部宛電報。ソ連から中国への軍備供給およびソ中不可侵条約に関する蔣介石との会談について [192]

　蔣介石の招待を受け、本日彼のもとに立ち寄った。会談には彼の妻、王寵恵、徐謨が出席した。まず、最近の戦闘の結果について意見を交換した。蔣介石の妻の言葉によれば、今日までに日本側は 32 機の航空機を失ったが、同じ期間に中国側は 10 機を失うにとどまった（米国陸軍武官が今日レーピンと会話する中で、この数字の正しさを保証したとのことである）。全体として、戦果が上がったことにより、中国側は士気が高揚している。

　蔣介石は軍備供給協定について本使が回答を有していないか尋ねた [193]。本使は、数日待っているところだと答えた。蔣介石は、我々が航空機および兵器の搬入をどのように考えているか、また空路を通じた航空機の搬入が可能かどうかを知らせるよう求めた。本使は、自分は専門家ではなく、この質問に答えるのは難しいが、飛行機ならば空路で到着することはできると思うと述べた。蔣介石が話したところによると、中国は極端な欠乏状態にあるため、我が国の航空機がすぐに来着することにきわめて強い関心がある。我々が供給する機械の質を信頼しており、戦時でもあるため、彼は受け入れのための人員をモスクワに派遣することを不都合と考えているが、例えば彼らが新疆経由で空路到着することのできる甘粛省のどこかで我々の航空機を受け入れる用意があるという。本使は、彼の要望をソ連政府に伝えると答えた。蔣介石は、特に我々の重

---

192)　文書 74 葉に「特別」の注記あり。
193)　【文書 33、35、41、42、49、51、62】を参照。

文書 50——103

爆撃機および戦闘機に関心があると述べた。

　本使は不可侵条約に関することはあえて何も尋ねなかった。王寵恵が中国政府の回答を本使にもたらすはずだったからである。退出する前に蒋介石が語ったところでは、中国政府は条約に調印する用意があるものの、在モスクワ中国大使の説明を待っているところである。彼は、ソヴィエト法では条約の発効には批准を必要とするかのような内容を電報で知らせてきていた。同政府は、彼の説明を受けた後直ちに条約に調印するとのことである[194]。

　残念ながら、本使の 2 度にわたる照会にもかかわらず、外務人民委員部が批准に関して中国大使に何らかの内容を伝えたのか、そうではないのかについて、結局貴部から回答を受け取っていない。至急、回答されたい。

ボゴモロフ

（出典：АВП РФ. Ф. 059. Оп. 1. П. 281. Д. 2769. Л. 74-75. 既刊：ДВП. Т. XX. С. 463）

【文書 50】

1937 年 8 月 19 日。ソ連外務人民委員部より駐ソ日本大使館宛覚書。領事館同数原則に基づくソ連領内の日本領事館 2 館の閉鎖について

　本年 5 月 11 日、駐日ソ連全権代表部はソ連政府の要請に基づいて日本外務省に覚書を提出し、そのなかで、ソ連政府は日本に領事館 6 館を有するのみであるが、それに対しソ連領内に日本領事館 8 館が設置されているのを確認したとして、外務省に対し、1925 年の覚書交換によって確立した領事館同数原則に基づき、日本領事館 2 館を閉鎖するよう求めた[195]。その際、全権代表部はソ連政府の要請に基づき、次のような見解を表明した。すなわち、ノヴォシビルスクおよびオデッサにおいては領事館職員以外の日本国民がおらず、領事館として保護すべき利益が何もない。したがって同地の日本領事館は将来における正当な業務上の存在意義があり得ず、それゆえソ連における日本政府の活動

---

194)　【文書 42】を参照。

195)　〔原注〕1925 年 7 月 31 日付ソ連外務人民委員部の駐ソ日本大使館宛覚書および 1925 年 8 月 4 日付駐ソ日本大使館による回答を指している。

に何ら支障をきたすことなく閉鎖することが可能だというものである。

　覚書交換の後、日本外務省は、自らの立場を根拠づける論点を示しつつ、ソ連の提案に反対した。

　しかし、これらの反対は、オデッサおよびノヴォシビルスクの日本領事館閉鎖が不可避であるとするソ連政府の見解を揺るがすに足るものではなかった。

　これに鑑み、ソ連政府は1937年7月27日の覚書において、駐日臨時代理大使デイチマン氏を通じ、日本側から提示された意見に対する見解の全体を要約しつつ、ソ連政府は本年5月11日付の自らの提案を断固として主張するとともに、日本政府がノヴォシビルスクおよびオデッサの日本領事館を閉鎖する時期について同政府からの最終的な回答を待つものであると伝えた。

　本年8月6日、駐日臨時代理大使は再びソ連政府の要請に基づいて自ら廣田外務大臣に問い合わせ、ソ連政府がこの問題に重要な意義を見出していることを指摘しつつ、日本政府がノヴォシビルスクとオデッサの領事館を閉鎖する時期についてのソ連政府の質問に対し早急に回答するよう求めた。

　残念なことに日本政府は、本年8月16日付の覚書において、先に日本政府が持ち出した上記日本領事館閉鎖に反対する論点を再度繰り返すにとどまり、それで済むものと考えていた。

　日本政府がソ連政府の妥当かつ合法的な要求に応じることをこのような形で最終的に拒否したこと、また至急この問題を解決する必要があることに鑑み、ソ連政府は、本年9月15日よりノヴォシビルスクとオデッサの日本領事に対し、彼らが同地において領事業務を遂行する権利を不承認とする決定を下さざるを得なくなっている。ソ連および管轄する連邦共和国それぞれの現地機関は、この決定についてすでに通知を受けている。

　以上の結果として、人民委員部は日本大使館に対し、このことを日本政府に通知するとともに、同地の日本領事館の閉鎖に関して上述の領事に必要な指示を与えるよう求めるものである。

　　（出典：АВП РФ. Ф. 146. Оп. 1. П. 47. Д. 2. Л. 34-35. 既刊：ДВП. Т. XX. С. 464-465. 『イズヴェスチヤ』1937年9月14日）

文書 51（III-407）──105

【文書 51（III-407）[196]】

1937 年 8 月 20 日[197]。ソ連外務人民委員代理 V. P. ポチョムキン[198] と駐ソ中華民国大使蔣廷黻の会談記録。日中戦争の問題に関する国際連盟での審議について

　大使が表明したところによれば、中国政府は国際連盟に対し、中日紛争問題についての検討ならびに日本に対する規約第 17 条[199] の適用を求めるとする決定を行った。同政府は、国際連盟で上述の問題が審議される際に、ソ連政府が中国を支持することを希望しているという[200]。

　本官は、大使からの知らせをソ連政府に伝えると述べた上で、ソ連政府は、集団安全保障体制を攪乱するあらゆる試みに対抗しつつ、一貫して積極的に平和のために闘っていると回答した。しかしながら本官は、個人的な見解として、現在の国際情勢はおそらく中国側の上記の行動に好都合なものとはならないであろうと指摘した。その証拠として、本官は国際連盟において影響力のある一部の構成国、特に英国とフランスの取っている態度を挙げた。いずれにしても、連盟に呼びかけを行う前に、中国は各国の首都において事前の打診を行う必要がありそうだと付言した。

　大使は次のように答えた。本官が述べた意見は、そのおよそ 1 ヶ月前に彼がリトヴィノフ同志から聞いていたものと一致している。大使は、様々な国──連盟の構成国、特に英仏の立場がどのようなものであるかについて、明確な報告を受けている[201]。中国政府はすでに本使が勧めたような打診を済ませてお

---

196)　［訳注］本文書は RKO4 に文書 51 として収録されているが、本文書の訳注でも指摘しているような問題が見られたため、RKO3 に文書 407 として改めて採録されている。ここでは RKO3 を底本として訳した。なお、RKO4 よりも前に刊行された DVP での当該文書には、RKO4 版のような問題は見当たらない。

197)　12 葉本文上部に「V. P. ポチョムキンの日記より。第 1254 号」との注記あり。「受入第 3909 号。秘密。機密解除」との第 2 東方局への納入印あり。

198)　［訳注］RKO4 文書 51 のタイトルには B. S. ストモニャコフと記されているが、実際にはポチョムキンのものである。RKO3 文書 407 として再録された際、これは修正されている。

199)　［訳注］国際連盟規約第 17 条。連盟非加盟国が関与する紛争について規定したもの。

200)　［原注（RKO4）］ソ連政府の回答には次のように記されている。「周知の侵略者に関するソ連の基本的立場。ソ連政府は国際連盟規約に規定された義務の遂行を逃れるものではない。駐日紛争の問題に関する国際連盟の審議において、中国政府はソ連代表の友好的な支持を期待してよい」（ДВП. Т. XX. С. 747 を参照）。

106——邦訳　ソ連外交文書

り、現在は国際連盟に働きかけることを最終的に決定したところである。残念ながら、英国の政治は矛盾に満ちている。それを示すものとして、大使は次の例を挙げた。彼は蔣介石とリース＝ロスの会談に出席し、しかも両対談者の間の通訳を務めた。リース＝ロスは、日本に抵抗し、ソ連と政治的接触を行うことが中国にとって不可避であることを蔣介石に説いた。現在、当の英国が日本と交渉しており、中ソの接近を奨励する様子は全くない。

　その後の会談において、大使は、昨日受領した全権委任状の写しに、当初の文面と若干の相違があることに気づいたと言及した。以前の全権委任状はソ連中央執行委員会の名で全権代表に発せられていたが、今回のものは人民委員会議の名前でボゴモロフ同志に発給されている。大使より、ソ連憲法によれば、国際的な合意に関係する全権委任状は、ソ連中央執行委員会が発給すべきものではないのかと質問がなされている。

　本官は大使に次のように説明した。当初はソ中条約の批准が予期されていたため、ソ連中央執行委員会が全権委任状を発給した。今は批准の必要はなくなり、条約は調印とともに直ちに発効する。それゆえ、ボゴモロフ同志の全権委任状は、1925年の法律に基づき、人民委員会議によって発給されている。

　サバーニン[202]同志は本官の呼び出しに応じ、本官が触れた1925年の法律の文面を大使に読み上げて説明した。大使はその説明に対して満足の意を表明するとともに、条約はおそらく明日にも調印されるであろうと述べた。

ポチョムキン

（出典：АВП РФ. Ф. 0100. Оп. 21. П. 187. Д. 10. Л. 11-12. 保証つきの写。タイプライター版[203]）。既刊：ДВП. Т. XX. С. 465-466）

【文書52】

1937年8月20日。米国務長官C.ハルと王正廷駐米中華民国大使の会談記録。上海における米国艦オーガスタの事件および国際連盟で行われた中国の呼びかけについて。政治

201）　［訳注］RKO4版では、この箇所以下、署名を含め掲載されていない。

202）　［訳注］DVPには、この人物の記載箇所に「ソ連外務人民委員部法務局長（Заведующий правовым отделом НКИД СССР）」という脚注が付されている。

203）　［訳注］RKO3版では、この箇所に「全文としては初公刊」との情報が示されているが、実際にはDVPにおいてすでに全文が公刊されている。

文書 53──107

問題担当顧問 S. K. ホーンベック作成

本文訳省略。

（既刊：*FRUS*, 1937, Vol. IV [204]），The Far East, pp. 3-5 [205]）

【文書 53】

1937 年 8 月 21 日。ソヴィエト社会主義共和国連邦および中華民国の間の不可侵条約

〔中華民国「ソヴィエト」社会主義共和国聯邦間不侵略条約

　　　　　　　　　　昭和一二年（一九三七年）八月二一日南京ニ於テ署名

　　　　　　　　　　昭和一二年（一九三七年）八月二一日ヨリ実施　　　　〕

　中華民国国民政府及「ソヴィエト」社会主義共和国聯邦政府 [206] ハ一般的平和ノ維持ニ貢献シ及両国間ニ確固且永続的ナル基礎ニ於テ現ニ存在スル友好関係ヲ鞏固ナラシメ並ニ千九百二十八年八月二十七日「パリ」ニ於テ署名セラレタル戦争抛棄ニ関スル条約ニ依リ互ニ負担セル義務ヲ一層正確ニ確認スルノ希望ニ促サレ本条約ヲ締結スルコトニ決シ之ガ為左ノ如ク全権委員ヲ任命セリ

　中華民国国民政府首席

　　　　　　　　　　　　　　　外交部長「ドクトル」王寵恵

「ソヴィエト」社会主義共和国聯邦中央執行委員会

　　　　　　　　中華民国駐箚特命全権大使「ディミトリ、ボゴモロフ」[207]

　右全権委員ハ其ノ全権委任状ヲ示シ之ガ良好妥当ナルヲ認メタル後左ノ諸条ヲ協定セリ

204）［訳注］底本に Vol. I とあるのを修正した。

205）［訳注］底本に pp. 697-699 とあるのを修正した。

206）［訳注］露文ではソ連政府が中国政府より先に記されている。

207）［訳注］露文ではボゴモロフが王寵恵より先に記されている。

108——邦訳　ソ連外交文書

第一条

両締約国ハ両国ガ国際紛争ノ解決ノ為戦争ニ訴フルコトヲ否トスルコト及其ノ相互ノ関係ニ於テハ国策ノ具トシテノ戦争ヲ抛棄スルコトヲ厳粛ニ確言シ且右ノ誓約ニ従ヒ互ニ他方ニ対シ単独ノ又ハ一若ハ二以上ノ別国トノ共同ニ依ル侵略ヲ為サザルコトヲ約ス

第二条

締約国ノ何レカノ一方ガ一又ハ二以上ノ第三国ニ依ル侵略ヲ受クル場合ニハ他方ノ締約国ハ全紛争期間中常ニ右第三国ニ対シ直接ニモ間接ニモ何等ノ援助ヲモ与ヘザルコト並ニ一又ハ二以上ノ侵略国ガ被侵略国ノ不利ニ利用スルコトアルベキ何等ノ行動又ハ協定ヲモ為サザルコトヲ約ス[208]

第三条

本条約ノ規定ハ締約国ノ双方ガ署名国タリ且本条約ノ効力発生前ニ締結セラレタル二国又ハ多数国間ノ条約又ハ協定ヨリ締約国ニ対シ生ズル権利及義務ニ影響ヲ及ボシ又ハ之ヲ変更スルガ如クニ解釈セラルルコトナカルベシ

第四条

本条約ハ英吉利語ヲ以テ本書二通ヲ作成ス本条約ハ前記全権委員ニ依ル署名ノ日ヨリ実施セラレ五年間引続キ効力ヲ有スベシ両締約国ノ何レモ右期間ノ満了ノ六月前ニ於テハ他方ニ対シ条約ヲ終了スルノ自国ノ希望ヲ通告スルコトヲ得両締約国ガ適当ノ時期ニ右通告ヲ為サザルトキハ条約ハ最初ノ期間ノ満了後ニ二年間自動的ニ延長セラレタルモノト認メラルベシ締約国ノ何レモ条約ヲ廃棄スルノ自国ノ希望ヲ二年ノ期間ノ満了ノ六月前ニ他方ニ対シ通告セザルトキハ条約ハ更ニ二年間引続キ効力ヲ有スベク爾後亦之ニ準ズ

208）　［原注］不可侵条約第2条に関し、条約調印の際、ソ中全権は次の口頭による極秘声明を交換した。

　　「1.　口頭による声明、極秘。公式、非公式を問わず公表しないものとする。

　　本日不可侵条約に調印するに当たり、ソヴィエト社会主義共和国連邦全権は同政府の名において、中華民国と日本の正常な関係が正式に回復されないうちは、ソヴィエト社会主義共和国連邦が日本との間にいかなる条約をも締結しないことを表明する。中華民国全権は同政府の名において、本日調印された不可侵条約が有効である間、中華民国は第三国との間に、事実上ソ連を標的としたいわゆる共同防共に関するいかなる条約をも締結しないことを表明する。

　　2.　本不可侵条約の調印に当たり、両締約国は、条約が国際連盟において登録され、調印後第8日をもって公表されることに合意した。ボゴモロフ、37年8月26日」（АП РФ. Ф. 3. Оп. 65. Д. 355. Л. 42）。

文書 54――109

右証拠トシテ各全権委員ハ本条約ニ署名調印セリ

千九百三十七年八月二十一日南京ニ於テ作成ス

王寵恵

ボゴモロフ[209]

（出典：АВП РФ. Ф. 3-a. (Китай). Оп. 1, 3. Д. 52. Л. 1-3. 英語による原本。タイプライター版。双方の口頭による声明に基づき、本条約は国際連盟の登録を受けた。英文、仏文によって登録を証明するものとして、1937 年 9 月 8 日付第 4180 号[210]）。АВП РФ. Ф. 100. Оп. 21. П. 57. Д. 8. Л. 13-11（英文。証明済みの写）。АВП РФ. Ф. 100. Оп. 21. П. 57. Д. 8. Л. 25-23（露文。写）。

既刊[211]：ДВП. Т. XX. С. 466-468; СКО. С. 161-162; Ведомости Верховного Совета Союза Советских Социалистических Республик. 1938. № 7. 15 июня;『イズヴェスチヤ』1937 年 8 月 30 日）

【文書 54】

1937 年 8 月 21 日。駐華ソ連全権代表 D. V. ボゴモロフよりソ連外務人民委員部宛電報。南京における不可侵条約の調印と、モスクワにおけるソ中軍備供給協定の調印に向けた決定について[212]

　本日 22 時、不可侵条約に調印した。口頭で声明を発した。条約文が 8 月 30 日の朝刊に掲載されることを見込んで、8 月 29 日に報道機関に発表するよう取り決めた。

　不可侵条約の調印の前に蔣介石と面会した。彼は、軍備供給協定の調印をモスクワで行うことを始めとして、本使の全ての提案に同意した。王叔銘の委員団は近日中に出発する。しかし、彼[213]も彼の妻[214]も、王叔銘使節団のモスクワ到着を待たず、我が国の顧問団とともに納入分の航空機（戦闘機）を空路送り届けるよう切に求めてきた。すでに述べたように、本使は蔣介石の要請に

---

209)　［訳注］RKO4 ではボゴモロフが王寵恵より先に記されている。

210)　［訳注］*United Nations Treaty Series*, Vol. CLXXXI, No. 4180, pp. 101-105. 国際連合の下記ウェブサイトにて閲覧およびダウンロードが可能。https://treaties.un.org/doc/Publication/UNTS/LON/Volume%20181/v181.pdf（2018 年 7 月 7 日確認）。

211)　［訳注］外務省条約局編『「ソ」聯邦諸外国間条約集』外務省条約局、1939 年、173-177 頁に日本語および英語による全文が掲載されており、ここではその前者を掲出した。また、本文のみ以下に掲載されている。日本国際政治学会太平洋戦争原因研究部編『太平洋戦争への道――開戦外交史　4　日中戦争　下』朝日新聞社、1987 年、317 頁。

212)　文書 81 葉に「特別」の注記あり。

213)　蔣介石。

214)　宋美齢。

110——邦訳　ソ連外交文書

応じて我々の戦闘機 50 機を可能な限り早く送り届けることがきわめて望ましいと考える[215]。至急、決定を通知されたい。

ボゴモロフ

（出典：АВП РФ. Ф. 059. Оп. 1. П. 281. Д. 2768. Л. 81. 既刊：ДВП. Т. XX. С. 469）

【文書 55】

1937 年 8 月 22 日。駐華ソ連全権代表 D. V. ボゴモロフよりソ連外務人民委員部宛電報。ソ中間の不可侵条約の調印の経緯に関する問題について[216]

　参考までに昨日の交渉の経緯を報告申し上げる。

　中国政府はおそらく最後の瞬間になって迷いつつある。早くも朝には徐謨から本使に電話があり、晩に条約に調印することを取り決めていた。その数時間後、彼は本使を訪れ、中国政府としては不可侵条約と軍備供給協定に同時に調

---

215)　［原注］航空機第 1 団の供給期間は極限まで短縮された。1937 年 5 月 8 日に領事に任命され、それまでは在南京ソ連大使館の第一書記官であった在ウルムチソ連総領事アルトゥール・リーハルドヴィチ・メンニ（АВП РФ. Ф. 100. Оп. 21. П. 52. Д. 2. Л. 34 を参照）は、10 月 22 日ソ連外務人民委員部に、航空機の第 1 団が、新疆経由での輸送のためにソ連から提供され派遣された航空機、およびその他の軍需物資とともに到着したと通知した（ДВП. Т. XX. С. 748 も参照）。
　1937 年末よりドムナ駅（ザバイカル）の周辺で、中型爆撃機 SB（カチューシャ）を備える高速爆撃機航空連隊が結成された。飛行士、爆撃手、狙撃手、無線技士、航空技師から成る飛行スタッフが、志願兵の形で中国に出発した。装備が備わっていただけではない。モンゴル人民共和国の領土を経て、1937 年 12 月より武器を送り届けるための中継基地が設置されていた蘭州に向かう長距離飛行の任に就くに当たり、各飛行士は新型航空機で 8-10 時間以上の飛行経験を積み、武器や特別機材を整備しなければならなかった。1937 年 11 月にソ連の軍事専門家たちが到着し始めた。
　先述の A. Ya. カリャーギンによれば、1937 年から 1942 年までの間に 300 名以上のソ連人顧問が活動し、5000 人超のソ連現役軍人が直接軍事活動区域に赴いた。
　指揮は首席軍事顧問の M. I. ドラトヴィンに委ねられた。飛行士の業務を管理したのは P. V. ルィチャゴフである。空軍駐在武官は P. F. ジーガレフであった。機械やスタッフを用いた作戦活動は P. V. ルィチャゴフが統括した（Ю. В. Чудодеев, сост. На китайской земле: Воспоминания советских добровольцев, 1925-1945. М., 1974 を参照）。
　中国軍の首席軍事顧問は 1937-42 年の間に交代し、M. I. ドラトヴィン、A. I. チェレパノフ、K. M. クィチャーノフ、V. I. チュイコフ、P. S. ルィバルコといった傑出したソ連の司令官たちがこれを務めた。［訳注］この注に「クィチャーノフ（Кычанов）」とあるのは、「カチャーノフ（Качанов）」の誤りである。
216)　文書 140 葉に「最優先」の注記あり。

印することを要望すると述べた。本使は、以前自らこの2つの文書を結びつけることを望まないと述べていた蔣介石の態度が変化していることに驚きを表明した。そして本使の意見として、このような彼の態度がモスクワにおいてきわめて否定的な印象を呼び起こし、全てが停滞することを懸念する旨、彼に伝えるよう要請した。その日のうちに本使は孫科と会ったが、彼には中国政府の優柔不断な政策について我々の考えを率直に伝えていた。そして、我々には中国政府が火遊びをしているように思われること、また中国政府が我々に何を望んでいるのか、すなわち、対日戦のための航空機を望んでいるのか、あるいは目的が不明な単なる書面上の約束を望んでいるのかが全くわからないということを、孫科にはっきりと述べた。蔣介石が本使に夜8時30分に来るよう求めたことからすると、おそらく孫科はすぐに蔣介石と会い、彼にしかるべき圧力をかけたのであろう。蔣介石と本使の会談は、徐謨が不可解にも2つの文書の調印を関連づけることによって始まった。すでに彼は王寵恵に直ちに条約に調印するよう指示しており、また彼は、協定に同時に調印することがなくても、ソ連政府は本使が彼に述べたこと全てを実行すると信じている。すでに条約文は王寵恵のもとで準備されており、本使は蔣介石との会談の後、王に会いに出かけた。

　これら全てが示しているのは、まさしく最後の瞬間において、親日派が蔣介石に強い圧力をかけ、条約の調印を引き延ばそうとしていたことである。しかし蔣介石はすでに反日グループとあまりにも結びつきを強めており、彼らに対しては譲歩せざるを得ない状況にあった。思うに、航空委員会秘書長の役職を務める蔣介石の妻が非常に反日的な考え方をしていることは、留意する必要がある。

　繰り返すが、我が国の航空機を速やかに空路中国に派遣することがきわめて望ましいと考える。なぜなら、それが反日グループの立場を非常に強化するからである。

ボゴモロフ [217]

217）［原注］D. V. ボゴモロフは1937年8月27日の外務人民委員部宛て電報で、「本日陳立夫と軍備供給問題について合意した」こと、ならびに「この条約はモスクワで調印される」ことを伝えた（ДВП. Т. XX. С. 479）。外務人民委員部宛て電報（8月27日）において、D. V. ボゴモロ

112——邦訳　ソ連外交文書

（出典：АВП РФ. Ф. 059. Оп. 1. П. 254. Д. 1778. Л. 140-141. 既刊：ДВП. Т. XX. С. 472-473）

【文書 56】

1937 年 8 月 21 日。ニューヨーク発タス報道。中国の航空学校における米国顧問の活動中止の決定について

　　ニューヨーク、8 月 21 日（タス）。上海の新聞報道によれば[218]、中国の航空学校[219]のアメリカ人顧問が、米国領事館当局との協議の後、日中間の軍事行動が終結するまでその任務の遂行を拒否することとなった。この拒否は、米国政府に困難を生じさせないという要請によるものである。

（既刊：『イズヴェスチヤ』1937 年 8 月 24 日）

【文書 57】

1937 年 8 月 21 日。ソ連外務人民委員代理 B. S. ストモニャコフより駐華ソ連全権代表 D. V. ボゴモロフ宛電報。ソ連の対華支援計画実施における諸問題について[220]

　　本日中国大使がコズロフスキーのもとを訪れ、南京から電報が届いたとして、彼に次のように話した。モスクワに到着した沈徳燮上校は、南京政府から戦闘機 200 機、爆撃機 100 機、飛行士 30 名を受け入れる任務を有している。航空機は甘粛経由で派遣され、南京はウルムチで航空機の燃料補給を実施するため現地に人員を派遣する。

　　コズロフスキーは、我々がこの沈使節団について何も知らされていないこと、中国政府が以前に彼へのビザを求めたのは翁文灝[221]代表団の一員としてであ

　　フは、楊杰将軍が中国政府唯一の全権であり、彼がモスクワに到着するまで誰に対してもビザを発給すべきではないと伝えた。［訳注］この原注は、文書のどの箇所に付されたものであるかが不明である。便宜的に、文書の末尾に注が付されたものとした。

218）　日付は上海の新聞で発表された日に基づく。

219）　［訳注］杭州筧橋の中央航空学校。

220）　文書 140 葉に「特別」の注記あり。

文書57——113

ったこと、そもそも沈という名前はボゴモロフの交渉の場で触れられてすらおらず、しかもその交渉は終わっていないことを返答した[222]。コズロフスキーは問題の核心に触れる話を避け、南京で交渉が行われているが、その詳細は知らないと述べた。彼が知っているのは、協定は存在しないということだけであり、それゆえに沈使節団について何らかの話をするのは時期尚早であるという。

蒋介石または必要と認められる人物に直接会って、次のように話されたい。我々は、これまで全く話題になることのなかった沈の派遣に驚いているとともに、彼らが本件に対しこのような態度をとることによって、我々の交渉が広く知れ渡ることを懸念している。これは全く許容しがたく、我々の交渉に深刻な損害をもたらしかねないことである。そして、交渉の秘密を守るため、彼らから必要な措置を講じるよう要求されたい。貴使の会談の結果は直ちに打電されたい。

沈上校がドイツから我々のもとに到着したという状況に、我々は当惑してい

---

221) 中国行政院秘書長。

222) ［原注］モスクワでは西欧列国との関係の紛糾が警戒されていた。
外務人民委員代理 B. S. ストモニャコフは、南京のボゴモロフに暗号電報を送った。電報では次のように強調されていた。「貴使が蒋介石または側近の誰かと会談する際、我々の交渉が多くの人に知られてしまうことによって、スペインとの関係において行われたように、日本や、英国も含み得る日本の友邦の影響の下で、日本および中国への兵器の販売や供給を中止すべきとする問題が提起される可能性があることを強く指摘されたい。本件の実行に当たっては、全てにおいて秘密を厳重に確保すべきであることを警告されたい」(АП РФ. Ф. 3. Оп. 65. Д. 355. Л. 23-24)。電報には「本日フランス臨時代理大使から、今後の日本および中国への武器販売問題におけるソ連政府の立場はどのようなものであるかについて我々に照会があったが、このことからすると、我が国から中国への武器提供の可能性の問題は各国においても議論されているようである」と記されていた。
モスクワから南京の大使館に、中国への航空機の供給に関し、航空機の機数の削減を見越したソ連側からの新たな提案についての暗号電文が届いた。
8月26日、D. V. ボゴモロフはモスクワに電報を送付し、次のように強調した。「3. 本使は、中国が（日本に対する―― R. M.）抵抗を続けることが、我々にとってきわめて必要なことであると考える。それゆえ、我が国からの支援、とりわけ蒋介石の要望する甘粛への航空機の派遣を早めることが不可欠である。我々の協定が公表された後、ドイツのみならず英国も中国に圧力をかけることを想定しておかなければならない。本使は航空機の機数の削減に関する訓令を受領したところである。明日、陳立夫と会談する。この知らせが中国側にきわめて否定的な印象を与えることは言うまでもなく、本使は、いかなる条件の下においても我々は200機以下に削減することはできないと考えている」。8月25日、ボゴモロフ (АП РФ. Ф. 3. Оп. 65. Д. 355. Л. 38-41)。
［訳注］ここで言及されているストモニャコフからボゴモロフに宛てた電報は、【文書61】と同一のものである。また、8月26日のボゴモロフからモスクワへの電報に関し、R. M. とあるのは、RKO4 の編者の一人である R. A. ミロヴィツカヤのことである。

114——邦訳　ソ連外交文書

る。彼が交渉について口外していなければよいのだが。

ストモニャコフ

(出典：АВП РФ. Ф. 059. Оп. 1. П. 254. Д. 1778. Л. 140-141. 既刊：ДВП. Т. XX. С. 468-469)

【文書58】

1937年8月21日。全連邦共産党（ボ）中央委員会政治局会議議事録からの抜粋。在蘭州ソ連領事館の開設に関する問題について

　　外務人民委員部の件[223]

　　1937年8月22日付決定

　　ソ連領事館を蘭州（甘粛省）に開設することを必要と認める。ボゴモロフ同志に、この問題についての中国政府との合意を委任する[224]。

中央委員会書記

(出典：АП РФ. Ф. 3. Оп. 65. Д. 343. Л. 71。写。タイプライター版。初公刊)

【文書59】

1937年8月22日。ソ連外務人民委員代理 B. S. ストモニャコフより駐華ソ連全権代表 D. V. ボゴモロフ宛電報。在蘭州ソ連領事館の開設に関する問題について

　　我々は蘭州（甘粛）に公使館を開設できればよいと考えている。貴使のもとにある情報の通り、この問題についてはすでに1925-27年[225]に我々と中国との間で原則的な合意に達している。とりわけ、新たなソ中航空路線がこの地点を経由することから、我々と南京の主要な連絡は蘭州を経由して行われること

---

223)　文書71葉に次の注記あり。文書は「全連邦共産党（ボ）中央委員会」の用箋に印刷されている。用紙の上から下へ「24時間以内に要返却。1937年8月22日。ストモニャコフ同志へ。全連邦共産党（ボ）中央委員会政治局会議議事録第51号より抜粋」。71葉には署名なし。

224)　［原注］駐中華民国ソ連全権代表部の全権領事部を長とする在蘭州領事代表部の開設については1937年10月に合意された。領事代表部が業務を開始したのは1938年4月である。

225)　［訳注］DVP版では1925-26年となっている。

文書 60——115

になるため、現在この領事館を開設することが必要不可欠となっていることを指摘しながら、これについて中国政府と合意されたい。早めに中国政府の同意を得ることが望ましい。

ストモニャコフ

（出典：АВП РФ. Ф. 059. Оп. 1. П. 254. Д. 1778. Л. 143. 既刊：ДВП. Т. XX. С. 472）

【文書 60】

1937 年 8 月 22 日。ソ連外務人民委員代理 B. S. ストモニャコフより駐華ソ連全権代表 D. V. ボゴモロフ宛電報。ソ連から中国への軍備供給に対する中国側の支払い方法について[226]

8 月 18、19 日電報の件[227]。

1. 次のことを通知されたい。本件について新たに審議した結果、政府は中国の要望に応じることを決定し、付与されたクレジットに対する中国政府の返済開始を納入の 1 年後に延期するとともに、相当額の支払いをその後 5 年の間に行うものとすることに同意する。クレジットの付与期間は全体で納入後 6 年間である。

2. 協定は米ドル建てまたは英ポンド建てで締結されるべきである。

3. 8 月 17 日付電報を修正し、当方から中国側に 150-200 機を超える航空機を提供することはできないと伝えられたい。

4. 蔣介石の要望に応じ、航空機を甘粛経由で早急に送り届けることについて我々が審議すること、ならびに、もし肯定的な決定を下した場合には、我が国には錫とアンチモンに大きな需要があるため、中国側が直ちにこれらの金属数百トンの供給に応じるよう期待していることを伝えられたい。

5. 次のことを事前に通知されたい。我が国が供給する兵器の等価物として、当方としてはクレジット総額の 4 分の 3 で金属類（錫、ウォルフラム、タングステン[228]、アンチモン、アンモニア[229]）を、クレジットの 4 分の 1 で茶その他の

---

226)　文書 153 葉に「最優先」の注記あり。
227)　【文書 49】を参照。次を参照。ДВП. Т. XX. С. 743.

116——邦訳　ソ連外交文書

中国製品を受け取ることを希望しており、その品目リストと数量について合意がなされるべきである。中国政府がこれらの金属のそれぞれについて我が国にどのくらいの量を供給できるのかについて、今知らせを受けることができれば望ましい。中国政府が総額の4分の3に相当する金属類を供給できないのであれば、我が国としては不足分を米ドルまたは英ポンドによる外貨で受け取ることを希望する。

　相互の供給内容、製品の引き渡し期限、発送方法その他についての正確な詳細の確定、さらに協定の作成および調印は、モスクワにおいて行われるべきである。

　6.　我が国の航空機を予定日までに派遣することができるよう、王叔銘使節団の到着予定日を事前に電報で通知されたい。

ストモニャコフ

<small>（出典：АВП РФ. Ф. 059. Оп. 1. П. 254. Д. 1778. Л. 153-154. 既刊：ДВП. Т. XX. С. 471）</small>

【文書61】

1937年8月22日。ソ連外務人民委員代理 B. S. ストモニャコフより駐華ソ連全権代表 D. V. ボゴモロフ宛電報。楊虎城将軍の訪ソおよび軍事技術の中国への調達について[230]

　8月21日付電報[231]に補足し、次の通り通知する。在パリ中国大使館は、楊虎城将軍および随行員2名への外交ビザ発給を求めてきた。また、同大使館は、楊将軍は中国軍政部の代表であり、特別任務を携えてソ連に行くと表明している。

　このように、貴使が中国側と合意するまでの間にも、彼らはすでに欧州の様々な地点から我が国に兵器の受取人を派遣しており、今後も買い付けに来るであろう。そもそも我々の了解なしにこのような人々を派遣すること自体、許

228）　［訳注］原文は вольфрам[a]、тунгстен[a]。ウォルフラムとタングステンの間に区別はないはずであるが、原文を尊重して訳出した。
229）　［訳注］アンモニアは金属ではないが、原文ママ。
230）　文書149葉に「最優先」の注記あり。
231）　【文書57】を参照。

しがたいことである。しかし最も重要なのは、このように様々な地点から寄せ集めの受取人使節団を派遣することによって、時期尚早のうちに多くの人に知られてしまう危険性が増大することである。

　こうしたなか、本日フランス臨時代理大使から、今後日本および中国への武器販売問題におけるソ連政府の立場はどのようなものであるかについて我々に照会があったが、このことからすると、我が国から中国への武器提供の可能性の問題は各国においても議論されているようである。彼は、他の各国におけるフランス代表も同様の任務を引き受けていると説明していた。

　貴使が蒋介石または側近の誰かと会談する際、我々の交渉が多くの人に知られてしまうことによって、スペインとの関係において行われたように、日本や、英国も含み得る日本の友邦の影響の下で、日本および中国への兵器の販売や供給を中止すべきとする問題が提起される可能性があることを強く指摘されたい。本件の実行に当たっては、全てにおいて秘密を厳重に確保すべきであることを警告されたい。

ストモニャコフ

（出典：АП РФ. Ф. 3. Оп. 65. Д. 355. Л. 23-24. АВП РФ. Ф. 059. Оп. 1. П. 254. Д. 1778. Л. 149. 既刊：ДВП. Т. XX. С. 470）

【文書 III-408】

1937 年 8 月 22 日。全連邦共産党（ボ）中央委員会政治局決議。ソ連の対華軍事支援について[232]

　中国について

　1.　1937 年 3 月 8 日付政治局決議第 46/86 号および 1937 年 7 月 29 日付議事録第 51/427 号への補足および修正として、ソ連から武器を購入するために付与されたクレジットに対する中国政府の返済開始を、納品の 1 年後に延期することを可能とし、支払いはその後 5 年の間に同額のものをもって行われるものとする（クレジットの付与期間は全体で納入後 6 年間である）。

---

232)　RKO4【文書 3】を参照。また、【文書 III-400、409】を参照。

2. 中国側に、協定は米ドル建てか英ポンド建てで締結すべきことを伝える。

3. 要請された数量の航空機、戦車、大砲を1ヶ月の間に供給することはできないこと、そもそも 150-200 機を超える航空機を提供することはできないことを、中国側に前もって伝える。

4. 航空機を甘粛経由で早急に送り届けることについて我々が審議すること、ならびに、もし肯定的な決定を下した場合には、我が国には錫とアンチモンに大きな需要があるため、中国側が直ちにこれらの金属数百トンの供給に応じるよう期待していることを伝える。

5. 中国政府に次のことを予め伝える。我が国が供給する兵器の等価物として、当方としてはクレジット総額の4分の3で金属類（錫、ウォルフラム、タングステン[233]、アンチモン、アンモニア[234]）を、クレジットの4分の1で茶その他の中国製品を受け取ることを希望しており、その品目リストと数量について合意がなされるべきである。中国政府が総額の4分の3に相当する金属類を供給できないのであれば、我が国としては不足分を米ドルまたは英ポンドによる外貨で受け取ることを希望する。

6. その他中国が関心を有するあらゆる問題については、その代表団が到着した際、モスクワにおいて審議を継続する。

<u>外務人民委員部の件</u>

ソ連領事館を蘭州（甘粛省）に開設することを必要と認める。ボゴモロフ同志に、この問題についての中国政府との合意を委任する。

抜粋を送付：ストモニャコフ同志へ

中央委員会書記

（出典：РГАСПИ. Ф. 17. Оп. 162. Д. 21. Л. 158-159. 写。タイプライター版。初公刊）

233）［訳注］原文は вольфрам, тунгстен。ウォルフラムとタングステンの間に区別はないはずであるが、原文を尊重して訳出した。

234）［訳注］アンモニアは金属ではないが、原文ママ。

文書 III-409──119

【文書 III-409】

1937 年 8 月 22 日。全連邦共産党（ボ）中央委員会政治局決議。ソ連の対華支援について[235]

1. 1937 年 3 月 8 日付政治局決議第 46/86 号および 1937 年 7 月 29 日付議事録第 51/427 号への補足および修正として、ソ連から武器を購入するために付与されたクレジットに対する中国政府の返済開始を、納品の 1 年後に延期することを可能とし、支払いはその後 5 年の間に同額のものをもって行われるものとする（クレジットの付与期間は全体で納入後 6 年間である）。

2. 中国側に、協定は米ドル建てか英ポンド建てで締結すべきことを伝える。

3. 要請された数量の航空機、戦車、大砲を 1 ヶ月の間に供給することはできないこと、そもそも 150-200 機を超える航空機を提供することはできないことを、中国側に前もって伝える。

4. 航空機を甘粛経由で早急に送り届けることについて我々が審議すること、ならびに、もし肯定的な決定を下した場合には、我が国には錫とアンチモンに大きな需要があるため、中国側が直ちにこれらの金属数百トンの供給に応じるよう期待していることを伝える。

5. 中国政府に次のことを予め伝える。我が国が供給する兵器の等価物として、当方としてはクレジット総額の 4 分の 3 で金属類（錫、ウォルフラム、タングステン[236]、アンチモン、アンモニア[237]）を、クレジットの 4 分の 1 で茶その他の中国製品を受け取ることを希望しており、その品目リストと数量について合意がなされるべきである。中国政府が総額の 4 分の 3 に相当する金属類を供給できないのであれば、我が国としては不足分を米ドルまたは英ポンドによる外貨で受け取ることを希望する。

---

235) 51 葉本文上部に「P（議事録）第 51/749 号。1937 年 8 月 22 日。受理」との公印あり。その他、「極秘。機密解除。書簡 3055 への付録」との注記あり。50 葉末尾に「3 部。37 年 8 月 22 日付」との注記あり。

236) ［訳注］原文は вольфрам, тунгстен。ウォルフラムとタングステンの間に区別はないはずであるが、原文を尊重して訳出した。

237) ［訳注］アンモニアは金属ではないが、原文ママ。

120──邦訳　ソ連外交文書

6．その他中国が関心を有するあらゆる問題については、その代表団が到着した際、モスクワにおいて審議を継続する[238]。

政治局決議

ソ連領事館を蘭州（甘粛省）に開設することを必要と認める。ボゴモロフ同志に、この問題についての中国政府との合意を委任する[239]。

（出典：АВП РФ. Ф. 09. Оп. 30. П. 14. Д. 181. Л. 50-51. 写。タイプライター版。初公刊）

【文書 III-410】

1937 年 8 月 22 日。ソ連外務人民委員代理 B. S. ストモニャコフより駐華ソ連全権代表 D. V. ボゴモロフ宛電報。ソ連から中国に武器を直ちに供給する可能性の問題について[240]

　電報第 11952 号に補足し、次の通り通知する。在パリ中国大使館は、楊虎城将軍および随行員 2 名への外交ビザ発給を求めてきた。また、同大使館は、楊将軍は中国軍政部の代表であり、特別任務を携えてソ連に行くと表明している。

　このように、貴使が中国側と合意するまでの間にも、彼らはすでに欧州の様々な地点から我が国に兵器の受取人を派遣しており、今後も買い付けに来るであろう。そもそも我々の了解なしにこのような人々を派遣すること自体、許しがたいことである。しかし最も重要なのは、このように様々な地点から寄せ集めの受取人使節団を派遣することによって、時期尚早のうちに多くの人に知られてしまう危険性が増大することである。

　こうしたなか、本日フランス臨時代理大使から、今後日本および中国への武器販売問題におけるソ連政府の立場はどのようなものであるかについて我々に照会があったが、このことからすると、我が国から中国への武器提供の可能性の問題は各国においても議論されているようである。彼は、他の各国におけるフランス代表も同様の任務を引き受けていると説明していた。

238）　【文書 III-406】原注および RKO4【文書 60、63、111】を参照。
239）　RKO4【文書 58、59】を参照。
240）　23 葉本文上部に「ポチョムキン、ストモニャコフ、スターリン（2 部）、モロトフ、ヴォロシーロフ、カガノーヴィチ、エジョフ、コズロフスキー宛」との送付資料あり。24 葉本文下部に「7 部印刷、22.08.20-55」。自筆署名は判読できず。

文書 62——121

　貴使が蔣介石または側近の誰かと会談する際、我々の交渉が多くの人に知られてしまうことによって、スペインとの関係において行われたように、日本や、英国も含み得る日本の友邦の影響の下で、日本および中国への兵器の販売や供給を中止すべきとする問題が提起される可能性があることを強く指摘されたい。本件の実行に当たっては、全てにおいて秘密を厳重に確保すべきであることを警告されたい。

ストモニャコフ

（出典：АП РФ. Ф. 3. Оп. 65. Д. 355. Л. 23-24. 保証つきの写）

【文書62】

1937年8月23日。駐日ソ連代表部より日本外務省宛てロ上書。ダリレース社が保有する小型船の日満当局による拿捕の問題について

　本年5月20日、ダリレース社保有の小型船がブラゴヴェシチェンスク市からアムール川に出航した。エンジンが故障したため、小型船は風によって満洲の都市黒河[241] の西端に向けて流され、その様子が多くの人に目撃された。後に得た確かな情報によれば、小型船は満洲側の河岸からわずかな距離の位置に投錨する必要に迫られたのであるが、小型船事故の被害者の周囲に日本兵および満洲警察の一団が現れて小型船を拿捕し、船の中にいたダリレース社営業所の所長とアムール汽船会社の職員の2名の乗組員を逮捕した。この件で日満の官憲は、マストを破壊したりマストのソ連国旗を取り去ったりするなどしたのを始めとして、あえて一連の許しがたい挙に出た。

　その後、小型船の事故の被害者へのこの言語道断な不法行為に対し、在ハルビン、在黒河ソ連領事が再三抗議を行ったにもかかわらず、満洲当局は事件の解決や罪人の処罰に向けた措置を何ら講じないばかりでなく、今に至るまで小型船拿捕の際に捕らえられた4人のソ連市民の拘禁を続けており、小型船も返還していない。

241）［訳注］原文は「サハリャン（Сахалян）」。

122——邦訳　ソ連外交文書

　さらに、手元の情報によると、日満当局は拘禁中のソ連市民に対し侮辱や拷問を行い、不法な小型船拿捕の事実を正当化しかねない架空の証言を彼らから引き出したり、またソ連への帰国後にスパイ活動に従事することを彼らに認めさせたりしている。このようなソ連市民に対する侮辱には日本の官憲が直接に関与している。同時に、日満当局はこれまでのところ拘禁中のソ連市民を裁判にかけておらず、彼らに対してどのような不法行為が告発されるのかについて何ら資料がない。

　以上につき、駐日ソ連大使館は、外務人民委員部の要請に基づき、前述のソ連市民に対する日満当局の不法行為ならびにそこへの日本官憲の関与に抗議の意を表するとともに、帝国外務省に対し、満洲当局が逮捕されたソ連市民を解放し、ダリレース社所有の小型船を返還するべく早急な措置を講じるよう働きかけることを、要請する光栄を有する。

　　（出典：АВП РФ. Ф. 146. Оп. 1. П. 47. Д. 3. Л. 103–104. 既刊：ДВП. Т. XX. С. 473–474）

【文書 63】

1937 年 8 月 23 日。駐華ソ連全権代表 D. V. ボゴモロフよりソ連外務人民委員部宛電報。楊杰将軍の訪ソについて[242]

　蔣介石が張冲を通じて本使に伝えたところによれば、兵器受け入れのための技術委員会の重要性に鑑み、1934 年に我々のもとを訪れた参謀次長の楊杰将軍を委員長に任命した。王叔銘が彼の代理人となる。委員の人数は 15 名にまで増加する。

　楊杰は候補者として非常に適切だと思われる。使節団は正式には「工業部赴ソ実業考察委員会[243]」という。確認されたい。

　しかし蔣介石は、この使節団が有しているのは兵器受け入れをめぐる純粋に技術的な任務であることを強調しており、協定に調印すべき場所の問題は未解

242）　文書 227 葉に「特別」の注記あり。
243）　［訳注］ロシア語原文は Комиссия министерства промышленности для ознакомления с индустрией СССР。

文書 64——123

決のままとなっている。蒋介石と会談した際、彼は、協定の調印日に関し、王
叔銘の出張を延期することは無意味であるとする本使の意見に同意した。また
このような技術的な協定に関して合意することは極めて難しいと本使が表明し
たのに対しても、一切反論しなかった。

　彼は、せめて我が国の飛行機の機数だけでもすぐに知らせるよう強く要望し
ている。訓令を請う。

ボゴモロフ

　（出典：АВП РФ. Ф. 059. Оп. 1. П. 254. Д. 1777. Л. 227. 既刊：ДВП. Т. XX. С. 474-475）

【文書 64】

1937 年 8 月 23 日 [244]。タス報道。米国務省声明「極東情勢について」について

　ワシントン、8 月 23 日（タス）。米国務省は、米国の極東情勢への態度につ
いて声明を発表した。

　「環太平洋の現在の状況において米国政府の脅威となっている課題および問
題は——声明で指摘されるところによれば——、米国の市民の生命および利益
の保護という問題の枠をはるかに超えたものとなっている。日中間の事件にお
いて生じている状況は、7 月 16 日付の声明で述べられた一般原則ときわめて
緊密に結びついているとともに、直接的な関係を有する」。

　米国政府は議論の核心についての判断を述べようとはせず、当事者双方に対
し戦争を起こさないよう呼びかけている。米国政府は、米国のみならず世界の
大多数の国家の人々の考えであるとしながら、双方に対し国際関係を基礎づけ
る諸原理に従って互いの矛盾を調整するよう呼びかけている。

　さらに声明では、これらの諸原理とは、ワシントン条約およびケロッグ＝ブ
リアン条約を含む多くの条約から成る基本的な諸規定の総体であると指摘され
ている。

　（既刊：『イズヴェスチヤ』1937 年 8 月 26 日（縮約したものを掲載））

244）　日付は米国の新聞で発表された日に基づく。

124——邦訳　ソ連外交文書

【文書65】

1937年8月25日 [245]。タス報道。在上海ソ連総領事館に対する挑発行為について

　　上海、8月25日（タス）。本日、在上海日本総領事館はソ連総領事に対し、空になった領事館の建物で何か光が発生しており、これは中国軍に対して信号か何かの役割を果たすものであると再度声明した。日本領事館は、再び光が発生した場合、日本軍は領事館の建物を爆撃すると威嚇している。ソ連総領事館はすでに8月16日に同様の挑発行為に対する抗議を行っており、そのなかで、領事館の設置されている領域は日本軍によって統制されており、建物を保全するための全ての責任は日本軍にあると表明した。その際、建物の中には何も残っていなかったこと、また反ソ分子によって行われるかもしれない挑発行為への責任は全て日本人にあることも表明されていた……[246]。信号に関する挑発的な説明が繰り返されることは、ある種の人たちが在上海ソ連総領事館に挑発的な虚構を作り続けており、在上海ソ連総領事館を天津の例に倣って破壊するための土台を築いているということを物語っている。

　　（既刊：『イズヴェスチヤ』1937年8月27日）

【文書66】

1937年8月25日 [247]。中共中央決定。現在の状況および党の任務について。日本の侵略に対する全民族的抗戦の呼びかけ [248]

245）　日付は中国の新聞で発表された日に基づく。
246）　［訳注］「縮約したものを掲載」とする原注は付されていないが、この箇所は略されているものと考えられる。
247）　［訳注］『解放週刊』原文では「一九三七年八月十五日」となっている。しかし、この文書は1937年8月22-25日の洛川会議における決議であり、RKO4に記されている8月25日の方が正しい。
248）　［訳注］この文書は、RKO4からではなく、出典として挙げられている『解放週刊』の記事から直接訳した。ただし、この文書を収録している文献は、ほかにも例えば以下のものがあり、相互に若干の文言の異同が見られる。中国人民大学中共党史系資料室編『中共党史教学参考資料　抗日戦争時期（上）』北京：中国人民大学、1980年、40-41頁。中共中央書記処編『六大以来——党内秘密文件　上』北京：人民出版社、1981年、858頁。

（1）盧溝橋[249]の挑戦と北平・天津の占領は、日本の侵略者が大挙して中国の中心部全体に進攻する前の発端に過ぎない。日本の侵略者はすでに全国で戦時動員を開始している。彼らは拡大を一切求めないという宣伝を行っているが、これは進攻を覆い隠す発煙した誘導弾でしかない。

（2）南京政府は、日本の侵略者の進攻ならびに人心の憤激に直面するという圧迫された状況にあって、すでに抗戦の決意を固めつつある。全ての国防部署および各地における実際の抗戦もすでに開始されている。中日大戦は避けられない。7月7日の盧溝橋の抗戦は、すでに中国全国の抗戦の起点となっている。

（3）これにより、中国の政治状況においては、一つの新たな段階、すなわち抗戦を実行するという段階が始まった。抗戦の準備段階はすでに過ぎ去った。この新たな段階における最も中心的な任務は、一切の力量を動員して抗戦の勝利を収めることである。過去の段階においては、国民党が無関心であったり民衆の動員が不十分であったりしたために、民主主義を勝ち取るという任務を達成することができなかったが、これは抗戦において勝利するという今後の過程のなかで必ずや達成されなければならない。

（4）この新たな段階において、我々が国民党およびその他の抗日派との間に有する相違点および論争点は、すでに抗戦すべきかどうかの問題ではなく、いかにして抗戦で勝利するかという問題となっている。

（5）抗戦で勝利するための今日の中心的な鍵は、国民党が開始した抗戦を発展させて、全面的かつ全民族的な抗戦とすることである。このような全面的で全民族的な抗戦によってこそ、抗戦の最終的な勝利を収めることができる。我が党が本日提示した抗日救国の十大綱領は、抗戦において最終的に勝利するための具体的な道筋である。

（6）今日勃発した抗戦には、極めて大きな危険が内包されている。その主要なものは、国民党が全国の人民による抗戦への参加に関心を持たず、それどころか、抗戦を単に政府の仕事と見なそうとし、いたるところで人民の参戦運動

249）付録3を参照。［訳注］付録3は、1937年8月25日に中国共産党が発表した「抗日救国十大綱領」のロシア語訳であり、RKO4の巻末に掲載されている。日本語版は、例えば下記文献に収録されている。南満洲鉄道株式会社上海事務所調査室編訳『抗日民族統一戦線運動史——国共再合作に関する政治資料』南満洲鉄道、1939年、143-145頁。

126——邦訳　ソ連外交文書

を恐れ制限し、政府軍と民衆の団結を阻害し、人民に抗日救国という民主的権利を与えず、政治機構の徹底した改革を行わず、政府を全民族の国防政府にしようとするところから生じている。このような抗戦においては、部分的に勝利することはできても、最終的な勝利を収めることは決してできない。それどころか、このような抗戦は重大な失敗に陥る可能性がある。

　（7）現時点での抗戦には上述のような重大な弱点があるため、今後の抗戦の過程においては、敗北、退却、内部の分裂や反乱、一時的あるいは部分的な妥協など、不利な状況が数多く発生する可能性がある。北平・天津を失ったことは、東四省を失った後の最も重大な教訓である。なぜならそれは、この抗戦が苦難を伴う持久戦となることを知るべきだからである。しかし我々は、すでに勃発した抗戦が、我が党および全国の人民の努力によって、必ずや一切の障害を撃破し、前進と発展を続けるであろうことを信じる。我々は一切の困難を克服し、我が党が提示した抗戦勝利のための十大綱領を実現するため、断固奮闘する。断固として、この綱領に反する全ての誤った方針に反対し、悲観的で失望をもたらす民族失敗主義に反対する。

　（8）共産党員およびその指導を受けた民衆の武装力は、戦闘の最前線に最も積極的に置かれるべきであり、自ら全国の抗戦の核心となるべきであり、極大の力を用いて抗日大衆運動を発展させるべきである。一刻の時間も一つの機会も無駄にすることなく、大衆を宣伝し、大衆を組織し、大衆を武装させ、1000万人の大衆を抗日民族統一戦線に組み入れさえすれば、抗日戦争の勝利は疑いないものとなる。

　　（既刊：「中共中央関於目前形勢与党的任務決定」『解放週刊』第1巻第15期（1937年9月6日）、6頁[250]）

【文書67（III-411）[251]】

1937年8月25日。ソ連外務人民委員代理 V. P. ポチョムキンと駐ソ中華民国大使蔣廷

250）［訳注］原書の書誌情報には、中国語からロシア語への翻訳者として、В. ムドローフ（Б. Мудров）の名が挙げられている。

251）［訳注］本文書はRKO4、RKO3の双方に採録されており、ここでは新しく刊行された後者の【文書III-411】を底本として訳した。両者に文言そのものの異同はないが、段落の変わり目が異なる箇所があるため、その箇所を訳注で示している。また、脚注については双方のものを訳

文書 67（III-411）——127

蔽の会談記録。国際連盟における中日戦争問題の審議について[252]

　中日紛争の問題を国際連盟に提出するという中国政府の決定、ならびに当該問題について連盟で審議する際、ソ連政府の支持を考慮できるかどうかについて知らせてほしいという同政府の要請に対し、ソ連政府の回答を伝達するため、本官は中国大使を招いた[253]。

　中日紛争について検討した結果、ソ連代表は中国を支持すると伝えたところ、大使は謝意を表し、この知らせは彼にとって大きな喜びであると述べた。彼は今日にも南京に通知の内容を伝達するとのことである。

　これに続いて大使は、航空機の中国への納入に関して、我々との交渉の全権を委任されている沈徳燮がパリから到着し、すでに5日間モスクワに滞在していることを承知しているかどうか本官に尋ねた[254]。

　本官は大使に次のように答えた。まさにこの件での具体的な交渉を行うため、参謀次長を長とした公式の代表団が、近日中に中国からソ連に向けて出発する予定であることは知っている。沈徳燮の件は、大使が彼に委ねられていると話す任務について、我々は南京からいかなる知らせも受けていない、と。

　大使は次のように返答した。沈徳燮は本官が言及した代表団の一員である。彼への全権委任は近日中に公式に確認される。

　別れに当たって大使に、対日戦における中国政府の勝算をどのように評価しているかを尋ねた[255]。

　大使は次のように答えた。上海地区では中国軍の精鋭が軍事活動を行っている。そこで日本は、すでにきわめて決定的な抵抗に直面している。北方では状

　　　出した。
[252]　13葉本文上部に次の注記あり。「V. P. ストモニャコフの日記より。第1236号。受入第3973号。秘密。機密解除」。［訳注］この注は【文書III-411】に付されているもので、「V. P. ストモニャコフの（В. П. Стомонякова）」は原文ママ。V. P. ストモニャコフという人物については不明であり、B. S. ストモニャコフまたはV. P. ポチョムキンの誤りである可能性がある。
[253]　付録4を参照。［訳注］付録4は、FRUSに収録された5文書のロシア語訳であり、RKO4の巻末に掲載されている。この5文書それぞれのFRUSにおける収録箇所は次の通り。(1) 1937, Vol. IV, The Far East, p. 17.（2）Japan: 1931–1941, Vol. 1, p. 396.（3）1937, Vol. IV, The Far East, pp. 12–13.（4）1937, Vol. IV, The Far East, p. 16.（5）1937, Vol. IV, The Far East, pp. 420–423.
[254]　［訳注］RKO4版では、この箇所で段落は変わっていない。
[255]　［訳注］RKO4版では、この箇所で段落は変わっていない。

128——邦訳　ソ連外交文書

況はより困難である。この地区の作戦は、主要な基地からきわめて遠方にあり、黄色い川の（на Желтой реке[256]）橋が全て破壊されるなかで、国民政府軍にとって厄介な状況となっている。それにもかかわらず、大使は、国民党を中心に動員されている国民運動が、日本の侵略者に打ち勝つことを確信している。大使の印象では、国際世論も中国を支持する方向に傾いている。特に、英国の態度でさえもこの方向に変化しているかのようである。

ポチョムキン

(出典：АВП РФ. Ф. 0100. Оп. 21. П. 187. Д. 10. Л. 13-14[257]）；Ф. 09. Оп. 1. П. 110. Д. 25. Л. 13-14. 保証つきの写、タイプライター版。既刊：ДВП. Т. XX. С. 478-479)

【文書 III-412】

1937 年 8 月 26 日[258]。D. V. ボゴモロフ[259] の I. V. スターリン宛暗号電報。中国における軍事、政治情勢、ならびにソ連による中華民国政府への軍事的、技術的支援プログラムの前倒し実施の必要性について

　現時点の状況について短評を述べる。

　1）我々との条約に調印したにもかかわらず、中国は日本との交渉を行っている。我々の情報によると、前外交部長の張群と実業部長の呉鼎昌は上海で川越と交渉を行っている。我々の条約は、ある意味で、日本が非妥協的だった場合に中国側が譲歩することを示すための取引材料のように利用されかねない。極東において中国を反共主義戦線に引き入れることを目標とするドイツは、仲介者の役割を演じ、日本をもっと妥協的にさせるよう試みている。英国大使は上海に行き、交渉への参加を受け入れる模様である。本使が思うに、帝国主義列強諸国、とりわけドイツ、英国、イタリアは、我々の条約およびそれに伴ってあり得べき接近の見通しに驚くであろうし、中国と日本を合意させるために

---

256)　原文通り。黄河（Хуанхэ）のこと。

257)　[訳注] この書誌情報は【文書 III-411】による。【文書 67】では、この箇所は次のように記されている。АВП РФ. Ф. 011. Оп. 1. П. 3. Д. 30. Л. 108-109.

258)　38 葉本文上部に送付資料「ポチョムキン、ストモニャコフ、スターリン（2 部）、モロトフ、ヴォロシーロフ、カガノーヴィチ、エジョフ、コズロフスキー宛」。

259)　[訳注] 底本に B. D. ボゴモロフ（Б. Д. Богомолов[а]）とあるのを修正した。

あらゆる措置を取るであろう。

2）国民党内の親日派の力は依然として強く、中国政府が日本に譲歩するよう仕向けるために緒戦における中国の敗北を利用している。多くの外国の専門家が伝えるところによれば（本使も賛同しているのだが）、この1週間の戦闘において中国の抵抗がうまく行っているにもかかわらず、華北においてあまりにも大きな技術的優位に立つ日本が近いうちに任務を実行し、河北、チャハル、綏遠、山東を占領することは考慮しなければならない。上海地区で中国はまだ効果的な抵抗を続けているが、彼らは（今）すでに航空機、大砲、弾丸の不足を感じているとも訴えている。中国側はすでに航空機のための液体燃料が足りていない。また、中国の航空機の損失は日本の3分の1未満ではあるが、それは中国にとって全航空機のほぼ10分の1を失ったのに等しいことも確かである。このように航空戦がさらに2-3ヶ月続けば、今のような戦果を挙げたとしても、中国側には航空機が1機も残らなくなってしまう。航空機の不足は深刻であり、華北の中国軍には航空機が全くなくなっているほどである。高射砲の状況も航空機と同様である。

3）上述の事実を考慮すると、一切の軍事的装備を失い、おそらく3ヶ月と戦争を持ちこたえることができないであろう中国政府が、敗北後に他の列国の圧力を受けて日本との講和に応じる可能性は排除できないと考える。

4）こうした状況を基礎として本使が憂慮するのは、華北に集中した巨大な規模の軍隊に何が起こるのかということである。今日の時点で、上海および華北には24万人の日本軍がいると考えられ、さらに新たな部隊の投入が続いている。上海地区ではすでに5万人もの人員が輸送に携わっている。対華講和が成立した後、これらの部隊が日本に撤退するなどということは甚だ疑わしい。むしろ、全部隊が中国に残ることが前提となり得る。こうして、我が国の極東国境には（間もなく）30万人の日本軍が集まることになるであろう。

5）中国が抗戦することは我々にとってきわめて不可欠だと思われる。したがって、技術支援の実施、とりわけ蔣介石が要請した甘粛への航空機の発送を急ぐことは不可欠である[260]。我々の条約が公表された後、ドイツのみならず

260）RKO4【文書54】を参照。

130——邦訳　ソ連外交文書

英国も中国に圧力をかけるであろうことは考慮しなければならない。本使は航空機の機数を減らすべきとする閣下の指示を受け取ったばかりである。明日、本使は陳立夫と会談する[261]。このことを通知すれば中国政府にきわめて不都合な印象をもたらすことはもちろんであるが、いかなる条件においても我々は200機未満に引き下げることはできないと考える。今後の交渉において増大する可能性はあっても、削減するということはあり得ない。本使は今後の交渉においてこの状況から抜け出す努力をする。これは困難なことであるが、ソ連政府の名誉を傷つけることなく、以前の数量から後退することはできないのである。

　今後の交渉については明日報告する。蔣介石は蘇州に向けて出発した。

ボゴモロフ

　条約全文は簡便な暗号にて送付する。これへの補足として、我々の口頭声明文を通知する。

　1. 口頭による声明、極秘。公式、非公式を問わず公表しないものとする。

　本日不可侵条約に調印するに当たり、ソヴィエト社会主義共和国連邦全権は同政府の名において、中華民国と日本の正常な関係が正式に回復されないうちは、ソヴィエト社会主義共和国連邦が日本との間にいかなる条約をも締結しないことを表明する。

　中華民国全権は同政府の名において、本日調印された不可侵条約が有効である間、中華民国は第三国との間に、事実上ソ連を標的としたいわゆる共同防共に関するいかなる条約をも締結しないことを表明する。

　2. 本不可侵条約の調印に当たり、両締約国は、条約が国際連盟において登録され、調印後第8日をもって公表されることに合意した。

　1937年8月26日

ボゴモロフ[262]

　（出典：АП РФ. Ф. 3. Оп. 65. Д. 355. Л. 38-41, 42. 保証つきの写）

---

261)　RKO4【文書63】を参照。
262)　既刊：RKO4【文書53】原注。〔訳注〕原文に「文書68」とあるのを修正した。

【文書68】

1937年8月27日。駐華ソ連全権代表 D. V. ボゴモロフよりソ連外務人民委員部宛電報。ソ連から中国への軍備供給について [263]

　本日、軍備供給問題について陳立夫と合意した [264]。

　1. クレジットの額は1億中国元 [265] とする。

　2. 協定は英ポンド建てで締結される。

　3. クレジットの付与期間は納品後6年間とし、さらに最初の1年間中国政府は支払いを猶予され、また返済金は5年間の分割払いとする。

　4. 供給計画としては、我が国から航空機200機および戦車200両を提供することを約束する。これらの航空機、戦車、その他の兵器の具体的な明細は、モスクワにおいて楊杰と合意するものとする。

　5. 本使は、我が国はクレジット総額の4分の3を金属類で、4分の1を茶およびその他の消費財で受け取ることを要求すると表明した。中国政府は、金属類それぞれについてどれだけ供給できるかについての判断を近日中に知らせることを約束している。

　6. 詳細な協定はモスクワにおいて調印される。

　7. 楊杰委員長と、その代理人で我々の間でも有名な張冲は、本日朝西安へと出発する。使節団の他の団員はすでに西安に向けて出発した。中国政府は我が国の航空機をウルムチに派遣することを要望している。使節団は全部で18名から成っている。本件が長引くことを回避するため、本使は彼に入国ビザを発給した。使節団は29日または30日にウルムチに滞在する予定である。使節団の構成は全く満足のいくものであると思われる。

　パリから来訪した楊虎城について、陳立夫は何も知らない。ベルリンから来

---

263)　文書479葉に「特別」の注記あり。

264)　【文書33、35、39、41、49、51、56、60、62】を参照。

265)　〔訳注〕1億元はおよそ600万英ポンドに相当する。1937年の平均法幣相場は、1元当たり1シリング2ペンス5/16であり、これをもとに算出した（外務省調査部編『最近支那貿易実勢綜覧』外務省調査部、1939年、2頁。1ポンド＝20シリング＝240ペンス）。法幣は1935年の導入以降、英米の支援を受けて、この時期に至っても強い力を維持していた（中村隆英『昭和史　上　1926-45』東洋経済新報社、2012年、292頁）。

132——邦訳　ソ連外交文書

た沈上校は、実際に使節団の一員となる予定であるが、楊杰自身がモスクワに来ることになっているため、彼の到着までは、誰に対してビザを発給するのも不適当である。彼は中国政府から全権を委任された唯一の人物である。

8.　近日中に陳立夫は、8月22日付で貴部から通知があった錫およびアンチモン数百トンについて、いつ提供できるかを本使に回答する。このこととは別に、供給計画に従い、協定が公表された後、甘粛に我が国の航空機50機と顧問を派遣することがきわめて望ましいと考える。これは戦闘において中国人を大いに力づけるであろう。

9.　陳立夫は、本件の成功は秘密保持にかかっていることを理解しているとして、在パリ中国大使館の不用意な行動に憤慨していると述べた。

ボゴモロフ

（出典：АВП РФ. Ф. 059. Оп. 1. П. 254. Д. 1777. Л. 243–244. 既刊：ДВП. Т. XX. С. 479–480）

【文書69】

1937年8月26日。タス報道。日中戦争における日本の政策に関する近衛総理大臣の声明について

近衛は、「日本政府は現時点において、中国における状況を正常化するために、いかなる外交的手段に訴えるつもりもなく、中国人に対する全面的な懲罰作戦の実行を支持する[266]」と表明した[267]。

さらに近衛は、英国の上海中立化計画およびハル声明に触れ、「これら第三国からの発言は、いずれも日本の立場に対する誤解に基づくものであり、日本としては重要な意味を見出さない」と述べた。

（既刊：『イズヴェスチヤ』1937年8月27日）

266）　[訳注] 近衛自身は「日本政府」、「中国」、「懲罰」ではなく、「帝国政府」、「支那」、「膺懲」といった言葉を用いたと思われるが、タス通信がどのように報道したかが重要だと考え、あえて日本語原文を意識しない形で訳している。

267）　日付は日本の新聞で発表された日に基づく。

文書 70――133

【文書 70】

1937 年 8 月 28 日。駐華ソ連全権代表 D. V. ボゴモロフよりソ連外務人民委員部宛電報。
国際問題に関する蔣介石との会談について[268]

　昨日、国際政治問題全般に関し、蔣介石と長時間の会談を行った。彼は特に、
日中戦争が長期化した場合に他の国々が取り得る態度についての我々の見解に
関心を有していた。会談には彼の妻[269]だけが居合わせた。面会を行った基本
的な理由は、おそらく彼が日中紛争における自らの立場について、我々に説明
しておきたいと思ったためであろう。彼は本使に対し、中国政府は外国のいず
れかから支援があるかどうかにかかわらず、「最後まで」日本の侵略に抵抗す
ることをソ連政府に伝えるよう要請した。蔣介石は、たとえこの抵抗が壊滅以
外の何物をももたらさないとしても、日本に抵抗すべく最後まで力を振り絞る
と強調した。会談において彼は、日本との交渉は行っておらず、今後も行わな
いことを何度か表明した。
　具体的な諸問題のうち、蔣介石は次の 2 つを挙げた。
　1. 彼の情報によれば、我々は爆撃にも利用可能な高速航空機を米国から
100 機納入したという。彼より次のような質問が出ている。すなわち、当方か
らこれらの飛行機の一部を彼に譲ることはできないかというものである。その
分は新規に償還され、注文は直ちに行われるという。
　2. ソ連政府がソ連の飛行士に中国軍への志願兵として行動することを許可
するのは、もし今でなければ、どのくらい後になってからであるかにつき、彼
が見積もることは可能か。
　同時に蔣介石は、直ちに我が国の航空機の一部を顧問団とともに甘粛に派遣
する問題について、解決を早めるよう要望している。
　昨日は総司令官付野戦参謀長[270]に任命された白崇禧とも会談した。白崇禧

---

268)　文書 118 葉に「特別」の注記あり。
269)　〔訳注〕宋美齢。
270)　〔訳注〕原文は начальник[ом] полевого штаба главнокомандующего。この原文を尊重して訳
　　した。実際のところ、当時白崇禧は国民政府軍事委員会副参謀総長を務めていたが、ロシア語
　　原文においてそのようには書かれていない。

134——邦訳 ソ連外交文書

は日中紛争および国際情勢について自らの視点を披露した。彼の方針は次のように まとめられる。（1）最後まで抵抗すること。長期にわたる粘り強い戦いにおいてのみ、中国は自らの自立性を維持することができる。日本と合意することなどは全く問題外である。（2）唯一可能な中国の外交方針——それは仏ソブロックである。

　白崇禧自身が語ったところによると、彼の考えでは、中国がソ連の日中戦争への介入を当てにするようなことはない。それにもかかわらず、彼は、中国と日本の間の長く引き続く戦争の後、先の帝国主義戦争で米国が果たしたような役割をソ連が担うことを希望している。白崇禧によれば、蔣介石は最後まで抵抗するという最終的な決定を下しており、他の道はもはや存在しない。彼は、近いうちに日本に同情的なことで知られている人物が、指導的な地位を解任されると確信している。

ボゴモロフ[271]

　（出典：АП РФ. Ф. 3. Оп. 65. Д. 355. П. 51–53[272]）；АВП РФ. Ф. 059. Оп. 1. П. 281. Д. 2786. Л. 118–120. 既刊：ДВП. Т. XX. С. 480–481）

【文書71】

1937年8月29日。ソ連外務人民委員代理 V. P. ポチョムキンより駐フランス、チェコスロヴァキア、トルコ、英国、米国、イタリア、ドイツ、ポーランド、中国、日本全権代表宛電報。ソ中不可侵条約締結に関するソ連外務人民委員部の情報

　政府の指示に基づき、本日29日、我々はモスクワ駐在のフランス、チェコスロヴァキア、トルコの外交代表に、ソ連と中国の間の不可侵条約の締結が行われたことについて通知した。条約の公表は翌30日に行われる。上記の各国政府に条約の意味を説明するなかで、我々は次の点を挙げた。第1に、ソ中条約の締結に関する交渉は、すでに1年以上の時間をかけて行われた。第2に、

271）　［原注］記録によれば、1937年12月1日、最初のソ連の飛行士たちが南京の空港に降り立った。［訳注］この原注は、文書のどの箇所に付されたものかが不明である。便宜的に、文書の末尾に付されたものとした。

272）　［訳注］原文ママ。正しくは Л. 51–53 だと思われる。

この交渉がある意味で長引いたのは、国内外の秩序を理由として、中国側がそれを希望したためである。第3に、最近中国政府は、中国人民の最も広範囲にわたる層がソ連への共感を著しく高揚させていることから、条約締結に積極的な関心を見せている。また極東における国際情勢が複雑化した結果、自然に中国政府の側からソ連を始めとする諸外国との友好関係を強化することを希望するようになっている。第4に、ソ連政府はソ中不可侵条約の締結を、その変わることのない平和政策の道程における新たな一歩であるとともに、極東の紛争に直面する中で特に時宜にかなった意味を獲得し、世界全体の平和にも寄与し得るような国際宣言であると見なしている。ソ中不可侵条約の真意についてのさらに詳細な説明は『イズヴェスチヤ』および『プラウダ』の記事において報じられることになっている。

ポチョムキン

（出典：АВП РФ. Ф. 059. Оп. 1. П. 269. Д. 1860. Л. 135-136. 既刊：ДВП. Т. XX. С. 481-482）

【文書72】

1937年8月30日。駐日ソ連全権代表 M. M. スラヴツキーよりソ連外務人民委員部宛電報。ソ中不可侵条約調印に対する日本の反応について[273]

　当地では中国との合意が注目の的となっている。前線では財政上、経済上の困難が高まり、すでに大衆の不満が外に噴出し、また英米との関係も悪化しているような、ただでさえ複雑化する状況のなかで、新聞や雑誌のみならず、本日外務省の代表者自身が海外のジャーナリストたちに伝えた外務省の最初のコメントにおいてさえも、日本人のこの新たな外交的敗北への憤激が公然と表明されている。確実に、条約は日本政府を不安にさせた。本日タス通信が伝えたところによれば、外務省に近い『ジャパン・タイムズ』の社説はこのことを隠していない。廣田が、（9月2日に信任状を奉呈した後の）本使との最初の公式会談において条約に触れ、また何らかの形で日本政府の不満をも表明することは、

273）　文書72葉に「最優先」の注記あり。

136——邦訳　ソ連外交文書

予期しておく必要がある。もし貴部より特別な指示がないようであれば、日本政府の不満に対して当惑の意を表明し、一貫して全ての国々との平和を追求するソ連政府の政策は誰もが知るところであり、そこから導き出された平和的行動がなぜそれほど甚だしく不安を招くのか理解できないと述べるつもりである。あるいは適当な時期に我々と日本との間で同様の条約を締結するよう提案する旨、付言してもよい。しかし、現時点でこのことに触れるのが適切かどうかは、確信していない。また、廣田が急に「ソ連による対華支援の噂」に話題を向けることを思い立った場合に備えておくためにも、至急指示を伝えられたい[274]。

　貴部が言及した（8月29日付貴部電報）『イズヴェスチヤ』および『プラウダ』の記事は、現時点で受領していない。

　9月2日に廣田は海外の記者たちを集める。ナギ[275]は、直接あるいは他の記者を通じて廣田にしかるべき質問をする可能性がある。どのような質問とすべきか、電報にて通知されたい。

全権代表

（出典：АВП РФ. Ф. 059. Оп. 1. П. 262. Д. 1826. Л. 72-73. 既刊：ДВП. Т. XX. С. 482-483）

【文書73】

1937年8月30日。在ジュネーヴ米国領事エヴァレットより米国務長官C.ハル宛電報。日本の対華侵略に関する中華民国政府から国際連盟事務総長への覚書の要旨について述べ、国際連盟における中国代表の戦術を明らかにしたもの

本文訳省略。

（既刊：*FRUS*, 1937, Vol. IV, The Far East, pp. 6-7）

274）［原注］1937年9月1日付のB. S. ストモニャコフによるM. M. スラヴツキー宛電報には、次のように強調されていた。「廣田が対華武器供給問題にわざわざ言及した場合は……、彼に……武器の貿易は国際法で認められており……またこの法が一部の非常に日本に友好的な国々によって利用されている旨を表明されたい」（ДВП. Т. XX. С. 484）。［訳注］RKO4では、この原注にある「廣田」の表記がХиротоとなっているが、DVP版ではХиротаと正しく表記されている。

275）［訳注］この人物はタス通信の在東京特派員で、ロシア名をアレクセイ・リヴォーヴィチ・ナギという。ハンガリー南部バーチボルショード出身で、ハンガリー名はナジ・アーコシュである。ここではロシア名に基づいて表記している。

文書 III-414──137

【文書 74】

1937 年 8 月 31 日。駐ソ米国臨時代理大使 L. W. ヘンダーソンより米国務長官 C. ハル宛電報。南京におけるソ連と中華民国の間の不可侵条約の調印に対するモスクワでの反響について

本文訳省略。

（既刊：*FRUS*, 1937, Vol. III, The Far East, pp. 498-499）

【文書 III-413】

1937 年 8 月 31 日。ソ連外務人民委員代理 V. P. ポチョムキンより在ワルシャワ、ワシントン、ロンドン、パリ、プラハ、ローマ、南京、東京、アンカラソ連大使宛暗号電報。ソ中不可侵条約調印に対する駐在国の反応を知らせるよう指示するもの

　ソ中条約締結に対し、貴使の任国において支配層、政治団体、世論、新聞がどのように反応しているのかを通知されたい[276]。必要な資料を集めるに当たり、包括的な聞き取り調査、特別なインタビューは避け、情報収集のために我々の特定の関心が露見してしまうようなあらゆることに警戒されたい。出版物への評価は、新聞報道に対する貴使の展望を繰り返し述べずに済むよう、できる限り全般的な形で伝えられたい。

（出典：АП РФ. Ф. 3. Оп. 65. Д. 355. Л. 62. 保証つきの写。初公刊）

【文書 III-414】

1937 年 9 月 1 日。M. M. スラヴツキー[277] より I. V. スターリン宛暗号電報。日本の中国における開戦に対する外交団の反響について

---

276)　文書 62 葉に「ポチョムキン、ストモニャコフ、スターリン（2 部）、モロトフ、ヴォロシーロフ、カガノーヴィチ、エジョフ宛、10 を簿冊へ」との送付資料あり。【文書 III-414】を参照。

277)　［訳注］底本に「D. V. ボゴモロフ」とあるのを修正した。本文書に登場するドゥーマンもデイチマンも東京に駐在していた外交官であり、各国の大使が交渉している外務省は日本のそれである。したがって、文書の末尾にある「全権代表」は駐華全権代表ボゴモロフではなく、明らかに駐日全権代表スラヴツキーを指している。

138——邦訳　ソ連外交文書

　米国大使館参事官のドゥーマンがデイチマンとの会談で話したところによると[278]、情報によれば、日本から中国、満洲、朝鮮、サハリンに派遣されている軍隊の総勢は 270,000 人に達するという。ドゥーマンは、日本が「ソ連国境に軍隊を集中させている」として、そのなかで「予防措置」のみを講じると述べたが、それは、ソ連との軍事的衝突による現在の困難をますます複雑なものにすることは日本の利益に適わないからだとしている。日本の侵攻に対する中国人の抵抗は、米国大使館で考えられていたよりも強力である。現地の米英仏大使はほぼ毎日外務省に個別的あるいは集団的な抗議文を手渡し、（人間性の）[279] 名において平和的住民と外国人に対する爆撃の中止を呼びかけている。

　彼の言葉によると、時にはこの集団的行動に独伊大使館が同調しているという。数日後には、中国の都市空爆の全面的自制を呼びかける新しい大使たちが日本に派遣されることになっており、それはすでに原則として合意されている。ドゥーマンは、日本政府が中国に正式に宣戦する準備をしていると推定している。彼は、中国沿岸部の封鎖に関する外務省からフランスへの回答がこれを暗示していると見ている。彼の言葉によれば、米国はその船舶に対する封鎖の適用を受けることはないという。

　日本が米国船舶の捜索や米国の軍需物資の押収を試みた場合、米国は武器による撃退または中立法によって応じる。

　しかし後者は、綿花栽培者の損失を避けるため、綿花などの商品の輸出については触れていない。ドゥーマンは、中立法が近い将来に宣言されると見ている。彼の言によると、米国大使館の意向を知ったワシントンは、外務省に半公式的な形で封鎖適用の形式に関する一連の問題を提起するとともに、大使館には自制を促したという。米国は、中国が完全に崩壊し、インド型の日本の植民地に移行する可能性があると考えており、ドゥーマンの述べるところによると、中国の無尽蔵な人的および物質的資源に支えられた日本が米国よりも強くなることによって、米国は存在そのものが脅かされる恐れがあるという。ドゥーマ

278）　文書 64 葉に「ポチョムキン、ストモニャコフ、スターリン（2 部）、モロトフ、ヴォロシーロフ、カガノーヴィチ、エジョフ、コズロフスキー宛」との送付資料あり。【文書 III-413】を参照。

279）　〔訳注〕括弧は原文ママ。

ンは、「日本のブルジョワジーは共通の脅威に直面しており、確かに軍部は大コンツェルンという意味での資本の集積プロセスを推進しているが、同時に非常時を口実として全てが無節操に彼らのポケットの中に入っていく」と指摘した。

ドゥーマンはソ中条約についての日本人の興味深い発言は何も聞いていなかった。ドゥーマンの考えによれば、日本人は「それに大きな意味を見出していないか、そのふりをしているかだろう」。

本日フランス駐在武官がリンク[280]に語ったところによれば、特に本日参謀本部において参謀長の後任[281]となった畑は、参謀将校たちとの会談の中で、我々と中国の条約は「極めて不穏である――あたかもソ連が後方で攻撃してくるかのようではないか」との印象を述べたという。

全権代表

（出典：АП РФ. Ф. 3. Оп. 65. Д. 355. Л. 64-66. 保証つきの写。初公刊）

【文書 III-415】

1937 年 9 月 1 日。外務人民委員代理 B. S. ストモニャコフより I. V. スターリン宛業務メモ。ソ中不可侵条約問題に関する駐日ソ連大使への訓令の必要性の問題について[282]

280）［訳注］駐日ソ連武官。

281）［訳注］原文は зам. начальник[a] штаба。実際のところ、畑が参謀総長に就いたことはないが、8 月 26 日に陸軍大臣、参謀総長と並んで陸軍三長官の一つとされた教育総監に就任しており、このことを指しているものと思われる。

282）［原注］9 月 1 日付全連邦共産党（ボ）中央委員会政治局会議議事録（858）に次のように記されている。――日本について。

以下の通り、スラヴツキー同志への電文案を確定する。

「1. 廣田が貴使にソ中不可侵条約について話し始めた場合には、貴使の提案通り、次のように表明されたい。一貫して平和を追求するソ連政府の政策は誰もが知っており、そこから導き出されたソ連政府のこのきわめて平和的な行動によって日本の政府や新聞報道に不安が生じていることは、我々に大きな驚きをもたらしている。まして、我々がかつて隣国を排除することなく同様の条約の締結を提案していたこと、またすでにその圧倒的大多数とこうした条約を締結したことを廣田は知っているのだから、なおさらである。

もし廣田が日ソ不可侵条約締結の問題に対する我々の態度について話を始めたら、貴使の知る限り、日本政府はこうした条約を締結することを再三にわたってきっぱりと拒絶しており、また日独協定の問題が明るみとなった後、このことはすでに長らくソ連政府にとって現実性を失っているものとみられると、無関心な調子で言明されたい。

2. 廣田との会談で、貴使自ら我々が行っているという対華軍事支援の問題に触れてはなら

140——邦訳　ソ連外交文書

　電報第 17990 号、第 18413 号においてスラヴツキー同志は[283]、（おそらく 2日の晩か 3 日の朝に行われる会談で）信任状を奉呈した後、廣田が我々の対華支援およびソ中不可侵条約締結に触れてきた場合について請訓している。

　外務人民委員部は、電報にまとめられている案の通りの訓令をスラヴツキー同志に発するよう提案する。確認を請う。

　日本の新聞報道から判断するに、廣田とスラヴツキー同志の話し合いは、基本的に我が国による中国への軍備供給について行われることとなる。電報の第1 段落第 2 文の後を「それゆえ我々は、廣田がこうしたことを要求し、このテーマに関する話し合いの基礎を持とうとしないことに驚いている」と短く抑え、それによってそもそもこうした話し合いを避けることを試みてもよいであろう。しかし本官は、このような断固とした表明の後、廣田が武器について話を始めることを懸念しており、まさにそれゆえに、添付した電文案に要約されているような、さらに詳細な訓令をスラヴツキー同志に与えることが適切であると考える。

　ない。廣田がこの問題に立ち返ってきた場合には、きっぱりと次のように表明されたい。我々の平和政策は遍く知られており、国際的な条約および義務、ならびに国際法規範を破壊するような意図は一切有していない。こうしたソ連の立場は、日本側が対ソ関係において国際法規範やそれと関連した国家間の相互援助条約を遵守することが必要な前提条件であると理解している。
　3. 廣田が対華武器供給問題にあくまでも固執した場合には、次のように表明されたい。確かに日本の新聞にはあたかも我々がありとあらゆる武器を中国に供給しているかのような報道があるが、それらには根拠がなく、我々は廣田がいかなる理由に基づいてこの問題について要求してくるのか理解できない。武器の取引は国際法で認められており、もちろん廣田もよく知っているように、こうした法規は日本ときわめて友好的ないくつかの国によって広範に利用されている。したがって、廣田の要求は我々を大いに当惑させるものである。
　4. これらの問題の重大性に鑑み、より詳細にまとめられた上述の訓令を堅持するとともに、このテーマについての話は常にできるだけ短くするよう努められたい。
　5. 廣田の記者会見において、我々の側からは何も質問してはならない」（РГАСПИ. Ф. 17. Оп. 162. Д. 21. Л. 194）。
　この時期、国際法で武器取引が認められていたことには注意が必要である。
　1937 年のこれに続く数ヶ月のソ中関係については、RKO4 を参照。
　［訳注］上記の 5 項目は【文書 III-416】と同一である。
283)　文書は外務人民委員部用箋に印刷。「極秘。機密解除」。葉の末尾に「B. ストモニャコフ」との自筆署名。「10 部印刷。1-6 ──宛先へ、さらにリトヴィノフ、ポチョムキン、B. S.、簿冊へ」との送付資料あり。【文書 III-415】およびその原注を参照。

文書 III-416──141

B. ストモニャコフ

（出典：АП РФ. Ф. 3. Оп. 65. Д. 355. Л. 72. 保証つきの写。初公刊）

【文書 III-416】

1937 年 9 月 1 日。全連邦共産党（ボ）中央委員会政治局会議議事録第 51 号より抜粋

日本について[284]。

以下の通り、スラヴツキー同志への電文案を確定する（付録を参照）。

中央委員会書記

東京。<u>極秘</u>

1. 廣田が貴使にソ中不可侵条約について話し始めた場合には、貴使の提案通り、次のように表明されたい。一貫して平和を追求するソ連政府の政策は誰もが知っており、そこから導き出されたソ連政府のこのきわめて平和的な行動によって日本の政府や新聞報道に不安が生じていることは、我々に大きな驚きをもたらしている。まして、我々がかつて隣国を排除することなく同様の条約の締結を提案していたこと、またすでにその圧倒的大多数とこうした条約を締結したことを廣田は知っているのだから、なおさらである。

もし廣田がソ日不可侵条約締結の問題に対する我々の態度について話を始めたら、貴使の知る限り、日本政府はこうした条約を締結することを再三にわたってきっぱりと拒絶しており、また日独協定の問題が明るみとなった後、このことはすでに長らくソ連政府にとって現実性を失っているものとみられると、無関心な調子で言明されたい。

2. 廣田との会談で、貴使自ら我々が行っているという対華軍事支援の問題に触れてはならない。廣田がこの問題に立ち返ってきた場合には、きっぱりと次のように表明されたい。我々の平和政策は遍く知られており、国際的な条約および義務、ならびに国際法規範を破壊するような意図は一切有していない。

---

284) 69 葉に「全連邦共産党（ボ）中央委員会政治局用箋。極秘。機密解除」との注記あり。【文書 III-415】を参照。

142——邦訳　ソ連外交文書

こうしたソ連の立場は、日本側が対ソ関係において国際法規範やそれと関連した国家間の相互援助条約を遵守することが必要な前提条件であると理解している。

3. 廣田が対華武器供給問題にあくまでも固執した場合には、次のように表明されたい。確かに日本の新聞にはあたかも我々がありとあらゆる武器を中国に供給しているかのような報道があるが、それらには根拠がなく、我々は廣田がいかなる理由に基づいてこの問題について要求してくるのか理解できない。武器の取引は国際法で認められており、もちろん廣田もよく知っているように、こうした法規は日本ときわめて友好的ないくつかの国によって広範に利用されている。したがって、廣田の要求は我々を大いに当惑させるものである。

4. これらの問題の重大性に鑑み、より詳細にまとめられた上述の訓令を堅持するとともに、このテーマについての話は常にできるだけ短くするよう努められたい。

5. 廣田の記者会見において、我々の側からは何も質問してはならない。

（出典：АП РФ. Ф. 3. Оп. 65. Д. 355. Л. 69-71; РГАСПИ. Ф. 17. Оп. 162. Д. 21. Л. 195. 原本。初公刊）

【文書 III-417】

1937 年 9 月 1 日。ローマより I. V. スターリン宛暗号電報。ソ中不可侵条約に対するイタリア政府の態度について

　　第 12462 号電について[285]。新聞報道の反応がタスを通じて体系的に伝えられている。特に本日のタス電第 01111 号をご覧いただきたい。実際のイタリア政府のソ中条約への態度は、一連の会談、特に最近行ったブーティ、プルーナス、ブロンデル[286]、イングラム[287]との会談をもとにすると、次のように要約することができる。イタリアは新聞報道においても公的発言においても中立

285）67 葉に「極秘。機密解除」との注記あり。「ポチョムキン、ストモニャコフ、スターリン（2部）、モロトフ、ヴォロシーロフ、カガノーヴィチ、エジョフ、コズロフスキー宛」との送付資料あり。【文書 III-413】も参照。
286）［訳注］駐伊フランス大使。
287）［訳注］駐伊英国代理大使。

文書 75──143

の立場を維持しようとしているかに見える。しかし、ベルリン＝ローマ「枢軸」と、対英交渉の時期までに極東情勢に対するロンドンの憂慮を強めたいという欲求とが力を持つなかで、大部分の新聞においては親日的な調子がはっきりと表れている。伝わっている限り、イタリアはベルリンからの働きかけにもかかわらず、ソ中不可侵条約に反対し、日本の側に就くような声明を公開で発するには至っていない。当地では輸出先としての中国市場の可能性がきわめて高く評価されており、義和団条約 [288) の賠償金減額分を利用する可能性を維持する努力が見られるが、日本による中国の解体と蚕食には共感がない。一連のイタリア人やいくつかの報道機関は共感し、それゆえにソ中条約は中国の対日降伏の拒絶の現れであり、中国を反ソ連合に引き入れようとする日本の努力に対する防壁であるとして公然と評価している。チャーノが全権代表部および本使に話したところによれば、こうした二重の立場を維持する困難さと、中国の抵抗力に対する不信感によって、イタリアはできるだけ中国にとって負担の少ない条件で日中が妥協することへの願望を掻き立てられているという [289)。

（出典：АП РФ. Ф. 3. Оп. 65. Д. 355. Л. 67-68. 保証つきの写）

【文書 75】

1937 年 9 月 2 日。ソ連外務人民委員代理 B. S. ストモニャコフより駐華ソ連全権代表 D. V. ボゴモロフ宛電報。中国政府によるソ中不可侵条約の性格づけについて

　以下、参考までに通知する。我々のもとにある情報によると、王寵恵はまだ条約が公表される前に、条約についてフランス、英国、米国、ドイツ、イタリアの大使に通知した。また、これに関して、この条約は紋切り型のものであり、あらゆる隣国と平和に生存するという中国の目的を実現することのほか、内容として何ら新しいものはないと述べた。王寵恵は、条約は中国政府の伝統的な「反共」政策の拒否を意味するものではなく、条約第 3 条 [290) は北京条約第 6

---

288)　〔訳注〕原文は боксерскому договору。1901 年に調印された北京議定書を指す。
289)　RKO4【文書 72、73、75、77、85】その他を参照。
290)　〔訳注〕【文書 53】を参照。

144——邦訳　ソ連外交文書

条の効力が完全に維持されていることを強調するものだと請け合った[291]。王寵恵は、中国は条約に関連して何ら秘密の約束をしておらず、日本との間で同様の条約に調印する用意があると述べた。

ストモニャコフ

(出典：АВП РФ. Ф. 059. Оп. 1. П. 254. Д. 1778. Л. 171. 既刊：ДВП. Т. XX. С. 486-487)

【文書 76】

1937 年 9 月 10 日[292]。K. Ye. ヴォロシーロフより I. V. スターリン宛書簡。ソ連国防人民委員部委員会と中国代表団の会談について。ソ連国防人民委員部による中国への軍事支援搬送の実施および武器の構成に関する提案について。クレジットの償還に充てられている金属の割合の減少について。ソ連国防人民委員部と中国代表団の第 1 回会談の記録[293]

　　全連邦共産党（ボ）中央委員会政治局　スターリン同志へ
　　我が委員会と中国代表団の会談記録を送付する[294]。
　　中国側から伝達のあった入手希望軍備品目のリストに基づき、以下のように提案する。
　　1.　重爆撃機（TB-3）は中国側には売却せず、彼らには、現在中国で起きている戦争の状況において、この航空機を軍備として保有することは目的に合わないと納得させる（運転経費が高額、中国に乏しい燃料のための支出が膨大、巨大な

---

291)　［原注］1924 年 5 月 31 日の、ソ連と中華民国の間の諸問題解決のための大綱に関する協定を指しており、その第 6 条の内容は次の通り。「両締約国政府ハ何レモ他ノ締約国政府ニ対シ暴力行為ニ依リ抗争スルコトヲ目的トスル一切ノ機関又ハ団体ノ存在又ハ活動ヲ各其ノ領土内ニ於テ許容セザルコトヲ相互ニ誓約ス。両締約国政府ハ何レモ他ノ締約国ノ政治上及社会上ノ制度ニ反対スル宣伝ヲ行ハザルコトヲ誓約ス」（ДВП. Т. VII. С. 333）。［訳注］条約文の日本語訳は下記文献に掲載されており、原注からの訳文もこれに依拠した。外務省条約局編『「ソ」聯邦諸外国間条約集』外務省条約局、1939 年、118-128 頁（第 6 条は 122 頁）。

292)　［訳注］RKO4 ではこの文書に 9 月 10 日という日付が付されているが、会談記録の末尾に次回会合が 9 月 10 日とされた旨が記されていることからすると、会談そのものはこの日より前に行われたと考えるべきであろう。

293)　【文書 85、88、111、121、124、127、137、139、140、155】を参照。

294)　文書は「ソ連国防人民委員」の用箋に印刷されている。文書 10 葉に次の注記あり。本文左上に「1937 年 9 月 10 日、第 5148」、本文左上にスターリンの自筆により「我が文書庫、S」、本文真上に鉛筆で「ヴォロシーロフ同志より」、本文右上に「極秘。第 1 部。機密解除」。

修理工場がないと修理が困難、この爆撃機が機能するには護衛のために多数の戦闘機の出動が必要)[295]。

2. 中国代表団に次のものの売却に同意することを伝える。

SB	—— 2個飛行大隊 ——	62機
I-15	—— 2個飛行大隊 ——	62機
I-16	—— 3個飛行大隊 ——	93機
UTI（練習用戦闘機） ——	8機

計 —— 225機

3. 重砲を購入したいという中国側の要望は拒否する。我々のもとでもこの口径のものはきわめて少ない。やむを得ない場合、現在の中国側の要望のもとで売却するのは、122ミリ榴弾砲50門以内とする。

4. 中国代表団に対し、次のものを見せ、またそれを用いるための戦術や技術を伝えることを許可する。航空機 SB、I-15、I-16、機器つき高射砲、45ミリ対戦車砲、戦車 T-26。

5. ガソリンや石油を当方から購入することについては、原則として中国側に肯定的な回答を与える。

6. 中国側に顧問団を派遣することで合意し、その人数と専門は購入する軍備のリストが最終的に確定された後に修正されるべきものとする。

7. 製品は次のような方法で供給する。

（ア）航空機——空路で蘭州へ。

（イ）部品および弾薬の必要最低限の予備——自動車輸送で蘭州へ。

（ウ）その他全て——海路で広東へ。

この手順については、もちろん中国代表団の了解を得る必要がある。蘭州までのルートに関しては[296]、単により短く便利であるというだけでなく、そのルートの3分の2 ——すなわち、モンゴル人民共和国を経由した道——を我々の部隊によって確保できるという意味がある。新疆経由の道は700-800キロメ

---

295) 文書11葉の中央に自署で「K. ヴォロシーロフ」、右側の11葉の終わりに「写2部。おそらく37年9月10日」。

296) 12葉に次の注記あり。本文右上に「極秘、第　部」。

ートルと、より長くなっており、中国側は航空路による連絡の準備ができていると話しているものの、その準備に多大な労力を費やすのは間違いない（飛行場の点検、基地の設置、人員および予備部品の運搬、その他）。航空機（特にSB）の組み立ては、多くの作業班を派遣しなければならないアルマアタよりも、イルクーツクの第125航空廠で行う方がもちろん好都合である。このように、技術的にはモンゴル人民共和国経由のルートの方が都合がよい。

　しかしながら、軍備を南京政府に供給するために、モンゴル人民共和国の領土を利用することが、政治的な視点から好都合かどうかについては、判断が必要である。この問題については、周知の事情により、指示がなければ中国側が執拗に要望している航空機移送の準備作業を開始できないため、なるべく早い指示を請う。

　また、中国側が我が国のクレジットの償還に充てる金属類の割合を下げるという、蔣介石からの要請の問題についても、判断を請う。

　決議案を添付する。――なし。

K. ヴォロシーロフ

付録

　委員会と中国代表団の第1回会談記録

　中国側からは楊杰（Янь Чи [297]）将軍、国民党中央執行委員の張冲、飛行士の王[298]、そして通訳が出席した。

　バーリノフ同志が、委員会の要望は何であるか、また彼らが関心を有している品目のリストはどのようなものかを通知してほしいと要請した。それに続き、張はボゴモロフ同志との面会について話した。我々はこの面会の中で、彼に条件を7つにまとめて伝えていた（張はその文書を見せた。それはロシア語でタイプ打ちされ、全面にわたって明け透けな内容となっており、文書に署名はない）。ボゴモロフの記録では、航空機200機および戦車200両について触れられているが、中国代表団は、中国軍の航空機に対する最低限の需要を算出して、戦車の車両

297）　原文通り。本来はЯн Цзэ。
298）　［訳注］王叔銘。

数を 82 に減らす代わりに、航空機の機数を 350 まで増やすよう求めている。
結果として、中国代表団のリストは現時点で次のようなものとなっている。

1. 航空機器：

航空機　　350 機　内訳：重爆撃機　——100 機

軽爆撃機　——100 機

戦闘機　　——150 機

投下爆弾　1,100 ポンド爆弾　1,500 発

〃　　　　1,000 キロ爆弾　　　500 発

防毒飛行服　700 着

飛行用与圧服……　　　　　　1,500 着

その他の航空・航行機器……

2. 戦車：

戦車　82 両

組織が別途伝えられた戦車大隊のための物資も付属する。

3. 火砲：

150 ミリ口径重砲

（主に榴弾砲）、対戦車砲、機器一式および牽引車を備えた高射砲　　138 門

委員会としては、まず現物を見た上で、数量の問題を検討したい。

4. ガソリンおよび石油：（数量は今のところ不確定）

列挙された物資はいずれにも、弾薬、予備部品、補助機器、さらに直ちに運
転させるために必要な全てのものが付属する予定である。

5. 顧問団

（ア）飛行士

15 名　　重爆撃機操縦のため

10 名　　軽　　　〃

8 名　　戦闘機操縦のため

7 名　　航空監視者および爆撃手
_____

40 名

（イ）航空技術スタッフ

30 名　航空技術者

148——邦訳　ソ連外交文書

15名　武器に関する技術者

8名　無線技士

4名　航空写真家

3名　道具に関する技術者

60名

（ウ）戦車兵——人数は当方で決めるよう依頼を受けている。

　このほか代表団は、その9名の構成員の中に航空機を移動させることができる者がいないとして、そのための飛行士を選抜するよう要請している。

　張はこのリストを手交する際、代表団は製品の価格を知らず、リストが1億[299]の限度枠を超えたかどうか判断することができないとして、このリストが暫定的なものであることを付言した。これに対する返答として、バーリノフ同志は次のように話した。代表団も承知のように、我が国は武器の取引に携わっておらず、中国にそれを売却しているのは、第1に我が国との間に友好関係が存在するからであり、第2に中国が侵略を受けているからである。代表団が購入する武器は、赤軍の軍備における最新の軍需品の一部である。したがって、代表団が希望する品目が完備しないということも起こり得る。もちろん、価格は国際市場における平均額を超えることはない、と。

　張は謝意を述べつつ、次のように述べた。代表団は、最終的なリストを作成するに当たって我々の支援と助言を要請するが、そのリストの中には必ず飛行機、戦車、ガソリンが入るべきであり、また必要に応じてその他のものが入るべきである。代表団は、個々の隊が弾薬基準数量を満たす形での航空機派遣をできるだけ早く組織することを強く要望する。

　物資供給ルートの問題はこの会議において詳細には検討されなかったが、中国側が伝えたところによれば、新疆経由のルートについては現在のところ航空連絡路を整備中である。ハミ、安渓、徐州、贛州、蘭州[300]にある空港は準備ができており、すでにガソリンも届けられている。モンゴル人民共和国経由のルートについて、中国側は意見を述べることを避けたが、このルートが最も短

299）　［訳注］単位は原文に明記されていないが、中国元である。

300）　［訳注］原文では Ляньчжоу, и Ланьчжоу とあるが、Ляньчжоу, Ланьчжоу ともに蘭州を指しているものと思われる。

文書 77──149

いことを明確に指摘していた。中国側は、海路による広東への物資供給期限を
25 日以内と定めているが、イタリアの潜水艦による海賊行為の危険性にも言
及している。

　中国代表団は、飛行機を始めとした我々が売却可能な物資の見本を、なるべ
く早く見せてほしいと要請した。王[301]飛行士は自身の同僚たちとともに、航
空学校の視察を許可してほしいと申し出た[302]。

　最後に張は、提供されたクレジットの返済分として我々に譲渡されるべき金
属類その他の物資のパーセンテージを変更してほしいという蒋介石の依頼を、
ソ連政府に伝えるよう要請した。金属類を 75 パーセントとすることは、現在
の状況では中国政府にとって非常に困難であるため、中国側は植物油や茶の比
率を高める代わりにそのパーセンテージを下げることも要望している。

　委員会は代表団の依頼を取り次ぐこと、また代表団が列挙した品目の売却の
可能性について明らかにすることを約束した。

　次回の会合は 9 月 10 日に決定した。

　委員：

(バーリノフ)[303]

(ラーニン)

（出典：AП РФ. Ф. 45. Оп. 1. Д. 321. Л. 10-15. 原本。タイプライター版。初公刊）

【文書 77】

1937 年 9 月 12 日。タス報道。国際連盟における中国代表団の新聞社代表への声明につ
いて[304]

　ジュネーヴ、9 月 12 日（タス）。中国代表団は国際連盟第 28 回総会において、
新聞社代表に対し次のような声明を発表した。

---

301)　［訳注］王叔銘。
302)　例えば、【文書 134】を参照。
303)　文書 15 葉中央にバーリノフ、ラーニン両委員の自筆署名あり。
304)　日付はジュネーヴの新聞で発表された日に基づく。

150——邦訳　ソ連外交文書

「日本による前例のない深刻な中国侵略に直面して、中国政府は再び国際連盟に問題を提起することを決定した。

中国政府および中国国民は、平和愛好国の巨大な集合体である国際連盟が、国際的な合意の神聖性を守るため、日本の中国侵略を中止させる早急かつ有効な措置を策定し、また適用すべきであると考える。中国政府および中国国民は、平和と国際的公正の事業に忠実なアメリカ合衆国がこの問題における連盟の活動を支持するとともに、侵略への抵抗および東アジアの平和回復を自ら支援することを望んでいる」。

（既刊：『イズヴェスチヤ』1937 年 9 月 14 日）

【文書 78】

1937 年 9 月 13 日。タス報道。日本の中国侵略に関する中国代表団の国際連盟事務総長宛て覚書について

　ジュネーヴ、9 月 13 日（タス）。中国代表顧維鈞[305]は国際連盟事務総長アヴノールに、日本の中国への侵略を通知する覚書を公式に手渡した。中国政府は、国際連盟理事会が連盟規約第 10[306]、11[307]、17 条[308]の適用のために必要な措置を採択することを要求している。同時にアヴノールのもとに、8 月 30 日付報告を補う中国政府のメモランダムが伝えられた。メモランダムにおいて中国政府は、争えぬ事実に基づきながら、日本のあらゆる種類の軍事力が中国への強盗的襲来に関与していることを立証している。同政府は、日本による海上封鎖、赤十字部隊への攻撃、中国の非戦闘員への野蛮な絶滅作戦、無分別な文化財の破壊を指摘している。

（既刊：『イズヴェスチヤ』1937 年 9 月 14 日）

305）［訳注］原文では英語名のウェリントン・クーをロシア語表記したもの（Веллингтон Ку）となっている。
306）［訳注］国際連盟加盟国の領土保全および政治的独立を規定したもの。
307）［訳注］戦争の脅威が発生したときに連盟が取るべき措置を定めたもの。
308）［訳注］【文書 51】訳注を参照。

【文書 79】

1937 年 9 月 15 日[309]。タス報道。米国外洋船の中国および日本への寄港の問題に関する米国政府の声明について

　ニューヨーク、9 月 15 日（タス）。……ローズヴェルト大統領の発表によると、米国政府所有の船舶が武器および軍備を輸送することは、中国に対しても日本に対しても禁止される。米国旗の下に航行する民間企業所有の船舶に関しては、「自らの責任において」中国に対しても日本に対しても武器を輸送することができる。

　（既刊：『イズヴェスチヤ』1937 年 9 月 16 日）

【文書 80】

1937 年 9 月 15 日。米国務長官 C. ハルより駐華米国大使 N. ジョンソン宛電報。中国および日本への軍備供給の禁止について[310]

本文訳省略。

　（既刊：FRUS, 1937, Vol. VI[311], The Far East, pp. 532-533）

【文書 81】

1937 年 9 月 15 日。駐ジュネーヴ米国領事バックネルより米国務長官 C. ハル宛電報。日本の中国侵略に関する中国代表団の国際連盟事務総長宛覚書をめぐる、国際連盟における審議について

本文訳省略。

　（既刊：FRUS, 1937, Vol. IV, The Far East, pp. 18-19）

─────────────

309)　日付は米国の新聞で発表された日に基づく。
310)　【文書 79】を参照。
311)　［訳注］底本に Vol. III とあるのを修正した。

152——邦訳　ソ連外交文書

【文書 82】

1937 年 9 月 18 日[312]。タス報道。米国の極東政策について

　米商務長官ロイター[313] は先ほど新聞社の代表との会談において、米国政府は中立法適用が極東における米国の通商に与え得る影響について入念に検討しているところであると述べた。ロイターは、通商の一時的中断でさえも、その場合には綿、石油、その他の様々な原料の商業が他の国々の手にわたりかねないため、極東における合衆国の市場の損失につながり得ると指摘した。

　日本はすでに本年米国から 1 億 9200 万ドルの輸入があり、これに対し昨年同期間では 1 億 500 万ドルであった。ロイターの言葉によれば、米国から日本への最も重要な輸出品は綿であり、それが過剰な豊作となっているため、経済的、政治的問題をもたらしている。

　　（既刊：『イズヴェスチヤ』1937 年 9 月 20 日）

【文書 83】

1937 年 9 月 20 日。駐ソ米国臨時代理大使 L. W. ヘンダーソンより米国務長官 C. ハル宛電報。ソ中不可侵条約の分析

本文訳省略。

　　（既刊：*FRUS*, 1937, Vol. III, The Far East, pp. 537-541[314]）

【文書 84】

1937 年 9 月 21 日。国際連盟総会におけるソ連外務人民委員 M. M. リトヴィノフの演説。

---

312)　日付は米国の新聞で発表された日に基づく。

313)　［訳注］原文ママ。原文には「ロイター（Ройтер）」とあるが、実際にこの時期に商務長官を務めていたのはダニエル・C. ローパーである。F. D. ローズヴェルト政権下でロイターという姓を持つ閣僚はいない。おそらくタス通信がローパーをロイターと取り違えたものであろう。

314)　［訳注］底本に pp. 534-540 とあるのを修正した。

文書84──153

国際連盟の力によってあらゆる形の侵略に抵抗することについて

　議長閣下、紳士諸君！

　私はここで演説するに先立ち、幾分かの動揺があることを認めなければならないが、この動揺は他の代表団とも無関係ではないと考える。私は自らに問いかけた。1年前、第17回総会報告のために我々がこの演壇から語り、提案したことの全ては、本当にその力を全く失っていないのだろうか、そしてこれに何かを付け加える必要があるのだろうか、と。我々がそのときに語った害悪は、実際に国際社会の雰囲気を毒し、国際連盟を破滅させ続けている。理論上、実際上の侵略は消滅しないどころか、ますますその頭を高く擡げ、ますます無遠慮にその醜悪な顔を曝している。新たな侵略がはるかに強烈な形で一層頻繁に襲いかかってきている。

　南西ヨーロッパに対する隠れた形での侵略という現象に、露骨な形での同じ現象がアジア大陸に対するものとして加わった。2つの国家、それも連盟および理事会の2つの構成国が、外国からの陸、海、空の軍事力による襲撃を受けている。第三国の軍艦のみならず、商船までもが攻撃の犠牲になりかねないのである。最も主要な水上交通路は、海および空からの海賊行為によって危険なものとなっている。国際貿易の損害は次々に累積し、高価な貨物が不法に差し押さえられたり沈められたりしているほか、船の乗組員は捕らえられたり消息を絶ったりしている。海上では完全な横暴と略奪が幅を利かせ、国際法の基本的な規範が蹂躙されている。近日中に国際海洋警察を創設するとともに、平時のうちに戦争を人道的なものとするための規則を作り上げなければならない。

　アジア大陸では、宣戦布告もなく、何の理由も説明もないまま、一国家が他の一国家、すなわち中国に侵略し、10万人の軍隊で埋め尽くすとともに、海岸を封鎖し、世界最大の商業的中心地の一つにおける通商を麻痺させている。そして、依然としてどれほど続き、いつ終わるかがわからないこの行為は、おそらくまだ始まったばかりであり、我々はその只中にある。欧州では別の国、すなわちスペインが、組織的な外国の軍隊の襲撃を受けてすでに2年目に入り、その壮麗な首都マドリードや他の都市が毎日のように厳しい爆撃を受け、さらに何万人もの人々の生命や、膨大な物的、文化的財産が失われている。他の都

154——邦訳　ソ連外交文書

市アルメリアは、外国の艦船によって猛砲撃を受けている。これらの行為は全て、スペインで繰り広げられている内戦とは何の関係もないはずの外国政府によって行われているのである。

　我々は、この総会での連盟事務局報告の中に、これらの事件に対する反応がないかと探し求めたが、無駄であった。国際連盟は、それを構成する加盟国の一体性を保証し、平和と国際秩序を守り、国際合意の履行と国際法への尊敬を確保することを謳っているが、これらの事件には触れないまま何の反応も示していない。さらに悪いことに、これらの衝撃的な事件の余波のなかで、それを避けようと赤面している娘を守るように、どんなことがあってもまず国際連盟の保護を必要と見なす考え方が強まっている。

　このような国際連盟への優しい配慮の根本には、これらの事件の犯人たちが連盟にいないために、国際連盟は侵略、横暴、不法行為、国際的な略奪とは戦えないという誤った考え方がある。侵略者と協力して……[315] 初めて侵略との戦いがうまくいくことが前提とされているのである。このような協力の成功経験はすでに積まれている。ジュネーヴの精神をないがしろにし、スペインの悲劇を起こした張本人たちの協力を得るために、スペイン問題は国際連盟から排除され、特別に組織されたいわゆるロンドン不干渉委員会に丸投げされている。このような経験の結果はすでに現れており、誰もが知るところとなっている。協定が調印されてもすぐに破られ、決議が採択されても守られず、構想や計画が形成されても妨害されたり崩壊したりしている。これらにはいつも、気まぐれに行動する委員たちが皆委員会を去ったりそこに戻ってきたりするために、バタンバタンと音を立てる扉の伴奏が過度に付随している。当然、ロンドン委員会は、自らが設定した目的に何一つ達していない。公式にはスペインへの武器輸出は禁止されているが、反乱軍には陸、海、空での行動のためのあらゆる種類の武器の調達が——国家的規模において——続けられている。外国人が軍事作戦への参加のためにスペインに入国することは禁止するという約束になっているにもかかわらず、この公式な約束を採択した全ての国々が港から直接見ているなかで、臨戦態勢にある何万人もの人々、すなわち将校や将軍に率いら

---

315)　[訳注] 原文は「...」。中略記号だと思われるが、どのような経緯によって省略されたのかは不明。なお、RKO4 が出典として掲げている文献においても「...」となっている。

れて完全に武装した数個師団が、スペインの反乱軍を支援するために、丸ごと送り出されている。このことは推測ではなく、事実であり、約束の侵犯者自身がこれを隠そうとせず、彼らの新聞もこのことを公然と書いている。そして我々は、公式の命令から、公刊された死傷者の名簿から、また公電のやり取りから、この事実を知っているのである。このことに、スペインの港を偵察、射撃する（アルメリアの事件）ばかりでなく、中立国の商船をも沈没させながら反乱軍を支援する外国の軍艦が、スペイン周辺を航行している状況、つまり、スペイン共和国の海上封鎖の運命を加えていただきたい。そして、スペイン問題への不干渉について、皮肉なしに語るべきことなど残されていないのはなぜなのかを、理解していただきたい。

　ジュネーヴの精神および責任ある普遍性の要請を無視した組織の活動の帰結は、このようなものなのである。

　私は、普遍性の擁護者たちに対し、この帰結に注意を向けることを勧める。彼らはこれらの帰結の原因について考えてみるべきである。また、国際的な活動や諸国民が相互に認めた権利と約束について、異なる目標を追求し、正反対の考え方を有する国家間での協力が成功することへの希望、ならびに、異なる国家間の内政不干渉への心からの支持者たちおよび諸国民の内政に対する自決権の守護者たちと、他人事に干渉し、他国に銃剣や爆弾をもって特定の政治体制を押しつけることを心から公然と支持する者たちとの間で協力が成立することへの希望は、幻想であることを理解すべきである。侵略と不侵略、平和と戦争の間では、止揚などあり得ないのである。

　連盟の課題——侵略の抑止

　連盟の改革はいかなる場合でも多くの時間を必要とするが、現在の総会では重要で緊急を要する諸問題の解決が提議されている。我々は、侵略の犠牲者である、連盟の2つの加盟国への支援を勧告する。この勧告は、連盟を大きな試練に直面させるものである。その義務の遂行を逃れ、またその無力さを露呈させていては、連盟はいかなる権威も、またその存在すらも維持することはできない。私は、国際連盟およびその現在の構成国が、スペインと同様に中国に対して、両国からの控えめな要請よりも強力な支援を与え得ること、そしてそれ

156——邦訳　ソ連外交文書

によって連盟は、新たな国際的紛糾の機会の増大を防ぐだけでなく、それを減少させ得ることを確信している。我々はただ、現在の国際的な混乱を引き起こした張本人たちの不満、それも巨大なものでさえあるかもしれない不満を買い、彼らの無分別な新聞や雑誌から攻撃を受ける危険を冒しているだけである。これらの新聞や雑誌はそれぞれの方法によって、そこに指示を出す政府と同様に挑発的で攻撃的な態度を見せており、その見解に対して多くの人が非常に敏感であることを私は知っている。しかし私は、侵略者の自尊心を尊重するよりも、侵略が実際に拡大、継続することによって生じる何万人、何十万人という犠牲者の生命を尊重するために何かをする方を好む。

　紳士諸君、侵略者を前にして、連盟には何ができ、また何をすべきであろうか。我々はある英国の作家の、誘惑を免れる最善の方法は、誘惑に屈することだという言葉[316]を知っている。私は、侵略に屈するという方法によって侵略を免れるのが最善だと考えているような、政治的賢者たちがいることを知っている。スペイン人民が自らの国家のために、反乱者の将軍たちやそれに加担する者たちに対して行っている英雄的抵抗を、彼らは非難している。彼らは、中国が戦わずして侵略者の最後通告的要求に屈し、進んでその臣下となることが、中国にとって賢明な行動であると考えている。しかし、国際連盟はこのような助言を与えるために存在しているのではない。もしこのような助言を行うことを放棄したとしても、自らが弱体であること、十分な普遍性を有していないこと、決定に従うことを望まない侵略の張本人たちが審議に参加しないことを引き合いに出しつつ、自らは消極的な態度にとどまるならば、国際連盟はその存在意義を証明できなくなる。このようなやり方はすでに試みられており、全ての発言者がこの壇上で嘆き悲しむような状況をもたらした。このようなやり方は、連盟加盟国でもある一方の国家にきわめて広大な領土と何千万人もの人口の喪失を、そして他方のそれに国家としての存在そのものの喪失をもたらした。ここで、次のような公理を認めることができる。満洲事変のときの連盟の消極性は、数年後に行われたアビシニア侵略という結果をもたらした。アビシニア

---

316)　［訳注］ワイルドの『ドリアン・グレイの肖像』からの引用。ワイルドによる原文は、The only way to get rid of temptation is to yield to it. であり、「最善の方法」ではなく「唯一の方法」となっているが、ここではロシア語の演説文の通りに訳した。

文書85——157

の際に連盟が十分に積極性でなかったことが、スペインの試練を引き起こした。連盟がスペイン支援のために何ら措置を講じなかったことによって、中国への新たな攻撃が引き起こされた。このようにして、我々は5年の間に4回の侵略を経験することになったのである。我々は、侵略が一つの大陸から別の大陸へと絶えず飛び火し、そのたびごとに規模を拡大させていくのを目の当たりにしている。他方で私は、一つの侵略の事例において連盟が決然とした政策を取っていれば、我々はその他全ての事例を経験せずに済んだはずであることを固く確信している。そしてその場合においてのみ、侵略が割に合わず、侵略がもはや実行されないことを全ての国家が確信するのである。

　このような政策の結果においてのみ、かつての国際連盟の加盟国は我々の扉を叩き、我々は喜んでこう言うのである。「入りなさい」と。我々は彼らに世界観を問うているのでも、国内政治体制の支配者を問うているのでもない。なぜなら、国際連盟は現存するあらゆる体制の平和的共存を認めており、そうすることによって平和の武器として存続する普遍的な連盟という我々の共通の理想が実現するからである。しかし我々はアンケートの発送によってこの理想に到達するのではなく、侵略に対する集団的な反撃、集団的な平和擁護によってのみ到達するのであり、それは我々全てにとって必要なものであるとともに、それによる福利は我々全てが享受することになるのである。

（既刊：『イズヴェスチヤ』1937年9月22日。CKO. C. 162-165）

【文書85】

1937年9月23日。ソ連外務人民委員代理 B. S. ストモニャコフと駐ソ中華民国大使蔣廷黻の会談記録。ソ連の中国に対する軍事支援の問題について

　1.　バート・ナウハイムの孔祥熙のもとを訪れた後、ドイツから戻ってきた蔣廷黻が伝えたところによれば、彼は楊杰将軍から、先日の会談は雰囲気の面でも結果の面でも非常に満足できるものであり、中国側は予期していた以上のものを得ることができたと知らされたという。そのため大使は、ソ連政府への感謝の意を表明するため、自らはるばる来訪しようと考えたという。彼は感情

158——邦訳　ソ連外交文書

のこもった表情で話していた。

2. それに続き、大使は自国政府顧問の言葉を引き合いに出しながら、外モンゴルの西部国境に沿って日本軍が動きを見せているため、脅威にさらされていると認識した同国が、対日軍事作戦を開始する準備を進めているとする新聞報道は正しいのかどうか尋ねた。

本官はこれにつき、当方は何も知らないと答えた。大使は、本官がこのような報道を確からしいと考えるかどうか尋ねた。本官は、もしこのことが事実に合致するのであれば、我々はおそらくウランバートルに駐在する我が国代表から情報を得ているはずだと答えた。

3. それから大使は本官に、南京から指示を受けてはいないが、重要な意義を有する質問を率直にさせてもらいたいと述べた。すなわち、中国側は当方から提供されている物資の支援に対して非常に満足しているが、さらに多くの支援を希望している。ついては我が国から中国に対し軍備の支援を与えてもらえないか、というものである。

本官は次のように述べた。そのような趣旨の質問に対して本官は答えることができず、政府からも特別な権限を与えられていない。大使は、我々が完全に中国側に共感を寄せており、自らの独立をめぐる戦いにおいて中国の勝利を望まない者はソ連にいないことを知っている。大使はまた、日本が我々をも威嚇していることを知っている。したがって、今後我々が日本と戦わなければならなくなる可能性は十分にある。しかし、ソ連の立場が今後どうなるかについて、今予告するとすれば、それは時期尚早である。全ては国際情勢次第であるし、ただ1つの敵を相手にしている中国よりも我々の方が複雑な状況に置かれていることを、大使は忘れるべきではない、と。

大使は、質問に対し、我々の中国への共感および我々の立場は国際情勢によって決まるという回答を得たことを報告してもいいかどうか尋ねた。

本官は大使に、彼は訓令のないまま質問し、それに対し本官も全権のないまま答えたのだから、決して南京に伝えることはないようにと要請した。本官が微妙な問題に関する電報を送らないよう大使に助言したのは、実際の必要性があってのことではなく、中国外交部の官吏の間で不統一が生じる可能性や、暗号が漏洩する可能性を考慮しなければならないからである。それに加えて、本

文書 86——159

官が大使に述べたことは、ボゴモロフ同志を通じて南京でよく知られている。

　大使は、外モンゴル問題に関する返答のほかは何も報告しないと述べた。彼はまた、彼の知る限り、ジュネーヴに向けて出発した孔祥熙が、我々の中国への軍事支援について同様の質問をリトヴィノフ同志に行う準備をしていると付言した。

　3[317]. 大使は本官の質問に対する回答の中で、孔祥熙はイタリアを経由し、イタリアの汽船で10月初頭に南京に戻ると伝えてきた。

B. ストモニャコフ

（出典：АВП РФ. Ф. 09. Оп. 1. П. 14. Д. 180. Л. 74-75. 既刊：ДВП. Т. XX. С. 520-522[318]）

【文書86】

1937年9月24日[319]。タス報道。外国特派員による蒋介石へのインタビューについて

　……中国が戦っているのは自らの存在のためだけでなく、ワシントン条約および国際連盟の諸宣言において謳われた諸原理のためでもある。したがって、中国を支援することは、これらの文書に調印した全ての国々の義務である。ワシントン条約および国際連盟の諸宣言が効力を有する間は、中立など話にならない。

　このような状況において、米国は中立であってよいのだろうか。私は、前述の国際的文書に調印した各国の国民および政府は、その責務のことを忘れていないと確信している。米国はワシントン条約および国際連盟規約の作成に際して重要な役割を演じたのだから、その責任は全ての国々のなかでも最も大きい。

　私は9ヶ国の態度に驚いている。これらの国々は自らの義務を遂行しないのみならず、確実に日本の影響を受けながら、その書面に各国の調印がなされた文書がずたずたに引き裂かれていくのを、ぼんやりと眺めているだけである……。どれほど戦争が長引いたとしても、中国はいつまで続くかわからないよ

317）　〔訳注〕原文ママ。
318）　〔訳注〕RKO4では С. 520-521となっているが、これを修正した。
319）　日付は中国の新聞で発表された日に基づく。

160——邦訳　ソ連外交文書

うな時間を持ちこたえることができる。中国は無限の力と資源を有する国なのである……。

（既刊：『イズヴェスチヤ』1937 年 9 月 25 日）

【文書 87（III-418）³²⁰⁾】

1937 年 9 月 25 日。在ジュネーヴソ連外務人民委員 M. M. リトヴィノフよりソ連外務人民委員部宛電報。中国問題に関する国際連盟での審議について [321]

　中国問題に関する審議が月曜 [322] に開始される [323]。目立たない形で中国を支援することを希望するが、どこか別の国々にもそれを促す必要がある。本委員は個人的に、この役割は我々が担うべきであり、またこのことによって我が国と日本の関係も損なわれることはないと考えているが、何も指示を受けていない。本委員は諸提案において、我々がどこまで踏み込んでよいのかを知りたい。すなわち、日本が侵略者であるという宣言を要求するにとどまるのか、財政的もしくは経済的な制裁をも話題にするのかということである。意義のある制裁とは、日本から液体燃料を奪うものであり、そのためには米国、英国、オランダ、ソ連の賛同が必要となる。個人的な会合か、委員会あるいは小委員会の会議において、このような話題を提起してもよいだろうか。至急、指示されたい。

リトヴィノフ

（出典：АВП РФ. Ф. 059. Оп. 1. П. 249. Д. 1747. Л. 124. 既刊：ДВП. Т. XX. С. 522）

【文書 88】

1937 年 9 月 25 日。在モスクワ中華民国大使館よりソ連外務人民委員部宛覚書。中国の

---

320)　〔訳注〕本文書は RKO4、RKO3 の双方に採録されており、両者の間で本文の異同はない。脚注は両者のものを反映させた。
321)　文書 124 葉に「特別」の注記あり。
322)　〔訳注〕1937 年 9 月 27 日。
323)　【文書 84、121、124、127】、その他 1937 年のソ連の対華軍事技術支援に関する文書を参照。

平和的住民および文化財に対する日本軍の爆撃について、ならびに爆撃を中止させるための協力要請

　中国大使館[324] は、ソヴィエト社会主義共和国連邦外務人民委員部に対し、日本軍の侵略によってもたらされ、戦場から遠く離れた場所で行われている、平和的住民、難民、医師団、赤十字および文化機関の部隊に対する無制限で無分別な空襲への注意を喚起する光栄を有する。

　本年夏に日本軍の侵攻が再開されるとともに、日本はあらゆる公共の法や道義との矛盾を見せながら、総力戦という野蛮な教義を意図的に実現すべく邁進している。学問への貢献で名高い天津の南開大学が破壊されたことは、日本の戦争の中国文化に対する様相を物語っている。上海南駅で列車を待つ難民に対して空襲が行われたことは、罪もなく力もない女性や子供に対する配慮が、日本にいかに欠如しているかを示している。特に、最近数日間にわたって広東で行われた猛烈な爆撃は、労働者が居住する地区全体を破壊し、1000 人の人命を奪った。首都南京では、日本の爆撃機は来る日も来る日も集中砲火を加え、無慈悲な破壊へと突き進んでいる。日本軍司令部は、中国の首都全体の壊滅という自らの目標を実現させるため、外国の大使館や使節団にさえも避難を要求した。同様の野蛮な行動は、文明がその制定のために多大な力を費やしてきた戦争に関する国際法典によって、特に禁止されている。

　今日、世界はあまりに密接に絡み合っており、架空の部分に分割することはできない。日本軍の指導者によってもたらされている日本の戦争は、中国に対する戦争であるのみならず、文明それ自体に対する戦争であるから、今日極東で生じていることが、明日には世界のどこかほかの部分で起きるかもしれない。もし人類がこのような野蛮に抵抗しないならば、全人類が犠牲となる。

　それゆえ、中国大使館はソヴィエト社会主義共和国連邦外務人民委員部に対し、中国における日本の軍事行動の野蛮な性格によって生み出され、全人類に影響を与える深刻な結果への注意を喚起するとともに、ソ連政府がこのような非文化的で非人道的な行動を速やかに終わらせるために協力する措置をとるよ

---

324)　文書は「中国大使館、モスクワ」の用箋に印刷されている。

162——邦訳　ソ連外交文書

う要請する光栄を有する[325]。

　ソヴィエト社会主義共和国連邦外務人民委員部御中

　モスクワ

　保証——第2東方局上級専門官代行[326]　ドリンスキー

　（出典：АВП РФ. Ф. 100. Оп. 21. П. 52. Д. 3. Л. 128-129. 写の写。タイプライター版（英語からの翻訳）。既刊：『イズヴェスチヤ』1937年9月27日）

【文書89】

1937年9月26日。駐日ソ連全権代表 M. M. スラヴツキーより廣田外務大臣宛覚書。中国における日本海軍の国際関係史上前例のない行動について[327]

　大臣閣下、

　本年9月19日、在上海ソ連総領事代理であるシマンスキー氏は、日本の第3艦隊司令長官の長谷川提督より、9月21日正午より南京市およびその近郊に対して航空爆撃およびその他の軍事措置を行うとする日本の海軍および空軍の[328]意向について通知を受け、これに関連して、全大使館職員および南京に在住するソ連市民とともに南京から安全な地区へと脱出すべきだとする、駐華ソ連大使のボゴモロフ氏に宛てた提案を受領した[329]。

　在上海ソ連総領事代理のシマンスキー氏は、この知らせを受け取ると、駐華ソ連大使のボゴモロフ氏の依頼に基づき、直ちに在上海日本総領事の岡本氏に、予想される日本空軍の不法行為に対して抗議の意を表明し、ソ連大使館はその全スタッフとともに南京にとどまることを通知するとともに、ソ連政府は日本空軍による不法行為によって在南京大使館およびソ連市民に対して生じ得る結

325）【文書83、89】を参照。

326）〔訳注〕外務人民委員部第2東方局（2-й Восточный отдел）は、中国や日本を始め、極東を管轄していた部局である。また、「上級専門官代行」は、исполняющий обязанности старшего референта を訳したものである。

327）〔訳注〕この文書と類似した内容が、外務省欧亜局第一課編『日「ソ」交渉史』巌南堂書店、1942年、507-508頁に記されている。

328）〔訳注〕日本には組織としての空軍はないが、原文ママ。原文は японских военно-морских и воздушных сил。

329）【文書88】を参照。

果についてあらゆる責任をとることを日本政府に要求すると警告した。

　岡本氏はこの発言を日本政府に伝えることを約束したが、ソ連大使館の南京からの避難に関する長谷川提督の提案を繰り返し、日本政府は起こり得る不幸な事態に対していかなる責任も負わないことを強調した。

　今月22日、日本の海軍省は駐日ソ連海軍武官コヴァリョフに、9月22日に南京上空で日本の識別記号をつけた中国の航空機の飛行が開始されると公式に通知してきた。

　今月23日、ワカツキ[330]在上海日本領事は、あたかも日本の航空機であるかのように偽装した中国の航空機がソ連大使館に爆撃を行うことが予想されるとソ連総領事館に通知してきた。

　日本軍による度重なる南京への爆撃は、平和的住民の多数の人的犠牲と、いくつもの軍事的意味のない建物や施設の破壊とをもたらすとともに、この爆撃が継続することによってソ連大使館、大使および職員の生命、さらにソ連大使館の財産が脅威にさらされる懸念を強いるものである。ソ連政府は、日本軍のこのような措置が招く結果に懸念を抱くさらに大きな根拠を有している。周知のように、すでに日本軍部によって在天津・上海ソ連総領事館および在カルガン[331]ソ連領事館に対し、その役割からして実行することが不可能な条件が設定された[332]。

　日本軍部の南京に関する不法で、一般に認められた国際法の原則に反する意図と、日本軍部によって提示されたソ連大使館を南京から非難させるべきとする不法な要求とに鑑み、ソ連政府は、この国際関係史上前例のない日本軍の行為に対して断固とした抗議の意を表明し、駐華ソ連大使館が今後もその地位にとどまることを確認するとともに、日本政府に対し、これらの不法行為によるあらゆる結果に対して全ての責任を負うことになることを警告する。

　大臣閣下、本使はここに重ねて閣下に向かって敬意を表するものである[333]。

M. スラヴツキー

---

330)　［訳注］この人物に関する詳細は不明。
331)　後の張家口。
332)　『イズヴェスチヤ』1937年9月20日を参照。
333)　【文書87】を参照。

164——邦訳　ソ連外交文書

（出典：АВП РФ. Ф. 145. Оп. 25.[334] Д. 353. Л. 212-214. 既刊：『イズヴェスチヤ』1937 年 9 月 27 日。ДВП. Т. ХХ. С. 522-524）

【文書 90】

1937 年 9 月 27 日。在ジュネーヴソ連外務人民委員 M. M. リトヴィノフよりソ連外務人民委員部宛電報。日中戦争問題の審議における西側諸国の立場について[335]

　　デルボス[336] が伝えてきたところによれば、米国政府は太平洋諸国から成る小委員会に参加することに同意したが、それは発言権も表決権もないオブザーヴァーとしての参加とのことである。同政府は従来通り、決議は米国政府とは無関係に連盟加盟国の間で行われるべきであり、同政府は、決議の採択に出席することはあっても参加はしないとする立場を崩していない。

　　諮問委員会およびその後の編纂委員会においては、爆撃に反対する決議案をあらゆる手段によって妥協的なものにしようとする英国との間で大きな争いがあった[337]。英国とオーストラリアは決議において日本を名指しすることに特に反対し、これに対して本委員のみならずニュージーランドもまた反論する発言を行った[338]。

リトヴィノフ

（出典：АВП РФ. Ф. 129. Оп. 21. П. 21. Д. 1. Л. 33. 既刊：ДВП. Т. ХХ. С. 524-525）

【文書 91】

1937 年 9 月 28 日。駐スイス米国公使 L. ハリソンより米国務長官 C. ハル宛電報。中国問題に関する国際連盟での審議について

---

334)　［訳注］他のロシア連邦対外政策文書館（АВП РФ）文書の書誌情報には、Оп. と Д. の間に П. の番号が記されているが、この箇所にはその情報がない。

335)　文書に「最優先」の注記あり。

336)　［訳注］仏外相。

337)　【文書 92、94、98】を参照。

338)　［原注］9 月 26 日に外務人民委員部は M. M. リトヴィノフに訓令を与えており、そのなかで、現状においてソ連代表が対日制裁について自ら主導的役割を果たすのは理にかなわないとしている（ДВП. Т. ХХ. С. 752-753 を参照）。

文書 94——165

本文訳省略。

（既刊：*FRUS*, 1937, Vol. IV, The Far East, pp. 46-48[339]）

【文書 92】

1937 年 9 月 28 日。駐スイス米国公使 L. ハリソンより米国務長官 C. ハル宛電報。国際連盟諮問委員会における議論の経過について

本文訳省略。

（既刊：*FRUS*, 1937, Vol. IV, The Far East, pp. 41-42）

【文書 93】

1937 年 9 月 28 日。駐スイス米国公使 L. ハリソンより米国務長官 C. ハル宛電報。対日戦争における中国の政策について

本文訳省略。

（既刊：*FRUS*, 1937, Vol. IV, The Far East, pp. 45-46[340]）

【文書 94】

1937 年 9 月 28 日。米国務長官 C. ハルより駐スイス米国公使 L. ハリソン宛電報。日本空軍による中国の無防備都市への爆撃の問題に関する米国政府声明の要旨について

本文訳省略。

（既刊：*FRUS*, 1937, Vol. IV, The Far East, pp. 40-41）

---

339) ［訳注］底本に p. 46 とあるのを修正した。
340) ［訳注］底本に pp. 44-46 とあるのを修正した。

166——邦訳　ソ連外交文書

【文書 95】

1937 年 9 月 30 日。駐スイス米国公使 L. ハリソンより米国務長官 C. ハル宛電報。諮問
委員会会議における中国代表団声明の要旨について

本文訳省略。

　〈既刊：*FRUS*, 1937, Vol. IV, The Far East, pp. 48-50〉

【文書 96】

1937 年 10 月 1 日。駐日米国大使 J. C. グルーより米国務長官 C. ハル宛書簡。1937 年 7
月のソ日関係について

本文訳省略。

　〈既刊：*FRUS*, 1937, Vol. III, The Far East, pp. 562-566[341]〉

【文書 97】

1937 年 10 月 1 日。駐日陸軍武官補佐官 J. ウェッカーリングの報告。ソ中条約調印後の
ソ日関係について

本文訳省略。

　〈既刊：*FRUS*, 1937, Vol. III, The Far East, pp. 566-568[342]〉

【文書 98】

1937 年 10 月 1 日。ソ連外務人民委員代理 B. S. ストモニャコフより全連邦共産党（ボ）
中央委員会政治局宛書簡。在蘭州ソ連領事館の開設および同問題に関する決議案につい

341）［訳注］底本に pp. 652-656 とあるのを修正した。
342）［訳注］底本に pp. 652-656 とあるのを修正した。

文書 98——167

て[343]

　全連邦共産党（ボ）中央委員会書記長 I. V. スターリン同志へ

　本日の南京からの電報第 20730 号から、中国政府が我々に在蘭州領事館の開
設を許可することを望んでいないのは明らかである[344]。形式上、中国側が理
由としているのは、我が国の領事館を外国の領事館のない地点に設立すること
により、中国政府が他国に同様の要求を許す根拠を与えてしまうことである。
実際には、おそらく中国政府は、中国のソヴィエト区の近くに我々の領事館が
開設されることを何よりも恐れている。まさにこのことを理由として、中国側
が定期航空路線の開設問題で躊躇する可能性すらある。

　中国側が特別な領事館を開設することに反対する形式的な理由を封じるため、
在南京領事部または在北平総領事館から蘭州に我が国の全権を派遣することを
許可するよう提案するのが妥当であると思われる。もちろん、どちらの場合で
も、全権のもとにはしかるべき機関がなければならない。これを基礎とした合
意が不可能となった場合には、蘭州が今もソ連から中国東部への基本的な中継
路の一つとなっており、そこを高額な貨物が通過することを理由に、対外貿易
人民委員部の全権代表の蘭州への派遣を南京政府に提案してもよい。この案で
あれば、おそらく中国側も拒否するのは難しいであろう。

　添付の決議案の確認を請う。

　付録：決議案

B. ストモニャコフ

書簡第 3183 号付録

決議案

　1937 年 8 月 22 日付政治局決議 P51/750 号への補足として[345]、南京政府に
対し、ソ連領事を蘭州に派遣する代わりに、同地に在南京ソ連領事部または在

---

343)　文書 73 葉に次の注記あり。文書は「NKID SSSR. ソ連外務人民委員部」の用箋に印刷されて
　　いる。本文右上に「政治局議事録第 54 号、131 葉。極秘」。用紙の末尾に「B. ストモニャコ
　　フ」の自筆署名および「10 部、1-6 宛先、7——M. M.、8——V. P.、9——B. S.、10——保管
　　用」という発送データ。本文の上部に I. V. スターリン（自筆）による「スターリン文書」の
　　決裁。［訳注］M. M. はリトヴィノフ、V. P. はポチョムキン、B. S. はストモニャコフを指す。
344)　【文書 99】を参照。
345)　文書 74 葉に次の注記あり。決議文の上に I. スターリンの自筆で「承認。1/10」。

168——邦訳　ソ連外交文書

北平ソ連総領事館から全権を派遣することを提案する。やむを得ない場合には対外通商人民委員部全権の名目で在蘭州領事を指名する。

　3案はいずれも、蘭州における領事業務に必要な、しかるべき機関とともに派遣することを見越したものである[346]。

（出典：АП РФ. Ф. 3. Оп. 65. Д. 343. Л. 73-74. 原本。タイプライター版。初公刊）

【文書99】

1937年10月2日。在蘭州ソ連領事館開設に関する1937年8月22日付政治局決議への補足[347]

　131 ——外務人民委員部議題。1937年10月2日決定[348]

　1937年8月22日付政治局決議（議事録第51/750号）への補足として、南京政府に対し、ソ連領事を蘭州に派遣する代わりに、同地に在南京ソ連領事部または在北平ソ連総領事館から全権を派遣することを提案する。やむを得ない場合には対外貿易人民委員部全権の名目で在蘭州領事を指名する。

　3案はいずれも、蘭州における領事業務に必要な、しかるべき機関とともに派遣することを見越したものである。

中央委員会書記

（出典：АП РФ. Ф. 3. Оп. 65. Д. 343. Л. 72. 写。タイプライター版。初公刊）

【文書100】

1937年10月2日。駐華ソ連臨時代理大使G. M. メラメードよりソ連外務人民委員部宛電報。ソ連が関与する西安からウルムチまでの鉄道敷設計画の中国における立案について

346）　【文書99】を参照。
347）　文書72葉に次の注記あり。文書は「全連邦共産党（ボ）中央委員会」の用箋に印刷されている。「第1151/131号。1937年10月2日。ストモニャコフ同志へ。全連邦共産党（ボ）中央委員会政治局会議議事録第54号より抜粋」。文書に署名なし。
348）　【文書98】を参照。

文書 101──169

　張嘉璈鉄道部長と会談した。彼は次のように話した。日本との軍事行動が開始される前から、彼はすでに西安からウルムチまでの鉄道敷設の可能性の解明に取り組むよう蔣介石から指示を受けていた[349]。現時点において、この鉄道を敷設する必要性は明瞭である。張は、ソ連政府がこの計画にどれほど関心があるか知らせてほしいと要請した。好都合であれば、彼はソ連と中国が同時に鉄道敷設を──当方は我が国の国境からウルムチまたはその先まで、中国側は西安から──開始することを考えている。西安・ウルムチ間の地区は調査済みであり、すでに計画も準備されている。鉄道敷設の費用は 3 億中国元であり、鉄道敷設の期間は 5 年である。もしソ連が何らかの理由でこの工事への参加を受け入れられない場合には、ソ連政府が蘭州から我が国の国境まで舗装道路を敷設することに関与するというのはどうであろうか。ソ連政府がこれらの計画のいずれかに原則として同意するのであれば、彼はさらに詳細な案を提示するつもりである。

メラメード

（出典：АВП РФ. Ф. 059. Оп. 1. П. 281. Д. 2768. Л. 274. 既刊：ДВП. Т. XX. С. 529-530）

【文書 101】

1937 年 10 月 3 日。駐米ソ連臨時代理大使 K. A. ウマンスキーよりソ連外務人民委員部宛電報。米国の極東政策について[350]

---

349)　［原注］中ソ間の鉄道建設の問題が初めて中国側から提起されたのは 1935 年のことである。1935 年 10 月 12 日のソ連大使と陳立夫の会談記録には、極東の情勢に鑑み、「各国間の連絡確保に着手する」ため、陳立夫が新疆を経由する鉄道敷設への希望を表明したと記されている。交渉は 1938 年も続けられた。1937 年 10 月、中国政府は自動車道建設のための支援をソ連に要請した（М. И. Сладковский. История торгово-экономических отношений СССР с Китаем, 1917-1974. М., 1977. С. 139）。1937 年 10 月 9 日、ソ連外務人民委員代理 B. S. ストモニャコフは、I. V. スターリンの名による報告書を送付し（写しを V. M. モロトフ、L. M. カガノーヴィチ、K. Ye. ヴォロシーロフ、N. I. エジョフへ）、南京発の 10 月 2 日付電報について通知した。それは、ソ連がソ連国境からウルムチまで鉄道を敷設し、中国政府が西安からウルムチまで隴海鉄道の敷設を継続することについて、中国政府がソ連政府の態度を明らかにすることを要請したという内容を含むものである。B. S. ストモニャコフは、この計画は現時点で非現実的であるとの見解であった。実際には、蘭州からソ連国境までの総延長 3,500 キロ、総工費 700 万中国元の鉄道計画が実現した（АП РФ. Ф. 3. Оп. 65. Д. 355. Л. 162-164.【文書 31】の原注も参照）。
350)　文書 180 葉に「特別」の注記あり。

170——邦訳　ソ連外交文書

ハルが数日間出かけていて不在であるため、彼の第一の代理人であるウェルズ[351]と詳細で非公式な会談を行った。彼が表明した極東における米国の政策にはほとんど新しいところがなく、要するに次のようなものである。

1. 米国国民の平和への愛好は厳格な孤立主義の形をとってきた。このような雰囲気が急変しない限り、どれほど犠牲者に同情すべき理由があったとしても、政府が侵略者と侵略の犠牲者との間で差別することはあり得ないであろう。

2. 米国は中国における権益を拒否しているわけではなく、人道的支援および米国を軍事的事件に引き入れることのない物質的援助を在華アメリカ人に提供する用意がある。

3. 中国と日本の間の外交関係が断絶されない限り、大統領が戦争状態を認めて中立法の実施に着手することはないが、政策は「24時間態勢で決定される」としたローズヴェルトの声明は、依然有効である[352]。

4. 米国は事変の開始時から、軍事行動を中止し、紛争を平和的に解決することを他の諸国よりも熱心に呼びかけ、さらに平和的住民に対する空爆に断固として抗議している。自らは責任を負ったり主導権をとったりすることはないものの、既知の条件の下で諮問委員会の作業に参加し、全ての提案を注意深く見守っていく。米国立法府の管轄を外れる場合には、ジュネーヴのものと必ずしも同一ではないが、それに類する決議を独立して採択していく。

このなかで新しいのは、アメリカ人は自らの責任で中国にとどまるとするローズヴェルトの声明を平明に述べたこと、またジュネーヴと併行した決議を行う可能性を指摘したことだけである。最近実施されている政府の船舶による中国および日本への武器輸送禁止は、中国側に一方的に損害を与えるのではないかという本官の質問に対し、ウェルズは、他の解決策があるとすれば船舶の護送であるが、米国はこれを採ることはできないと説明した上で、第三国の汽船を利用した中国人の米国における武器買いつけは妨げられないと指摘した（ウェルズは否定したが、この決定の後米国の船主たちは、たとえ巨額な利回りの保険金がかかっていても、中国への武器輸送を頻繁に拒否している）。ウェルズの発言によれ

---

351)　〔訳注〕1937年5月より国務次官。

352)　〔原注〕Samuel I. Rosenman, ed.. *The Public Papers and Addresses of Franklin D. Roosevelt, Vol. 1937, The Constitution Prevails*, New York: Macmillan, 1941, p. 354 を参照。

ば、他の限定的な措置はあり得ず、この方向で次の段階があるとすれば、それは中立法の適用とのことである。中立法を適用した場合であっても、中国側に一方的に損害が発生しないようにすることは可能であるという（大統領に属する権限には、原料の禁輸と、米国の港での交戦国の現金による買いつけの許可または禁止が含まれていることを示唆）。

　純学問的に話し合うことに同意したウェルズは、さらに次のように述べた。

　1. 軍事制裁への参加があり得るのは、米国の安全に対する直接的な脅威が生じ、先に述べた大衆の雰囲気が大きく変わった場合のみであると思われる。

　2. 米国の禁輸への参加は、もし実現するのであれば、中立法を実行に移すという形においてのみである。満洲やアビシニアの問題においてジュネーヴの行動が崩壊したことに対し、米国民が失望しているにもかかわらず、米国政治において米国がアビシニアの経験を繰り返すのを妨げるものは何もない。ウェルズは、自身が表明しているのは個人的な意見であって、問題はあまりに責任重大であり、大統領と連絡を取らない限り権威づけられた話をすることができないと断った。

　3. 米国は太平洋の当事国の審議に関する全ての実務的提案を注意深く研究する用意があるが、今のところそのような提案は届いていない。

　4. 米国の諮問委員会で行われ得る決議への態度は、委員会がどのような方向に進むかがわからないため、前もって決めることが難しい。米国は中国への人道支援に関するジュネーヴの提案に基づき、すでに100万ドルを集めた米国赤十字社を通じて、独立に支援を提供する。

　5. 米国は日本の残忍な行為に憤慨しているが、政府が中立法の精神を完全に蹂躙するようなことがあれば、憤慨どころでは収まらず、国内の政治状況を紛糾させ、大統領にも累を及ぼすであろう。

　孤立主義的な雰囲気が持つ力についてウェルズが言及したのには根拠がある。日本製品のボイコット運動は英国に比べはるかに小さく、今のところ労働運動の前衛グループのみが参加している。日本の侵略による惨禍は、よりはっきりとした憤慨を引き起こしたが、それは現時点では孤立主義的な中立法適用の要求を高揚させただけにとどまり、これによって日本は現在の状況を享受している。ローズヴェルトは、欧州のために制定された法律を中国に適用すれば、米

172——邦訳　ソ連外交文書

国はワシントン条約[353]における主要各国の立場を否定することになると理解しているため、今のところこうした要求には抵抗している。しかし、ティクのスキャンダルにより[354]深刻な打撃を受けて弱っているローズヴェルトは、孤立主義的な雰囲気のなかで譲歩しながら、人気を回復すべく努めている。米国船による中国への輸出打ち切りのような措置が講じられているのはそのためである。

　これ以上具体的な質問をしなかったため、我々は国際連盟の施策を支持するという非公式な約束さえも引き出せていない。米国による経済制裁の可能性は信じられていないが、もしその可能性が現実的になれば、おそらくローズヴェルトは喜んで中立法を実行に移すであろうし、そのような場合彼は反中国的な矛先を収めるとともに、中立法の適用によって日本が最大限の損害を蒙るよう仕向けるであろう。このような措置は、国内政治において人気を博すだろう。現時点においても、爆撃に対するジュネーヴの抗議のような道義的な働きかけを伴う措置が、米国自身の名によって行われることは期待できる。

　ウェルズは、ソ連・モンゴル国境に部隊が集まっているという情報に、我々が不安を感じるかどうか尋ねた。本官は彼に、不安を引き起こすような報告は何ら聞いておらず、我々は自らの安全に対する直接の脅威とは感じていないと答えた。ウェルズは、リトヴィノフが総会での演説において、米国の立場に「如才なく、正当に」言及したことに対し、満足の意を表明した。

　もしかしたら、数日以内に、ウェルズがこの私的な会談を上司に報告しつつ、国際連盟がどのような措置を考慮しているかを具体化するよう求めてくるかもしれない。指示を請う。

　写しをパリのリトヴィノフに送付。

ウマンスキー

　　（出典：АВП РФ. Ф. 059. Оп. 1. П. 274. Д. 270. Л. 180-181. 既刊：ДВП. Т. XX. С. 530-532）

---

353)　［原注］Вашингтонская конференция по ограничению вооружений и тихоокеанским и дальневосточным вопросам, 1921-1922. M., 1924 を参照。

354)　［訳注］原文は в связи со скандальным делом Тика。詳細は不明。

文書 103——173

【文書 102】

1937 年 10 月 3 日。在ウルムチソ連総領事 A. R. メンニ[355]よりソ連外務人民委員部宛電報。中ソ関係の問題に関する陳立夫との会談について

　本日、陳立夫の訪問を受けた。彼と話したのはおよそ 2 時間である。基本的に陳立夫は、中国、特に国民党の政策と、自らが中ソ接近において果たしている決定的な役割とを「明らかにした」。陳立夫は中国の問題どころか、新疆の問題にも言及しなかった。彼は今後も本官と会談を行いたいという希望を表明した。陳立夫の基本的な考えは次のようなものである。

　1.　中国はソ連との恒常的で長期的な友好を確立したいと考えている。このことを他の列国はまだ理解していない。第一歩である不可侵条約から、次の一歩である相互援助協定へと、徐々に移行する必要がある。

　2.　中国国民は最後まで日本人と戦うとともに、全世界において正義が勝利するために自らを犠牲にする用意がある。

　3.　それでも彼は、中国は 1 年の間に日本に対して勝利することが可能ではあるものの、ソ連が加勢した場合には 2 ヶ月で勝利できると考えている。

　4.　欧州は破滅に向かっている。ヨーロッパとアジアの間に位置し、東洋と欧州の文化を吸収したソ連は、何者にも打ち破られることのない、欧州および全世界を破滅から救う力を中国とともに作り出すことができる。

メンニ

（出典：АВП РФ. Ф. 59. Оп. 1. П. 264. Д. 1837. Л. 297. 既刊：ДВП. Т. XX. С. 533）

【文書 103】

1937 年 10 月 5 日。駐スイス米国公使 L. ハリソンより米国務長官 C. ハル宛電報。中国

---

355)　［訳注］RKO4 では Р. М. Мэнни であるが、DVP では А. Р. Мэнни となっており、後者が正しいと考えられる。【文書 54】の原注からも、アルトゥール・リーハルドヴィチ・メンニ（Артур Рихардович Мэнни）という人物が当時在ウルムチ総領事を務めていたことがわかる。なお、RKO4 では索引項目においてもこの人物が Р. М. Мэнни と表記されている。

174——邦訳　ソ連外交文書

問題に関する国際連盟での審議について

本文訳省略。

　　（既刊：*FRUS*, 1937, Vol. IV, The Far East, p. 58 [356]）

【文書 104】

1937 年 10 月 6 日。駐スイス米国公使 L. ハリソンより米国務長官 C. ハル宛電報。中国
問題に関する国際連盟での審議について

本文訳省略。

　　（既刊：*FRUS*, 1937, Vol. IV, The Far East, p. 59）

【文書 105】

1937 年 10 月 6 日。駐スイス米国公使 L. ハリソンより米国務長官 C. ハル宛電報。中国
への国際的な支援について

本文訳省略。

　　（既刊：*FRUS*, 1937, Vol. IV, The Far East, pp. 59-61）

【文書 106】

1937 年 10 月 6 日。米国務長官 C. ハルより宛駐スイス米国公使 L. ハリソン電報。極東
に関する声明の要旨

本文訳省略。

　　（既刊：*FRUS*, 1937, Vol. IV, The Far East, pp. 62-63）

356）　［訳注］底本に p. 53 とあるのを修正した。

文書 107──175

【文書 107】

1937 年 10 月 6 日。在ジュネーヴソ連外務人民委員 M. M. リトヴィノフよりソ連外務人民委員部宛電報。中国問題の審議を 1922 年のワシントン条約締約国に委ねるべきだとするフランスの提案要旨[357]

　（第 23 回）委員会において、突如英国より、中国問題をワシントン条約締約国に委ねるべきだとする提案が行われた[358]。この提案は、紛争開始時にフランスによって行われたが、米国が退けていた。英国は、米国が同意するかどうかは知らないが、（国際連盟）総会の名の下に提案がなされた場合、米国が拒否するのは難しいと思っているようである。クランボーン[359]は編纂委員会にソ連を引き入れることを想定していると明言し、それでも本委員は提案に反論したが、中国の支持は得られなかった。顧維鈞[360]は根気強さ、粘り強さ、情熱が足りないため、たやすく自らの提案を断念させられてしまう。もし中国が顔[361]博士のような人物によって代表されていたら、決議ももっとましなものになっていたことは間違いない。中国人たちを引っ張り、彼らの行動を促さねばならなくなった。もし英国の当初の馬鹿げた考えを改善することに成功するようなことがあれば、それは中国ではなく、我々の功績である。何よりも言語道断なことに、ポーランドに続いてフランスが、小委員会に代表の委員ではなく、親日的な傾向を有することで知られる外務省の役人を派遣するという挙に出た。英国はフランス、オーストラリア、オランダよりも我々と中国の提案に妥協的であった。英国は、米国がともに行動に出さえすれば、日本に遠慮をせず、日本に対して断固として行動する用意があるという印象を持った。これとは裏腹に、連盟はもはや何もしない。しかし英国については、自らが日本との紛争に巻き込まれることへの忌避感を覆い隠すために、米国の陰に隠れているということもあり得る。インドシナを有するフランスと属領を有するオランダ

---

357)　文書 152 葉に「最優先」の注記あり。

358)　〔原注〕*FRUS*, Japan: 1931-1941, Vol. 1, pp. 384-394 を参照。

359)　〔訳注〕当時クランボーン子爵を称していたのは、第 5 代ソールズベリー侯爵ロバート・ガスコイン＝セシルであり、このときは英外務政務次官を務めていた。

360)　〔訳注〕原文では英語名のウェリントン・クーをロシア語表記したもの（Веллингтон Ky）となっている。

361)　顔恵慶のこと。1936 年 8 月 25 日まで駐ソ中華民国大使。

176——邦訳　ソ連外交文書

はひどく恐れている。もしローズヴェルトが1日早く演説[362]を行っていたら、それは決議にも影響を与えていただろう。全体として、連盟は完全に麻痺しており、活動能力がないものと考えるべきである。事件のさらなる展開は米国の態度にかかっている。

　中国は、我々の物資供給のためにインドシナで中継する件について相談してきたが、何も知らない旨回答した。

リトヴィノフ

　　（出典：АВП РФ. Ф. 059. Оп. 1. П. 278. Д. 2725. Л. 152-153. 既刊：ДВП. Т. XX. С. 534-535）

【文書108】

1937年10月10日。全連邦共産党（ボ）中央委員会政治局決議案。I. V. スターリン全連邦共産党（ボ）中央委員会書記長宛て。在蘭州対外貿易人民委員部代表部の開設問題について[363]

　写：モロトフ、カガノーヴィチ、ヴォロシーロフ、エジョフ各同志へ

　我が国が新しい領事館を蘭州に開設することについての決議の採択に関し、我々は甘粛との貿易のため、この領事館に付属した小さな対外貿易人民委員部の代表部を開設することを妥当と認める。メンニ同志が知らせてきたように、甘粛省政府主席の賀耀組は新疆督弁[364]に、通商関係を樹立することについて、彼の名前で我々の組織と合意するよう要請した。賀耀組はこの提案の理由として、中国における軍事行動によって、甘粛省が中国本土との間の正常な商品流通を維持し、現地の生産物を換金し、必要な日常生活用品を得ることができなくなっているためとしている[365]。

---

362)　［訳注］10月5日にシカゴで行われた「隔離演説」。
363)　　文書78葉に次の注記あり。文書は「外務人民委員部—— 1937年10月10日、第3202号」の用箋に印刷されている。本文右上に「54.262.極秘。第1部。機密解除」。用紙の中央に「スジイン」の署名および「B. ストモニャコフ」の自筆署名。用紙の末尾、決議案の後に「B. S.（B. ストモニャコフ）」の署名および「スジイン」の署名。用紙の末尾、左側に発送データ「10部。1-6 ——名宛人へ、第7部——リトヴィノフ同志へ、第8部——ポチョムキン同志へ、第9部—— V.S. へ、第10部——保管用」、第1部には「承認」という決裁。
364)　［訳注］盛世才。
365)　［原注］在蘭州外務人民委員部代表部の問題は1937年に決定がなされたが、実現はしなかった。

文書 110——177

（スジイン）

（ストモニャコフ）

決議案

本年 10 月 2 日付政治局決議議事録第 54/131 号への補足として、対外貿易人民委員部が南京全権代表部に付属した小さな代表部を蘭州に開設することを許可する。

（出典：АП РФ. Ф. 3. Оп. 65. Д. 343. Л. 78. 原本。タイプライター版。初公刊）

【文書 109】

1937 年 10 月 11 日。10 月 2 日付政治局決議への補足 366)

議事録第 54/131 号。中国について。1937 年 10 月 11 日付決定

本年 10 月 2 日付政治局決議議事録第 54/131 号への補足として、対外貿易人民委員部が南京全権代表部に付属した小さな代表部を蘭州に開設することを許可する。

中央委員会書記

（出典：АП РФ. Ф. 3. Оп. 65. Д. 343. Л. 77. 写。タイプライター版。初公刊）

【文書 110】

1937 年 10 月 29 日。ソ連外務人民委員部よりベルギー使節団宛覚書。ソ連政府はブリュッセル国際会議の活動に参加する用意があることについて

外務人民委員部は、本年 11 月 8 日に予定されているブリュッセルでの会議に参加するようソ連政府を招請するベルギー使節団の今月 28 日付口上書の受

---

366) 文書 77 葉に次の注記あり。文書は「全連邦共産党（ボ）中央委員会」の用箋に印刷されている。本文左上に「24 時間以内に要返却」。本文右上に「27 年 5 月 5 日付中央委員会政治局決議議事録第 100 号、p. 5 および議事録第 54/262 号を 1937 年 10 月 1 日にスジイン、ストモニャコフ両同志へ」。本文上部のより下に「全連邦共産党（ボ）中央委員会政治局会議議事録第 56 号より抜粋」。署名なし。

178——邦訳　ソ連外交文書

領を確認し、ソ連はワシントン条約締約国ではないものの、ブリュッセル会議が今月6日の国際連盟総会決議に基づいて招集されていることに鑑み、ソ連政府が極東問題の当事者として上述の会議に参加する用意があることを通知する光栄を有する。

（既刊：『イズヴェスチヤ』1937年10月30日。CKO. C. 166-167）

【文書 111】

1937年11月1日。ソ連国防人民委員 K. Ye. ヴォロシーロフソ連元帥と中国代表団団長楊杰将軍の会談記録。ソ連の対華援助実施の問題と、全権代表 D. V. ボゴモロフおよび陸軍武官レーピン軍団長の中国からの召還理由について [367]

　ヴォロシーロフ同志：前回の我々の会談の内容を政府に伝達し、閣下に次のように回答するよう指示を受けました。

　第1の質問——ブリュッセル九ヶ国会議でのソ連による中国代表団の支持について [368]。

　ブリュッセル会議において、我が代表はもちろん中国代表団を友邦として支持します。今のところ、同会議の活動がどのような形を取るか、また他の代表団の行動がどうなるかなどがわからないため、具体的にどのように支持するかを正確に話すのは難しいです。ソ連代表団は間断なく政府と連絡を取り、指示を受けていきます。

　第2の質問——楊杰将軍はいみじくも、両国の努力によって日本に確実な打撃を与えることができるだろうと述べられました。しかし閣下は、ソ連には西にも東にも多くの敵がいることをご存じでしょうか。我々にはまだ全ての敵と同時に戦争に入る用意はありませんが、それでも早急に準備していきます。

　第3の質問——楊杰将軍の言及した物資の購入について [369]。政府は中国に

367）　文書16葉に次の注記あり。本文左上に「スターリン同志へ。短い楊杰将軍との会談記録を送付する。K. ヴォロシーロフ」（鉛筆で）。本文右上に「特に重要。極秘、第1部」。文書の上部欄外に「37年11月2日」。

368）　【文書121、124】を参照。

369）　［原注］1937年9月、ソ連と中華民国の両大使間の口頭の合意に基づき、戦闘のなかにある中国にソ連の軍需物資の供給を開始することで合意に達した。協定は1937年の楊杰訪ソの際に起草され、特に双方はソ連が中国に500万米ドルのクレジットを供与することで合意した。

防毒マスク 200,000 個を売却することを許可しました。小官はまた、高高度飛行のための飛行服 100 着を提供することも許可しました。

質問への回答のほか、閣下に次のことをお話ししたいと思います。我が国のボゴモロフ大使とレーピン陸軍武官が召還された件です[370]。ボゴモロフとレーピンの召還は我が国の内政問題ですが、小官は、ボゴモロフが召還されたのは、我が政府のもとにある中国情勢に関する情報が誤っていたためであることを、友好のために閣下にお知らせする権限を与えられています。彼は常に、中国は戦争への準備ができていない、中国は 2 週間のうちに上海を放棄する、中国はこれ以上日本と戦うことはできないといったようなことを政府に報告していました。ほかにも彼はいくつもの過失を犯しました。これら全てがきっかけとなり、他のより適切な人物がボゴモロフの後任を務めることとなったのです。新しい大使は間もなく中国に出向きます。

レーピンに関しては、彼は戦時の指揮官ではないということです。彼は平時には適していました。現在、我々は新しい陸軍武官とその補助人員を任命しているところです。彼らはいずれも、より優れた戦時の指揮官たちです。

楊杰：中国は 1928 年以来、日本に対抗するための準備に傾注してきました。これを覆い隠すため、中国は例えば冀察政務委員会を設立するという形で譲歩を行いました。蔣介石によって行われているこれらの戦争準備は、我々の与り知らないところでした。外交団もこの準備については知りませんでした（その中には英国大使も含まれます）。ですから、ボゴモロフ大使は何も知らなかったはずです[371]。

これは、具体的なクレジット額の見積もり、その実施期限、利用・償還期限など、個々の合意を基礎に少しずつ実現したものであった（この問題については、1937 年 7 月 26 日付文書へのコメントを参照）。［訳注］「1937 年 7 月 26 日付文書へのコメント」は、【文書33】の脚注を示すものと思われる。

370) ［原注］1937 年 11 月 23 日、駐華ソ連大使に I. T. ルガネツ＝オレリスキーが任命された。彼は 1939 年 7 月 10 日まで中国においてソヴィエト国家を代表した。信任状は 1938 年 1 月 23 日に捧呈された。管見の限り、現在 I. T. ルガネツ＝オレリスキーの評伝は書かれていないが、回想的作品として 1938-39 年に中国で活動したソ連専門家たちの回顧録があり、そのなかで彼は、傑出したプロフェッショナルであり、自らの知見をソ中関係の発展とソヴィエト国家の対外政策上の地位の強化に捧げた人物として描かれている。彼については、例えば次を参照。C. П. Константинов. Страницы прошлого // Ю. В. Чудодеев, сост. На китайской земле: Воспоминания советских добровольцев, 1925-1945. М., 1974. С. 330, 340-342.

371) ［原注］この中国の将軍の発言を真に受けてはならない。実際のところ、彼は全権代表 D. V.

180——邦訳　ソ連外交文書

ヴォロシーロフ同志：中国が全ての戦争準備を秘密裡に進めていたというのは非常にいいことです。また、そのことについて外交官たちが知らなかったというのは非常にいいことです。我々はボゴモロフに貴国の秘密を探るよう要求したことはありません。彼は中国国民が日本に抵抗するつもりかどうかについて、真実のところを我々に伝えるべきでした。彼には何らかの私見があったのかもしれません。

楊杰：日本は総力を動員しました。彼らは上海に 15 個師団を集中させました。彼らは 10 日間で上海を占領できると考えていましたが、それは誤りで、彼らは我々の力——中国国民の力を正しく評価することができていませんでした。日本はすでにその全ての精鋭部隊を戦争に駆り出しています。小官は、現在日本人を驚かすような小規模な圧迫は十分行われており、それはこれまで中国を助けてきたと考えています。

ヴォロシーロフ同志：よろしい、小官は閣下の見解をソ連政府に伝えます[372]。

楊杰：蒋介石元帥から、ソ連が極東の平和を保障すれば、その平和は西側においても保障されるという考えを、閣下にお伝えするよう要請されています。中国の諺では、「一つの敵を倒すことによって、他の敵を倒す[373]」と言います。

蒋介石元帥と中国の政府および国民はソ連の支援を希望し、日本に対して長期戦を行うつもりですが、同時に彼らはソ連が対日戦争に参加することを願っています。たとえ現在、実際には、貴国にまだ対日戦争に参戦する明確な理由がなかったとしても、すでに受けた支援に対して貴国に感謝の意を表明するとともに、戦争は長期間—— 3 年以上は——続くでしょうから、今後も貴国に物質的支援をお願いしたいところです。

ヴォロシーロフ同志：閣下のお話しになったことはその通りですが、もし我々が全く準備のないままに極東の戦争に巻き込まれれば、戦争が長引き、その矛先は我々に向けられるかもしれません……。もし現在、二正面戦争に対する我々の準備が完全にはできていないようであれば、それに向けて早急に準備

　　　ボゴモロフが中国からいわゆる不正確な情報をもたらしていたことについて、K. Ye. ヴォロシーロフに反論していた。この時点で、全権代表が偽りの密告の犠牲者となっていたことはわかっていたのである。

372)　【文書 121、125、126】を参照。

373)　［訳注］原文は、С уничтожением одного врага – уничтожаешь другого врага。

するつもりです。

　貴国を支援するのはもちろんですが、貴軍は非常に大きく、多くのものを必要としているため、支援は貴国が望むほどの規模に至らないかもしれません。

　楊杰：非常に感謝しています。閣下のご提案に同意します。

　我が国は豊かです。我々は労働力と穀物を多く有していますが、技術者と常備兵員がいません。貴国には我が国への技術協力をお願いします。貴国から我が国に専門家および技術指導員を派遣し、機械および工作機械を提供していただきたく思います。我々は戦闘と軍需産業の建設を同時に実現したいと思っています。ご承知のように、貴国の貨物を我が国に輸送することには巨大な困難が伴いますから。

　ヴォロシーロフ同志：海上封鎖がなければ、貴国への支援もより容易だったでしょう。海上封鎖の問題は、米国や英国であればより容易に解決できるでしょう——両国には強大な海軍があるのですから。我々は陸上で強みがあります。ブリュッセル九ヶ国会議で米国および英国がどのような態度をとるかに注目しています。

　貴国は以前兵器廠を保有していました。そのうちどれほどが残っているでしょうか。貴国は残っている兵器廠を基礎として軍需生産を拡大していく必要があります。新たな兵器廠の設置は、大きな困難と膨大な時間を伴います——既存の兵器廠のために労働力を結集しなければなりません。小官はこのことを政府に伝えるとともに、この件に関して貴国に多少の支援を行うことを考えています。ご承知のように、我が国の産業は新興ではありますが、20年の間に非常に大きなものとなりました。過去10年間、中国は常に戦っており、国家的産業を建設するために用いることができたはずの膨大な労力と設備を費やしました。

　楊杰：戦争——それは賭けです。この戦争において誰が勝ち残るかは、予断を許しません。小官は、日本はおそらく勝利の結末を迎えることはできないと考えています。日本は原料と財政の危機に見舞われています。2ヶ月の戦争の中で、日本は目に見えて疲弊しています。ドイツはおそらく日本に現実的な支援をすることはできないでしょう。ドイツは今のところ準備ができておらず、英国、フランス、チェコスロヴァキアなどの敵を抱えながら、多方面に手を出

182——邦訳　ソ連外交文書

しています。蔣介石元帥および小官は、ソ連が現在の戦局を利用して、ロシアに対する全ての敵に決定的な打撃を与え得る時機が、今まさに到来したと考えています。

　ヴォロシーロフ同志：小官が軍人に過ぎないのに対し、楊杰将軍は優れた外交官でもあられ、きわめて幅広い問題を扱うことができます。小官は大砲や飛行機や師団といったことしか扱うことができません。

　楊杰：閣下は能力の最も傑出した元帥の一人です。閣下は一等星であり、閣下のことは全世界が知っています。小官は閣下のもとで多くを学べることに限りなく感謝しています。

　ヴォロシーロフ同志：能力や星について話を広げるのはやめましょう。このことは真実からかけ離れているのだからなおさらですし、全ては真実であるべきなのです。極東の戦況に関する閣下の見解および蔣介石元帥の観点は、小官から政府に伝えます。将軍閣下、もう一度繰り返すべきは、ソ連は現在二正面戦争に対して準備ができていないが、準備を進めているところであり、間もなく準備ができるということです。

　楊杰：現在、中国において戦争は全国民的なものとなっています。軍も国民も最後の一人まで日本と戦う準備ができています。彼らは上海近郊で日本に対し未曾有の抵抗を見せましたが、ソ連からの早急な支援を熱望しています。

　ヴォロシーロフ同志：中国の全ての将軍たち、特に閻錫山を中国の中央政府に従わせなければなりません。閻錫山[374]は（小官の個人的な考え方を申し述べるのをお許しいただきたいのですが）実際には戦わずに狡猾に立ち回っています。今や、蔣介石は独裁者となるべきです。反攻したり躊躇したりしている将軍や督弁を全て服従させなければなりません。事業の利益のためには、状況の要請に応じて、自らの義務を逃れたり背信的な行動をとったりした将軍たちを全て厳しく罰する必要があります。中国——それは巨人です。一致団結して全力を尽くせば、貴国は日本を壊滅することができるでしょう。

　楊杰：ご承知のように、閻錫山将軍は現在日本に対して確固とした反感を抱いています。彼は山西省で善戦していますが、彼の弱点は質の悪い軍隊を率い

374）　文書 19 葉の用紙末尾に「送付資料：1937 年 11 月 2 日 3 部送付」の注記あり。

文書 112――183

ているところです。

　我々は盧溝橋事件までこれらの不和を内戦と見なしてきましたが、これから
は日本の勢力と戦うつもりです。

　それから楊杰将軍は、中国への出発について蔣介石元帥の許可を求めてもよ
いかどうか、またヴォロシーロフ元帥との3度の面会に関し個人的に蔣介石に
伝えてもよいかどうかにつき、これらの件について電報を発したくないことを
理由としつつ、ヴォロシーロフ同志の見解を尋ねた[375]。

　ヴォロシーロフ同志は、蔣介石への個人的な報告のための旅行に関する提案
に賛同し、出発前に将軍と会う希望を表明するとともに、11月7日のパレー
ドに彼を招待した。

　以上で会談は終了した。

　（出典：АП РФ. Ф. 45. Оп. 1. Д. 321. Л. 16-19. 原本。タイプライター版。初公刊）

【文書 112】

1937年11月5日。在ブリュッセルソ連外務人民委員 M. M. リトヴィノフよりソ連外務
人民委員部宛電報。西側列国の立場およびソ連への態度について[376]

　ブリュッセル会議[377] に関してデルボスが伝えてきたところによると、英国
は制裁その他の強制手段について何も触れられていないワシントン条約の枠組
みに賛同することを望んでいない。デルボスは、特に武器輸送拠点であること
を口実としたインドシナへの侵略など日本の侵略に備え、せめて3国間の防衛
協定が締結できないかと提案した。英国はこの協定を拒否しなかったが、[N.]
デイヴィスは、米国はインドシナのために戦うつもりはないと明言した。デル
ボスは、米国代表団はソ連に対し非常に敵意を有しており、そのことは新聞記
者の情報からも確認されると述べた。本委員は、フランスの新聞の悪意ある態
度を指摘し、そこから判断すると、フランスの相互援助条約は我々との間では

375）【文書76】を参照。
376）　文書124葉に「特別」の注記あり。
377）【文書116、122】を参照。

184——邦訳　ソ連外交文書

なくドイツとの間で締結され、また我が国がフランスにとって脅威になっていると考えられると話した。デルボスは右派の新聞の態度としてこのことを認め、翻ってソ連の新聞に掲載されたフランス政治への批評について指摘した。デルボスの来訪の目的がスペイン問題でも極東問題でもなかったことから、彼が本当に自らに非があり、それを何とか償いたいと考えていることが、この来訪から窺える。

　デイヴィスと朝食をとった際、本委員は当地で流布している噂にかこつけて、彼に米国の立場について尋ねた。デイヴィスは、自身が英仏との会談において実際には非常に控えめに振る舞っており、平和的手段についてのみ話していることを認め、次のように話した。満洲紛争の時期に英国が米国に対してとった態度を、米国の世論が依然として忘れていないことを考慮すると、彼はこのように振る舞わざるを得ない。ローズヴェルトのシカゴ演説[378]への反応は当初非常に好意的なものであったが、その後は、中国への共感や日本への敵意の存在にもかかわらず、アメリカ人たちは英仏によって再び戦争へと引き込まれようとしているのではないかと自問し始めている。米国の極東における権益は、そのために戦わなければならないほど死活的に重要なものではない。フィリピン人たち自身による反対にもかかわらず、米国はだいぶ前からフィリピンから手を引く準備をしている、と。これに対し、英国は米国よりもここに死活的な権益を有しているが、実際には、共同行動が行われる場合英国はどのような力を行使する準備があるかをデイヴィスがイーデンに尋ねると、英国は欧州のことで手一杯となっているという答えが返ってきたという。それにもかかわらず、デイヴィスは本委員に以下のことを内密に話し得るとのことである。すなわち、米国は決して断固とした対日行動を排除しているわけではないが、まずはブリュッセルにおいて日本を追い詰めるためのあらゆる平和的手段を尽くしたことを、世論に対し示さなければならない。米国は、日中間の平和は両国のみならず、ワシントン条約の全締約国および極東に利害関心を有する他の国々の問題であるという立場を堅持している。これは何としても日本に納得させたいこと

---

378)　[原注] F. ローズヴェルトのシカゴ演説については、『イズヴェスチヤ』1937 年 10 月 6、8 日を参照。Samuel I. Rosenman, ed., *The Public Papers and Addresses of Franklin D. Roosevelt, Vol. 1937, The Constitution Prevails*, New York: Macmillan, 1941, pp. 406-411 も参照。

文書 113——185

であり、その後であれば世論はきっとローズヴェルトの希望に従って行動する準備ができるであろう、と。

　彼は本委員の昨日の演説を貴重で有益なものと考えており、出発前には、誠意をもって話ができるのは我々とだけであることについてハルと合意していたようである。本委員は彼に、アビシニアおよび満洲での問題を経験した後では、何か英仏の側からの決定的な行動を期待することはできず、米国の立場は我々にとって不明確であり、それゆえ我々がモスクワおよびジュネーヴで宣言しているような政策が正しいことを確信しているとしか言えないと応じた。さらに彼に対し、極東における我々の利害関心は過大評価されていること、そして、我々は日本から何も必要としておらず、日本が我が軍の力を知りながら我々と[379]の間に深刻な紛争を始めることはまずないであろうから、日本はおそらく南方または他の方向において新たな冒険を模索するであろうと論じた。本委員は、ブリュッセルは結局のところ宣言を発することで満足しており、それは日本にとって何の脅威にもならないと日本が確信していること、またいかなる新たな勧告を行っても日本には何の印象も残さないであろうことを彼に説いた。

リトヴィノフ

（出典：АВП РФ. Ф. 059. Оп. 1. П. 272. Д. 2691. Л. 146-149. 既刊：ДВП. Т. XX. С. 593-594）

【文書 113】

1937 年 11 月 10 日。ソ連外務人民委員代理 B. S. ストモニャコフより駐米ソ連全権代表 A. A. トロヤノフスキー宛電報。日中戦争における列国の仲介活動について

　11 月 8 日付貴使電報について[380]。会議の舞台裏で、英国と米国は、何としても日中紛争仲介のための条件を作り出そうと努めている。仲介者の直接的な役割については、会議の参加者から成る特別委員会に諮ることが提案されてい

379）　［訳注］RKO4 では с ними となっているが、それでは意味が通じない。一方、DVP 版では с нами となっているので、後者を正しいものとして訳した。

380）　［原注］電報では、ブリュッセル会議の舞台裏で何が起きているかについて、とりわけ M. M. リトヴィノフとノーマン・デイヴィスとの会談について情報を送るよう指示されていた。

186──邦訳　ソ連外交文書

る。現在、全ての交渉は委員会の構成の問題と結びついている。

　列国はこの委員会に我が国が参加しないことを望んでおり、それは日本がこれを口実に仲介を拒否することを各国が恐れているためである。当方からは、もし英国、米国、ベルギーのみが委員会に入るのであれば、我々は委員会への参加を主張しないと述べた。しかし、イタリア、フランスおよび他のいくつかの国々が委員会への参加を主張していることから、大きな委員会が組織される場合には、我が国も参加を主張するであろうと指摘しているところである。

　デイヴィスは次のような「妥協」案を提示した。ア）ワシントン条約の全締約国から成る運営委員会を組織し、そこには我が国を含めない（これはきっとイタリアを満足させるであろう）、イ）運営委員会の構成国のなかから、米国、英国、ベルギーから成る小さな委員会を独立させる（デイヴィスは、後者が我々を満足させるはずだと考えている）。

　我々はこれまで通り小さな委員会を1つだけ組織することを主張しており、あるいはより大きな委員会が組織される場合には、そこにソ連も参加すべきであると主張している。

　デイヴィスはリトヴィノフ同志との協議[381]において、表面上は友好的であったにもかかわらず、抑制的に振る舞った。彼は、日中関係の問題はワシントン条約の全締約国および極東に利害関心を有する国々に関わるということを、日本に納得させることが必要だと考えている。デイヴィスは日本に対して今後何か措置を講じる可能性を排除していないが、全ての平和的手段が尽くされたことを世論に示すことが必要だと考えている。さらに、米国は英国が何をするつもりなのかを知らなければならないとしている。デイヴィスが英国は共同行動に参加する用意があるのかどうかを尋ねたところ、イーデンは、英国は欧州のことで手一杯であると答えたようである。

　リトヴィノフ同志の結論は、米国と英国は今のところまだ互いの陰に隠れようとしているということである。

　リトヴィノフ同志が外交官や新聞記者から得たいくつかの情報によると、米国代表団のソ連への態度はそれほど友好的ではないとのことである。

381）【文書112】を参照。

文書 114——187

ストモニャコフ

（出典：ABП PФ. Ф. 059. On. 1. П. 274. Д. 2709. Л. 79-81. 既刊：ДBП. T. XX. C. 596-597）

【文書 114】

1937 年 11 月 10 日。駐米ソ連全権代表 A. A. トロヤノフスキーよりソ連外務人民委員
M. M. リトヴィノフ宛書簡

　尊敬するマクシム・マクシモヴィチ、

　本使が電報で通知したハルとの会談後、本使は政府高官との会談を避けてい
たため、第 1 に、ブリュッセルでの会談、とりわけノーマン・デイヴィスとの
会談において貴委員と何らかの食い違いが生じてしまう恐れがある。第 2 に、
ハルは本使に対して、ブリュッセル会議を待ち、平和的手段によって日中戦争
を終わらせる試みが何をもたらすかを見てみようと発言したが、これに従うな
らば、ブリュッセル会議の終了まで全ての会談は無益なものとなる。しかし本
使は、多くの実業家、例えばモルガン社のトマス・ラモント、ナショナル・シ
ティ銀行[382] 議長のランカスター、チェース・ナショナル銀行[383] のシュレイ
らと会談を持った。

　第 1 に、政府高官と同様に実業家も、スペイン問題以上に中国問題で手一杯
だと言わざるを得ず、本使はこれらの事件の間の内的な関連性を、大きな戦争
の準備へと向かう 1 つの傾向として、より正確に言えば世界大戦の開始として
説き明かすことが、自らの義務であると考えている。ドイツが欧州で、また日
本がアジアで勝利した場合、合衆国が脅威にさらされるかもしれないことを、
誰に対しても説いていかなければならない。これらの国々が勝利した場合、あ
るいは前進した場合でさえ、南米で拡大しているファシズムがさらに台頭し、
それがメキシコに及んで合衆国を幾重にも取り囲むことになるが、その際に合
衆国は単に苦しみに喘ぐのみならず、内部からファシズムの影響を受けること
になるであろう。こうした状況下において合衆国、英国、ソ連が正しい相互関

382）　［訳注］National City Bank. シティバンク（Citibank）とは異なる。
383）　［訳注］Chase National Bank.

係を有することは、世界のファシズムおよび侵略に対する闘争の基礎となり、実際に大戦を警告し得るものとなる。ここで、全ての立場を決定づける鍵は英国の手にあること、そしてもし英国が断固とした行動に踏み出せば、そのときには合衆国も容易に立ち上がるであろうことは、全て考慮されている。ここには英国の立場に対する強い不信感があり、例えば最近では、孤立主義的な［雑誌出版社の］ニュー・リパブリック社でさえも、その孤立主義を正当化するに際し、合衆国は日本に対して英国が望んでいるように行動することはできないとしていた。合衆国が進むところまで進む準備があるとするイーデンの発言から判断するに、英国には基本的に米国への疑念が存在しているようである。双方の懸念は、十分に根拠があるもののように思われる。英国も米国も、十分に信頼し合っていないのである。先の満洲やエチオピアの経験は至るところで影響を及ぼしているが、核心はこれらの国々それぞれの国内状況にあるというのが最も重要である。英国では保守派の大部分がファシズムに共感を示しており、これと戦うことを望まず、妥協を探っている。米国は孤立主義が極めて強く、今ではそれが多くの反動的要素を覆い隠している。

　ソ連のことについて多くは語られなかったが、おそらくどちらも、ソ連があらゆる状況において英国および米国に味方するとの考えの下で、ソ連が常に不可欠のパートナーとなることを期待しているものと考えられる。本使は常に、我々は英国も米国も同様に信用すべきではなく、また特に対日戦争において我々が成功を収めた場合には、英国だけでなく米国でさえも我々に反対する政策を取る可能性があることを警戒すべきだとする方針をとっている。本使はいかなる状況においても、我々は単独で日本への対抗に踏み出すべきではないと述べている。

　本使は英国の状況を正しく評価していないのかもしれないが、英国の指導層は公然とドイツ、イタリア、日本と戦うことに対し、米国ほどにすら準備ができていないように思われる。最近英国から帰国したトマス・ラモントが話すところによれば、英国は現在、日本、イタリア、ドイツに対して同時に何かを実行できる状況になく、イタリアとドイツに対してのみ同時に対処することすらできない状態である。彼によれば、イタリアがアビシニアを占領していた頃、何をなすべきかについて英国政府に質問したところ、英国海軍の司令部は、イ

タリアへの制裁を実行できる態勢にはあるものの、その場合には少なくとも海軍の3分の1を失うこととなり、その後ドイツとの関係において海軍は無力となるだろうと述べたという。このような状況から、英国政府はイタリアに対していかなる行動を取ることも拒否している。イタリアとの紛争に踏み切ることの必然性に関しては、スペイン事件との関係においても同じ構図が見られるようである。在ベルリン米国大使であるドッドの関係者らが、彼の発言として本使に伝えてきたところによれば、ローズヴェルトのシカゴ演説までには、すでに米国政府とローズヴェルトの間で意見交換があったとのことである。英国政府は、太平洋に海軍を派遣することは、欧州において無力となるためできないと述べているようである。同政府はローズヴェルトに対し、これまでのところ国際海洋航路は英国海軍によって警護されており、合衆国がしかるべき秩序を享受しているが、今や米国が、太平洋航路および中国との間の航路を始めとした海洋航路における航行の保護に参加すべきときが来たと指摘したようである。英国は米国海軍の増強を主張したようである。最近ローズヴェルトは、［米国］下院臨時会に出席してしかるべき提案を行うこと、そして下院を何としてでも海軍および空軍の軍備増強の件にかかりきりにさせるような国際情勢の説明を行うことに、肯定的な反応を示したようである。本使が当地ワシントンでイッケス内務長官の関係者から聞いた別の見解によれば、11月15日に召集される下院臨時会では当面の問題が審議されるとともに、国際情勢についての陳述が行われるが、軍備計画については1月に召集される通常会で審議されるとのことである。またローズヴェルトは、一方で世論および議会の意向を大規模な軍備計画へと導く準備をしており、他方で当面の全ての問題を解決することによって1月の議会で海空軍の計画について大幅に時間を割いて審議できるよう努めているとのことである。これら2つの見解の間に大きな矛盾はなく、大規模な軍備計画がリストアップされていることはやはり明らかであり、これによって米国陸軍が500,000人近くにまで増強される可能性がある。

　英米海軍が共同行動を取る可能性について話し合いがあったと言われている。この点に関してはあたかも合意があるかのようであるが、相変わらず英国は決定的な行動を引き延ばすことに努めており、依然として双方とも裏切られることを恐れている。

190——邦訳　ソ連外交文書

　本日本使のもとを、中国から到着したばかりの英国労働党員ケラン[384]が訪れた。彼の言葉によれば、もし今英国艦隊の3分の1が太平洋に派遣されれば、米国艦隊とこの英国部隊による対日共同行動はうまくいくであろうが、米国艦隊が単独で対日行動を起こすことはまずないだろうという。彼はこの英国艦隊の3分の1の件について、極東に駐在する英国海軍将校たちの間で話を聞いたとのことである。ドッドからの情報によれば、ローズヴェルトは太平洋において米国が英国と協力することを引き換えに、第1に、すでに基本的な部分が作成されている通商条約を締結するよう要求した。また第2に、為替相場、すなわちドルと英ポンドの相場を安定させることを要求した。第3に、ジョンソン法[385]が英国に対して無効となるよう、英国が支払い計画に着手する道筋について話題を提起した。ブリュッセル会議はもちろん降って湧いたものではなく、こうした話し合いのなかから生じたものであって、米国を招待することは事前に合意されていた。ローズヴェルトのシカゴ演説はイギリス人たちとのこうした話し合いを前提とした上で行われたようである。このように英国が極東において合衆国との協力に踏み出す希望を本当に有していないのであれば、ローズヴェルトがこうした演説を行うのを容認するのは困難である。

　もしこれらが全て正しかったとしても、なお事態の展開は非常に遅くなると思われるが、それは両国の内部対立が非常に大きいからであり、また少なくとも当地では、外国の影響力の下で、合衆国が戦争に干渉しないようにするための強力なキャンペーンがあの手この手で繰り広げられているからである。すなわち、孤立主義、平和主義、自由主義、対英不信、我々に対する敵意、米英における軍備の不足が、世界大戦は不可避である、誰もそれを望んでいない、ドイツもまたそれを望んでいない、独伊には戦争を遂行するための原料資源や金がない、日本はすぐに消耗する、などといったことを信じ込ませているのである。

---

384)　［訳注］英労働党の政治家・ジャーナリスト。1937年に香港からサンフランシスコまで6日間に及ぶ飛行を敢行しており、トロヤノフスキーに会ったのは、その直後のことと考えられる。Tom Buchanan, *East Wind: China and the British Left, 1925–1976*, Oxford: Oxford University Press, 2012, p. 1.

385)　［訳注］Johnson Act. 1934年に制定され、第一次世界大戦の債務を履行しない国に対し、借款を禁止した。

文書 114——191

　今のところ英国はスペインでその卑劣な政策を続けている。イーデンは議会において、ブリュッセル会議は合衆国の主導の下で招集されたとしながら、実はそれに続けて、演説はブリュッセル市での会議における議席をめぐる争いについて行われており、会議そのものは行われなかったという説明をするといった、二枚舌の発言を行った。この陳述は当地において不愉快な後味を残した。

　全体としては、英国への圧力は合衆国の側から行使されているのと同様に、フランスからも行使されているものと思われる。いずれの場合でも、合衆国はこれに関して重大な役割を演じている。同地において、おそらくドイツ、イタリア、さらには日本の資金によって行われているプロパガンダに対し、何かを対抗させなければならない。今のところ我々には、たとえ合衆国と英国が合意した場合でも、極東において、また同時に欧州においてドイツと戦うために、我が国が戦争をするよう強いられることがないという保証はない。少なくとも本使には、対日戦争において英仏が真剣に我々の後方支援を確保しようとする決断を行った兆候は見えていない。もちろん、この「後方支援[386]」という概念は、十分に条件のついたものである。もし英米が目覚めなければ、そのような状況によってファシズムのさらなる侵略行動が奨励、喚起されるとともに、一連の揺れ動く国々がそれに賛同することになろうが、それは英米に戦艦や数百機の航空機がないことよりもはるかに危険なことである。

　侵略者とは勇ましい言葉を用いて話し合うのが、我々にとって正しいやり方であるように思われる。これによって、侵略者たちを恐れさせ、また英国および合衆国の惨めで自殺的な政策がより勇敢なものになるよう促すことができる。現在の英国政府の政策は、英国の利益の切り売りや英帝国の破壊を、すなわち英国自身の完全な崩壊をもたらすものである。客観的情勢が幅広い層の英国住民の目を開かせるとともに、アメリカ人たちに何かを教えることを期待せざるを得ない。ただ、それが実現するのが遅すぎるという危険性はあるのだが。

　当地ではブリュッセル会議を悲観するような見方がある。イタリアの独日反共協定への[387]加入は当地で否定的な印象を呼び起こしている。この協定にラ

---

386)　〔訳注〕原文は тыл。
387)　〔訳注〕原文は к антикоммунистическому пакту。（日独）防共協定は、ロシア語で「反コミンテルン協定」を意味する Антикоминтерновский пакт という用語が用いられるのが通常である

192——邦訳　ソ連外交文書

テン・アメリカ諸国、とりわけブラジルが加入することを特に懸念する合衆国にとって、ファシスト諸国の連合がいかに脅威となっているかが看取される。ガイダ[388]はイタリアの新聞においてこうした可能性に直接言及している。

　当地における行動指針についてご指示ありたい。本使は、一方で米国の行動を促すこと、他方でそれをさほど大っぴらには行わないこと、また第3に我が方からは米国の積極性を希求していることを言いふらすようないかなる積極的な活動にも加わらないことが、必要であると考える。

駐米ソ連全権代表

A. トロヤノフスキー

（出典：АВП РФ. Ф. 05. Оп. 1. П. 134. Д. 91. Л. 155–160. 原本。タイプライター版。既刊：ДВП. Т. XX. С. 597–601）

【文書115】

1937年11月12日。駐日ソ連全権代表 M. M. スラヴツキーより廣田外務大臣宛覚書。荒木将軍による対ソ戦争の呼びかけについて

　大臣閣下、

　ソ連政府は、最近米国の新聞数紙において、最近荒木将軍が AP 通信の東京特派員によるインタビューに応じ、そのなかで許しがたい反ソ的発言や直接的な対ソ戦争の呼びかけを行ったことが掲載されたことを知るに至った。

　荒木将軍が内閣参議の一員であり、したがって公的で重大な責任を有する職にあることに鑑み、ソ連政府は閣下に対し、同様の発言、とりわけこれほど政府の責任ある職を務める公人の口から出る許しがたい発言への抗議を表明するよう、本使に一任した。

　大臣閣下、本使はここに重ねて閣下に向かって敬意を表するものである。

スラヴツキー

　　が、ここでは「反共産主義協定」に当たる語が用いられている。そのため、「防共協定」ではなく「反共協定」と訳した。

388）［訳注］イタリア・ファシストのジャーナリストで、日刊紙『ジョルナーレ・ディタリア』（*Il Giornale d'Italia*）の編集者を務めた。

（出典：АВП РФ. Ф. 146. Оп. 1. П. 25. Д. 353. Л. 253. 既刊：ДВП. Т. XX. С. 602）

【文書116】

1937年11月13日。ブリュッセル会議におけるソ連代表 V. P. ポチョムキンの演説

　自らの平和政策の原則に忠実であるソ連は、常に平和維持への希望を示すいかなる積極的行動をも支持し、また国際紛争を解決する手段としての実力行使を阻止する用意がある。こうした原則に立ち、また極東における平和維持に特別な関心を有することから、ソ連政府はブリュッセル会議への出席を受諾した。仲介や当事者間の合意を通じて極東における軍事行動を停止に導くためのこの会議のあらゆる努力は、失敗に終わった。それでもなお、破壊された平和を再建する希望を拒否する理由はない。ソ連代表団は、進行している紛争が、現行の諸条約の遵守ならびに国家主権の原則の尊重が有する正当性の基礎の上に正常化され得ることを、強く確信している。しかし、こうした目標は、極東の平和維持に関心を有する各国が連帯し、積極的に努力した場合において到達することが可能となる。この計画におけるあらゆる具体的で積極的な行動はソ連によって支持されるであろう。

　（既刊：『イズヴェスチヤ』1937年11月15日）

【文書117】

1937年11月13日。ソ連外務人民委員 M. M. リトヴィノフより駐米ソ連全権代表 A. A. トロヤノフスキー宛電報。ブリュッセル会議におけるソ米の接触について

　ブリュッセルおよびパリに駐在する米国や他の新聞記者たちは、米国代表団の会見を根拠に、最近我々に対して敵意ある発言がなされたことについて知らせてきた。ノーマン・デイヴィスはこれを否定し、本委員に極力愛想よく親切に振る舞うよう努めるとともに、極東問題を解決する上でソ連のみが有する意義について述べた。しかし、デイヴィスは誰よりも会議をワシントン条約締約

194——邦訳　ソ連外交文書

国の協議の場に変えるよう努め、彼の名においてのみ日本に対する呼びかけを行いつつ、事実上我々を遠ざけることを求めていたのであり、それだけになおさら彼の不誠実な印象が残った。彼は会議の執行委員会の設立に夢中になっており、また無遠慮にも本委員に対し、この委員会への我々の参加は日本に交渉を避ける口実を与えかねないため希望しないと話した。

　彼は会議の前まで我々を招待するのに反対していたことを認め、また会議の現段階において我々は全く必要ではなく、将来日本に対して実力を行使する必要が出てきたときには必要となるかもしれないという考えを展開した。彼はこの考えを英国代表団のものであるとし、自身はそこに同調していただけであるかのように述べていたが、本委員はその考案者は彼本人であると考えている。本委員のしかるべき反論を受けると、彼は委員会案を否定し、イタリアの委員会への参加を認めないということにともかくも同意したが、我々が加わらないことをもほのめかした。もし何か日本との交渉の可能性に関係するようなことであったら、デイヴィスが何としてでも我々を締め出そうとしていたであろうことは間違いない。

　今なお判然としないのは、彼の行動がローズヴェルトおよびハルの立場を反映しているのかどうか、そしてこれはデイヴィスを取り巻く国務省の官僚たちからの影響に過ぎないのか、それともここにはデイヴィスのモルガンや英国との親近性が反映されているのか、ということである。

リトヴィノフ

　（出典：АВП РФ. Ф. 059. Оп. 1. П. 274. Д. 2709. Л. 83. 既刊：ДВП. Т. XX. С. 605-606）

【文書 118】

1937 年 11 月 13 日。在ブリュッセルソ連外務人民委員代理 V. P. ポチョムキンよりソ連外務人民委員部宛電報。中国問題に関するブリュッセル会議声明案の要旨[389]

　会議[390] で提案された 3 ヶ国の名前による声明案は、基本的に次のような主

---

389)　文書に「最優先」の注記あり。
390)　【文書 109、119、120、136】を参照。

張に集約される。

1. 対華紛争は、ワシントン条約の適用を受けず、集団的な審議を必要としないとする日本の主張に反し、会議は、紛争が司法的利益のみならず、全ての国々の物質的利益にも抵触するとともに、普遍的な平和への脅威となっていることを確認する。

2. 日本によれば、中国にその政策を改めさせるため、戦争に訴える必要があるとのことであるが、これは会議からの指摘を他国の内政事項への強制的干渉という許容しがたい形態へと逸脱させるものである。

3. 日本が中国と合意することを自らの固有の権利として主張するのは、会議によって表明された、そのような二国間交渉は正当でゆるぎない平和をもたらすことはできないという確信から外れたものである。

4. 会議は結論として、ブリュッセルに代表団を派遣した政府は、条約の義務を逃れようとする日本に対して立場を一致させるべきであることを言明する。同時に、日本が自らの決断を主張しないよう希望することを表明する。

この声明の審議の際、英国自治領、オランダ、メキシコ、ボリビアは非常に積極的にこれを支持した。ポルトガルは多かれ少なかれ好意的な姿勢を示し、スカンディナヴィア諸国は態度を保留させつつ本国政府からの指示を受ける必要性に言及した。全面的に反対の立場をとるイタリアは、完全に孤立することとなった。事前にデルボスに伝えていた我々の修正案は、我々に代わり他の代表団によって提案された。

最終的な声明の採択は、月曜[391] 4 時と決定された。それまでに各代表団は本国政府から指示を受けなければならない。本使は、我が国はこの声明に賛成票を投じてもよいと考えている。ご指示ありたい。

ポチョムキン

（出典：АВП РФ. Ф. 059. Оп. 1. П. 245. Д. 1722. Л. 174-175. 既刊：ДВП. Т. XX. С. 606-607）

391）［訳注］1937 年 11 月 15 日。

196——邦訳　ソ連外交文書

【文書 119】

1937 年 11 月 17 日。ブリュッセル会議米国代表団団長 N. デイヴィスより米国務長官 C. ハル宛電報。中国の米英に対する支援の呼びかけについて

本文訳省略。

（既刊：*FRUS*, 1937, Vol. IV, The Far East, pp. 199–200）

【文書 120】

1937 年 11 月 17 日。ブリュッセル会議米国代表団団長 N. デイヴィスより米国務長官 C. ハル宛電報。日本の中国侵略に対する具体的な措置を講じるべきとするソ連の勧告について

本文訳省略。

（既刊：*FRUS*, 1937, Vol. IV, The Far East, pp. 198–199）

【文書 121】

1937 年 11 月 18 日。I. V. スターリンおよび K. Ye. ヴォロシーロフと、中国代表団団長楊杰元帥および副団長張沖の会談記録。対日戦争におけるソ連の対華支援問題について [392]

　スターリン同志 [393]：本日王明 [394] 同志と会いました。八路軍は大砲を持っていないそうですが。

　楊元帥 [395]：はい、ほとんどありません。

---

392)　文書 21 葉の本文右上に「極秘、第 1 部」の注記あり。
393)　〔原注〕文書には書簡が添付されている。
　　　全連邦共産党（ボ）中央委員会特別課長ポスクリョブィシェフ同志へ、1937 年 11 月 18 日。ヴォロシーロフ同志の指令に基づき、貴官に本年 11 月 11 日付のスターリン同志とヴォロシーロフ同志の会談記録を送付する。添付 8 枚。ソ連国防人民委員部副官、師団長（フメリニツキー）（АП РФ. Ф. 45. Оп. 1. Д. 321. Л. 21）。
394)　〔原注〕王明（陳紹禹）は、中国共産党の指導者の一人。

ス同志：貴軍には大砲のない師団がありますか。

楊：はい、あります。

ス同志：そのような軍は大して役に立ちません。

楊：我々は英国から 105 ミリ砲を購入しました。

ス同志：中国では大砲を製造していますか。

楊：上海の軍需工場では 120-130 ミリ砲、すなわち要塞砲と艦砲を製造しています。現在、これらの工場は昆陽[396]（河南省、洛陽付近）に移転中です。

ス同志：軍需工場は四川ないし西安（陝西省）の後方に移転すべきです。

楊：我々は長沙かその他の場所に工場を建設するつもりです。

ス同志：王明同志は、太原には 150 ミリ砲を製造する工場があったと話していました。中国で軍需生産が行われない限り、中国は常に不安定なままだということを忘れてはいけません。自立を望まれるならば、自ら軍需産業を持たなければなりません。外国人は劣悪な武器を売っているし、その売却を完全に拒否するかもしれません。我々は貴国に指導員を提供できますし、その方が外国人から武器を買うよりも安上がりでしょう。

楊：その通りです。貴国のご支援をお願いします。

ス同志：我々は貴国を支援します。

楊：国中が貴国のご支援を望んでいます。

ス同志：航空機に関して貴国はどのような状況ですか。航空機を生産しているのですか。

楊：我々はエンジンを生産することができませんが、それ以外は全て製造しています。

ス同志：我々は貴国にいくらでもエンジンを提供します。我々は航空機を木材から自前で造っており、貴国も同様にして航空機を生産できます。もし我々が 200-300 機の航空機を貴国に派遣するとすれば、そのための期間は 2-3 ヶ月に及びます。航空機を届けることは困難で、今回も 20 機近くが壊れてしまいました。航空機を造るのは難しいことではなく、必要なのは大工だけです。エ

395）　［訳注］楊杰の実際の階級は上将であるが、ロシア語原文には元帥を意味する маршал が用いられている。ここでは原文を尊重し、「元帥」と訳出した。

396）　［訳注］現在の平頂山市葉県。

ンジンを製造するのはそれより難しいですが、それは我々が貴国に提供します。自前の航空機工場を設立してください。我々は指導員を提供します。これはスペインでも行ったことです。整備工場をいくつか組織すれば、月に300機の航空機を造ることが可能です。中国が独り立ちすることを望んでいるのであれば、自前の航空機と大砲を開発すべきです。

楊：貴国にご支援をお願いします。

ス同志：支援します。貴国には多くの人がおり、また中国人は熟練した職人です。

楊：研修のために貴国に青年たちを派遣してもいいでしょうか。

ス同志：青年には中国現地で教えることができます。四川か広東に航空学校を設立すべきです。

楊：西安に航空学校があります。

ス同志：それはいいことです。外部からの支援のみを当てにするのは望ましくないことを忘れてはいけません。自前の産業を発展させなければなりません。イギリス人は中国が日本としばらく戦うことを望んでいますが、英国は日本の勝利も中国の勝利も懸念しています。彼らは日本と中国がともに疲弊することを望んでいます。中国が日本に勝利できることは言うまでもありません。

楊：日本はすでに疲弊しており、もし偉大なスターリンと有能なヴォロシーロフ元帥に支援を賜れれば、勝利は我がものとなるでしょう。

ス同志：19世紀初め、ナポレオン軍は最高の軍と考えられており、ドイツとイタリアを征服しましたが、ただ1つの国には勝利することがありませんでした――中国よりもずっと弱かったスペインです（私はロシアについて話しているのではありません）。20万人のナポレオンの軍隊がスペインに侵入しましたが、スペイン人が絶え間ないパルチザン戦を仕掛けたため、ナポレオンはこの国を征服することができなかったのです。ナポレオンが最初に敗北を蒙ったのは、ロシアではなくスペインにおいてでした。中国は人口が稠密で、中国に対抗して連合した帝国主義勢力もなく、米国と英国も孤立しており、日本だけが中国と戦っています。ソヴィエト・ロシアとは14ヶ国が戦いましたが、ロシアは勝利しました。中国が日本を疲弊させた後、最終的に支配層の間で闘争が起こり、現在の日本政府が打倒されるようなことがあっても驚くようなことではあ

りません。廣田はファシストであり、ファシズムの従僕です。現在の日本政府は近衛政権ではなく、廣田政権です。もし私が中国人であれば、自国民に 3 ヶ月間ではなく、3 年間の抗戦を呼びかけるでしょう。その 3 年間、我々は貴国を支援します。貴国は自前の飛行士を持ち、自前の大砲を持つでしょうが、そうした条件の下では誰も中国を打ち負かすことはできません。ヨーロッパ人は皆黄禍を恐れていますが、黄禍を恐れなくなったら革命禍を恐れるようになるでしょう。自前の航空機および大砲の生産に着手するよう、蔣介石を納得させなければなりません。我々のことは誰も支援せず、ドイツはただ妨害するだけでしたが、我々は自前の強大な軍需生産を確立しました。我々ボリシェヴィキは条約を調印すれば死んでもそれを守るのであって、約束を守らないヨーロッパ人とは違います。

ヴォロシーロフ同志：貴国はガソリンを生産していますか。

楊：採掘場はありますが、専門家や技術者がいません。

ス同志：貴国の採掘場はどこにあるのですか。

楊：新疆です。

ヴ同志：稼働させなければなりませんし、そのためには技術的知識人を育成する必要があります。

張冲：我が国には技術者連盟があります。

ス同志：新疆の石油は地表に近い、200-300 メートルの深さにあります。もし盛世才督弁や南京の政府が望まれるならば、我々は貴国のガソリン生産を支援します。ソ中合弁の石油会社を設立してもいいでしょう。石油なしに国家が存立することはできません。我々は貴国を支援したいのであって、貴国から利益を得たいのではありません。甘粛にも四川にも大量の石油があります。自前の石油産業を確立しなければなりません。貴国が独立国でありたいならば、航空機、大砲、石油を所有すべきです。貴国が日本を打ち破るときには、自前の重工業を発展させなければなりません。

盛世才督弁を支援し、彼に強い軍を持たせ、その都度彼を支援しなくても済むようにする必要があります。我々は（馬虎山および馬仲英の第 36 ドンガン師に対抗すべく）中国に 2 個連隊を派遣し、1500 人のウイグル人およびドンガン人を殲滅しました。それから彼らは、英国の保護統治下に中国およびソ連に対抗

200——邦訳　ソ連外交文書

するイスラーム国家[397]を建設することを望みました。我々は、次々とウイグル人の指導者たちを仕留める盛世才を支援することに利害関心がありました。盛世才はなかなかの行政官だと思います（ここだけの話にしておいてください）。彼は張学良に同調したいと考え、これについて我々の考えを照会してきましたが、我々は彼に回答できないと話しました（これもここだけの話にしておいてください）。

　楊：盛世才は張学良よりも賢明です。

　ス同志：しかし彼は全体を理解していたわけではなく、その後になって非常に喜び、我々の助言に感謝しました。

　西安事変が起きたとき、閣下はどこにおられましたか。

　楊：南京です。

　ヴ同志：張学良は今どこにいますか。

　張冲：彼は自由の身です。

　ス同志：彼は何も指揮していないのですか。

　張：彼はよい将軍ではありません。

　ス同志：彼の軍隊はどこにいるのですか。

　張：保定、隴海鉄道付近です。

　ス同志：彼は10万人の軍隊を有しているのですか。

　楊：8万人は下りません。

　ス同志：万福麟は何をしているのですか。彼はよい司令官なのでしょうか。おそらくよくないのでは。

　楊：よくありません。

　ス同志：馮玉祥は何をしているのですか。

　楊：彼は非常に賢明な人物ですが、彼は軍事教育を受けておらず、実戦経験しかありません。

　ス同志：韓復榘は彼の弟子ですか。

　楊：いえ、部下です。

　ス同志：韓復榘は非常にいかがわしい人物です。彼は誰の部下なのですか。

397）［訳注］1933-34年に存在した「東トルキスタン・イスラーム共和国」を指している。

彼が蔣介石に従っているとは信じられません。

　楊：いや、従っています。

　ス同志：信じられません。きっと韓復榘は、蔣介石にも、フフホト[398]を明け渡した傅作義にも従っているのでしょう。傅作義は優れた軍人ですか。

　楊：防衛戦争では優れています。

　ス同志：太原を明け渡したのですか。

　楊：いえ、そこではまだ戦闘が行われています。

　ス同志：30機の戦闘機を保有していれば、60機の日本の爆撃機を全滅させることができます。そして、戦闘機を造るのは全く容易です。中国人は非常に勇敢な民族です。我が軍には中国人部隊がありましたが、非常に優秀な軍人たちで、死を恐れません。司令官さえ優秀であれば。

　楊：その通りです。

　ス同志：馮玉祥はどのような地位にあるのですか。

　楊：形式的には蔣介石の補佐役ですが、現在彼は何もしていません。

　ス同志：古参の将軍たちのなかでは張発奎が優れています。馮玉祥は戦闘的な将軍ではありません。

　楊：それもその通りです。

　ス同志：蔡廷鍇は今どこにいるのですか。

　楊：上海付近です。

　ス同志：上海の日本軍は重砲を持っているのですか。

　楊：152ミリ砲を持っています。上海付近には多くの艦載砲がありますが、日本の艦砲は我が軍のものよりも射程が短いです。

　ス同志：本当ですか。

　ヴ同志：貴軍と日本軍の大砲では、どちらの射程が長いのですか。

　楊：我が軍のものです。

　ヴ同志：貴軍にはおそらくドイツの大砲があるのではないですか。

　楊：いえ、スイスのものです。

　ス同志：貴国は魚雷を入手し、揚子江に浮遊機雷を設置しなければなりませ

398）　[訳注] 原文では「帰化（Гуйхуа）」。

ん。

ヴ同志：地雷、魚雷、その他、さらなる爆発装置を生産してください。製造するのは容易です。

ス同志：貴国は多くの可能性を有しています。一方で支援をお受けなさい、しかし自ら生産もしてください。

何応欽は軍政部長ですか。

張：はい、しかし彼は重要な地位に就いていません。

ス同志：汪精衛はどこにいるのですか。

張：南京です。

ス同志：陳友仁[399]はどこに隠れたのですか。彼は中身のない人間です。

楊：香港です。

ス同志：于右任はどこですか。彼は何をしているのですか。

楊：南京にいますが、高齢で、何もしていません。

ス同志：私のもとには、貴国の人間がしばしばソ連について誤った情報を貴国に伝えているという報告があります。例えば、貴国の情報提供者たちによれば、我々が新疆を強奪したがっているというのです。これは正しくありません。ソ連は中国が自由であることを望んでいます。（この後、スターリン同志のモンゴル人民共和国に関する発言が続いたが、彼の指示により記録されなかった）。

我が国にも悪しき情報提供者がいます。例えばボゴモロフ大使です。ヴォロシーロフ同志がすでに閣下にお話ししたように、ボゴモロフは不可侵条約の締結を阻止することに非常に力を入れていました。彼は、蔣介石が条約の締結を望んでいないこと、また彼が日本を恐喝するような条約についてのみ話し合うよう努めていたということを、我々に信じ込ませました。条約に関する交渉過程では不愉快なことがありました。条約を締結しない限りクレジットを提供しないと我々が述べたところ、蔣介石は動揺し、また我々も彼を信用しませんでした。ボゴモロフが我々に正しく情報を伝えなかったから、このようなことが起きたのです。蔣介石には、我々がボゴモロフから正しい情報を得ていなかったことを理解してほしいと思います。ボゴモロフはまた、中国の防衛は全く意

399）［訳注］原文は「エフゲニー・チェン（Евгений Чен）」。英語名ユージン・チェン（Eugene Chen）のロシア語読みである。

味がない、上海は2週間と持ちこたえられない、中国が抵抗を続けられるのは3ヶ月以内にとどまるだろう、蔣介石は動揺していると、我々に説明しました。しかし1ヶ月が経っても、上海は持ちこたえています。我々はボゴモロフを呼び戻し、そして問い質しているところです。お前は一体何者なのか、と。彼はトロツキストであることがわかり、彼を逮捕しました。悪しき情報提供者であれば、そして大使たちがそのなかに入っているのであれば、我々は逮捕します。

レーピンが書いていたのは簡単な通信文であり、その情報は正しかったのですが具体的ではなかったので、我々は彼を更送しました。

蔣介石が陳立夫を信用していることは知っていますが、陳立夫のもとにもまた誤った情報が集まっています。思うに、蔣介石が真実を知り、正しい情報を得ることを望むのであれば、何よりもヴォロシーロフ同志に聞くのがいいでしょう。最近、我々はその類の「情報」を、現在代理大使を務めるメラメードからも得ました。彼が伝えるところによれば、白崇禧は蔣介石から賄賂として5000万ドルを受け取ったとのことです。

ヴ同志：新聞で発表された報道によると、ドイツが中日間の仲介を引き受けるよう中国の将校がベルリンで交渉を行っているそうですね。

楊：それは誤っています。

ス同志：メラメードはどうなっているのか。貴国の揚子江は深いのですか。彼をそこに沈めてもいいですな（一同、笑）。

ヴ同志：中国において、そして中国について、多くの挑発行為が広がりを見せています。白崇禧は愛国者であり、買収に乗ることはありません。しかし、中国には多くの派閥があり、そのうちのいくつかは親日的です。そのような派閥に近いのは、何応欽、張群（元外交部長）、汪精衛、熊式輝（江西省長）らです。

ス同志：彼らは日本人を恐れているのですか。

ヴ同志：戦時において、味方より敵に肩入れする者は、決して自らの陣営に置いてはなりません。

ス同志：自らの陣営内で親日分子を看過してよいのは、露見する瞬間までです。日本人は彼らを買収し、蔣介石の暗殺を企てかねません。どちらにも目を光らせなければなりません。我が国でも、トロツキストが一人の優れた人物、キーロフを殺害しました。彼は偉大な人物でした。親日派を見張る必要があり

ます。閣下が反逆者たちを打倒すれば、国民は閣下に感謝の言葉を述べるでしょう。

楊：中国軍は強力ですが、我々には技術がありません。戦争が始まったのは、中国がもはや耐えることができなくなったからです。中国には広大な領土と膨大な人口があり、中国はきっと勝利しますが、ソ連も対日戦争への参戦を受け入れるべきです。ソ連は日本が中国を侮辱するのを看過すべきではありませんし、全中国がソ連の支援を希望しています。ここに小官は、偉大なるスターリン閣下に向かって、中国がすでに長い間、日本の覊絆から解放されるよう望んでいることをお話しする光栄を有します。今後が我々にとってどのようなものになるかについて、ご助言をお願いします。日本の後方が疲弊した後、貴国が対日戦争に踏み切ることを期待することは可能でしょうか。蔣介石元帥の指示により、偉大なるスターリン閣下との面会の機会を利用して、我々の見解を表明させていただきます。それは、中国の唯一の同盟国であるソ連が、日独間の秘密軍事協定の存在にもかかわらず、現在の局面を生かして日本に働きかけることができるというものです。中国はソ連を直ちに戦争に引き入れたいのではありません。中国はソ連が東洋の平和を保障しながら、西洋における平和も保障することを希望しているのです。

ス同志：たとえ日本が今中国を打ち負かしたとしても、今度は中国が復讐するでしょう。偉大な国民は滅びることがないというのが私の考えです。

楊杰元帥への回答として、私には2つの意見がありますので、これを率直に表明します。

第1の意見。元帥はソ連が中国の唯一の同盟国だと述べておられます。私の意見では、中国はいかなる支援も軽視すべきではなく、米国からもドイツからも航空機や機関銃を購入することができるし、またしなければなりません。同盟国には確固たるものとそうでないものとがあります。不安定な同盟国、例えば英国とも、関係を持たなければなりません。ソ連からのみ支援を受けるというのは誤っています。中国は不安定な同盟国からも支援を受けるべきです。

第2の意見。ソ連は今、日本との戦争を始めることを希望していません。もし中国が日本の攻撃を首尾よく撃退することができれば、ソ連は開戦することはないでしょう。日本が勝利を収めようとすることがあれば、ソ連は戦争に踏

文書 121──205

み切ります。

　楊：非常に素晴らしいです。偉大なるスターリン閣下の2つのご意見は、我が政府および蔣介石元帥に伝達いたします。

　ス同志：かつて沿海地方には17万人の朝鮮人がおり、日本がその中で非常に巧妙に活動していたため、我々は彼らを2週間でカザフスタンに退去させましたが、日本は我々に対し何も要求してきていません。日本は、侵略側であるという立場が、不利で弱いものになりかねないことを恐れているのです。中国は確かに侵略者の側ではないが、困難な状況にあります。しかし、この困難は必ず克服することができます。士官学校を増設してください。我々はこの件に関して支援します。

　楊：偉大なる指導者スターリン閣下のおっしゃったことは全て蔣介石に伝えます。そして我々が滅びようとするときには、ソ連に期待を託すでしょう。

　ス同志：いや、そのような偉大な国家が滅亡することはありません。

　共産党は日本への抵抗を妨害していませんか。八路軍は妨害していませんか。もし八路軍に関して揉め事があるのであれば、我々は閣下の側を支援します。

　ヴ同志：八路軍には優れた連中がおり、彼らは奮闘するでしょう。彼らに対して必要なのは武器を与えることだけです。

　楊：今晩、偉大なるスターリン閣下からは多くのご指摘をいただきました。我々は閣下に感謝申し上げるとともに、閣下と有能なヴォロシーロフ元帥の末永いご健勝をお祈り申し上げます。

　ヴ同志：インドシナには誰が住んでいるのですか。

　張：主として中国系です。

　ス同志：シャムではどの民族が優勢ですか。どの言語が支配的なのですか。

　張：住民は主として中国系です。言語も中国語（広東語の方言400)）です。文字は漢字です。日本ですら漢字が使われているほどです。

　ス同志：インドネシア（スマトラ、ボルネオ、その他の島々）で中国人は多いのですか。

　張：多いです。

---

400)　[訳注] 原文は наречение（命名、指名）であるが、наречие（方言）の誤りと思われる。

206──邦訳　ソ連外交文書

ヴ同志：中国本土の外では中国系人種はどれほど住んでいるのですか。

楊：華僑は 2000 万人以上います。

ス同志：チベットにはどの民族が住んでいるのですか。どの言語ですか。

楊：そこには中国人が住んでいますが、彼らには独自の言語があります。

ス同志：ドンガン人（ムスリム）は身も心も日本に捧げているように思われます。どういうわけなのでしょう。ドンガン人 5 人が 50 人のウイグル人を殺害しています。

楊：馬仲英はかつて日本人の顧問とともに、ドンガン人の間で大規模な煽動工作を行っていました。

ス同志：ドンガン人の農民はどこに住んでいるのですか。

楊：青海湖周辺と寧夏です。

偉大なるスターリン閣下に、我々へのさらなるご助言をお願いします。

ス同志：我々は、貴国ができる限り多くの航空機、大砲、戦車を有するためのあらゆることを望んでいます。そのほかのことは閣下の方がよくおわかりでしょう。

張：義勇軍は出発しましたか。

ヴ同志：全員すでに出発しています。すでに最後の飛行大隊が出発しました。

楊：残る高速爆撃機についてもなるべく早く派遣していただくようお願いします。

ヴ同志：近日中に 1 個飛行大隊（31 機）が移動します。

ス同志：投下爆弾は発送されています。

ヴ同志：汽船の件はどのような状況になっていますか。

張：11 月 18 日に到着します。滅びつつある中国の名において、そして全ての中国国民の名において、改めて我が国への支援をお願いいたします。

ス同志：我々は金銭も武器も惜しまずに貴国を支援します。あなた方は、我々が新疆に中国人の服装をした我が部隊を派遣することによって、貴国を支援したことすらご存じないでしょう。我々は、できることであれば何でもします。

（出典：АП РФ. Ф. 45. Оп. 1. Д. 321. Л. 20–28. 原本。タイプライター版。短い断片は既刊：Новая и новейшая история. 1995. № 4. С. 82–83[401]）

文書 122──207

【文書 122】

1937 年 11 月 23 日。在ブリュッセルソ連外務人民委員代理 V. P. ポチョムキンよりソ連外務人民委員部宛電報。中華民国代表顧維鈞の演説と、会議における作業の結果に関する米英仏代表団によって起草された短い報告の要旨[402]

　本日、会議[403] における審議のなかで、朝デイヴィスが我々に知らせてきた文書だけでなく、予定されている作業中断までの会議の事実経過について述べた短い報告書を関係各国政府に送付するよう、米英仏の代表団の名前で会議に提案されたことが明らかとなった。

　顧維鈞は大規模な演説を行い、そのなかで先日の自身のメモランダムにおける基本的な立場を繰り返し述べ、会議の優柔不断で消極的な態度を非難するとともに、中国への積極的な支持と日本に対する抑止を同会議に要求した[404]。彼は、自国政府の指示があるまで、2 つの文書に対する自らの立場を保留すると述べた[405]。誰も彼を支持しなかった。イタリア人は皮肉交じりに、報告演説は大抵会議がその作業を終えたときに行われるものであって、もう解散してもよいと確認しているのと同じだと述べた。ポルトガル人は毒舌を隠さず、ただでさえ各国政府は自国の代表団を参加させて会議の全作業について通じているのに、このような報告をしてどのような意味があるのかと問うた。ノルウェー人は、政府から指示を受けないうちは何も言うことができないと述べた。文書についての審議は 24 日晩まで延期することが決定した。明らかに重苦しい空気が広がった。米国代表団のなかには、シカゴ演説での立場を放棄し、デイヴィスを否定したとして、ローズヴェルトを非難する者たちもいた。日本とドイツに特に気遣いを見せるイギリス人たちは、両国がイタリアとブロックを結成しようとしていること[406] を批判しなかったとして、改めて非難されている。

401）　［訳注］Новая и новейшая история 誌に収録されている資料として、このほか【文書 127】がある。どちらも同じ記事に収録されており、その記事の執筆者は RKO の責任編集を務める S. L. チフヴィンスキーである。С. Л. Тихвинский. Переписка Чан Кайши с И. В. Сталивым и К. Е. Ворошиловым. 1937–1939 гг. // Новая и новейшая история. 1995. № 4. С. 80-87.

402）　文書に「特別」の注記あり。

403）　【文書 110】を参照。

404）　【文書 122】を参照。［訳注］原文ママ。

405）　【文書 29、119】も参照。

208——邦訳　ソ連外交文書

記者たちが確信するところでは、自治領、スカンディナヴィア、ポルトガルの代表団は、日本を刺激しないよう、また希望する合意内容をより穏健なものにするよう、英国から懸命に説得を受けている。フランスはより消極的な姿勢を保っており、テッサンは英国および米国の代表の意見に同調するという短い批評を述べるにとどまっている。24 日になっても状況は好転せず、中国以外のどの国も我々の変更案を支持しないものと考えられる。

　それにもかかわらず、スパーク[407]は会議の後に我々を引き留め、彼が米英の作成した文書を「恥ずべきもの」と考えていること、また晩に彼が少なくとも関係各国の政府に、中国が抵抗する力を弱めかねないようなあらゆる行動を自制するよう提言したこと、そして彼がロンドンでこのことをイギリス人に話し、ドイツ仲介の下で日本と合意すべく彼ら自身が中国に促すよう話したことなどについて説き始めた。このスパークの発言に対し、当方からは特に慎重な姿勢を示しておいた。彼に対しては、彼に提案されている修正案をベルギー代表団は提出していないのか、また中国自らがこの修正案を会議に提出した場合には中国を支持しないのかと質問するにとどまった。スパークは屈託なく、明日米英を説得してみたらいいと答えた。彼は話の終わりに、その挑発的なやり方を露骨に見せながら、日本を御するためのよりよい方法はソ連の航空機を数百機送り込んで東京を威嚇することであると、我々に無遠慮に述べた。これに対し本官は、明らかにブリュッセルにも他人の手を借りて熾火を集めようとする者はいるが、ソ連としてはムーア人の役割は別の者に委ねると話した。この件についての話は中断した。

　中国が声明への投票を棄権したり、反対の意思を表明したりした場合、我々は棄権すべきかどうかについて、打電されたい。

ポチョムキン

（出典：АВП РФ. Ф. 059. On. 1. П. 245. Д. 1722. Л. 195-197. 既刊：ДВП. Т. XX. С. 616-617）

406）　［訳注］イタリアが日独防共協定に原署名国として加盟したのは 1937 年 11 月 6 日である。
407）　ベルギー外相。

【文書 123】

1937 年 11 月 23 日。在ブリュッセルソ連外務人民委員代理 V. P. ポチョムキンよりソ連外務人民委員部宛電報。中国への国際的支援の実施に関する顧維鈞との会談について [408]

　本日我々と一緒に朝食をとった当地駐在公使の顧維鈞は、我々に次のように伝えた。

　1.　中国代表団は、特に中国の集団的支援について、我々が定式化した精神に基づく修正案を受け入れるべく、声明 [409] の起草者たちに説得を試みている。これが成功しない場合、中国は明日声明案に賛成する投票を行わないつもりだとのことである。このことに関心を見せているイギリス人たちは、これについて、各国代表団の間に不一致があり、また会議が崩壊しているとの印象を生まないよう彼に強く求めている [410]。

　2.　顧維鈞は指導的な 3 ヶ国の代表団に同意し、関係各国政府にどのような形で中国支援を求めるかについて、本国政府に具体的な指示を照会した。回答を受け取った後、この問題についての意見交換が関係各国の代表団の間で行われる予定である。彼は次の国々を列挙して我々に示した。すなわち、米国、英国、フランス、ベルギー、オランダである。この意見交換は会議と関係なく行われることになっているが、おそらく会議と同様にブリュッセルで行われる。

---

408)　文書に「特別」の注記あり。

409)　［原注］ソ連外務人民委員部は、提出された文書それ自体は何ら受け入れがたい内容を含むものではないとして、ソ連代表に調印に賛成するよう指示した（ДВП. Т. XX. С. 762-763 を参照）。［訳注］原注では「調印（подписание）」となっているが、DVP の参照元では「採択（принятие）」となっている。

410)　［原注］11 月 23 日、V. P. ポチョムキンは、ノーマン・デイヴィスが関係各国政府に送付するために英仏代表団と共同で作成した文書は、国際的な対華支援の件で一歩後退するものであると、ソ連外務人民委員部に伝えた（ДВП. Т. XX. С. 762-763 を参照）。V. P. ポチョムキンはソ連外務人民委員部に「中国側に我々の原則を伝えたところ、彼らは完全に支持を受けていると表明した。おそらく彼らは、自らの代表団の名前でこれを提案することを試みるつもりなのであろう」と記した。外務人民委員 M. M. リトヴィノフから V. P. ポチョムキンへの回答は、次のようなものであった。「提出された文書それ自体は何ら受け入れがたい内容を含むものではない」。M. M. リトヴィノフはソ連代表に、国際的な対華支援に関する文書の採択に賛成するよう指示した（ДВП. Т. XX. С. 762-763 を参照）。

英国は中国に財政支援を、米国は軍需物資を始めとする物質的支援を、フランスも同様の支援を与えることを約束したようである。おそらくこれらの約束によって中国代表団を買収し、明日骨抜きになった声明に賛成する投票を行うことに合意させようというのであろう。

3. 顧維鈞は最近パリでデルボスと会談した際、軍需物資をインドシナ経由で中国へと輸送することを妨害しないようフランス側に求めた。顧維鈞はさらに、こうした事情によって日本がフランスに圧力をかけるようなことがないよう請け合った。つまり、顧維鈞は対華支援を行う政府間に相互保証が必要だと認めているのである。

4. 顧維鈞が執拗さを隠さず我々に説得しようとしたところによれば、日本が「極東の紛争を通じて第一にソ連の利益に脅威を与えている」というのが米英の見解である。それゆえ、両国は我々が日本の侵略に対抗するために主導性を発揮することを期待しているという。結局、フランス、英国、米国は日本に対して共同の示威行動を起こすことに同意したが、同時に各国は、ソ連が極東で自らの軍事力を用いてこの行動を支援することを確認したがっているようである。これにより顧維鈞は、現在までに誰の利益が日本の侵略によって傷つけられているか、またなぜ列国がまずソ連を対日戦争に関わらせようとするのかについて、説明しなければならなくなった。

5. 顧維鈞が証言したところによれば、独伊は紛争の当初から中国に自らによる仲介を押しつけてきた。これは今でも提案されている。ついでながら、ムッソリーニは、数日前にローマを訪れた中国の特使にこのことを自ら提案した。中国は、本件はブリュッセルおよびワシントン条約締約国に委ねているとして、この提案を拒否しているようである。

6. 明日、中国は、会議の声明および報告を国際連盟に送付するよう提案するつもりであるが、これがイタリアおよび米国によって拒否されることを懸念している。

顧維鈞がすでに英米の言いなりになっていることは疑いの余地がない。これにより、彼が妥協を見せていることは明らかである。彼が何らかの支援に関する約束を本当に信用しているとは、本官は考えていない。少なくとも、明日中国が声明に賛成の投票を行った場合には、我々も同様に行動しなければならな

文書 124——211

くなる。指示を待つ。

　本日我々は、英国が関係各国政府による審議を本当に提案するのかどうか、注意深く打診した。クランボーンはこれをきっぱりと否認した。

　顧維鈞は、あるいは嘘をついているか、あるいは愚弄されているかである。英国は我々に、各当事国の合意を強く期待していると率直に伝えてきた。

ポチョムキン

（出典：АВП РФ. Ф. 059. Оп. 1. П. 245. Д. 1722. Л. 198-200. 既刊：ДВП. Т. XX. С. 617-619）

【文書 124】

1937 年 11 月 25 日。蔣介石より I. V. スターリン宛書簡。対日戦争における支援への感謝[411]

　　1937 年 11 月 25 日。

　　親愛なるスターリン閣下、

　閣下の優れた指導の下、ソ連は国内においてその国防を強化し、対外的には国際平和の確立に協力している。閣下は経済再建において大きな成果を上げられ、貴国の名声は全世界において絶えず高まっている。私はきわめて大きな感嘆と敬意を込めつつ、この成功を遠方より眺めてきた。

　故孫文博士の教えに基づく中国国民革命は、最近数年間、経済再建の課題に取り組んできた。我々は国内において国力の増強および国民の福利改善に尽力している。対外的には、平等の原則に基づいて、全ての友好国とともに全世界の平和樹立のための協力を模索している。

　しかし帝国主義日本は大陸政策を遂行する上で、その侵略的な計画をまず中国に向けている。日本は次第に圧迫の度を増し、日ごとに脅迫を強めている。極東情勢はまさしくきわめて大きな危険を伴っている。自らの国家と国民の存在を守り、国民革命の目的を実現するため、中国は武器を取り、我々の最大の障害を排除する決意に満ちている。こうした状況は、おそらくすでに閣下の深

---

411)　文書に「写。翻訳。軍事委員会。中華民国国民政府」の注記あり。

212——邦訳　ソ連外交文書

い憂慮を呼び起こしていることであろう。

　中国の国民は、この数ヶ月の間にソ連から我々に与えられた道義的支援および物質的支援に本当に感謝している。数時間前に私は楊杰将軍に、閣下に私の深い尊敬と感謝の意を伝えるという特別任務を与え、ソ連に派遣した。貴国のボゴモロフ大使が中国を離れる前、私はことあるごとに、我が政府の政策を、東アジアにおける平和維持のための中ソ協力に対する私の深い希望とともに、彼に詳細に説明した。彼はきっと閣下に私の言葉を伝えたであろう。

　孫[412]院長がソ連を訪問するため、閣下にこの書簡を手渡し、私の友好的な意思が確かなものであることを改めて伝えるよう彼に依頼した。彼は必ずや閣下に全てを直接説明するであろう。私は、東アジアの平和の基礎は、中国とソ連における2つの大革命がその事業を成し遂げなければ確固たるものにはなり得ないということを、これまで以上に確信している。

　ここに改めて、閣下に向かって最も深い尊敬の意を申し上げる。

蔣介石

（出典：АП РФ. Ф. 3. Оп. 65. Д. 356. Л. 92. 写。タイプライター版。中国語からの翻訳。ロシア語では初公刊）

【文書125】

1937年11月25日。ソ連外務人民委員 M. M. リトヴィノフより駐華ソ連代理大使 G. M. メラメード宛電報。日ソ漁業協定案について

　日本の新聞は、漁業問題が好転したことについて伝えているが、その内容は偏向した宣伝である。数日の間に日本大使に、政府は昨年作成された合意案に賛成しないこと、また先日当方から行った譲歩を後退させるべく、改めて交渉を開始するよう提案することを表明する。このように、問題は悪化している。もし中国側が詳しく尋ねてくるようなことがあれば、通知されたい。

リトヴィノフ[413]

412）　孫科のこと。
413）　［原注］ M. M. リトヴィノフの電報は、G. M. メラメードが中華民国の臨時の首都である漢口から送付した電報に回答したものである。［訳注］この原注は、文書のどの箇所に付されたものであるかが不明である。便宜的に、文書の末尾に注が付されたものとした。

（出典：АВП РФ. Ф. 059. Оп. 1. П. 293. Д. 2848. Л. 39. 既刊：ДВП. Т. XX. С. 619）

【文書126】

1937 年 11 月 26 日。ソ連外務人民委員 M. M. リトヴィノフより駐米ソ連全権代表 A. A. トロヤノフスキー宛書簡。ブリュッセル会議の総括について

　ブリュッセルから帰国した際、貴使に同地での米国代表団の立場について打電した。代表団の我々に対する態度についての知らせが真か偽かにかかわらず、誰よりも［N.］デイヴィスが我々を会議の仕事から遠ざけようとする考えに傾いていることは、疑いの余地なく確認できる。本委員が彼になぜ我々を招待したのか尋ねたところ、彼は、会議で審議が行われるまで、彼や米国政府が我々を招待することに反対を表明していたことを率直に認めた。デイヴィスは素朴にも、日本に対して何らかの断固とした行動を取った場合に我々の支援が必要になるかもしれないという考え、また会議におけるいわゆる宥和の段階において、日本側の憤激を招きかねない我々の存在が障害になるかもしれないという考えを表明した。

　今後の状況の展開に対する観察のためであれ、仲介のためであれ、会議における各種委員会の構成の問題へのデイヴィスの基本的な立場が、会議の作業から我々を遠ざけるようデイヴィスを促したのである。もちろん、米英仏の代表団から成る仲介のための連合は、会議の当初から数多くの厄介事を免れるために成立したのであるが、デイヴィスはなぜか、この連合は大戦期の連合国を想起させるとして反対し、それゆえにベルギーを加えるべきであると主張した。ベルギーも戦時には米国側の連合に加わっていたのだから、デイヴィスの要求は全く不可解である。また彼は、英国、フランス、米国、ベルギー、イタリアから成る仲介委員会には、それが大戦期の国家連合をより想起させるにもかかわらず、反対しなかった。結局、デイヴィスの実際の動機はわからないが、彼のこのような気まぐれによって、委員会からの我々の排除が不可避となり、また最終的に委員会の編成が完全に不可能となったのである。

　もちろん、このとき彼は本委員について事前によく知らされており、我々の

214——邦訳　ソ連外交文書

支援の重大な意義について、米英ソについて、そして極東問題解決のための基本的な要素について語り、イタリアについて軽蔑したように批評し、本委員の意見に注意深く耳を傾け、そして我々の修正案を受け入れさえしたが、全体において少なからず偽善があった。

　問題の核心に触れると、果たしてデイヴィスは、米国の世論を考慮する必要があるなどくどくどと並べ立てたが、日本に対して何らかの措置を取ることについては排除していないとも付け加えた。英国は米国と同じだけ踏み込んだ行動を取る用意があるとするイーデンの発言を、本委員が彼に指摘すると、デイヴィスは、地中海の英国艦隊が多忙であることを示唆しながら、英国がどこまで踏み込めるのかはわからないと答えた。デイヴィスの意図はひたすら仲介に向かっていた。

　我々が知っているのは、米国代表団が少なくともその演説や会議文書自体において断固とした表現を惜しまないなかで、ギブソン[414] 大使が会議や自らの代表団の努力さえも嘲笑しながら、常に日本大使に対して宥和的な約束を提案していたことである。彼はまさに日本の諜報員のように振る舞っていた。ギブソンがドッドの後任として大使になることが予定されているとの情報が、ベルリンから我々のもとに届いているだけに、このことについては米国に何らかの形で注意深く伝えるとよいであろう。本委員もジュネーヴ軍縮会議のときのことをまだ覚えているが、この不快な人物はベルリンでさらに不吉な役割を演じることになるかもしれない。彼がファシストおよび侵略者の政府の友人であり支持者であることを暴露するとよいであろう。

　我々は当初からブリュッセル会議の決議案には懐疑的な態度をとり、非常に控えめな立場に立ってきた。本委員はデイヴィスに、次のように話した。対イタリア制裁の時期のジュネーヴ会議の経験、特にロンドン委員会における列国との経験があるため、その後も、全世界の集団的組織および喫緊の様々な国際問題の解決を志向するという実際の意思と覚悟が、他の当事国にも存在することを確信できないうちは、我々は様子を見る立場をとらざるを得なくなっている、と。

414）　［原注］駐ベルギー米国大使ギブソンのことである。

文書 127——215

　会議は、予期していたよりも屈辱的に、その存在に終止符を打つこととなった。そのために特に尽力したのは、いくつかの理由から日中間の仲介を行おうと考えている英国である。デイヴィスは結局英国の後についていった。我々は今後、これまでよりさらに控えめな態度をとる。現在、英国および米国は仲介者として介入する機会を窺っているが、それはもはや会議や国際連盟の名においてではなく、一国家としてである。

　当地駐在大使の〔J.〕デイヴィーズは数日前、もし彼の妻が出産のためモスクワに戻らないのであれば、彼も彼女のもとに行くと本委員に話した。彼は突然、休日の24日に委員部に電話し、どんなことがあっても本委員に会いたいと述べるとともに、ダーチャ415)に本委員を訪ねたいとの希望を示した。本委員は日中ずっとダーチャにおらず、夕方にしかデイヴィーズを招くことができなかったが、彼はその当日に出発してしまった。大使館は彼の出発を、妻の病気の知らせを受け取ったためであると説明している。外交団の間では、彼のソ連に対する感情は、最近明らかに悪化していたと言われている。

リトヴィノフ

（出典：АВП РФ. Ф. 05. Оп. 1. П. 134. Д. 90. Л. 22-25. 既刊：ДВП. Т. XX. С. 621-623）

【文書 127416)】

1937年11月26日。蔣介石より I. V. スターリン宛電報。「東アジアの危機的状況を救う

---

415)　〔訳注〕菜園のついた別荘。
416)　〔訳注〕この文書の中国語の原文の写真がRKO4の中に収められている。しかし、ここではその写真からではなく、本文に掲載されている露文をもとに翻訳している。【文書24、66、129】とは異なり、RKO4編纂のために今般改めて中文露訳されたものではなく、当時実際にソ連側の関係者が用いていたロシア語の文書がそのまま掲載されているからである。訳者は、このロシア語の文書に史料的価値があると判断し、そのニュアンスを尊重して訳した。中国語からの訳文例として、李玉貞（黒木信頼訳）「抗日戦争期の蔣介石とスターリン」西村成雄、石島紀之、田嶋信雄編『国際関係のなかの日中戦争』慶應義塾大学出版会、2011年、217-218頁を参照。中国語原文は次の通り。
　　莫斯科楊上將杰轉請
　　伏羅希洛夫元帥轉史太林先生
　　　閱楊上將杰報告、及張委員沖面述、先生對華友愛之篤與關懷之切。殊深感激。中蘇兩大民族。本為東亞和平之大柱石。不惟利害與共。休戚相關。而且暴日為共同唯一之敵也。中正屢蒙垂顧。當此存亡之交。故不辭冒昧。乃敢直言而道。中國今為民族生存、與國際義務。已竭盡其最大最後之力量矣。且已至不得已、退守南京。切盼友邦蘇俄實力之應援。望先生當機立斷。

216——邦訳　ソ連外交文書

ため」のソ連軍派遣の要請[417]

　ヴォロシーロフ元帥に、この電報をスターリン閣下に伝達することを要請する[418]。

　楊杰元帥[419]の書面による報告を読み、また張冲の口頭による報告を聞き、閣下より中国の運命への心からの共感およびあらゆる形での配慮をいただいていることを非常に喜ぶとともに、閣下に深く感謝する。

　中ソ両大国は東アジアの平和の根幹である。この両国民は、共通の利害関心を有し、相互依存関係にあるのみならず、日本という共通にして唯一の敵を有している。

　私は一度ならず貴国の支援を受けてきた。中国が生死を分けるこの困難な時期にあって、私はあえて再度、衷心よりさらなる支援を賜るようお願いする。

　中国国民の生存のため、また国際的義務の名において、中国は日本の侵略に対し断固として戦う。

　現在、中国軍は最後の力を最大限振り絞っており、後退してはいるが、まだ南京を防衛している。

　友好国であるソ連が中国の生存のために支援を提供することを希望する。もし現在、閣下が東アジアの危機的状況を救うため、貴国軍を派遣する決断をされれば、その決断は中ソ間の恒久的協力の精神を強化するものとなろう。

　上述の全ては、閣下だけが頼りであり、閣下によってのみ解決することが可能である。

　私は困難のなかにあってこれを記している。閣下が返事のために貴重な時間を割かれることを希望する[420]。

―――――――――

　　　　仗義興師。挽救東亞之危局。鞏固中蘇永久合作之精神。皆維先生是賴也。迫切陳詞。尚希垂察。示覆。

　　　　　　　　　　　　　　蔣中正　中華民國二十六年十一月三十日於南京

417)　文書 18 葉に「モスクワ楊杰元帥へ、ヴォロシーロフソ連元帥へ」の注記あり。

418)　文書に次の注記あり。「南京。中華民国 26 年 11 月 26 日。翻訳：シードロフ（V. ザゴルイコ）」。文書 18 葉、本文右上に「我が文書庫に。ST」という I. V. スターリン自筆の決裁。葉の末尾にインクで「蔣中正」（蔣介石）。南京、中華民国 26 年 11 月 26 日。翻訳者シードロフ（中国語からの翻訳）による署名。19-20 葉に中国語による蔣介石の書簡原本。

419)　［訳注］原文ママ。楊杰の実際の階級は上将であり、蔣介石による原文でも上将となっている。

420)　［原注］1937 年末よりドムナ駅（ザバイカル）の周辺で、中型爆撃機 SB（カチューシャ）を

文書 128——217

蔣中正（蔣介石）

（出典：АП РФ. Ф. 45. Оп. 1. Д. 324. Л. 18-20[421]．原本はタイプライター版。既刊：Новая и новейшая история. 1995. № 4. С. 83（文書への注記は欠けている））

【文書 128】

1937 年 11 月 27 日。中華民国主席林森より M. I. カリーニン[422]宛書簡。孫科の駐ソ中華民国特別大使としての推挙[423]

　議長閣下、

　ソ連を訪問し、中国およびソ連にとって死活的な利益と認められ得るあらゆる問題についてソ連代表と審議するため、立法院院長で国民党中央執行委員会常務委員会委員の孫科博士を特別大使として派遣するに当たり、私は大きな喜びを感じるものである。閣下におかれては、孫博士が私の名前によって行う全

備える高速爆撃機航空連隊が結成された。飛行スタッフおよび専門家から成るスタッフ（飛行士、爆撃手、狙撃手、無線技士、航空技師）が、志願兵の形で中国に出発した。装備が備わっていただけではない。モンゴル人民共和国の領土を経て、1937 年 12 月より武器を送り届けるための中継基地が設置されていた蘭州に向かう長距離飛行の任に就くに当たり、各飛行士は新型航空機で 8-10 時間以上の飛行経験を積み、武器や特別機材を整備しなければならなかった。軍用機はアルマアタ−ウルムチ−ハミ−蘭州という長距離の航路を飛行した。蘭州では、高射砲部隊、ソ連の飛行士による戦闘機部隊から成る対空防衛体制が整備されており、その任務にはこの甘粛省の都を日本の空襲から防御することが含まれていた。航空機を蘭州に送り届けると、ソ連の専門家たちは 3-5 日の間に中国の飛行士、技術者、エンジン技師らをソ連の技術者に紹介し、それからソ連に戻って続く自動車部隊を準備した。
　1937 年 11 月より、首席顧問で陸軍駐在武官の M. I. ドラトヴィンが率いるソ連の軍事専門家たちが到着し始めた。飛行士たちの業務を管理したのは P. V. ルィチャゴフ旅団長である。1937 年 12 月 1 日、最初のソ連の飛行士たちが南京の空港に降り立ち、日本軍との戦闘に入った。空軍駐在武官は P. F. ジーガレフであり、機械やスタッフを用いた作戦活動は P. V. ルィチャゴフが統括した。ソ連の飛行士の日中戦争への関与については、例えば Ю. В. Чудодеев, сост. На китайской земле: Воспоминания советских добровольцев, 1925-1945. М., 1974 を参照。戦争初期においてソ連の飛行士たちは自ら日本の陸軍航空部隊を撃破した。ソ連の戦闘機は中国上空で 100 機を超える航空機を撃墜した。爆撃隊は 1938 年 5 月から 10 月までの間に、敵の軍艦および輸送船を 70 隻以上撃沈し、飛行場で 30 機もの航空機を撃破し、15 機の戦闘機を撃墜した。200 名を超える飛行士が中国で名誉の戦死を遂げた。
　中国には医者や医療職員全般を含む様々な分野の専門家が派遣された。

421) ［訳注］Новая и новейшая история 誌での書誌情報では、АП РФ. Ф. 45. Оп. 1. Д. 324. Л. 13 となっている。

422) 当時の役職は全連邦中央執行委員会議長であり、林森と同様、国家元首級である。

423) 文書に「写。翻訳。外交部。中華民国国民政府。1937 年 11 月 27 日」の注記あり。

218——邦訳　ソ連外交文書

ての発言を、完全な信頼をもって受け取られるよう要請する。

　ここに改めて閣下に向かって最も深い尊敬の意を申し上げる。

　　林森

　ソ連中央執行委員会議長 M. I. カリーニン閣下

　　（出典：АП РФ. Ф. 3. Оn. 65. Д. 356. Л. 94. 写。タイプライター版。ロシア語では初公刊）

【文書 129】

1937 年 12 月 2 日。ドイツ大使によって国民党政府首脳に伝達された、降伏条件に関する日本から中国への 2 度目の提案

　〔〔12 月〕2 日、ドイツ大使のトラウトマンは蔣介石に会い、日本の侵略者が策定した次の 6 項目の停戦条件を伝えた〕。1. 偽満および内蒙の独立を承認する。2. 梅津・何応欽協定[424]を拡大し、華北を中国軍の進入禁止区域とする。3. 上海停戦協定[425]の非武装地帯を拡大する。4. 中日経済協力。5. 中日共同防共。6. 反日運動の根絶[426]。

　　（出典：新華社編『従七七到八一五』北京：新華書店、1949 年、10 頁[427]）

【文書 130】

1937 年 12 月 3 日。駐華ソ連代理大使 G. M. メラメードよりソ連外務人民委員部宛電報。

---

424)　〔訳注〕中国語原文では「何梅協定」。

425)　〔訳注〕中国語原文では「淞滬協定」。

426)　〔原注〕1937 年、日本側は中国政府に対し、駐華ドイツ大使トラウトマンを通じて、日本の条件に基づく和平交渉を開始するよう提案した。中国側はこのことを陸軍駐在武官 M. I. ドラトヴィンに知らせた（駐華全権代表は不在であった）。モスクワからしかるべき助言を受けた後、日本側から否定的な回答が寄せられた。対外関係部局の長を務める張冲将軍がこのソ中関係におけるエピソードについて A. S. パーニュシュキンに知らせたのは、1939 年 10 月 19 日のことである（文書 404 を参照）。この問題の情報伝達については、次を参照。М. И. Сладковский, глав. ред. Новейшая история Китая: 1928-1949. М., 1984. С. 151. 〔訳注〕張冲の役職について、「対外関係部局の長（Начальник отдела внешних сношений）」とあるのは、彼が 1938 年秋から務めていた国民政府軍事委員会弁公庁顧問事務処処長を指すものと思われる。

427)　〔訳注〕RKO4 での書誌情報は、「李石涵編『従七七到八一五』ハルビン、1948 年、14 頁（中国語からの翻訳）」。ロシア語に訳した人物の名前は記されていない。

文書 131——219

ドイツによる中日関係の仲介についての中華民国外交部の情報の要旨[428]

　病床にある王寵恵の要請に基づき、外交部秘書の梁[429]は本官に次のように表明した。中国は、ブリュッセル会議がいかなる結果をも生まなかったにもかかわらず、同会議参加国の対華態度を貴重なものと評価する。中国は戦争を望んでおらず、現在戦っているのも防衛戦争でしかないため、いかなる仲介も歓迎する。そのため、ドイツによる仲介の提案は考慮の対象となる、と。本官が、中国政府はドイツによる仲介の提案を受理する必要があるのかどうか尋ねると、梁は少しためらった後、これを肯定した[430]。彼はこのことをソ連政府に情報として伝えるよう求めた。

メラメード

（出典：АВП РФ. Ф. 059. Оп. 1. П. 266. Д. 1845. Л. 49. 既刊：ДВП. Т. XX. С. 639）

【文書 131】

1937 年 12 月 13 日。駐華ソ連代理大使 G. M. メラメードよりソ連外務人民委員部宛電報。日中戦争問題に関する王寵恵中華民国外交部長との会談について[431]

　王寵恵は本官とドラトヴィンを会談に招いた。王は現在の対日戦争の基本的原因を次のように指摘した。

　1. 張群外交部長の時期、中国を防共協定に加入させるべきとする日本側の提案の受け入れを中国側が拒否したことによる、日本との交渉の中断。このような要求を受諾すれば、それはさらにソ連と戦うことを意味しかねなかったが、中国政府はそれを望まなかった。

　2. 政治問題の解決とは無関係に、一連の経済問題の解決を要求する日本の経済使節団の受け入れの中断。中国政府としては、日本との基本的な政治問題

428）　文書 49 葉に「特別」の注記あり。
429）　［訳注］梁龍立。
430）　この問題については、【文書 129、139、141】を参照。
431）　文書 63 葉に「特別」の注記あり。

220——邦訳　ソ連外交文書

を解決することなく、そのような要求に応じることはできなかった。このように、対日戦争の原因は、いくつかの段階において、中国政府の確固とした対ソ姿勢と関わっていた。中国政府は、7月の盧溝橋事件において、日本側が事前に、中国側が要求を拒否した場合を見越して準備していたという確かな情報をつかんでいる。戦争が開始して6ヶ月が過ぎた今、中国は岐路に立たされている。中国国外からの支援なしに抗戦を続けることはできないため、中国政府は今後どうするべきかという問題に答えを出さなければならない。中国政府は抗戦を固く決意しているが、すでにあらゆる資源が底をついている。今日明日のうちにも、中国政府はこの抗戦をいつまで続けられるかという問題に直面することになる。中国政府は依然として欧州諸国および米国、そしてソ連の支援を望んでいる。しかし、物資の供給はきわめて困難である。中国政府のもとにある情報によれば、日本は広東を強奪し、またまさにそれにより、香港経由で行われている物資供給を中断させるための準備を進めている。トラウトマンによって行われている和平提案に関する事情は、次のようなものである。すでに中国政府はブリュッセル会議を通じ、同政府はブリュッセル会議の仲介のみならず、いかなる個々の国家の仲介をも受け入れる準備がある旨を、全ての国々に通告している。ドイツが助力を申し出ていたため、中国政府は、提案が中国にとって受諾可能なものである限り、これを拒否することはできなかった。王が述べたところによれば、トラウトマンはドイツによる仲介を申し出ただけで、まだ何も具体的な提案を行っていない。さらに王は、中国が敗れた場合、日本は中国を対ソ戦のための橋頭堡とし、中国のあらゆる物的、人的資源を対ソ戦争のために利用することになると指摘した。王は、ソ連はその固有の利害関心からすれば、中国の敗北を許すことはできないし、また許すべきではないと考えている。

　本官は王に、全権代表が数日以内に到着すること、また彼は王とこれらの問題について協議できることを伝えた。

メラメード

（出典：ABП PФ. Ф. 059. Oп. 1. П. 266. Д. 1845. Л. 63–65. 既刊：ДВП. Т. XX. C. 654–655）

文書 132──221

【文書 132】

1937 年 12 月 14 日。駐英ソ連全権代表 I. M. マイスキーよりソ連外務人民委員部宛電報。
対日戦争における国際的な対華支援実施の問題に関する郭泰祺中華民国大使との会談について[432]

　本日、郭泰祺中国大使が本使との会談において明言したところによれば、蒋介石は最後まで戦いを続けることを決断した。彼は長沙から兵力を調達し、漢口の防衛を強化している。大使は、日本は南京の後、おそらく揚子江を遡上するのではなく、鉄道の粤漢線を横切って南西に進むであろうとの見解を示した。
　郭泰祺はまた、英米の対華支援がわずかでしかないことに不満を漏らした。実際のところ、英国は中国に香港・広東経由で航空機および高射砲を提供しているが、数量は比較的少なく、また自らも必要であるとの理由であまり多くを提供することはできないことを事前に伝えている。郭泰祺は、武器購入のためのクレジットを中国に提供することについて英国代表に打診しており、内閣は来週までにこの問題で何らかの決定をするはずである。イーデンは昨日郭泰祺を自身のもとに呼び、英国船の沈没および米国船への砲撃に関連し、自らのワシントンとの交渉について伝えるとともに、これについて英国政府は米国よりも踏み込んだ対応を行うことを付言した。
　2.　去る 10 日、本使は各界の名士たち（アソル公、『ニューズ・クロニクル』紙編集者レイトン、ウェッブ夫妻、化学工業王マクガウン、工作機械製造の大物アルフレッド・ハーバート、本使がかつて通商省の代表として交渉を行った首相の主要な秘書官サー・ホーラス・ウィルソン、ロイター［通信社］の経営者サー・ローデリック・ジョーンズ）と会ったが、本使の会談相手は例外なく極東における事変の展開に極めて大きな不安を示していた。しかし、今のところ、彼らに何か真剣な行動への準備があるようには思われなかった。誰もが日本を非難し、中国における英国の損失に嘆息するが、大抵は同時に途方に暮れて手を広げ、「でも、我々に一体何ができるのか」と叫ぶのみである。大多数はさらに米国と「協力」することには踏み込もうとせず、しかもその協力がどのような形で行われるべきか

---

432)　文書 252 葉に「特別」の注記あり。
　［訳注］本文書には 2、3 という項目番号が見られるが、1 という番号は底本に記されていない。

222——邦訳　ソ連外交文書

については誰も何も言えない状況である。それどころか、アソル公とマクガウンは、ソ連が極東において英国を支持するとしたらどのような条件においてかと本使に打診してきた。しかし本使は、このテーマでの議論を避けた。

3. 今指摘したことと関連するが、これと同じような照会が繰り返される可能性は非常に高く、その場合、本使がどう対応すべきかについて指示されたい。本使は例えば次のような見解を表明することができる。ソ連はいかなる攻撃からもよく防御されており、事件の今後の展開を静かに見守ることができる。日本の侵略に対する戦いは、集団安全保障という側面から見れば、侵略一般に対する全面的な戦いの一部に過ぎないと考えられる。ソ連としては、極東での侵略に対する共同の戦いのみのために、英国といかなる特別な協定をも締結することはできない。英国が侵略と戦うことを真剣に望んでいるのであれば、大変結構なことである。我々は応分の貢献をする用意があるが、戦闘には、極東においても欧州においても、国際連盟の枠組みの利用を含め、あらゆる手段が講じられるべきである。さらに、イタリアの脱退 [433] によって全ての大きな侵略国家がジュネーヴを去る形となったため、現在の連盟は、以前よりも弱くなってはいるものの、全ての平和愛好国の統一ブロックとなり得る。このような問題提起は、もちろん直ちに我々と関係があるわけではないが、徐々にまた段階的に、連盟および平和主義の強化のための、そしてソ連と英国［の協力］のための土壌を準備することができると思われる。中国の事変の例において、英国の指導層は、自身のために遂行するのでは全くない栄誉ある課題を引き受けている。至急返答ありたい [434]。

全権代表

(出典：АВП РФ. Ф. 059. Оп. 1. П. 253. Д. 1771. Л. 252–254. 既刊：ДВП. Т. XX. С. 656–658)

---

433)　［訳注］イタリアの国際連盟脱退は 1937 年 12 月 11 日。

434)　［原注］1937 年 12 月 17 日、M. M. リトヴィノフは I. M. マイスキーに次のような内容の電報を送った。「当該テーマについて議論になった場合には、この趣旨で我々の立場を説明してよい」。

文書 133——223

【文書 133】

1937 年 12 月 14 日。駐米ソ連全権代表 A. A. トロヤノフスキーよりソ連外務人民委員
M. M. リトヴィノフ宛書簡。新たな世界戦争の脅威が高まる状況下でのソ米関係につい
て

　尊敬するマクシム・マクシモヴィチ、

　現在当地では我々に対し、ドイツ人、イタリア人、日本人を含む様々なとこ
ろから引き起こされた凄まじいまでのプロパガンダが展開されている。さらに、
国内の反動が矛を収めることはなく、全ては次第に憤激の度を強め、我々に向
けた敵意を広げている。今のところ反動はまだ優勢になってはいないが、経済
危機やローズヴェルトの政策への失望が深刻化するような場合、労働運動の
「行き過ぎ」に対する反動キャンペーンがより成功を収め、最終的に 1940 年頃
までには反動が勝利するかもしれない。

　当然ながら、合衆国の国内状況は、我が国との関係にも影響しているし、ま
た影響していくであろう。我々は今、国務省の機構において、米国のキャリア
外交官のほとんど全員が反動的になっていることを知るべきである。当地では、
国務省全体でもそれなりの人物は 3 人しかいないと言われているからである。
メッサースミス [435]、南米担当部局の長ダゲン [436]、ハルの通商担当の補佐官
セイア、そしてハル本人である。そして、米国のキャリア外交官の中でまずま
ずなのはこれで全てである。だいぶ前から国務省に根を下ろしている反動主義
者たちによる、こうしたキャンペーンの全てが、我々への態度の悪化へと作用
しているのは明らかである。

　その必然的な帰結が、例えばブリュッセル会議のときのように公的なパート
ナーとなった際の、我々に対する冷淡な態度である。もちろん、全体に見られ
る孤立主義的な傾向の影響もあるが、我々への態度においてはある種の特殊な

435）　米国務次官補。
436）　［訳注］原文は зав. Южноамериканским отделом Даген。このダゲンという人物については不
　　明。また、ダゲンがメッサースミス、セイア、ハルとともに列記されることにより、ここで言
　　われている国務省内の「それなりの人物」は 4 人となってしまうが、原文では 3 人と明記され
　　ている。

224——邦訳　ソ連外交文書

動機が存在する。我々と断絶したいのではなく、いかなる場合においても関係を維持するが、そこに特に熱意があるわけではない。こうした態度には英国も影響を与えている可能性があるが、ともかく我々と米国の関係を測るバロメーターは今のところ高い値を示していない。こうした関係は、同じく我々に対して特別な歓迎も熱烈な共感も示さないフランスとの関係を、いささか思い起こさせる。

　現在の状況において、すなわちローズヴェルト政権下において、状況が著しく悪化することを看過する理由はない。もし我々が国際政治の領域において協力するほどにまでなるとしたら、それは愛でなく打算による結婚であって、全ては中途半端なものとなるであろう。しかし、もし反動が勝利すれば、状況が急激に悪化し、ありとあらゆる最も不都合な事態を待つことになる可能性があるのは明白である。当地では我々よりも英国と協力することが望まれており、また中国に、さらにスペインにさえも、我々に対して以上の共感が寄せられている。本使の考えでは、もし我々が単独で対日軍事紛争に加われば、当初はこれに関して我々への支持が得られるが、日本軍が決定的に壊滅するようなことになれば、共感は急速に日本側へと移り、我々に対抗するものとなって、赤禍に対する大合唱が始まり、さらには貧弱となった日本に対する共感までもが表出するようになるであろう。仮に米英ソの間で同盟のようなものをでっち上げることが可能であるとすれば、それは重要なことであろうが、英国はファシズムへの共感と国益への不安との間で動揺すると考えられる。よく言われているように、合衆国は誰のことも信じない──「それでもヴァーシカは聞きながら食べている [437]」。

437）［訳注］原文は а Васька слушает да ест（本来は слушает の後にコンマが入る）。クルィロフの寓話「猫と料理人（Кот и повар）」の中の一節。料理人が厨房で、飼い猫ヴァーシカが食材を食い荒らしているのを見つけ、叱りつける。しかしヴァーシカは、それを聞きながら平然と食べ続けているという話である。クルィロフはこの寓話の結びに、「力を行使しなければならないところで、いたずらに言葉を費やしてはならない」と書いている（クルィロフ（内海周平訳）『完訳　クルィロフ寓話集』岩波書店、1993 年、94-95 頁）。ここでは英国が料理人に、日本が猫のヴァーシカに例えられており、米国が実際の行動に出ない英国を信用していないという趣旨だと考えられる。

　なお、ソ連外交においては、この寓話がしばしば用いられるようである。1934 年 4 月、駐米ソ連全権代表トロヤノフスキーは、米国国際法協会における演説でこの寓話を持ち出しつつ、次のように述べたという。「私はこの寓話は国際関係を念頭に置いて書かれたものと思う。耳

もし我々が、米英の世論に印象づけるのに非常に有効な方策を考え出すことができていれば、それは著しい成果をもたらしていたであろう。チカーロフ[438]とグローモフ[439]の飛行は重要な役割を演じた。レヴァネフスキー[440]の失敗は興奮を冷ました。ハルは毎回、請求と債務について注意を促してくるが、これもよほどうまくいかなければ首尾よく進むものではなく、今は我々の弱さを示すものとして理解されよう。

　エチオピア、スペイン、中国における事件——これら全てが大戦争を引き起こし、英仏のみならず米国への大きな脅威を伴う、巨大な戦略的計画の一部となっていることは、全く疑いの余地がない。しかしこれらの国々において、人々は明日のことを考えず、自分の身を案じて震えながら、「その日の苦労は、その日だけで十分である[441]」という原則の下に、必要なもの全てを確保する準備をしている。こうした人々を揺り動かすのに、北京、上海、南京、そしておそらく広東の占領だけではきっと不十分である。日本が蘭印、英領インド、インドシナ、そしておそらくフィリピンにも注意を向け、ドイツがチェコスロヴァキアとオーストリアを占領するとともにフランス国境に軍事動員を行い、イタリアがエジプトを強奪し、南米が公然とファシズムの方向に踏み出すことが必要である——そのとき、民主国家の賢者たちは、ファシスト侵略主義者たちの成功がもたらす帰結において、どのような運命が待ち受けているかを見抜くであろう。

　本使は、必要な注意を払いつつ、アメリカ人に次のことを説明する努力をしている。すなわち、極めて近い将来、アメリカ人が 2 つの大洋によって保護されている段階であれば、我が国の国境は我が軍によって保護される。しかし、日本帝国が最も巨大な形で大陸に建設された場合、それは全て欧州におけるフ

　　は傾けるが肉を食い続ける猫は、どう扱ったらいいかという問題を提起するからであります」。
　　ジョセフ・C. グルー（石川欣一訳）『滞日十年　上』筑摩書房、2011 年、219 頁。

438)　［訳注］1937 年 6 月にモスクワから北極を経由しワシントン州ヴァンクーヴァーまでの無着陸飛行に成功した（【文書 14】参照）。現在のロシア・オレンブルグ市の 1938 年から 57 年までの市名はチカーロフであったが、これはこの飛行士の名前に由来する。

439)　［訳注］1937 年 7 月にモスクワから北極を経由しカリフォルニア州サンジャシントまでの無着陸飛行に成功した。

440)　［訳注］ポーランド系の人物であるが、ロシア人であるため、ロシア語の発音をもとに訳出した。

441)　［訳注］マタイ書 6-34 より。訳文は日本聖書協会の新共同訳に拠った。

226——邦訳　ソ連外交文書

ァシストの成功とも結びつくため、第1に米国内部において反動が勝利することを意味し、第2に米国の太平洋、南米、大西洋における利益が脅かされることを意味する、ということである。ファシストたちが勝利した場合、それがいかなるものであっても米国人たちはアットホームな気分にはなら[442]ないであろう。

　もし米国がドイツの勝利を警戒して世界大戦に参戦した場合、その時点で米国はすでに3つの方面、すなわちドイツ、日本、南米からの脅威に直面することになる。南米については、サムナー・ウェルズの主導する国務省が、ブラジルの政変はファッショ的性格を露骨に見せているが、米国の民主政治の原則は逸脱していないと説いて、合衆国の世論を鎮めようとしている。しかし、明らかにうまく行っていない。ローズヴェルト[443]は、ブエノスアイレスで米国の「デモクラティズム[444]」の象徴となり[445]、またかつて、ブラジルのヴァルガスもまたローズヴェルトとともにニュー・ディールの立案者だと述べたことがある。そのローズヴェルトが、事態を穏便なものにしたいという欲求を露骨に見せている。

　本使は次のように考え始めている。英国は独日ブロックと戦うことを不可能とする認識に至り、社会政治的に共感するからだけでなく、自らの弱さを認めたがゆえに、他を犠牲にしてでも英帝国のうち守り得るもの全てを守ることに努め、両国との妥協を模索しているのだと。

　貴委員はきわめて適切にも自制の必要性について書かれており、実際に国際情勢は慎重を説く格言を裏書きするものとなっている。次から次に対日戦争に巻き込まれていくなかにあって、英米との直接の合意がないまま日本に勝利した場合、我々は他の国々と困難を共有することになりかねないのだから、なおのことそうである。

　英米ソの共同行動がなされていれば、今侵略者を包囲することが可能であっ

442）　［訳注］原文は себя чувствовать дома。あえて英語風の表現を用いたのであろう。
443）　［原注］この問題については、次を参照。Samuel I. Rosenman, ed., *The Public Papers and Addresses of Franklin D. Roosevelt, Vol. 5, The People Approve, 1936*, New York: Random House, 1938, pp. 602-610.
444）　［訳注］ここでは、「民主政治」を意味する демократия ではなく、демократизм という語が引用符を付した形で用いられている。
445）　［原注］この問題については、次を参照。『イズヴェスチヤ』1937年11月12日。

たことは、全く疑いの余地がない。しかし、この件はうまくいっておらず、この共同行動がいつ可能となるか述べることは難しい。この歴史上重大な時期において、我々が自らを守る力を有しており、また実際にしばらく待ったり状況を見守ったりする可能性を有していることが、いかに素晴らしいか。もちろん、日本による対華保護主義や中国における親日政権の設立は事態を紛糾させているが、中国の併呑がそれほど容易でないことは言うまでもない。もし中国人の一部が我々との戦いのために利用されるようなことがあれば、我が国が対日戦争に入った際、中国人民の大多数が日本の迫害者に対して立ち上がり、我々はアジア大陸において同盟国を得ることになるであろう。

　駐米ソ連全権代表

A. トロヤノフスキー

（出典：АВП РФ. Ф. 05. Оп. 1. П. 134. Д. 94. Л. 170-173. 既刊：ДВП. Т. XX. С. 658-661）

【文書134】

1937 年 12 月 14 日。駐米ソ連全権代表部顧問 K. A. ウマンスキーよりソ連外務人民委員 M. M. リトヴィノフ宛書簡。F. ローズヴェルトの対外政策に関する声明について

　大変尊敬するマクシム・マクシモヴィチ、

　1. 最近、本官は 2 つの晩餐会に出席し、その際ローズヴェルトは非公開の（そして実際に報道されていない）演説を行ったが、そこで興味深かったのは、彼が対外政策に関して——シカゴ演説以降進展が見られない中で初めて——その路線を踏襲するような声明を発したことである。11 月 13 日に彼は（本官も加入している）ナショナル・プレス・クラブの晩餐会で演説し、セシル[446] が出席している機を捉え、彼を通じて自らがシカゴ演説の立場にとどまることを英国に知らせるべくあからさまに努めた。彼は長らく平和の枢軸としての英米友好の揺るぎなさについて話し、とりわけ次のような幾分両義的な逸話を引き合いに出した（引用は自身の記憶に基づく記録による）。

446）　英国の著名な実力者であるロバート・セシルを指している。

228──邦訳　ソ連外交文書

「我々の間には紛争もあったが、重要な利害関心の共通性に比べればこれらが二次的であることを理解するためのようなものだということに尽きる。90年代に私の兄が在ロンドン米国大使館で一等書記官を務めていた。当時の規則により（合衆国は今日ほど贅沢ではなかった）、彼は暗号手でもあった。彼は、ベネズエラ問題をめぐり、我が国から英国への宣戦布告の脅迫を意味する、クリーヴランド大統領の歴史的な電報を解読することになった。彼が解読した文書を米国大使に渡したとき、大使はスコットランドへの緊急列車がいつ出発するかを尋ね、そして政府から命じられた任務の遂行を避けた。兄は、そちらに臨席されているセシル卿のお父上で、当時外務大臣を務めていたソールズベリー卿のもとに向かうこととなったが、同時に彼に与えられた指示の趣旨の中でこの電報を解釈し、卿に次のように述べた。「閣下はこの覚書を読まれ、宣戦布告と解釈され、これを再び読まれ、同様に解釈される。それが我が政府の意向に沿うものではなく、米英戦争があり得ないことを理解されるまで、何度も読んでいただきたい」……」。

　この逸話が両義的であるとするのは、何名かの出席者が当然気づいていたように、米国外交の性格が今日に至るまで90年代のそれと変わらないままだからである。大使たちはそれぞれが、自らの政府の対外政策の方針や最終的な指示を、本人の個人的な共感と反感に応じて、より頻繁には個人的な利益と結びつけて解釈しており、自らに与えられた任務を遂行しなかったりそれを歪曲したりすることを可能だと考えているのである。

　しかし、より興味深かったのは、演説のなかでローズヴェルトが出席していた記者たちに「国際認識」を訴えた部分である。記憶に基づき引用する。

　「完全な文明は、国際関係における不法状態と両立し得ない。こうした不法に屈服する理由はない。これに反対することを表明する国家は圧倒的多数を占めている。不法を終わらせるには、合衆国、英国、フランス、チェコスロヴァキア共和国、その他の偉大な国々が力を合わせれば十分である。共通の脅威に対し、共同の努力によって立ち向かうことを強く期待している。私は来年のこの晩餐会において、この共同の努力を現実に起きていることとして各位に報告できることを望んでいる。各位におかれては、一連の国内問題の方がはるかに重要なものに思われるかもしれないが、常に平和への配慮を頭の片隅に置かれ

るとともに、国際情勢が変化すると国内問題がいかに違って見えるかを理解いただくことを要望したい。常に平和のことを忘れず、また平和をなおざりにしないでいただきたい……」。

12月11日に開かれた伝統あるグリディロン・クラブ447) 晩餐会（そこではいつものように、機知に富んだ、しかし反動性の強い寸劇や詩などによって、政権がありとあらゆる嘲笑に付された）において、ローズヴェルトは演説のなかで概ね次のように述べた。

「私は3種類の人間が嫌いであることを白状する。第1に、住民の生活水準を上げようとする意図を嘲笑する者。第2に、何ら対案を提示せずに政府を嘲笑する者。第3に、平和に関することを嘲笑し、あらゆる恐ろしいことを考え出して、平和を保持しようと正しい道を歩む人々を萎縮させる者である」。

ローズヴェルトはこの文脈で、チェコスロヴァキアについて誰もが気づいていたことを初めて口にした。ローズヴェルトは普段とはいくらかやり方を変え、ヒトラーとムッソリーニを名指しして非難し、彼らを全面的に愚弄することにより、我々を安心させたのである（普段彼は、「共産主義的独裁」を同列のものとして攻撃することなくファシズムを批判することを不可能と見なしている）。しかし、彼が我々のことを意図しながら平和の要因を列挙し、誰もがそのことを知っていながら、我々のことを名指しする決断を下さなかったのは、彼に関しても、政権や報道の雰囲気に関しても、同様に特徴的である。

2. 10月後半にローズヴェルトと会談を行った（このことは裏取り済みである）外交政策協会448) のビュエル議長が本官に話したところによれば、彼はローズヴェルトに、アリューシャン列島、ハワイ、フィリピン、香港から成る線に共同で対日海上封鎖の環を形成することにつき、構想および実際の英国との交渉が存在するとの情報が事実かどうかを尋ねたという。ローズヴェルトはおどけて、それは「本の2ページではなく、222ページに書かれるだろう」と答えたとのことである。ビュエルが伝えてきたところによれば、米国は9月末に英国に対し、中国近海における米国海軍が増強された場合、同地に主力艦6隻を派遣することが可能かどうか尋ね、英国側は地中海の状況に言及しながら否定的

---

447) ［訳注］Gridiron Club.
448) ［訳注］Foreign Policy Association.

な回答をもたらした。会談は英米の海軍省の間で直接行われたようである。ほとんど全く同様のことを、王[449] 中国大使（ちなみに、彼は遠くない過去において、中国における米国の政策に対し過大な幻想を多く抱いていた）も本官に語っており、異なっているのは、彼の情報によれば、演説で触れられたのは主力艦 6 隻ではなく、60 隊であったというものである（問い合わせたところ、主力艦 6 隻を含む大艦隊は、補助艦や小型艦を合わせておよそ 50-60 隊で構成されるため、両者は矛盾するものではないとのことである）。ビュエルとローズヴェルトの会談からは（他方で事実関係には異論もあるが）、ローズヴェルトが下院臨時会において、「キャッシュ・アンド・キャリー」方式によるものをも含む交戦国への原料輸出を中断するため、大幅な権限を彼に付与する方向で中立法修正案を提出するつもりではないかという印象を受ける。もっとも、ローズヴェルトは、会期外の時期には大統領が立法機関を掌握しており、英国と具体的な合意に達した場合、大統領が中立法修正案を通過させられることを、臨時会を召集することによってイギリス人に示すつもりであるという考え方も否定できない。

3. 米国太平洋問題調査会事務局長のカーター教授（ちなみに、彼は最近のソ連旅行にきわめてよい印象を持っており、すでに我々に好意的な発言を行っている）は、自身の情報に基づき、シカゴ演説に関する持論を本官に次のように述べた。同演説は、国務省と英国の間の交渉の結果として行われた、ローズヴェルトのチェスの一手であった——米国が反日措置の可能性を打診したのに対し、英国側は、米国が孤立主義によって支配され、中立に関して立法府に縛られている間は、事前に具体的なことを話すのは不可能であると回答したようである。ローズヴェルトは 2 つの目標を持って演説を行った——米国を対日関係における消極性への責任から逃れさせるとともに、将来英国が米国を引き合いに出しながら自らが日本の侵略を黙認してきたことを弁明する口実を奪うこと、第 2 に、集団安全保障原則の精神によって米国の世論の「教育」を開始するとともに、孤立主義の幻想の無意味さを暴くことである。カーターは（ほかの人たちと同じように）、演説草稿は国務省によって作成されたが、ローズヴェルトによって内容が強められていたこと、また彼の「侵略者の隔離」というフレーズは準備

449）〔訳注〕王正廷。

した国務省にとって驚くべきものであったことを伝えてきた。カーターはいみじくもノーマン・デイヴィスについて、手に負えない親英派で、国際認識の不十分な人物であり、また内政問題において非常に保守的で、典型的な「企業顧問弁護士」であると話しているが、彼のハルとの個人的な友人関係を過小評価しないようにとも助言している。

4. アヴァスのボベ特派員が本官に伝えたところによれば、雲南への武器輸送に関してインドシナ国境を封鎖するとしたフランスの決定は、中国領に延びる鉄道の一部を空爆するとともに、事前に空軍基地を設置するため海南島を占領するという、日本による公然の威嚇に先立って行われた。フランスは国務省に、米国の装備を中国に供給するルートを維持することに米国が関心を有するかどうか、また国境で軍事衝突が起きた際に米国の支援を期待できるかどうかについて打診したようである。米国から、英国の態度を引き合いに出しながら否定的な回答を受け取ったフランスは、（10 月 15 日までに購入された武器に対して有効な）自らの決定を行った。

5. 以上を要するに、結局、部分的には以前からある話であり、部分的には（ローズヴェルトの声明の）後の話である。本官は数日前ミズーリおよびコロラドでの非常に興味深い旅行から帰ってきたところであり（デンヴァー大学の招きに応じたものであり、デンヴァー、ボルダー、セントルイス、コロラドスプリングスなどにおいて、3 つの大学と 2 つの著名なクラブで我が国の対外政策に関する報告を行ったほか、社会的影響力の大きい活動家、銀行家、様々な分野の知識人らに会うなどした）、ワシントンやニューヨークでの会談からほどではないにせよ、この旅行から現在の雰囲気について知り得たので、いくつかの新鮮な印象を要約することを許されたい。本官は非常に豊かで相矛盾し得るような様々な印象を受けたが、それは次のようにまとめることができる。

新たな危機を前にした恐怖がその他の関心事を圧倒しており、全ての社会層を支配している。急激な景気の悪化が必然的に新たな経済サイクルの開始を意味することへの確信は存在せず、多くの人はさらなる悪化の数ヶ月後に（危機の前兆となるかもしれないような）新たな好況が訪れると考えているが、今のところ全ての指標が落ち込んでおり、失業が増大している（労働統計局長のルビン博士は、労働省の非公式なデータによると、9 月 15 日から 12 月 1 日までの間に失業者は

ほぼ100万人増加したと語っている。また彼の言葉によると、貴委員はジュネーヴで彼に会ったという）。景気の「停滞」は、今のところローズヴェルトを景気回復の立役者と見なしている農場主たちや、税の軽減を期待してローズヴェルトへの支持を続けている中小製造業者の間でのローズヴェルトの人気に最も否定的な形で影響しているが、全ては基本的な問題——ローズヴェルトが職能組合における「座り込みストライキ」による労働者の組織化に「寛大」であるという問題、すなわち労働者階級の生活水準改善に向けた運動手段に対する危機の打破を中断させる必要性の問題をめぐり、反動的な大資本主義分子と結託したものとなっている。この問題はいつか必ず全ての米国人の生活の中心になるであろう。ローズヴェルト以外でこれだけの反感と共感を一身に集めているのは、熟練工組合の指導者ジョン・ルイスだけである。右派層のローズヴェルトへの反感は筆舌に尽くしがたい。組織的に一つの方向性をもって波及しているのとは異なった、ファッショ的あるいは半ファッショ的な雰囲気に向かう傾向は、こうした層においてますます目立ったものになっている。労働者層でのローズヴェルトの人気は今のところ揺らいでいない。しかし、与党民主党の現地機関における腐敗と反動性はローズヴェルトにとって大きな打撃となっており、共和党その他のファッショ的野党により煽動の手段として巧妙に利用されている。

　もちろん、経済状況の悪化によって、ローズヴェルトのシカゴ演説のときに頂点に達した国際問題への関心が削がれている部分がある。ブリュッセルの失敗、日本の軍事的成功、議会における孤立主義者の活発な活動が、同じ方向に作用している。しかし本官は、一連の観察に基づき、本官が訪問したような伝統的孤立主義の強い州においてさえも、すでにかつてのような素朴な孤立主義は一切見られないという確固とした結論に達した。日本の侵略はスペインへの干渉よりもはるかに大きく社会を動揺させている。潜在的な反日感情は至るところで感じられる。いかなる組織もなく、新聞も日本製品ボイコットの問題に全く無関心な中で、このボイコットは至るところで自然に拡大している（本官はこれを商店において個人的に目撃してきた）。典型的な中西部の州であるミズーリやコロラドなどにおいて、超孤立主義的な、すなわち事実上親日的な路線を志向する、ナイ上院議員のような偽平和主義者の連中に出くわすことはなかった。

全ての層の住民が実際に不安で動揺した状況に置かれており、立法的措置によって米国を海外の事件から守ることが可能であるとする確信を失っていることを考えると、日本自身が中国に侵入することによって力を弱め、ソ連がこの状況を利用して日本に打撃を加えることを期待するとともに（こうした感情はほとんど全ての人々によって非常に明確に表明されていると言ってよい）、英国に対して深い不信感を持ち、同国が事件の経過に対する責任を負っていると見なすような感情が存在すると判断するのが、最も適切であろう。こうした感情から、平和維持の手段としての集団安全保障の認識までの距離は、絶大なものがある。今のところ、国はシカゴ演説の姿勢に同調すると言及するに至っていない。しかし、非常に様々な人々と個人的に接触した結果、本官にはなぜローズヴェルトがシカゴであのように振る舞ったかがより明確になった。南京付近で米国砲艦が沈没するような事故 450) が起きたことにより、活発な反日感情が強まっているが、この強まりは同時に孤立主義の感情が強まったのよりもはるかに大幅なものである。主観的には、反日的な姿勢を取っているのはいくつかのきわめて反動的な集団であり、彼らは中国に秩序をもたらすための委任状を喜んで日本に与えているが、客観的には、孤立主義的平和主義が日本に手を貸している（そのなかにはおそらく金で雇われている諜報員が少なからずいる）。しかし本官は、中国にいかなる結果をもたらすかを顧慮することなく、直ちに中立法を発動することを要求してきた『ニュー・リパブリック』誌［の路線］451) のような路線に特徴的な感情を、これまで知識人の中に見出したことはない。

　リベラルな知識人層の我々に対する共感や憧れは大きい。我々が成し遂げた建設の事実に関する報道、あらゆる種類の中傷の暴露、そして我々の力の強調は、真の共感を呼んでいる。このような、新聞における我々への敵意ある情報や宣伝の作用を中立化する活動は盛んに行われており、大きな可能性を有している。我々の外交政策、いくつかの「古い民主国家」との間の苦い経験、そして彼らへの正当な不信から明らかにされることは、ソ連単独の力によって日本の侵略を中断させることを心から希望する人々に対し、酔いを醒ますように作

---

450)　［訳注］12 月 12 日に発生したパナイ（パネー）号事件を指している。
451)　［訳注］訳文としては不自然になってしまうが、原文に［リニイ］とあるので、これを書き加えた。RKO4 だけでなく DVP 版にも見られる。

234——邦訳　ソ連外交文書

用している。こうした冷ややかな精神は、人々に自国の外交政策を考えさせる
上で有益である。

　総合的な結論。シカゴ演説に続く出来事は、孤立主義プロパガンダの復活を
もたらした。経済状況の悪化により、国際問題への関心が薄れている。世論は
当初の状況に戻ったわけではなく、孤立主義的な原則への盲信は損なわれてい
ないが、反日感情は広範に存在しており、地方における感情と孤立主義者の発
言を同一視してはならない。

　〔6. デ・ロス・リオス・スペイン大使は、11月22日に彼がハルに手渡した覚書の本
文を本官に見せた。この覚書は、本年1月7日にスペインへの武器輸出を禁止する法案
が下院で可決したことに対する、スペイン政府の最初の公式な抗議である。大使は抗議
がこれほどまでに遅くなった理由を次のように説明している。（ア）法案が可決したとき
から、ハルは国際関係の基礎に関する7月テーゼを定式化し、法案に反対していた。
（イ）ローズヴェルトはシカゴの演説において侵略者への対抗を表明していた——演説は
この禁輸の維持と相容れないものである。（ウ）米国政府は、中立および禁輸に関する法
案が可決した場合、当然ながら中国が損失を被る——侵略の犠牲になる——恐れがある
として、法律を極東に適用しなかった。（エ）1902年の西米条約は、両国間の通商およ
び航海の自由に対する制限を見越したものではなかった。この覚書（ちなみに、純粋に
米州内部の問題へのコメントがあまりに多く含まれているため、作成は功を奏していな
い）に対し、ヒュー・ウィルソン国務次官補は今月10日に大使を呼び、彼に「米国政府
は、国の秩序を回復させるための共和国政府の尽力に全く共感しているが」（この種の表
明としては初めてのものである）、それでも法律を廃止することはできず、また同法と西
米条約が両立することを証明する材料があると伝えた。デ・ロス・リオスは、司法的な
議論に興味はなく、禁輸と、ローズヴェルトおよびハルによって公的に宣言された原則
との間の両立性について、政治的な説明を求めているのだと言明した。ウィルソンはス
ペイン情勢の「特殊性」に言及しつつ、同国との関係において米国は欧州諸国の例に倣
っているだけであるとした。大使はこれに対し、スペインはこれまでフランスからもチ
ェコスロヴァキアからも他の国々からも自由に武器を購入していること、さらには
「時々夜間にフランス国境が開放されている」（？）[452] こと、そして、米国が糾弾した侵

452）〔訳注〕原文ママ。

文書 135──235

略国による侵略の犠牲者であるスペインに対し、強硬路線をとる民主国家は一つもないことを指摘した。会談はもちろん何ももたらさず、ウィルソンは改めて大統領と連絡を取ることを約束した。デ・ロス・リオスは、すでに1年前にローズヴェルトにもハルにも、ファシストによるスペイン侵略を黙認すれば、現地および外国からのファシズムの影響が強まっている南米やメキシコにおいて、米国の死活的な利益が損なわれると予告していたが、彼は正当にもそのことに誇りを感じている。ブラジルの事件や、メキシコにおけるファッショ的政変の脅威は、予見の正しさを実際に裏づけている。デ・ロス・リオスの情報によると、現在チリ、ペルー、ウルグアイや中米の小規模な諸共和国におけるイタリアおよびドイツの公使たちは、任国の枢軸協定への加入を求めているとのことである。この彼の情報によれば、それよりおよそ1ヶ月前にキューバの独裁者バティスタが、ブラジルにおいてヴァルガスが決行したのと同様に、議会主義の残滓を完全に払拭するとともに、自ら大統領と宣言する（公式にはバティスタは国防相である）軍事クーデターを準備した。しかし、最後の段階で米国公使の要求があり、そのために、すでに政変のために軍隊を準備し、声明文を用意するなどしていたバティスタは、自らの企図を断念したという。〕

駐米ソ連全権代表部顧問 K. ウマンスキー

（出典：АВП РФ. Ф. 05. Оп. 1. П. 134. Д. 91. Л. 162-169. 既刊：ДВП. Т. XX. С. 661-667[453]）

【文書 135】

1937 年 12 月 17 日。在上海米国総領事 C. E. ガウスより国務長官 C. ハル宛電報。日本による中国の米国船舶への攻撃について

本文訳省略。

（既刊：*FRUS*, 1937, Vol. IV, The Far East, pp. 505-507）

---

453) ［訳注］RKO4 では、この箇所に「縮約したものを掲載（опубл. с сокр.）」という注記が付されている。ここでは DVP 版に基づいて縮約部分を補っているため、この注記を外した。

236——邦訳　ソ連外交文書

【文書 136】

1937 年 12 月 21 日。ソ連外務人民委員 M. M. リトヴィノフと駐ソ中華民国大使蔣廷黻の会談記録。日中戦争における列国の集団的行動の可能性について

　蔣廷黻は本委員に新しい北平政府に関する覚書[454]を手交した。本委員から、覚書は当方からの返答を必要とするものではないとの考えを示すと、大使は逆に、当方の返答を受け取ることが望ましいと反論した。

　蔣廷黻は、明日新疆経由で中国に発つ準備をしていると述べ、本委員からの伝達として中国政府に何を伝えてもよいかについて尋ねた。本委員は、我々は中国人民の戦いを間断なく注意と共感を持って見守っており、また全ての義務と約束を遵守すると伝えるよう要請した。

　大使は、もし米国が行動を開始した場合には、我々はさらなる支援に踏み出すとした当方の発言が、まだ効力を有しているかどうか尋ねた。本委員は、我々はこれまでそのような原則を用いたことはないと述べ、さらに集団的行動を行う上で米国の側から生み出されている障害を指摘しながら、我々は集団的行動を行う準備があると話しただけだと訂正した。本委員は蔣廷黻のさらなる挑発的な質問の先手を打つため、当方で数日のうちに出発するという情報を得ている孫科を、我々はここで待っていると付言した。本委員は、満洲や華北を始めとする国内において日本が引き起こした多大な困難に関し、当方のもとにある情報を大使と共有した。

リトヴィノフ

　（出典：АВП РФ. Ф. 05. П. 127. Д. 4. Л. 16. 既刊：ДВП. Т. XX. С. 679–680）

【文書 137】

1937 年 12 月 21 日。ソ連外務人民委員代理 B. S. ストモニャコフより駐華ソ連臨時代理大使 G. M. メラメード宛電報。日本の軍事行動による負傷者に対する医薬品購入のために 10 万米ドルを提供するというソ連赤十字執行委員会の決定について

---

454)　【文書 138】を参照。

文書 138——237

　政府は、ソ連赤十字執行委員会が日本の軍事行動による負傷者への医薬品購入のために 10 万米ドルを送金することを許可した。このことを中国赤十字および中国政府に通告されたい。この金額をどの口座に送金すればよいか至急通知されたい。

ストモニャコフ

（出典：АВП РФ. Ф. 100. Оп. 1. П. 244. Д. 10. Л. 2. 写。タイプライター版。初公刊）

【文書 138】

1937 年 12 月 21 日。中華民国政府よりソ連政府宛覚書。日本により北平において親日的な中華民国臨時政府が樹立されたことについて [455]

中国大使館。モスクワ

1937 年 12 月 21 日。第 1110/37 号

人民委員閣下、

　本使は我が国政府の指示に基づき、1937 年 12 月 20 日付で発せられた次の中華民国国民政府の宣言に閣下の注意を喚起する光栄を有する。

　「中国の領土の相当部分を強奪し、無数の中国国民を殺害した日本は今や、現在日本によって占領されている北平に、『中華民国臨時政府』と称する不法な政権を樹立し、またこれを統制しようとしている。これは日本が満洲、熱河、冀東で行ったことの再現であることがわかる。日本の中国に対する武力侵攻によって生み出されたこのような組織は、完全に日本の傀儡政権であり、日本の我が国に対する覇権の手先としてのみ奉仕するものである。このような組織への参加を受け入れるような者は、もちろん我が国の法に基づいて厳格に罰せられるべきである——完全に日本の統制のもとにあり、それゆえに政府内部で特に反乱の動きがないという性格を有するこの組織の存在と行為に対し、日本のみが責任を負うことを明確に指摘する必要がある。このように偽政権を設立し、支援することにより、日本は中国の主権と、その領土的および行政的統一性を

455）【文書 136】を参照。

238——邦訳　ソ連外交文書

明確に侵害している。

　中華民国国民政府は、現在北平に存在している偽組織であれ、今後他のいずれかの場所に存在し得る同様の組織であれ、日本側から中国への無慈悲な侵略政策遂行における重大な措置による結果であること、そしてこのような不法組織によるあらゆる行動やその結成は、いかなる国内的、対外的な意味も有さず、また事実上、法令上の意味も有さないと見なされることを表明する」。

　敬具

蔣廷黻

M. M. リトヴィノフ閣下、

　外務人民委員

　ソヴィエト社会主義共和国連邦

　モスクワ

　保証：第 2 東方局上級専門官代行

　ドリンスキー

　保証：

（出典：АВП РФ. Ф. 100. Оп. 1. П. 244. Д. 10. Л. 2. 写。タイプライター版。初公刊）

【文書 139】

1937 年 12 月 24 日[456]。ジュネーヴ発タス報道。ドイツ人記者による蔣介石へのインタビューについて。I. V. スターリンの決裁

　12 月 24 日付リーフレット「テレ＝プレス」（第 214-1 号）への付録として掲載された記事を送付する。

　T. 348. ジュネーヴ、12 月 29 日（タス）。

　蔣介石元帥の声明[457]。漢口、12 月 24 日（「テレ＝プレス」）。

456）　日付は中国の新聞で発表された日に基づく。

457）　〔原注〕1937 年 12 月 16 日、蔣介石の漢口からのラジオ演説。
　　　「……現在の情勢がいかに変化しようとも、ただ前進あるのみであり、万一にも屈服するようなことがあってはならない。〔思うに抗戦は必勝とはいかないが、〕屈服それ自体が滅亡を促

文書 140——239

　蔣介石元帥はドイツ人記者によって行われたインタビューのなかで、中国国民は日本の攻撃に対して抗戦を決断したと表明した。中国は先の戦闘において多大な損失を被ったが、少なくとも新たに数個師を派遣できる状態にある。中国は十分な量の軍需物資と武器をまずソヴィエト・ロシアおよびインドシナから受け入れている。

　元帥は、ソ連大使がまだ漢口に到着していないことを理由に、中国とソ連[458]の相互関係の特徴を明確にすることを拒んだ。しかし彼は、この相互関係が中国国内に影響を与えることはないと述べた[459]。

　E. X. 14. II. 保証：

　　（出典：АП РФ. Ф. 45. Оп. 1. Д. 324. Л. 21. 原本。タイプライター版。I. V. スターリン、K. ヴォロシーロフ、V. モロトフの決裁（自筆）。初公刊）

【文書 140】

1937 年 12 月 29 日。ソ連外務人民委員代理 V. P. ポチョムキンより駐米ソ連全権代表 A. A. トロヤノフスキー宛電報。中国における米英の政策について

　外国の情報源によると、米国では、孤立政策に反対するとともに、英国の同意を得て日本の中国における膨張の進展に共同で対抗するための動きが強まっ

　すのである。……国際情勢の前途がどのようなものであっても、必ず自らの最善を尽くし、失望に屈してはならない。いささかも他人に頼ってはならない。……私は命ある限り、この決戦において中国を完全な勝利へと、そしてわが民族の最終的な勝利という偉業へと導く政策を行う……」。

　（Chiang Kai-shek, *Generalissimo Chiang Speaks*, Hong Kong: Pacific Publishing, 1939, p. 22 を参照、英語から縮約して翻訳。1937 年のソ中関係については、次を参照。*P. A. Мировицкая*. Китайская государственность и советская политика в Китае: Годы Тихоокеанской войны, 1941-1945. M., 1999. C. 250-251）。

　［訳注］中国語原文は以下を参照。秦孝儀総編纂『総統蔣公大事長編初稿　巻 4 上冊』台北、1978 年、151-154 頁。張世瑛編『蔣中正総統档案——事略稿本　40 補編』台北：国史館、2015 年、885-890 頁。これらに掲載された中国語原文には、演説文内の「私は命ある限り……」以下の部分に直接該当する箇所がない。

458)　【文書 76】を参照。

459)　文書 21 葉、本文左上余白に鉛筆で「スターリン文書」（自筆）の注記がある。I. V. スターリンの決裁（自筆、鉛筆による）として、「ヴォロシーロフ、モロトフ両同志へ。私が思うに、これ以上蔣介石のインタビューの問題に関わり合っても意味がない。蔣介石は必ずしも慎重に行動しているわけではない——奴のことなど知ったことか。I. スターリン」。下に鉛筆で「了解、K. ヴォロシーロフ、了解、V. モロトフ」。

240──邦訳　ソ連外交文書

ているという。これらによれば、合衆国の海軍関係者の間で、ローズヴェルト
の支持を得ながら、艦隊をシンガポール海域に派遣するという決断が熟してい
ることが確認される。反日感情の高まりには、日本の広東および香港への接近
が際立った影響を与えているという。

　これらの情報にどれほど信憑性があるか、また米国の世論に以上のような方
向で何か動きが見られるかどうかについて通知されたい。

ポチョムキン[460]

　　（出典：АВП РФ. Ф. 059. Оп. 1. П. 274. Д. 2709. Л. 108. 既刊：ДВП. Т. ХХ. С. 688-689）

【文書 141】

1937 年 12 月 29 日。駐華ソ連全権代表 I. Т. ルガネツ＝オレリスキーよりソ連人民委員
部宛電報。日中戦争問題に関する蔣介石との会談について[461]

　12 月 28 日に武昌で蔣介石と会談を持った。外交儀礼上の挨拶や辞令を交わ
した後、蔣介石はまず次回の面会まで実務的な議論を先送りするよう求め、そ
れからソ連政府に直ちに伝達すべき通知を行うことを決めた（これに際し、張群
以外の者を退出させた）。蔣介石が伝えてきたところによると、12 月 27 日にト
ラウトマン駐華ドイツ大使が彼のもとを訪れ、トラウトマン自身も責任を負わ
ず、またドイツ政府の方にも何ら責任はないとしながら、日本政府から中国側
に次の 4 つの和平条件を伝えてほしいとする要請を受けたと述べた。1.　中国
は抗日政策、共産主義者との合作、反満洲国政策を放棄すべきである。中国、
日本、満洲国は、共同で共産主義に対する予防措置を取るべきである。2.「武
装解除」および「特別な組織の設立」の「必要性が認められた」諸地域の武装
解除（注：ドイツ大使はこの組織の性格や所在する地域について確認できていない）。3.

460）　［原注］1938 年初頭は中国にとって苦難の時期であり、武漢をめぐる戦いの時期であっ
　　　　た。北京、天津、上海、南京が失われた後、武漢が臨時に軍事上の首都となった。当時華北および
　　　　華中において唯一自由な経済的、政治的中心である武漢の防衛が、中国政府の主要な任務であ
　　　　った。［訳注］この原注は、文書のどの箇所に付されたものであるかが不明である。便宜的に、
　　　　文書の末尾に注が付されたものとした。
461）　ページ番号は降順。

中国、日本、満洲国の経済協力。4. 中国から日本へのしかるべき賠償金の支払い[462]。

　本使がこの提案の内容についての蔣介石と中国政府の見解を尋ねたところ、蔣介石は「中国はこの提案を無視し、最後まで抵抗を続ける」と述べた。本使が（蔣介石の要請に応じて）中日戦争におけるソ連政府の立場と中ソ間の相互関係について要約すると、蔣介石はなお次のように述べ、ソ連政府への通知内容を追加するよう要請した。「もしソ連が軍事力を公然と対華支援のために出動させなければ、中国の敗北は不可避であるというのが現状である。現在、日本はすでに華北に偽政府を樹立し、それと並んで中国に安い条件での講和を提案している。これに関し、中国の社会集団の間、とりわけ知識人の間では、ソ連の軍事的出動への希望が根拠のないものである限り、敗北は不可避であり、親日的な政権を支持した方がよいとする気分が強まりつつある」。

　およそ2時間30分にわたって続いたさらなる協議において、蔣介石は「ソ連が出動しない場合に中国が敗北することについて」、今ソ連が出動することが時宜にかない効果的であることについて、そして社会集団さらには軍においても（日本側が提案する「寛大な」講和条件を強硬にするような）敗北主義的な雰囲気があることについて考えを展開した上で、ソ連の参謀将校や専門家による支援が必要不可欠であると指摘した。蔣介石は参謀将校の職務を全うするための軍関係者の派遣を要望しており、この要望を伝えるよう本使に特に要請した。このほか、蔣介石が本使に伝えたところによれば、彼は20個師を創設しており、それを6ヶ月で準備すべく計画しているとのことである。そのため彼は、これらの師団のために武器、参謀将校、自動車輸送、火砲、その他の技術的手段を（技術支援供与の手順で）確保することについて、ソ連政府に尋ねるよう要請している。彼は、6ヶ月で師団の準備を完了するには、3ヶ月の間に支援を受けることが必要不可欠であるとしている。

全権代表

（出典：АВП РФ. Ф. 09. On. 29. Д. 25. Л. 131-129. 既刊：ДВП. Т. XX. С. 689-690）

---

462)　【文書139】を参照。

242——邦訳　ソ連外交文書

【文書 142】

1937 年 12 月 29 日。駐米ソ連全権代表 A. A. トロヤノフスキーよりソ連外務人民委員部宛電報。太平洋地域の情勢について

　米国の世論において、孤立政策に対する反発への変化は間違いなく存在する。これは、今後の太平洋における日本の途方もない強大化、そしてこうした状況の悪化と関連して生じる矛盾への警戒によって引き起こされたものである。砲艦の沈没は大きな反響を呼び起こした。しかし、英米の力によって日本に対する海上封鎖を行うべきだとする考えが存在しているにもかかわらず、艦隊のシンガポールおよび香港への派遣に至るまではまだ遠い。ローズヴェルト個人はかなり踏み出す準備があり、戦争の見込みさえも排除していない。しかし、世論の変化は緩慢なものである。親日、親ファシズムのプロパガンダは、様々なところから非常に集中的に行われている。英国に対する大きな不信感も影響を及ぼしている。

　本使は、我々の冷静な態度が大きな意味を有していると考える。これにより、近い将来の日ソ開戦を不可避とする希望的観測が消滅し、米国人は自らの利益を自らの力で守ることを考えざるを得なくなっているのである。1931-32 年にイギリス人は、近いうちにソ連と日本が開戦することを完全に確信していたが、誤算であった。教訓は無駄にはならなかった。本使は多くの米国人が有している、米国は日本からソ連を守るべく誘導されているという認識を消し去ることに尽力した。本使は彼らに、常に自らの利益を考えるべきであり、我々のことは我々で守ると説得してきた。もちろん、本使は、我々が侵略者に対抗するために協力する用意があることを否定したわけではない。

トロヤノフスキー

（出典：АВП РФ. Ф. 059. Оп. 1. П. 274. Д. 2707. Л. 251. 既刊：ДВП. Т. XX. С. 690-691）

【文書 143】

1937 年 12 月 31 日。ソ連外務人民委員代理 V. P. ポチョムキンより I. M. マイスキー駐英、

文書 143——243

B. Ye. シュテイン駐伊、S. S. アレクサンドロフスキー駐チェコスロヴァキア各ソ連全権代表、G. A. アスターホフ駐独ソ連臨時代理大使宛電報。欧州および極東の軍事、政治情勢について

　パリからの信頼できる情報によれば、ドイツは、オーストリアにおいて自由行動をとるとする提案について、イタリア、ユーゴスラヴィアの合意を得ている。フランスは英国の現在の姿勢を考慮し、これに対して反応する可能性を考えていない。

　フランスの将校たちの間では、日本による香港占領が期待されている。フランスは、英国が極東に海軍の相当部分を派遣することを警戒している。フランスは、このように地中海におけるフランスの利益に対する危険を考慮しつつ、米国の支持のないまま極東においていかなる措置にも着手することがないよう英国に助言している。その当のフランス人たちの間では、ドイツとの合意をめぐる利害関心につき、フランスが仏ソ関係の意義を強調する必要はないと見なされている。フランス人の考えによれば、ベネシュ[463]も同様の考えを有しているとのことである。

ポチョムキン

（出典：АВП РФ. Ф. 059. Оп. 1. П. 269. Д. 1861. Л. 233. 既刊：ДВП. Т. XX. С. 691）

463）　［訳注］チェコスロヴァキア大統領。

245

解　題

平 野 達 志

1. 本書とその底本について

　本書は、A. M. レドフスキー、R. A. ミロヴィツカヤ、V. S. ミャスニコフ編
（S. L. チフヴィンスキー責任編集）『20 世紀の露中関係　第 4 巻　ソ中関係——
1937-1945 年』モスクワ、2000 年[1]（以下、RKO4）に収められた文書のうち、
1937 年分の日本語訳である。同年 1-7 月の文書の翻訳は河原地英武が、8-12
月の文書と、原文が中国語の文書の翻訳を平野達志が担当している。さらに、
同じ編者によりその 10 年後に刊行された『20 世紀の露中関係　第 3 巻　ソ中
関係——1931 年 9 月-1937 年 9 月』モスクワ、2010 年[2]（以下、RKO3）の中か
らも、監修者および訳著者の協議によって日中戦争に関する文書を選び出して
掲載しており、その翻訳は平野が担当している。

　ここでは、まず底本がどのような資料を収録し、それぞれについて訳著者が
どのような作業を行ったのかを説明した上で、資料集の内容をテーマごとに紹
介し、本書の解題に代えたい。

『20 世紀の露中関係』第 4 巻（RKO4、2000 年刊）

　資料集『20 世紀の露中関係』（以下、RKO）は、いずれもチフヴィンスキー
が責任編集を務める『17 世紀の露中関係』[3]、『18 世紀の露中関係』[4]、『19 世

---

1) *А. М. Ледовский, Р. А. Мировицкая и В. С. Мясников*, сост. *С. Л. Тихвинский*, отв. ред. Русско-ки-
тайские отношения в XX веке. Т. 4. Советско-китайские отношения: 1937-1945. М., 2000.

2) *А. М. Ледовский, Р. А. Мировицкая и В. С. Мясников*, сост. *С. Л. Тихвинский*, отв. ред. Русско-ки-
тайские отношения в XX веке. Т. 3. Советско-китайские отношения: Сентябрь 1931 – сентябрь
1937. М., 2010.

紀の露中関係』[5] と並ぶ一連の資料集の一環として刊行されたものである。この資料集が底本とする第 4 巻、第 3 巻のほか、1946-50 年を扱う第 5 巻（2005年刊）がすでに出版されている。

　中ソ関係に関する文書を集めた資料集がロシアで刊行されたのは、RKO が初めてではない。1958 年にはロシア革命以降 40 年間の中ソ関係を包括的に対象とした『ソ中関係　1917-1957 年——文書集』[6] が出版されており、底本の出典情報や原注においてもたびたび言及されている。しかし、単巻のこの文書集に収録されている文書は全体で 259 件のみであり、そのうち 1937 年付文書は 5 件、1937-45 年に時期を拡大しても該当文書は 28 件に過ぎない。これに対し、RKO4 は対日戦争期の中国との関係をめぐるソ連側文書に特化して編集されたロシア語圏で初めての資料集であり、編者たちもこのことを主要な意義として強調している[7]。収録文書数は 830 件に上り、現在もなお日中戦争期の中ソ関係をテーマとするロシア語資料集としては最大規模のものとなっている。

　RKO4 は 2 つの分冊から成っており、第 1 分冊には 1937 年から 1944 年までの文書 597 件が、第 2 分冊には 1945 年の文書 233 件がそれぞれ時系列順に配列されている。このうち、1937 年の文書は文書 1 から文書 143 までが該当し、それぞれの原資料の種類によって次の 5 つに分類することができる（ただし、

3）　*Н. Ф. Демидова, В. С. Мясников*, сост. *С. Л. Тихвинский*, отв. ред. Русско-китайские отношения в XVII веке. Т. 1. 1608-1683. М., 1969; Т. 2. 1686-1691. М., 1972.

4）　*Н. Ф. Демидова, В. С. Мясников*, сост. *С. Л. Тихвинский*, отв. ред. Русско-китайские отношения в XVIII веке. Т. 1. 1700-1725. М., 1978; Т. 2. 1725-1727. М., 1990; Т. 3. 1727-1729. М., 2006; Т. 5. 1729-1733. М., 2016; Т. 6. 1752-1765. М., 2011.

5）　*М. Б. Давыдова, И. Т. Мороз, В. С. Мясников, Н. Ю. Новгородская*, сост. *С. Л. Тихвинский*, отв. ред. Русско-китайские отношения в XIX веке. Т. 1. 1803-1807. М., 1995.

6）　*И. Ф. Курдюков, В. Н. Никифоров и, А. С. Перевертайло*, отв. ред. Советско-китайские отношения, 1917-1957: Сборник документов. М., 1959.

7）　RKO4 第 1 分冊 28 頁。同書はさらに、第二次世界大戦前の時期を扱いつつも、1937 年を対象としていないロシア語の資料集として、次の 4 点（いずれもソ連外務省編）を挙げている。*Министерство иностранных дел СССР*, сост. Переписка Председателя Совета Министров СССР с президентами США и премьер-министрами Великобритании во время Великой Отечественной войны 1941-1945 гг. (в 2-х кн.). М., 1989; *Министерство иностранных дел СССР*, сост. Тегеранская конференция руководителей трех союзных держав — СССР, США и Великобритании, 28 ноября-1 декабря 1943 г.: Сборник документов. М., 1978; *Министерство иностранных дел СССР*, сост. Крымская конференция руководителей трех союзных держав — СССР, США и Великобритании (4-11 февраля 1945 г.): Сборник документов. М., 1979; *Министерство иностранных дел СССР*, сост. СССР в борьбе за мир накануне второй мировой войны (Сентябрь 1938 г. – август 1939 г.): Документы и материалы. М., 1971.

複数の類型に重複して分類すべき文書もある）。すなわち、（1）ロシア連邦対外政策文書館（Архив внешней политики Российской Федерации. АВП РФ）文書 79 件、（2）ロシア連邦大統領文書館（Архив Президента Российской Федерации. АП РФ）文書 15 件、（3）『イズヴェスチヤ』（Известия）の掲載記事 25 件、（4）中国側の文書のロシア語訳 3 件、（5）米国の外交文書集 *Foreign Relations of the United States* (*FRUS*) 収録文書のロシア語訳 23 件である。

　分類ごとの文書の件数からわかるように、RKO4 に収録された 1937 年の資料のうち、半数強は（1）の対外政策文書館所蔵文書である。これらの資料は、ほとんどが日本の『日本外交文書』や米国の *FRUS* に相当するソ連外交文書集 DVP（Документы внешней политики СССР. ДВП）の第 20 巻（1937 年の文書を収録。1976 年刊）に掲載されたものであり、RKO4 においてもその書誌情報が示されている。ただし RKO4 は、DVP の文書を再掲しつつも、独自に注を付しているほか、文書館の原資料を確認して、その分類番号を記したり、葉（ページ）の変わり目の箇所を明示したりするなど、DVP との差別化を図っている。特に、注が新しくなっている点は重要であろう。DVP はブレジネフ時代に刊行された文書集であり、そこに付された注は当時の政治空間による制約のもとで作成されたことに注意が必要である。また DVP から RKO4 の刊行までの間には 24 年という時間が経過しており、新しい注にはその間の研究成果が反映されている。

　もっとも、次のような理由から、RKO4 の刊行によってもなお、DVP の対中関係文書を参照することが不要になったわけではない。第 1 に、DVP 文書が RKO4 に再録された際、本文の一部が省略されている文書がある。これらの省略は、基本的にソ連の対中、対極東関係との関連性が小さい箇所に対して行われており、その限りにおいてはさほど不適切な措置とは言えない。しかし、【文書 51】のように、文書作成者の署名が省略され、その結果、この文書に不適切な表題が付されてしまっている例もある。第 2 に、DVP では正しく記されている情報が、RKO4 では誤って記されていることがある。そのような例として、【文書 102】の表題に見られる A. R. メンニの表記を挙げることができる（同文書の訳注を参照）。第 3 に、DVP に収録されている中ソ関係に関する重要な文書が、全て RKO4 に収録されたわけではない。このように、残念ながら RKO4 に

248——解　題

は正確さに欠ける部分があり、また 1937 年の対外政策文書館資料に関する限
り、RKO4 の収録範囲は DVP を上回るものとはなっていない。こうした欠点
は、DVP と突き合わせることによって、ある程度補うことが可能となる。日
本語訳の作業においても DVP を適宜参照し、RKO4 文書に省略があった場合
にはこれを補った。また、RKO4 と DVP の間に異同がある箇所や、DVP に関
する書誌情報が誤って記載されている箇所については、その都度検討して訳注
を付した。ただし、RKO4 になく、DVP にのみ収録されている文書については、
翻訳していない。

　（2）のロシア連邦大統領文書館文書は、いずれも DVP には収録されていな
い。ソ連崩壊後に設立された大統領文書館には、ソ連時代の共産党文書館の所
蔵文書のうち特に機密性の高いものが移管されており、現在も一般の研究者が
その文書を閲覧することはほぼ不可能である [8]。RKO4 はこの大統領文書館の
資料を本文として掲載するのみならず、注においてもたびたび引用、参照して
いる【文書 53、57、100、121】。これらの文書を世に紹介したことは、RKO4 の
持つ学術的意義の中でも最も重要なものと言えよう。ここで大統領文書館文書
の RKO4 における収録分布を見てみると、盧溝橋事件の起きた 7 月 7 日までの
時期に関するものは 2 件に過ぎず、他の 13 件はそれ以降、しかも 8 月 21 日の
中ソ不可侵条約の締結以降の経過を扱っている。こうした偏りの原因としては、
RKO4 の編者たちの意図の影響も否定できないが、おそらくソ連外交において
対中関係に関して重要とされた案件が 8 月以降に急増しており、それが収録件
数にもある程度反映されているものと考えられる。ここで、盧溝橋事件後に中
国や日本に関する案件が増加するのは当然であるが、本格的な増加が事件後 1
ヶ月以上を経てからであることは注目に値しよう。日中間の衝突が一時的なも
のにとどまるのか全面戦争に拡大するのかが当時は判然とせず、事態の深刻さ
が認識されるまでにそれだけの時間を要したことが推測されるからである。

　（3）に区分した『イズヴェスチヤ』はソ連政府（ソ連中央執行委員会、全ロシ
ア中央執行委員会）の機関紙であり、共産党機関紙の『プラウダ』と並ぶソ連時
代の最も主要な新聞である。その記事においては同時代の出来事が報道されて

---

8)　富田武「ロシア公文書館の開示と利用の現状」『京都大学　大学文書館だより』第 25 号、
　2013 年、4 頁。

いるだけでなく、ソ連政府の公式見解も示されている。RKO4 は、盧溝橋事件直後の事変の状況や、11 月にブリュッセルで開催された九ヶ国会議の動向を伝える資料として、同紙の記事を多く選んでいる。特に前者に関連して言えば、盧溝橋事件以降 7 月末に至るまで、日中紛争に関するソ連当局の外交ルートを通じた情報収集は奏功しておらず、ソ連国営タス通信の記事に依存していた面があった【文書 III-401】。それだけに、タス通信の配信内容を紹介した『イズヴェスチヤ』の記事は、当時のソ連政府が入手し得ていた情報を知る上でも意味を持つであろう。また、対米関係に触れた記事もいくつか収録されており、RKO4 の編者が当時の国際政治における米国の存在を意識していたことを推測させるものとなっている。

　対米関係を重視するという RKO4 編者たちの姿勢は、（5）の *FRUS* 文書のロシア語訳が多数収録されていることからも明らかであろう。他の主要関係国である英国、ドイツ、フランスなどでもそれぞれ外交文書集が公刊されているが、これらに収録された文書は紹介されていない。なお、*FRUS* は英語で読むことができ、多くの大学図書館に所蔵があるのみならず、1937 年のものについてはウィスコンシン大学がウェブ上で全文を公開しているため[9]、本書では*FRUS* 文書の日本語訳を省略している。ただし、RKO4 の *FRUS* 文書収録箇所では、注釈のない省略や書誌情報の誤りが少なくない。日本語訳に当たっては、*FRUS* の原文を確認し、RKO4 の書誌情報に誤りがあった場合にはそれを修正するとともに、訳注を付してその誤りの内容を指摘した。

　残る（4）の中国側文書は 3 件にとどまるが、これは本文として掲載されているもののみであって、そのほかに原注で中国の文献が引用されている箇所もある。いずれも出典は文書館の資料ではなく、中国で出版された書籍や雑誌である。これらについては、RKO4 のロシア語文からではなく、中国語の原文から直接日本語に訳した。ただし、【文書 24】のように、本来資料集から引用すべき文章が、研究書における断片的な引用から孫引きされているような例も散見される。その結果、RKO4 においては、文の順序が中国語原文と異なっていたり、不必要な省略が見られたりするなどの問題点が生じている。これらにつ

---

9)　ウィスコンシン大学図書館のウェブサイトを参照。https://uwdc.library.wisc.edu/collections/frus
（2018 年 7 月 7 日確認）。

250——解　題

いては、より適切な資料集を選んで該当箇所を特定し、原文に即して修正を加えた上で訳し直した。その際、出典情報としては訳者が用いたものを掲げ直し、RKO4 に掲載されていた書誌情報を訳注の中で示した。

『20 世紀の露中関係』第 3 巻（RKO3、2010 年刊）

　巻次順とは逆に、RKO4 の 10 年後に刊行された RKO3 は、柳条湖事件の発生した 1931 年 9 月からの 6 年間におけるソ連の対中関係をテーマとした文書 418 件（ほか、付録文書 33 件）を掲載している。RKO4 が対象とする 1937 年についても 1-9 月分の文書 50 件（ほか、付録文書 4 件）が収録されており、本書はこのうち 7 月 7 日付以降のもの全てを含む日中戦争との関連性が強い文書 27 件を収めている。本書に収録されていない文書については、解題付録の 1937 年付 RKO3 未収録文書リストをご参照いただきたい。

　RKO3 の 1937 年付文書のうち 5 件は、RKO4 において【文書 9、25、51、67、87】として収録されたものの再録であり、それぞれ RKO3 での文書番号は 386、399、407、411、418 となっている。【文書 67（III-411）】および【文書 87（III-418）】の本文は RKO4 版と RKO3 版の間でほとんど異同がないが、残りの 3 文書は RKO4 において収録された際の問題点が修正されている。その修正内容については、各文書に訳注として示したのでここでは具体的に記さないが、【文書 9（III-386）】と【文書 51（III-407）】に関して修正された問題点は特に重要であり、RKO4 の原典に当たる際には注意が必要である。

　RKO3 の 1937 年付文書についても原資料の種類別に分類してみると、（1）対外政策文書館文書 32 件（ほか、付録文書 4 件）、（2）大統領文書館文書 7 件、（3）『イズヴェスチヤ』記事 0 件、（4）中国側文書 0 件、（5）*FRUS* 収録文書 0 件、（6）ロシア国立社会政治史文書館（Российский государственный архив социально-политической истории. РГАСПИ. ルガスピ）文書 16 件となっている（【文書 III-416】は（2）と（6）の双方に分類される）。このほか 1 件だけではあるが、1937 年当時コミンテルン議長を務めていたブルガリアの政治家ゲオルギ・ディミトロフの日記[10] の抜粋も文書 370 として収録されている。ここで明らかなように、RKO3

---

10)　ディミトロフ日記は、日本語版は未刊行であるが、英語版が既刊である。Ivo Banac, ed., *The Diary of Georgi Dimitrov*, New Haven: Yale University Press, 2003.

には、1937 年分に関する限り（3）、（4）、（5）のカテゴリーに該当する資料は全く収録されておらず、あくまでロシア側の文書、それも政府や党の公文書に対象が絞られている。

（1）の対外政策文書館文書が多数を占めている点は、RKO4 と変わらない。しかし、RKO4 ではほとんどが DVP 文書の再掲であったのに対し、RKO3 では初公刊の文書が多くなっている。また、DVP や RKO4 は政治、外交、軍事に関するテーマに主眼が置かれているが、RKO3 ではこれらのものに加えて、特に盧溝橋事件以前の時期の文化事業に関する資料が多く収録されている点が特筆される。ロシアで進められた RKO3 の刊行事業も、伝統的かつ国家主義的な政治史の手法の脱構築を試みるとともに、国家の対外事業に注目する場合でも文化政策の意義を評価しようとする、今世紀の歴史学界の世界的な潮流と無縁ではない。本書がテーマとする日中戦争とは直接的な関係性が弱くなるため、残念ながらこれらの資料の多くは収録を見送らざるを得なかったが、以上は RKO3 の持つ重要な特色として評価されるべきであろう。

RKO3 は RKO4 同様、アクセスの困難な（2）の大統領文書館資料も新たに収録しており、これらは全て本書の収録対象となっている。そのうち、最も日付が早い文書は 8 月 22 日付であり【文書 III-410】、RKO3 の扱う 1937 年の同文書館所蔵文書はそれからわずか 1 ヶ月あまりの間に集中している。こうした収録分布の偏りは、RKO4 について見られるものと全く同じである。

（6）のルガスピ文書が収録されている点も、RKO4 にはない特徴である。ルガスピと通称されるロシア国立社会政治史文書館は、ソ連共産党の文書やコミンテルン資料を始めとした国際共産主義運動に関する文書を所蔵しており、2013 年の時点で共産党中央委員会総会の速記録、政治局会議の議事録、さらにはコミンテルンの大会、執行委員会、同幹部会の議事録、主要幹部の個人官房文書が閲覧可能となっている[11]。後述するように、ソ連の政策決定においては国家機構以上に党組織、その中でも中央委員会政治局が大きな影響力を有していた。RKO3 のルガスピ文書はいずれも共産党中央委員会政治局決議議事録となっているが、それはこうした政策決定構造が配慮されてのものであろう。事

---

11) 富田前掲論文、4 頁。

実、RKO3 所収の党政治局議事録が作成された直後、同内容の指示がモスクワの外務人民委員部から出先に電報で送られ、その文書が RKO4 に収録されている例が見られる。

このように、RKO3 の 1937 年文書に関する部分は、既刊の RKO4 の欠点を修正しつつ、近年の研究動向を反映した独自の特徴をも備えており、学術的意義の重要さは明白である。一方で、各文書のタイトルや出典情報での誤記を始めとする編集段階でのミスは、依然として少ないとは言えない。これらはRKO4 と同様に極力修正し、該当箇所には訳注を付している。

訳語について

翻訳に当たっては、底本が歴史的資料集であることを考慮し、できるだけ原資料で使われている用語をそのまま訳すことを心掛け、明らかに誤りであるような文言についても直訳して訳注を付すこととした。それでもなお、翻訳として不適切な箇所が残っている可能性はあり、その責任が訳者にあることは当然であるが、一応は上記の方針の下で翻訳を進め、限られた能力の中で最善を期したつもりである。ただし、ロシア語特有の言い回しや、ソ連の政治機構独特の用語も直訳しているため、ロシア・ソ連史を専門としていない読者には馴染みがない訳語もあるものと思われる。そのうちのいくつかについて、簡単に説明しておきたい。

まず、ロシア語の敬称についてである。ロシアの人名は、名（имя）と姓（фамилия）のほかに、父親の名前に由来する父称（отчество）がミドルネームのように用いられる。例えば、ミハイル・アファナーシエヴィチ・ブルガーコフ（Михаил Афанасьевич Булгаков）という人名において、父称は「アファナーシエヴィチ」であり、アファナーシー（Афанасий）という名の父親の息子であることを意味する。ロシアでは今日に至るまで、敬意を払う相手に対して、「ミハイル・アファナーシエヴィチ」といったように名と父称で呼びかけることが慣習となっており、本書においてもリトヴィノフに対して「マクシム・マクシモヴィチ」、あるいはストモニャコフに対して「ボリス・スピリドノヴィチ」と呼ぶ箇所が見られる。もっとも、ソ連時代の公文書の本文においては、敬称として姓に「同志（товарищ）」を冠するのが普通であり、上述の箇所も文書におけ

る宛名書きの部分に限られている。この「同志」については、「同志スターリン」のように、ロシア語の語順通り名前の前に置いて訳す方法もあるが、本資料集においては「スターリン同志」のように後置する形で統一している。

　次に、ソ連の共産党についてである。一党独裁制を取る社会主義国家ソ連において、その支配の主体となっていたのは共産党であるが、これが「ソヴィエト連邦共産党（Коммунистическая партия Советского Союза. КПСС）」という名称を正式に採用していたのは 1952 年から 91 年までのことである。レーニンが死去した翌年の 1925 年に、ソ連全体を統括する共産党組織は「全連邦共産党（ボリシェヴィキ）（Всесоюзная коммунистическая партия（большевиков）. ВКП(б)）」と改称され、52 年にソ連共産党となるまでこれを正式名称としていた。この共産党の中でも、政策決定に最も中心的な役割を果たしていたのは、中央委員会政治局（Политбюро ЦК）である [12]。

　外交関係の機関や役職についても触れておきたい [13]。1937 年当時のソ連において、外務省に当たる官庁は「外務人民委員部（Народный комиссариат иностранных дел. НКИД）」といった。1937 年の時点でその長官「外務人民委員（Народный комиссар иностранных дел）」の任にあったのは上述のリトヴィノフである。外交を主管するこの官庁に限らず、1946 年に「省（министерство）」および「大臣（министр）」へと改称されるまで、ソ連において各省は「人民委員部（народный комиссариат. наркомат）」、そのそれぞれの長は「人民委員（народный комиссар. нарком）」と呼ばれていた。「人民委員代理（заместитель наркома）」は各人民委員部の次官に当たる。また、他国で内閣に該当する機能を果たしていた機構は「人民委員会議（Совет народных комиссаров. Совнарком. СНК）」と呼ばれる。本書の収録文書ではその名称が直接触れられることはないが、スターリンが創設した内務人民委員部（Народный комиссариат внутренних дел. НКВД）は、秘密警察を含む警察組織を管轄し、大粛清を始めとする恐怖政治を推進したことによって悪名高い。1937 年当時の内務人民委員はエジョフであり、本書のいくつかの収

---

12)　スターリン期における共産党中央委員会政治局の位置づけや役割については、富田武『スターリニズムの統治構造——1930 年代ソ連の政策決定と国民統合』岩波書店、1996 年、106-150 頁を参照。

13)　これに関しては、次を参照。А. А. Громыко, А. Г. Ковалев, П. П. Севостьянов, С. Л. Тихвинский, глав. ред. Дипломатический словарь в трех томах. М., 1984.

254——解　題

録文書にその名前が見られる。

　常駐外交使節や在外公館についても、ソ連では他国のそれとは区別した呼称が用いられている。大使（посол）や公使（посланник）に相当するソ連の外交官は「全権代表（полномочный представитель. полпред）」といい、大使館（посольство）は「全権代表部（полпредство）」といった。ただし、ソ連においても全権代表（部）の呼称の使用は徹底されていたわけではなく、RKO 収録文書においてもこれを大使（館）と呼ぶ例は散見される。また、領事（консул）や領事館（консульство）については、ソ連独自の用語があったわけではない。この全権代表（部）という名称は 1941 年まで用いられ、それ以降は他国と同様に大使（館）となる。今回翻訳するに際しては、ロシア語の原文に合わせて全権代表（部）、大使（館）と訳し分けた。なお、臨時代理大使（chargé d'affaires ad interim）に当たるロシア語の временный поверенный в делах を「臨時代理全権代表」と訳すのは、今日のロシア史の専門家の慣用からも大きく乖離すると考えられるため、本資料集では「臨時代理大使」と訳している。また、全権代表の一人称、二人称も、「本代表」、「貴代表」ではなく、日本語の外交文書における慣例に合わせ、それぞれ「本使」、「貴使」と訳した。

2．テーマ別概略

　本書の収録文書が関わるテーマは多岐にわたるが、ここではそのうちソ連の外交文書を中心として、8 つのテーマを軸にその内容を略述したい。最初の 3 つのテーマは、それぞれ太平洋地域協定構想、中ソ不可侵条約、ソ連の対華軍事支援[14] に関わるものであり、いずれも 1937 年の中ソ二国間関係において主要な議題となったものである。次に、当時の中ソ関係および日中戦争と、それを取り巻く国際社会との相互作用という観点から、4 つのテーマに注目する。ここで具体的に「国際社会」の場や主体として想定しているのは、一方で多国間主義の枠組み、すなわち国際連盟およびブリュッセル九ヶ国会議であり、他

14）　ソ連の対華軍事支援に関する中国側文書を収録した資料集としては、次のものが代表的である。中華民国重要史料初編編輯委員会編『中華民国重要史料初編　対日抗戦時期　第三編　戦時外交（二）』台北：中国国民党中央委員会党史委員会、1981 年、465-538 頁。

方で英国、米国、ドイツという3つの大国であって、前者を一つのテーマとして、後者を国別に3つのテーマとして扱う。そして最後に、あくまで収録文書に表れた範囲内であるが、当時猖獗を極めていたソ連の大粛清に触れる。

このほか、本資料集が関わる主要なテーマの一つとして、新疆およびモンゴルに関する中ソ関係が挙げられよう。しかし、これについては、寺山恭輔がRKOを含むロシア語資料集、さらにはロシアにおける既刊、未刊の文書を用いながら、非常に綿密な研究を行っており、近年その成果が刊行されているため[15]、ここで屋上屋を架すことは避ける。また、以上に掲げたテーマのうち、中ソ不可侵条約の締結過程については、本資料集の訳者の一人である河原地英武がRKO4および資料集『全連邦共産党（ボ）、コミンテルン、そして中国』[16]を用いた論考を発表したところであるので[17]、これも参照されたい。

太平洋地域協定構想

1936年8月、太平洋問題調査会（Institute of Pacific Relations. IPR）第6回会議が米国ヨセミテ国立公園で開催された。ソ連IPR代表が初めて参加し、また日本代表が参加する最後の機会となったこの会議では、満洲国の建国、ナチ・ドイツの台頭、イタリアのエチオピア侵攻、スペインの内戦といった国際情勢の緊迫と、国際連盟による集団安全保障システムの機能不全が明らかとなる中、太平洋地域における二国間および多国間の新たな協力体制が模索されていた[18]。

こうした機運の下、ソ連は太平洋の地域協力を推進するため、相互援助協定を締結する構想に積極的な姿勢を見せ、翌1937年3月から中国側にこれを働きかけていく。その際、ソ連側は英米など関係各国をこの協定に参加させることを主張したが、中国側は中ソ二国間の協定にとどめることを念頭に置いてお

---

15)　寺山恭輔『スターリンと新疆　1931-1949年』社会評論社、2015年。同『スターリンとモンゴル　1931-1946』みすず書房、2017年。

16)　*М. Л. Титаренко, М. Лёйтнер* и др., сост. ВКП（б）, Коминтерн и Китай. T. IV. ВКП（б）, Коминтерн и советское движение в Китае. 1931-1937. М., 2003. T. V. ВКП（б）, Коминтерн и КПК в период Антияпонской войны. 1937 – май 1943. М., 2003.

17)　河原地英武「一九三七年の極東情勢とソ連——中ソ不可侵条約の成立過程」麻田雅文編『ソ連と東アジアの国際政治　1919-1941』みすず書房、2017年。

18)　IPR第6回ヨセミテ会議については、片桐庸夫『太平洋問題調査会の研究——戦間期日本IPRの活動を中心として』慶應義塾大学出版会、2003年、267-317頁を参照。

り、これが交渉における論点となっていた。3月8日、全連邦共産党（ボ）（以下、本解題においては「ソ連共産党」とする）中央委員会政治局は、太平洋地域協定の締結を中国側が主導するならば、対華支援を約束することを決定した【文書3】。同日、駐華全権代表ボゴモロフは駐ソ大使の蔣廷黻と会談し、蔣廷黻は中国側も太平洋協定構想に賛成しているとボゴモロフに伝えた。しかし、蔣廷黻は英米の協力を得られるかどうかについて確信を持てておらず、両国の態度については曖昧な見解を述べるにとどめている【文書4】。3日後の11日、外務人民委員リトヴィノフは蔣廷黻と会談し、太平洋地域協定だけが日本の侵略を終わらせることができると力説した上で、そこに英米を引き入れる必要があるとし、中国側にそのための協力を求めた。これに対し、蔣廷黻は、先に中ソ二国間で核となる協定を締結することを提案したが、リトヴィノフはこれに反対し、あくまで英米を協力させることの必要性を主張している【文書5】。

ボゴモロフは中国の要人たちと会ったときの状況を日記に記録しており、特に4月から5月初頭にかけてのものはRKO4、RKO3の双方に収録されている。これによれば、ボゴモロフは外交部長の王寵恵と会い、中国が中心となって太平洋諸国に太平洋地域相互援助協定交渉への参加を呼びかけるよう改めて要請した。そして、関係各国が応じない場合には、ソ中二国間の相互援助協定とすることもやむを得ないとしつつも、それまではできる限りの努力をすべきだと説いている。一方王寵恵は、太平洋協定に賛同する姿勢を見せつつ、九ヶ国条約全加盟国に太平洋協定への参加を提案すべきかどうか尋ねた。ボゴモロフは、中ソおよび日米英仏の主要国だけでよいと答えている。また4月6日、ボゴモロフと朝食をともにした宋子文は、英国が太平洋協定に賛同するとの見通しを述べたが、米国については、ローズヴェルトの積極姿勢にもかかわらず不参加となるだろうとの見解を示した【文書9（III-386）】。5月末には、イーデンも宋子文と同様の見解を述べたことが報告されている【文書11、13】。しかし、5月7日、本国に宛てた電報の中でボゴモロフは、中国が本当に太平洋協定の締結を真剣に進めようとしているかどうかについて疑問を呈している【文書10】。こうしたボゴモロフの懸念を裏書きするかのように、5月中旬、馮玉祥のもとを訪れたボゴモロフは、太平洋協定は中国にとって役に立たないという馮の言葉に接することになる。ボゴモロフは、たとえ日本や米国が参加しなかったとし

ても、日本国内の商工業界や米国の世論の支持を得られるとして、太平洋協定締結の重要性を熱心に説いたが、会談は平行線をたどった。この会談に参加していた王寵恵も、米国が中立法を引き合いに出しつつ消極的な態度を取るとの観測を述べ、太平洋協定を現実的ではないと示唆している【文書III-389】。

　このように、ソ連の模索する太平洋地域協定の実現に向けて、米国の参加が最大の課題であることが明らかとなる中、6月29日に駐米全権代表トロヤノフスキーはローズヴェルト本人に太平洋不可侵条約に対する姿勢を尋ねた。ローズヴェルトは、太平洋、とりわけ米国、日本、蘭印、インドシナを含む地域の島嶼部を非軍事化する保証を与える提案を秋に行いたいとし、そこには米英ソの海軍力が必要であるとの見解を示した。一方で、太平洋協定はそうした保証に対し有効ではなく、米国も加わることができないと回答している【文書14】。

　7月7日に盧溝橋事件が勃発するが、それによって直ちに太平洋協定への交渉が打ち切られたわけではない。しかし、その直後の7月16日に行われたボゴモロフと孫科の会談では、中国側の太平洋協定締結への消極性がこれまで以上に浮き彫りとなる。孫科は、日本が太平洋協定に賛同することはないであろうこと、仮に日本が賛同する場合には満洲国承認を要求するであろうことを説きながら、中ソ二国間の相互援助協定の締結を希望しているとボゴモロフに伝えた【文書15】。19日には陳立夫がボゴモロフに同じ趣旨を伝えており、その後中ソ間で太平洋協定に関する交渉が行われたことを示す文書は見られなくなる【文書26】。

中ソ不可侵条約

　太平洋地域相互援助協定構想が事実上頓挫したことを受け、中ソは二国間条約の締結を目指すようになり、それは1937年8月21日に中ソ不可侵条約調印という形で結実する。本資料集から読み取れる両国の交渉過程からは、一貫して不可侵条約に非常に積極的であったソ連と、ソ連からの軍事支援を引き出すことには関心を寄せるものの、不可侵条約締結にはさほど積極性を見せなかった中国との間の温度差が明らかとなっている。

　しかし、太平洋協定構想が直線的に中ソ不可侵条約構想へと引き継がれたわけではない。太平洋協定のための交渉が行われていた頃から、すでに中ソ間で

は不可侵条約についても議論されていた。ボゴモロフが 1937 年 2 月 11 日付で本国に宛てて発送した報告には、中国国内の条件が整うことを前提としつつも、相互援助条約や不可侵条約の締結に一定の意義を見出す内容が含まれている【文書 III-376】。

　3 月 8 日、ソ連共産党政治局は、中国との不可侵条約を締結するための交渉担当者としてボゴモロフを指名した【文書 3】。これを受け、ボゴモロフは引き続き太平洋協定の必要性を中国側に強調しつつも、それが不成立となった場合を見越し、不可侵条約締結についても積極的に推進するようになる。詳細は不明であるが、4 月初頭までには不可侵条約の原案が外務人民委員部に提出されている【文書 III-384】。4 月から 5 月にかけ、王寵恵ほか中国の要人たちとの会談に臨んだボゴモロフは、太平洋協定とともに、直ちに中ソ間の不可侵条約の交渉に入るべきだと主張した。特に 4 月 12 日の会見において、ボゴモロフは中国政府の不可侵条約に対する態度を「否定的」とまで発言し、王寵恵に交渉を急がせている【文書 9（III-386）、III-389】。7 月 16 日、ボゴモロフは中国政府が中ソ不可侵条約締結に賛同するのかどうか回答を孫科に迫っているが、孫はこれに対して明確な返事をしていない【文書 22】。

　日本との武力衝突が発生すると、中国はソ連からの軍事支援調達を急ぐようになる。7 月 19 日に陳立夫はボゴモロフを訪れ、蔣介石からの武器注文の要望を伝えた。それに対しボゴモロフは、不可侵条約に言及しない陳立夫の消極姿勢を指摘しながら、先に同条約について議論すべきだと要求した。ボゴモロフはこのことを本国に伝える文書の中で、蔣介石の支援要請には応じるのが適切だとしつつも、提供した武器がソ連側に向けられることがないようにするため、不可侵条約締結を要求すべきだとの見解を述べている【文書 26】。しかし、蔣介石の度重なる要請を受けたボゴモロフは、7 月 26 日に軍事支援を不可侵条約と切り離して解決することを本国に提案する【文書 33】。これに対し、党政治局は軍需物資の提供は不可侵条約の締結が前提であることを決議し、リトヴィノフもその内容をボゴモロフに指示した【文書 39、III-400】。

　8 月 18 日、ボゴモロフは蔣介石と会談を行った。この席で蔣介石は、中国政府は蔣廷黻駐ソ大使の説明があり次第、条約に調印する用意があると述べている。これについて記した電報には、ボゴモロフと外務人民委員部との間で連絡

がうまくいっていないことを示唆するような内容も含まれている【文書49】。それでもボゴモロフは、不可侵条約締結を最優先する本国の姿勢を代表しながら、中国側の支援要請にもできるだけ応じるよう努力を続けた。3日後の21日に中ソ不可侵条約は調印を迎えた【文書53】が、その当日、外交部政務次長の徐謨はボゴモロフと会い、不可侵条約と同時に軍備供給協定に調印することを求めていた。困惑したボゴモロフは、信頼関係を築いていた孫科と会ってこのことについて抗議し、翌日本国に対して、このような中国側の優柔不断な態度の背景には中国国内の親日派の策動があると説明した。そして、こうした親日派の台頭を抑制するためにも、中国に対する軍事支援を急ぐべきだと主張した。この報告において、蔣介石の妻宋美齢が反日的であるとの分析を述べていること、また、それをボゴモロフが重視していることは、蔣介石の対外政策決定における彼女の役割の重要性を傍証するものとして注目に値しよう【文書55】。

　中ソ不可侵条約の調印に際しては、中ソ各全権の王寵恵とボゴモロフにより次のような内容の極秘声明が口頭で交換された。すなわち、一方でソ連側は日華関係が正常化するまで日本といかなる条約も締結せず、他方で中国側は事実上ソ連を標的とした反共協定を締結しないとするものである【文書53 原注、III-412】[19]。この口頭声明の交換は、不可侵条約締結直前のおよそ2週間の間に決定されたものであった。8月10日の時点では、党中央委員会政治局において、不可侵条約第2条をもって中国が日本との間で反共協定を締結しないと解釈することを、ソ連側から一方的に表明するという内容が決議されていた【文書III-404】。13日に同局は、中国側にも反共条約に調印しないことを明確に約束させるべきだとの指令を出している【文書III-406】。外務人民委員部は同日付で、以上の内容を口頭声明の形で中国側にも約束させるようボゴモロフに委任した【文書III-406 脚注】。

　しかし、中国が日本からの防共協力への要求に応じるかもしれないというソ連側の疑念は、この口頭声明によって完全に払拭されたわけではなかった。条

---

19)　スラヴィンスキーは、RKO4【文書53 原注】を引用しつつ、この資料によって初めてなぜ1941年にソ連と日本が不可侵条約ではなく中立条約を締結したのかという疑問に答えることができたと評価している。ボリス・スラヴィンスキー、ドミートリー・スラヴィンスキー（加藤幸廣訳）『中国革命とソ連——抗日戦までの舞台裏　1917-37年』共同通信社、2002年、374頁。

約調印後にソ連本国がボゴモロフに知らせた情報によれば、王寵恵は各国に駐在する中国大使に、不可侵条約は形式的なものに過ぎず、中国は反共政策を放棄したわけではないと伝えたというのである。これによれば、王寵恵は条約に関する秘密の約束はなく、日本との間でも同様の条約を締結する用意があると述べていたという【文書75】。とはいえ、【文書129、141】が示すように、日中戦争初期、駐華ドイツ大使トラウトマンを仲介として展開された和平工作において、日本側から中国に対してたびたび共同防共の提案があったにもかかわらず、中国側がこれに乗ることはなかった。極秘声明は口頭によるものであり、協定や議定書のような形で正文化されたものではなかったが、結果として中国側が日本の共同防共案に応じることを牽制するという意図は実現したのである。

ソ連の対華軍事支援

　ソ連側が太平洋協定や中ソ不可侵条約による東アジアの現状維持を求めたのに対し、中国側がより関心を寄せていたのは、スターリン期に重工業化を推進し、軍事大国となっていたソ連からの軍事支援であり、盧溝橋事件前からすでに中ソ軍事協力に関する議論が行われていた。ソ連にとってもまた、軍事支援を通じて、西安事変以後の蔣介石の再反共化を抑止すること、中国の軍事力強化により日本の侵略を牽制すること、支援の見返りとして中国からタングステンや錫を始めとする金属資源を得ることが見込まれた。

　特に、前年末に日独防共協定が成立したばかりの1937年初頭において、中国が日本の防共政策に同調することは、ソ連政府にとって何としても抑止したいところであった。2月、ボゴモロフはそうした観点から、中ソ相互援助条約の早期実現をリトヴィノフに訴えている【文書III-376】。3月8日、ソ連共産党政治局は、2年以内に中国政府に対して6年期限、5000万メキシコドルのクレジットを供与し、航空機、戦車、その他の軍需物資を提供するとともに、その支払いの一部を、錫、タングステン、茶で充当することを承認した。同時に、中国の軍人を受け入れ、飛行士と戦車兵を養成することにも同意した【文書3】。また、ボゴモロフは、4月5日に『大公報』編集者の胡霖と中ソ貿易について話し合ったことを日記に記録している。胡霖は茶とともにマーガリンをソ連に輸出することを提案し、またソ連から機械を購入したいという希望を伝えた。

ボゴモロフは金属類を購入したいと述べた。その翌日、宋子文はボゴモロフに、ソ連製の航空機はドイツ製のそれよりも高く評価されているという見解を伝えており、中国側のソ連製航空機への強い関心が窺われる【文書9（III-386）】。

　しかし、相互援助条約の締結を求めながら、太平洋協定構想には積極的な姿勢を見せない中国側を前に、ソ連側も対華支援に慎重になっていた。5月18日、王寵恵がボゴモロフに、太平洋協定と相互援助条約の交渉を同時並行で進めることを提案すると、ボゴモロフは太平洋協定交渉を「茶番」にするわけにはいかないとして、これを拒否した。彼は多国間の太平洋協定と二国間の不可侵条約の双方について同時に協議することには応じたものの、相互援助条約交渉に移るのはあくまで太平洋条約が不成立に終わった場合のみだとするソ連政府の主張を繰り返したのである。ただし、馮玉祥からの質問に対して回答したように、ボゴモロフは、相互援助条約が成立した場合直ちに技術支援を実施する意向も示した【文書III-389】。

　ソ連の対華軍事支援について本格的に交渉されるようになるのは、盧溝橋事件以降のことである。すでに述べたように、日本の軍事侵攻を受ける中国が、軍備供給の拡大と早期化を求めたのに対し、ソ連政府は支援を拒否しないものの、不可侵条約の締結をその前提とすべきだと主張していた。交渉に当たったボゴモロフは、ソ連政府の立場を中国側に伝えつつも、本国に対しては中国の早期支援の要請に応じるべきだとの見解を示していた。

　7月、蔣介石は政府の要人たちに、ボゴモロフを通じてソ連政府に軍備供給を要請するよう次々と指示を出した。19日、国民党内でも親ソ派であった陳立夫がボゴモロフのもとを訪れ、太平洋地域協定や不可侵条約よりも先に相互援助条約について話し合うべきだとの意見を述べた。そして、軍備注文の金額を1億5000万-2億元まで拡大すること、航空機、戦車、高射砲など武器の引き渡し期限を1年以内に短縮すること、物品による債務返済を5年後に開始し、10年後に完了することを要望した。これを受けてボゴモロフは、中国政府の要請に応じ、軍備支援の額を1億元程度まで増額すること、武器引き渡しを1年以内とすること、返済期限を3年から8年の間で設定することをモスクワに提案した【文書26】。4日後の23日、王寵恵はボゴモロフに来訪を求め、蔣介石が軍事貸付金を1億5000万元まで増額するよう要望していることを伝えた【文

書 31】。26 日には後に訪ソ使節団の副団長としてソ連に赴く張冲が、日本と防共協定を結んだドイツからの軍事調達はもはや期待できず、ソ連しか頼れないとして、他の政治問題とは別個の通商問題として考慮してほしいとの希望を表明した。これまで本国政府と歩調を合わせ、軍事支援の前に不可侵条約を締結すべきだとしていたボゴモロフも、華北における事変の展開を見て、この 2 つの問題を切り離して処理した方がよいとの見解をソ連政府に伝えている【文書 33】。モスクワのリトヴィノフは、党政治局の決議を受け、航空機 200 機および戦車 200 両を含む 1 億元分の武器を 1 年以内に供給できるとしたものの、事前に不可侵条約を締結しなければならないという立場は変えなかった【文書 39、III-400】。ボゴモロフは 8 月 2 日に王寵恵に対し、軍備供給についてソ連政府から満足できる回答を得ているが、相互援助条約に関する交渉を行うことは時宜を得ていないと述べている【文書 43】。これはリトヴィノフの指示した路線に従ったものであろう。

　8 月 18 日には蔣介石本人がボゴモロフと会っている。蔣介石は、妻の宋美齢を通じて中国側の戦果を話したが、同時に軍備が非常に欠乏していることを認めた。そして軍備供給協定について強い関心を示し、中でも重爆撃機や戦闘機を始めとする航空機をすぐに納入したいとの希望を表明した【文書 49】。蔣介石はまた、中ソ不可侵条約の調印当日にもボゴモロフと会い、軍備供給協定への調印のために派遣されることになっている王叔銘がモスクワに到着する前に、戦闘機の送達を実施してほしいと切願した【文書 54】。ボゴモロフはこの 8 月21 日およびその翌日に本国に電報を送り、航空機派遣を急ぐべきだと繰り返している【文書 54、55】。こうした蔣介石の再三にわたる要請を受け、ソ連政府は150-200 機程度の航空機の早期提供を検討することに同意した。また、中国側に供与されたクレジットによる支払いの期限は軍備納入後 6 年とされ、クレジットの 4 分の 3 を錫、タングステン、アンチモンなどの金属類によって、残りを茶などその他の中国製品によって支払うこととされた。ソ連政府は、8 月 22日に以上の内容をボゴモロフに通知した【文書 60、III-408、409】。

　不可侵条約の締結によってソ連の対華軍事支援の条件が整ったが、その当日、ソ連の不信を引き起こす事態が生じる。8 月 21 日、蔣廷黻が外務人民委員部第2 東方局のコズロフスキーを訪ね、沈徳燮が兵器を受け入れるためにモスクワ

に到着したことを伝えたが、外務人民委員部のボゴモロフ宛電報によれば、ソ連側は沈の訪ソについてはおろか、その名前すら聞かされていなかったのである。この電報の署名者である外務人民委員代理ストモニャコフは、欧州に滞在していた沈が軍備供給に関する機密を口外した可能性に強い懸念を示し、「全く許容しがたく、我々の交渉に深刻な損害をもたらしかねない」と中国側に対する当惑と怒りをあらわにした【文書57】。これに続く電報においてストモニャコフは、駐仏中国大使館が楊虎城らへの外交ビザ発給を求めてきたとし、ソ連側の了解なしに中国が次々に使節を派遣することに不快感を示している。同時に、各国がソ連から中国への武器提供について調査しているようだとして、中国側に機密保持を徹底させるようボゴモロフに念を押した【文書61、III-410】。沈徳燮の訪ソとその目的について蔣廷黻からソ連政府に説明があったのは8月25日のことである【文書67（III-411）】。

　このような状況の下、8月27日にボゴモロフと陳立夫は軍備供給問題について基本的な合意に至った。これはほぼ同月22日にソ連政府がボゴモロフに通知した内容に沿ったものであり、200機の航空機を提供すること、クレジットの額を1億元とすること、支払期限を納品後6年とすること、詳細を協議した上でモスクワにおいて協定に調印することが合意された。ボゴモロフはその会談記録において、陳は楊虎城の件については何も知らないと報告し、また軍備供給協定締結のための全権を委任された楊杰がモスクワに来訪するまで沈徳燮にビザを発給すべきではないとの見解を述べている。またこの席上、陳立夫は秘密保持の重要性を理解しているとし、駐仏中国大使館の行動を軽率であると批判したという【文書68】。

　楊杰団長のほか、張冲や王叔銘をメンバーとし、軍備供給協定について協議する任務を帯びた、「工業部赴ソ実業考察委員会」【文書63】という名目の代表団がモスクワに到着すると、9月にソ連国防人民委員部との間で第1回会談が行われた。内容は非常に具体的であり、詳細は本文の文書に譲るが、重要なのは次の3点であろう。すなわち、第1に、中国側が航空機の機数を、陳立夫とボゴモロフの合意した200機ではなく、戦車を減らすことを条件に、350機まで増やすよう要求していること。第2に、供給経路として新疆経由ルート、モンゴル経由ルート、海上の広東経由ルートの3つが検討されていること。第3

に、中国側からクレジットの返済方法として、金属の比率を減らし、他の消費財の比率を増やすよう要望があったことである。これらの点について、国防人民委員ヴォロシーロフは、スターリンに次のように報告している。第1の点については、重爆撃機の納入を求める中国側の要望を断り、他の種類の航空機225機を提供する。第2の点について、航空機は空路で蘭州を経由して、部品および弾薬の備蓄は陸路で蘭州を経由して、その他は海上で広東を経由して供給する。蘭州までのルートについては、モンゴル経由と新疆経由の双方があり、前者が技術的には好都合であるものの、政治的調整が必要である、と。また第3の点については、スターリンの判断を仰いだ【文書76】。なお、会談記録には、次回会合を9月10日に持つことが記されているが、その内容を伝える文書はRKOに収録されていない。

　日中戦争が長期化の様相を強めてくると、中国側はモスクワでの代表団同士の交渉と別に、ソ連に支援の拡大やソ連兵の参戦を求めるようになった。8月27日、蔣介石と宋美齢はボゴモロフに会い、ソ連が米国から購入したという高速航空機の一部を提供してもらえないか、またソ連の飛行士が志願兵として中国軍に加われるのはいつかと尋ねている【文書70】。9月23日には、蔣廷黻が楊杰らの会談について感謝の意を表するためストモニャコフと会い、その際、追加支援の可能性を打診した【文書85】。さらに10月3日、陳立夫がウルムチでソ連総領事メンニを訪ね、不可侵条約の段階から相互援助協定の段階へと中ソの友好関係を深めるべきだと主張するとともに、ソ連が参戦した場合にはより短期間のうちに日本に勝利することが可能であるとほのめかした【文書102】。

　これらの問題は、11月1日に行われた楊杰とヴォロシーロフの会談でも話題となった。楊杰は戦争が3年以上の長期戦になるとの見通しを示し、ソ連のこれまでの物質的支援に感謝するとともに、中国政府の指導者たちがソ連の対日参戦を望んでいることを率直に表明した。これに対し、ヴォロシーロフは参戦の準備が整っていないことを示唆し、欧州と極東の二正面戦争に準備を進めたいと述べるにとどめている。軍備の支援については、中国軍が大規模であり、海上封鎖が行われていることから、中国側が望むだけのものを提供できるかどうかわからないとの留保をつけた。また、既存の兵器廠を活用して軍需生産を拡大することを提言しているが、ここには中国がソ連に対し支援要求をさらに

強めていくことを牽制する意図があったであろう。そうした雰囲気を察してか、楊杰はヴォロシーロフを「一等星」と露骨に持ち上げ、必死にソ連側の支援を獲得しようと努めている【文書111】。

　上海陥落後の11月18日、楊杰と張冲は、スターリンおよびヴォロシーロフとの会談に臨んだ。スターリンは楊杰に、基本的にはソ連が中国を支援していく意向を伝えた。しかし同時に、中国での大砲、航空機、石油等の生産状況について尋ねながら、国家の存立のためには中国が自らこれらを生産すべきだと助言した。楊杰が航空機のエンジンを生産することができないことを説明すると、スターリンは、エンジンの提供を申し出るとともに、航空機製造に必要な指導員を派遣すると述べた。少しでも多くの支援を引き出したい楊杰と張冲は、この会談においてもスターリンやソ連への礼賛の言葉を重ねつつ、中国について「滅びつつある」とまで悲観して見せている。ここで興味深いことに、スターリンは、中国はソ連だけでなく、米国やドイツからも航空機や機関銃などの武器を購入すべきであり、また英国のような「不安定な同盟国」とも関係を維持すべきだと述べている【文書121】。ソ連としては、中国に対する支援拡大を抑制したいという意図があったとしても、それによって中国が他の列強諸国、とりわけドイツとの関係を強化することは歓迎すべきことではなかったであろう。対華支援拡大によって日中戦争への関与を強め、ソ連の負担を増大させたり、日本との交戦に入ったりすることへのスターリンの警戒が、この時点でそれだけ強まっていたことを窺わせる。張冲はこの会談の直後に帰国する[20]。

　張冲から直接報告を聞いた蔣介石は、11月26日に電報を発し、スターリンに追加支援を依頼した【文書127】。12月28日には、新任の駐華全権代表ルガネツ＝オレリスキーと2時間半にわたって面会し、ソ連が公然と軍事力を出動させなければ、中国が敗北するという見解を説いている【文書141】。12月13日にはすでに南京が陥落しており、この会談も武昌で行われた。

国際連盟とブリュッセル九ヶ国会議

　盧溝橋事件発生後、関係各国によって国際協調の枠組みを用いた解決が目指

---

20)　韓信夫、姜克夫主編『中華民国史大事記　第八巻（1937-1939）』北京：中華書局、2011年、5674頁。

されたが、そうした試みの中でも国際連盟によるものと、1922 年に調印され、
中国の現状維持を規定した九ヶ国条約によるものが際立っている。しかし、
1937 年の時点において、前者においては日本や米国が構成国から外れており、
後者からはソ連が排除されていたため、極東では主要な関係各国の全てを包摂
するような国際体制が欠如していた。双方の枠組みにおいて重要な位置を占め
ていた英仏両国は、日本の侵略行為に対して断固とした行動を取ることを避け
ていた。すでに述べたように、ソ連が太平洋地域協定構想を推進しようとして
いたのも、極東においてソ連を含む関係国全体を覆うような新しい協調体制の
形成を必要と考えていたことが背景にあったと考えられる。

　1937 年 4 月 12 日にボゴモロフが王寵恵に対し、ソ連の目指す太平洋協定と、
九ヶ国条約とを結びつけるつもりはないと語ったのは、こうした文脈において
である【文書 9（III-386）】。7 月 16 日、蔣廷黻はリトヴィノフに、日本の軍事行
動に抗議するとともに、平和的手段による解決の意思がある旨が記された通知
文書を手渡した。その際蔣廷黻は、これと同様の文書を九ヶ国条約の締約国に
も送付し、すでに英米仏の駐日大使が日本政府に共同で抗議を行ったと伝え、
ソ連にもこれに加わるよう打診したという。しかしリトヴィノフは、この 3 国
が抗議について何も伝えてきておらず、共同の声明文の内容も知らされていな
いとして、これを断った【文書 21、23】。また、9 月 24 日に蔣介石が外国特派
員に対し、九ヶ国条約加盟国が日本に対して行動しないことを批判すると、ソ
連国営のタス通信はこれを報じた【文書 86】。

　紛争解決のためにソ連が当初から熱心に主張していたのは、国際連盟の強化
や連盟による具体的行動であり【文書 51（III-407）】、連盟の消極性には批判を繰
り返した。9 月 13 日、顧維鈞は連盟事務総長アヴノールに、日本の侵略行為を
非難するとともに、連盟規約第 10、11、17 条の適用を訴える覚書を手渡した
【文書 77、78】。これに先立ち、8 月 20 日、蔣廷黻が外務人民委員代理ポチョム
キンに会い、連盟に日中紛争の問題を提起し、連盟規約第 17 条の適用を求め
ることを通知していたが、その際ポチョムキンは、英仏の協力を得るためには
事前に根回しが必要だと助言している【文書 67（III-411）】。9 月 21 日、連盟総
会がスペイン問題の審議に入ると、自らジュネーヴに乗り込んだリトヴィノフ
はスペイン内戦に対する連盟の無策を批判する演説を展開し、日本の侵略行動

もそこに原因があると論じた【文書84】。しかし、連盟に積極的行動を取るよう要求したリトヴィノフも、ソ連政府の立場として日本を非難する宣言を要求するにとどめるか、日本に対する経済制裁をも呼びかけるかについては、慎重に本国の訓令を、すなわちスターリンの指示を仰いだ。その際に念頭に置かれていたのは、米英蘭の協力を得られるかどうかであった。対日制裁の中でも最も実効的なのは石油類の禁輸であるが、これはこの3ヶ国の協力なしには意味を持たない。また、ソ連が単独で対日制裁を主張することにより、日本の侵略の矢面に立つことを回避したいという思惑ものぞかせている【文書87（III-418）】。

　10月6日、リトヴィノフは、英国が中国問題の審議を国際連盟から九ヶ国条約締約国に委ねるべきだとする提案を行ったことをモスクワに伝えた。リトヴィノフはこれを「馬鹿げた考え」とまで評し、あくまで反対したが、結局はこの提案を受けてブリュッセル九ヶ国会議が開催されることとなる。リトヴィノフは、この英国の提案に同調した顧維鈞を「根気強さ、粘り強さ、情熱が足りないため、たやすく自らの提案を断念させられてしまう」と酷評し、中国代表が前年まで駐ソ大使を務めていた顔恵慶のような人物であったらと嘆いている【文書107】。

　ブリュッセル会議開催が決定的になると、九ヶ国条約の非締約国であるソ連もここに参加する用意があることを表明した【文書110】が、列強諸国はソ連の参加を歓迎したわけではなかった。紛争解決のために、日本側の妥協を導き得る決議を行うことを目指していた各国は、ソ連の参加によってそれが妨げられることを恐れたのである。外務人民委員部が駐米全権代表トロヤノフスキーに宛てた11月10日付電報によれば、ソ連側は各国に対し、もし会議が英米およびベルギーから成る小さな委員会の形を取るのであれば参加を控えるが、大きな委員会となる場合には参加すると主張した。これに対し、米国代表デイヴィスは、九ヶ国条約加盟国のみで構成される運営委員会を組織し、そこにはソ連が参加しないものとすること、さらに米英ベルギーから成る小委員会を別途設置することを提案した。ソ連はこれを認めず、当初の主張を繰り返したという【文書113】。結局、ソ連はブリュッセル会議に参加することとなり、外務人民委員代理ポチョムキンを代表として派遣した【文書116】。

　ポチョムキンはブリュッセルでも対日積極行動の必要性を主張しつつ、ソ連

268──解　題

の行動が単独のものとなる危険性を避けるべく努めた。11 月 13 日にポチョム
キンがモスクワに発した電報には、この会議の声明案に賛成票を投じてもよい
のではないかとの考えを示しているが、この声明案には、参加国政府が日本に
対して立場を一致させるべきだとの内容が含まれていた【文書 118】。こうした
ソ連の目標を追求する上で重視されたのが、日本に対抗する各国の共同行動に
米国を引き入れることができるかどうかであった。16 日に米国代表デイヴィス
と面会したポチョムキンは、ソ連は英米によるいかなる行動にも加わるつもり
であるとの意思を示したが、ソ連が単独行動を取ることは望まないと釘を刺し
た。そして、仮に共同行動が不成立となり、ソ連の単独行動が求められるよう
な事態になったとしても、ソ連は中国に対して「控えめな形で」軍需物資を供
給する以上のことはできないと伝えた。これに対してデイヴィスは、積極的措
置を取ることに否定的な考えを示し、また米国は共同行動に加わることができ
ないと答えている [21]。ポチョムキンのこうした報告を受けたリトヴィノフは、
デイヴィスの姿勢を強く批判し、またその背後に英国があるとする内容の電報
を、トロヤノフスキーに送っている【文書 126】。

　ブリュッセル会議に関しても、ソ連の外交電報からは、中国代表の顧維鈞に
対する根強い不信感が読み取れる。11 月 23 日にポチョムキンは九ヶ国会議で
の顧維鈞の演説について、「誰も彼を支持しなかった」、「明らかに重苦しい空
気が広がった」と報告した【文書 122】。また、同日の別の電報においてポチョ
ムキンは、顧維鈞が列強諸国の立場を持ち出しながら、ソ連が対日戦争に主導
的に関与するよう執拗に説得してきたと伝えた。ポチョムキンは、顧維鈞が
「英米の言いなりになっていることは疑いの余地がない」とし、さらに、顧は
嘘をついているか列強に愚弄されているかであるとまで断言している【文書 123】。

　ブリュッセル会議が終わると、中国外交部は参加国に感謝の意を表明したが、
同時にこの会議が何ら成果を挙げなかったとの評価を下した。ブリュッセル会
議の失敗は、第 1 に中国を個別の国家の仲介によって紛争を解決する試みへと
向かわせた。また第 2 に、トラウトマンを中心としたドイツによる仲介が進め
られている中にあって、中国がソ連に対してそれを正当化する材料ともなった

---

21)　【文書 120】（本書では本文の収録なし）。*FRUS*, 1937, Vol. IV, The Far East, pp. 198-199 を参照。

【文書130、131】。一方、12月11日にイタリアが国際連盟を脱退したことを受け、駐英全権代表マイスキーは郭泰祺駐英大使に対し、国際連盟から主要な侵略国が去ったからこそ、連盟が平和愛好国の統一ブロックになることができると力説している【文書132】。ソ連政府は依然として国際的な枠組み、とりわけ国際連盟の枠組みを通じての解決にこだわったのである。

米国の孤立主義

　第二次世界大戦以前の米国外交の基調をなし、今日再びその姿を顕在化させている孤立主義は、1937年の東アジアにおいて厳格な中立と不干渉という形を取った。日中軍事衝突後も、米国は日本と中国のいずれにも与しないだけでなく、英仏や国際連盟との共同行動をも拒否したのである。太平洋地域における軍事大国であり、日本にとっての最大の石油供給国である米国が孤立主義を続けることは、大国間の協調によって日本の対華、ひいては対ソ軍事行動を抑止したいと考えるソ連の外交当局を苛立たせていた。

　この年の初頭、蔣廷黻は、米国は今後極東問題により積極的に関与する見込みがあるとボゴモロフに語った。さらに、第一次世界大戦における米国の参戦を引き合いに出しながら、米国を動かすためには力強いスローガンが必要だと論じた。ボゴモロフは、かつて米国に留学し、コロンビア大学で博士号を取得した蔣廷黻のこの見解を、知米派ならではのものと注目している【文書1】。しかし、本資料集から読み取れるこの年の米国の東アジア政策は、依然として孤立主義を基調とするものであった。先に触れた通り、太平洋協定をめぐる5月18日の会談において、孫科や王寵恵はボゴモロフに対し、米国が協定に積極的に関与することはないとの見解を表明していた【文書III-389】。こうした中国側の見方の正しさを立証するかのように、6月28日、ローズヴェルトは自身のもとを訪れたトロヤノフスキーに対し、太平洋地域協定を話題にする中で、米国は同盟に類する協定に加わることはできないと述べている【文書14】。

　盧溝橋事件後、中国は米国が東アジアに積極的に関与することを望んだ【文書77】が、その孤立主義的な姿勢は変わらなかった。9月にローズヴェルトが米国政府の船舶による日中両国への武器輸送を禁止する声明を発表すると【文書79】、翌10月初頭に駐米ソ連臨時代理大使ウマンスキーは、この措置が中国

に一方的に不利になるのではないかという質問を米国務次官ウェルズに投げか
けたが、ウェルズは米国内の孤立主義的な世論の強さを引き合いに出しながら、
他の手段は講じられないと詳細に説明した。さらにウェルズは、「純学問的な」
話とした上で、石油を含む対日禁輸に踏み切るとすれば、それは中立法の適用
を通じてしかあり得ないという見解を述べている。10月3日にウマンスキーは
この会談の内容を報告する電報を本国に送付しているが、その中でこうした米
国の政策に孤立主義的な世論が大きな影響を与えていることに理解を示しつつ、
米国が将来中立法を適用する可能性への期待をにじませた【文書101】。

　ローズヴェルトがシカゴで「隔離演説」を行ったのは、この会談の直後の10
月5日のことである。名指しこそなかったものの、日独伊を念頭に置きながら
侵略者を疾病にたとえ、そこから患者を隔離しなければならないと訴えたこの
演説[22] は、明らかにこれまでの孤立主義路線と一線を画すものであった。折
しもジュネーヴでは、極東問題の解決を九ヶ国会議に委ねるべきだとする英国
の提案が国際連盟において決議されており、リトヴィノフはシカゴ演説が1日
早く行われていたらと悔しさを見せている。そして、連盟が機能不全に陥って
いるという認識の下、今後の事態は米国にかかっていると本国に書き送った
【文書107】。

　シカゴ演説を好意的に捉えたソ連は、その後の米国の動向を注視していたが、
ブリュッセル会議において米国代表デイヴィスがソ連側に見せた態度は、従来
の孤立主義の様相が濃いものであった。11月5日、ブリュッセルで米国代表デ
イヴィスはリトヴィノフに対し、シカゴ演説は当初好評を博し、米国世論には
中国への共感や日本への反感も見られるが、極東の権益は戦ってまで確保しな
ければならないほど重要とは考えられておらず、アメリカ人は英仏によって対
日戦争に引きずり込まれることを警戒していると語った【文書112】。こうした
米国世論に配慮しつつ、極東問題の協議の場を連盟から九ヶ国会議に移すこと
を主張するデイヴィスを前にして、リトヴィノフはそこに孤立主義に批判的な
ソ連を排除する意図を読み取り、不信感を強めた【文書113、117、126】。

22）「隔離演説」の放送音声はヴァージニア大学ミラー・センターのウェブサイトにおいて提供さ
　れており、そこでは演説全文も掲載されている。http://millercenter.org/president/speeches/
　speech-3310（2018年7月7日確認）。

解　題——271

　トロヤノフスキーは、12 月 14 日付電報の中で、米国の態度について詳細に分析している。彼によれば、国務省は「反動主義者」たちによって占められており、例外はハル、メッサースミス、セイアだけである。ブリュッセル会議でのデイヴィスの「冷淡な態度」もここに由来する。しかし、米国内での反動勢力が勝利することを防ぐためには、たとえそれが「打算による結婚」に過ぎないとしても、ローズヴェルト政権との協調を強化する必要がある。興味深いことに、ここでトロヤノフスキーは、もしソ連が単独で対日軍事行動に出れば当初は支持が得られるが、日本が壊滅したときには共感が日本側に移り、反ソ的な赤禍論が起こるだろうとの予測を述べている【文書 133】。あたかも第二次世界大戦後の東アジア世界を予言するかのような見立てである。

　また同日、駐米全権代表部顧問になっていたウマンスキーもリトヴィノフに長文の書簡を送り、米国国内の様子について多岐にわたる報告を行っている。この中で、ローズヴェルトはシカゴ演説の路線を維持する態度を見せていること、また同演説における「侵略者の隔離」という文言は国務省によって準備された原稿にローズヴェルトが手を入れたものであったことなどが叙述されている。さらに、ローズヴェルトが右派層から反感を受けていることや、労働者層から人気を博していることなどが伝えられている。こうした情報はモスクワの外交担当者のローズヴェルトへの信頼感を強める方向に作用したであろう。また、ウマンスキーは、伝統的孤立主義の強い中西部に旅行したときの印象として、これらの諸州においてすらかつてのような素朴な孤立主義は見られないと述べ、これがシカゴ演説に影響していたと分析している。そして、12 月 12 日に日本軍によって米国艦船パナイ（パネー）号が沈没させられた事件を受けて、反日的な雰囲気が孤立主義以上に高まりを見せていると観察している【文書 134】。このパナイ号事件が米国世論に与えた影響は実際に大きかったようであり、年末にはモスクワにも米国で孤立主義への反発が強まっているとの情報がもたらされている【文書 140】。これを受けた本国の照会に対し、トロヤノフスキーは米国内における反孤立主義的な風潮の存在を認め、ローズヴェルトに至っては戦争の見込みすら排除していないと回答しているが、一方で米国世論の中には依然として「親ファシズムのプロパガンダ」が展開されていることも報告している【文書 142】。

英国の対日宥和

米国と並び、東アジアに強い利害関心を有した大国である英国は、1937年前半の時期に日本との間で中国における権益の調整を行っていた。吉田茂駐英大使が英外相イーデンとの間で前年来試みていた交渉は停頓していたが、37年3月に佐藤尚武が外相に就任すると、再び日英間での利害調整の機運が強まっていたのである[23]。その様子を注視していたソ連政府は、5月26日の電報において、ロンドンで行われている日英交渉が進展したこと、とりわけ日本側が、華中および華南で英国に協力する代わりに、英国は華北における日本の特殊権益を認めるという提案を行ったことを、ジュネーヴ滞在中のリトヴィノフに伝えた【文書12】。7月17日、ボゴモロフは、日本が軍事行動による侵略に出たことの原因として、この日本側の提案を英国が承認したことを挙げ【文書25（III-399）】、日本に対して宥和的な姿勢を取る英国への不信感を示している。モスクワのストモニャコフも同様の見解をボゴモロフに伝えたが、同時に、英国の政治指導者たちが日本の侵略をここまで大規模なものとは予期していなかったことも指摘している【文書III-401】。

イーデンは極東における秩序の安定のためには米国を引き入れる必要があると考えていたが、孤立主義の強い米国をここに関与させることが困難であることも認識していた。5月末、ジュネーヴ滞在中のリトヴィノフは孔祥熙から、米国が太平洋協定に参加する可能性をイーデンが疑問視していることを伝え聞いた【文書13】。また盧溝橋事件発生後の7月27日、イーデンはマイスキーに対し、英仏米3国による対日声明を実施しようとして2度失敗したこと、また米国側は英仏とともに「併行的な」行動を取る準備があるとしているものの、それでは現実的な措置を講じることはできないことを説明した【文書37】。イーデンはこのことを駐英大使の郭泰祺にも伝えている。ただしイーデンも、米国に代えてソ連を共同行動に参加させることには、独伊が公然と日本側につくきっかけになりかねないとして、否定的な意思を示した【文書40】。

このように米国の消極性を指摘してきたイーデンであるが、11月10日に米

23）　アントニー・ベスト（武田知己訳）『大英帝国の親日派——なぜ開戦は避けられなかったか』中央公論新社、2015年、90-92、242-248頁。

国のデイヴィスから英国が共同行動に参加する用意があるかどうか問われると、英国は欧州のことで手一杯だと答えたという。リトヴィノフはこの英米両国の態度を「互いの陰に隠れようとしている」と分析している【文書113】。同じ頃、トロヤノフスキーはリトヴィノフに宛てて、彼の分析を裏づけるような書簡を送った。トロヤノフスキーによれば、英国は日独伊の3国と対決する準備が米国ほどにもできていない。英米両国は互いのことを信頼しておらず、英国も対日共同行動を起こすことを引き延ばそうと努めている。また、英米が共同行動を実現させた場合でも、ソ連が対独戦の矢面に立たされる可能性は残されている【文書114】。さらにポチョムキンは、イタリアが防共協定に加入したことを批判しない英国の態度を引き合いに出しつつ、英国は特に日独に気を遣っているとして、その宥和的姿勢をより直截に指摘している【文書122】。これらの観察や分析からは、英国が米国と同様に極東の紛争に巻き込まれることを忌避していること、またそのために展開されている対日宥和政策によって、ソ連が日独と対決する危険を押しつけられていることへの、彼らの警戒感が読み取れる。

　だが、12月12日のパナイ号事件によって米国内での孤立主義的な雰囲気に変化が生じたように、同日日本軍が誤って英国船レディバード号を砲撃したことは、英国を刺激した。マイスキーによると、この事件の直前の12月10日の時点で、社会運動家のウェッブ夫妻から、ジャーナリスト、実業家、貴族に至る英国の名士たちは、いずれも極東情勢に不安を表明しながら、具体的に行動することは考慮していなかった。駐英大使の郭泰祺も英米の対華支援が小規模にとどまることに不満を漏らしていた。しかし、この事件が発生すると、イーデンは郭泰祺を呼び、英国は米国よりも踏み込んだ対応と取ると述べたという【文書132】。もっとも、この事件が英国の態度を根本的に変えたわけではない。トロヤノフスキーは、英国におけるファシズムへの共感の存在を指摘しつつも、より根本的な問題として、英国は自らの弱体性を認識しているがゆえに日独との妥協を図っているのだと論じている【文書133】。

中ソ協力とドイツ

　ソ連側が中国との不可侵条約締結にこだわったり、太平洋地域諸国の相互協力を求めたりした背景には、国民政府が日本と協力ないし講和する上で反共主

義を復活させる可能性があったこと、英仏が日本の侵略に対して宥和的な態度を取っていたことのほか、中国とドイツの間の軍事協力関係が緊密であったことが考えられる。田嶋信雄が強調しているように、1936年11月25日の日独防共協定締結後も、さらには盧溝橋事件後も、中独間の協力関係は継続していた[24]。ソ連はドイツ人顧問の影響を受け、ドイツ式の装備を備えた中国軍が、ナチ・ドイツのように自らに敵対することを恐れたのである。

　1937年2月16日、ボゴモロフは蒋廷黻に、中国軍が多くのドイツ人顧問を受け入れていながら、中国の政治家が対日抗戦を訴えていることを不可解だと述べた【文書1】。3月11日には、リトヴィノフも蒋廷黻にドイツ人顧問の存在への疑問を投げかけ、とりわけドイツを通じて中国の軍事機密が日本側に流出するのではないかと問いただしている。これに対して蒋廷黻は、ドイツ人顧問は契約に基づいて順次帰国させ得ること、ドイツ人の中に中国の軍事作戦全般を知る者はいないこと、軍事顧問たちが赴任したのはナチ政権成立以前であることを回答した【文書5】。

　ところで、日独防共協定は、日本語の正式名を「共産インターナショナルに対する協定」といい、形式上ソ連ではなくコミンテルンを対象とした内容となっていた。ソ連との衝突を避けたい日本側も、あくまで防共協定は対ソ条約ではないとの説明を行っていた。しかし、これには明確にソ連を対象とした秘密付属協定が付されていた上に、ソ連側はこのことを早くから察知していた。1936年11月28日には、リトヴィノフが第8回ソヴィエト大会で、反コミンテルン協定は他の秘密協定の隠蔽に過ぎないと発言している[25]。これに関し、本資料集には1937年4月6日に駐日ソ連代理大使ライヴィードと佐藤尚武外相の間で交わされた議論を紹介する文書が掲載されている。ライヴィードは、日独防共協定締結後、日ソ関係がよい状況にないという見解を示し、その責任は日本側にあると批判した。これに対し佐藤は、日ソ関係が悪化したのは防共協

24）　田嶋の一連の著作でこのテーマが扱われているが、中国とドイツの関係を正面から扱った詳細で新しい成果として、次を参照。田嶋信雄『ナチス・ドイツと中国国民政府——一九三三－一九三七』東京大学出版会、2013年。

25）　大畑篤四郎「日独防共協定・同強化問題（一九三五年～一九三九年）」日本国際政治学会太平洋戦争原因研究部編『太平洋戦争への道——開戦外交史　新装版5　三国同盟・日ソ中立条約』朝日新聞社、1987年、40-42頁。

定締結前からのことだとして、国境問題や、1936 年 10 月に死刑判決（翌月禁錮 10 年に減刑）を受けた中嘉一郎を始めとする日本人の逮捕の問題を例に挙げつつ反論した。また佐藤は、ソ連側がコミンテルンとの関係を否定しているにもかかわらず、日独の反コミンテルン協定がソ連に向けられていると非難していることを、非論理的であると指摘した。ライヴィードはここで上記のリトヴィノフの第 8 回ソヴィエト大会での発言を持ち出しながら、秘密協定の存在が問題なのだと問い詰めている【文書 8】。

　日中間の武力衝突後もなお、上述のように中独の軍事協力は継続していたが、日本と防共協定を結んでいるドイツに対し、中国側が従来ほど信頼を置けなくなっていたのは当然のことであった。蔣介石は 7 月の時点から、ドイツの軍事支援は期待できないとしながらソ連側に支援を要望している【文書 33】。こうした中国の対ソ接近を察知したドイツおよびイタリアは、中国に対してソ連と結ばないよう圧力をかけた。7 月末、モスクワでは、ドイツ大使シューレンブルクおよびイタリア大使ロッソが蔣廷黻に対し、もしソ連が対華支援に乗り出すようなことがあれば、独伊は日本と手を結ぶと警告したのである【文書 40】。これに対し、ソ連の指導者は中国が継続してドイツの支援を受けることに理解を示した。先に触れたように、11 月 18 日、スターリンは楊杰に対し、ソ連は中国の確固たる同盟国として支援する用意があると述べつつ、米国やドイツからも航空機や機関銃を購入すべきだと助言している【文書 121】。軍事支援による負担が過重となることや、対華支援によって日本との直接的な武力衝突の可能性が高まることを危惧していたソ連政府は、中国がドイツから軍需物資の支援を受けることにも一定の利益を見出していたのである。

　ただし、中国との通商によって利益を得ていたドイツも日本の行動には容易に賛同できるわけではなく、盧溝橋事件の後に日本政府に対して「友好的な」忠告を行ったという【文書 42】。さらに、日本の中国に対する都市爆撃が本格化する最中の 9 月 1 日、駐日米国大使館参事官ドゥーマンは駐日ソ連代理大使デイチマンに対し、米英仏の駐日大使は毎日のように日本外務省に抗議を申し入れているが、時にはこれに独伊大使館も同調していると語っている【文書 III-414】。11 月 1 日、楊杰はヴォロシーロフとの会談の中で、ドイツは日本に対して現実的な支援をすることはできないという見通しを伝えている【文書 111】。

276——解　題

1937 年には中ソ間での航空路開設が検討され、その第一段階としてソ連と新疆のハミの間の航空路線が構想されたが、それ以前にドイツと中国の合弁企業である欧亜航空公司（Eurasia Aviation Corporation）が中国国内での路線を開設していた。こうした背景の下、8 月 10 日にストモニャコフはボゴモロフに宛てて、ソ連とハミの間で航空路を開設することに賛同の意を示しつつも、ハミと南京の間を欧亜航空が結ぶことには反対するよう指示した【文書 44】。これに対しボゴモロフは、欧亜航空の路線廃止を提案することはソ連にとって合目的的ではないという考えを本国に返答している【文書 47】。

大粛清の影

1934 年 12 月のキーロフ暗殺を機に開始されたスターリン体制下の大粛清は、800 万 -1000 万人もの犠牲者を出した世界史上最大規模の政治的テロルであったが、そのピークを迎えたのは 1937-38 年の時期であった。中ソ外交関係に関する文書を集めた本資料集は、大粛清そのものをテーマとしているわけではないが、ソ連のこうした政治状況が垣間見える箇所がある。

1937 年 3 月 8 日、蔣廷黻はボゴモロフと会談した際、ソ連元帥の一人であるトゥハチェフスキーの左遷や、スターリンとその側近である元帥ヴォロシーロフの不和[26] などがモスクワで噂されていることを指摘した。蔣廷黻はこれらの噂に根拠がないことを南京に打電した【文書 4】が、実際には 5 月末にトゥハチェフスキーが逮捕され、6 月に銃殺されている。一方、ヴォロシーロフはスターリンとの密接な関係を維持し、大粛清ではむしろ指揮する側に回った。

4 月 13 日には、駐華米国大使ジョンソンおよび駐華フランス大使ナジャールが、同年 1 月に行われたトロツキー派併行本部事件の裁判（ジノヴィエフ、カーメネフらを銃殺刑とした前年 8 月の合同本部事件裁判に続くものとして、第 2 次モスクワ裁判とも呼ばれる）についてボゴモロフに照会した。特に裁判記録を熟読したジョンソンは、ピャタコフやラデクがなぜソ連を裏切ったのかについて疑問を投じるなど、強い関心を示していた【文書 9（III-386）】。ピャタコフは 1 月末に銃殺されており、極刑を免れたラデクも 1939 年に強制収容所で殺害されてい

---

26)　この噂は日本の新聞でも報道されるほど広く伝わっていた。「スターリン氏ヴォロシロフ氏の確執　ソ連当局打消す」『大阪朝日新聞』1937 年 2 月 7 日 1 面。

る。なお、ラデクは 1925 年に創立されたモスクワ中山大学の初代学長に就任した人物である。この直後、さらにブハーリン、ルィコフ、ヤゴーダらが逮捕され、翌年 3 月に第 3 次モスクワ裁判を経て銃殺された。

　大粛清の波は、ソ連の対中外交の中心人物たちにも及んだ。1932 年末に中国との国交が回復された直後、全権代表として中国に赴任したボゴモロフと、1934 年以来駐華陸軍武官であったレーピンが、ともに 37 年 10 月にその任を解かれたのである。11 月 1 日、モスクワ滞在中の楊杰に対し、ヴォロシーロフはこの 2 人の解任の理由を語っており、ボゴモロフについては中国情勢に関する不正確な情報をもたらしていたからであり、レーピンについては戦時の指揮官ではないためであると説明した【文書 111】。この文書に付された原注によれば、楊杰はヴォロシーロフに対し、不正確な情報提供者であるとするボゴモロフへの嫌疑を否定していたとのことである【文書 111 原注】。

　11 月 18 日には、スターリン自らが楊杰と張冲を前に 2 人に対する非難を展開している。スターリンによれば、ボゴモロフは中ソ不可侵条約の締結を阻止する意図があり、そのためにわざと誤った情報を伝えていたという。その例としてスターリンは、不可侵条約を締結しない限りソ連は中国にクレジットを提供しないと蔣介石に伝えたところ、彼が動揺し、一時的に両国間に不信感が生じたということを挙げている。そして、トロツキストであるという理由でボゴモロフを逮捕したと述べている。この時点でまだ逮捕に至っていなかったレーピンについては、伝えてきた情報の内容が具体性に欠けていたとしている【文書 121】。しかし、以上に見てきたように、ソ連側が軍備供給の条件として不可侵条約締結を強く主張していたことも、それに対して中国側が軍備供給を急ぐよう再三求めていたことも事実であり、ボゴモロフのもたらした情報はむしろ正確なものであった。また、「トロツキスト」であるという批判にもかかわらず、彼の行動にトロツキーの思想や指導の影響は見当たらない。スターリン体制下では「トロツキスト」というレッテルが粛清の口実として極めて恣意的に利用されており、彼もその犠牲になったのである。ボゴモロフは 1938 年 5 月 7 日に銃殺され、レーピンもまた 1937 年 12 月に逮捕された後、翌年 8 月 22 日に銃殺された。

　この会談において、スターリンは他の人物に対しても悪罵の矛先を向けてい

た。中国側代表を前にしながら、韓復榘を「いかがわしい人物」、陳友仁を「中身のない人間」などと酷評して見せている。また、ボゴモロフ更迭後、後任のルガネツ＝オレリスキーが着任するまでの間、メラメードが駐華臨時代理大使を務めていた。スターリンはこのメラメードについて、揚子江に沈めてもよいとまで述べている。会談の参加者たちはこの発言に笑いを見せた【文書121】が、冗談では終わらなかった。メラメードは1938年10月に逮捕され、翌年7月に銃殺刑を受けたのである。

　この会談で、スターリンはキーロフ殺害事件にも言及しながら、中国側代表に対し、蔣介石も親日分子を徹底的に排除すべきだと助言している【文書121】。その背景には、中国を親ソ勢力としてとどめておく上で、中国政府内部の親日派の存在が障害になり得るというソ連政府としての懸念もあったであろう。しかし、自らが進める大粛清のような極端な手段を、中国政府もまた講じるべきだと何の躊躇もなく論じる姿勢は、やはりスターリンならではの凶暴性の発露と言えよう。

1937 年付 RKO3 未収録文書リスト

文書 369
1937 年 1 月 11 日。ソ連外務人民委員代理 B. S. ストモニャコフより芸術問題総局長ケルジェンツェフ宛書簡。中国における芸術家諸集団の動向について
出典：АВП РФ. Ф. 0100. Оп. 21. П. 189. Д. 47. Л. 7. 写。タイプライター版。

文書 370
1937 年 1 月 19 日。G. ディミトロフの日記より。中国問題に関する I. V. スターリンの指示について
既刊：*Г. М. Адибеков* и др., сост. Политбюро ЦК РКП（б）- ВКП（б）и Коминтерн. 1919-1943. Документы. М., 2004. С. 744[27]。

文書 372
1937 年 1 月 21 日。ソ連外務人民委員代理 B. S. ストモニャコフより駐日ソ連全権代表 K. K. ユレーネフ宛書簡。日本に対する現段階でのソ連の政策について

27）　［訳注］底本に С. 44 とあるのを修正した。

解　　題——279

出典：АВП РФ. Ф. 0146. Оп. 20. П. 177. Д. 13. Л. 19-14. 写。タイプライター版。

文書 373

1937 年 1 月 27 日。駐華ソ連全権代表部参事官サラトフツェフより、ソ連外務人民委員部第 2 東方局長 B. N. コズロフスキーおよび全連邦対外文化交流協会議長 A. Ya. アローセフ宛報告メモ。中ソ文化協会常務理事張西曼のインタビューについて。現段階での中ソ文化協会の活動計画の要約およびインタビュー本文を含む

出典：АВП РФ. Ф. 0100. Оп. 21. П. 189. Д. 49. Л. 5-9. 原本。タイプライター版。初公刊。

文書 374

1937 年 2 月 2 日。A. S. プーシキン没後 100 周年に捧げられた中ソ文化協会の祝賀会に際し、駐華ソ連代理大使 I. I. スピリヴァネクによって読み上げられた祝辞

出典：АВП РФ. Ф. 05. Оп. 17. П. 132. Д. 69.[28) Л. 82-83. 写。

文書 375

1937 年 2 月 3 日。ソ連外務人民委員 M. M. リトヴィノフより I. V. スターリン宛報告メモ。蔣介石の子息蔣経国の帰国問題について

出典：АВП РФ. Ф. 09. Оп. 30. П. 14. Д. 180. Л. 41-42. 写。タイプライター版。初公刊。

文書 377

1937 年 2 月 11 日。D. V. ボゴモロフによる署名入りのソ連外務人民委員部よりソ連外務人民委員 M. M. リトヴィノフ宛報告メモ。南京におけるソ中交渉に関する追加提案を含む

出典：АВП РФ. Ф. 09. Оп. 30. П. 14. Д. 180. Л. 45-46. 原本。タイプライター版。初公刊。（短い）要約は次を参照。*В. В. Соколов.* «Забытый дипломат» Д. В. Богомолов (1890-1938) // Новая и новейшая история. 2004. № 3. C. 191.

文書 379

1937 年 3 月 4 日。全連邦共産党（ボ）中央委員会政治局決議案。中国について

出典：АВП РФ. Ф. 09. Оп. 30. П. 14. Д. 180. Л. 57-59. 写。タイプライター版。文書全体としては初公刊。

文書 380

1937 年 3 月 9 日。ソ連人民委員会議決議第 377-38 号。ソ中文化交流の発展について

出典：АВП РФ. Ф. 0100. Оп. 21. П. 189. Д. 47. Л. 11. タイプライター版。初公刊。保証つきの写。

文書 381

1937 年 3 月 9 日。全連邦共産党（ボ）中央委員会政治局決議。ソ連の高等教育機関への中国人留学生の受け入れについて

出典：АВП РФ. Ф. 09. Оп. 30. П. 14. Д. 180. Л. 62. 写。タイプライター版。D. ボゴモロフによる手書きの決裁入り。初公刊。

文書 382

1937 年 3 月 10 日。全連邦共産党（ボ）中央委員会政治局決議。ソ連の高等教育機関へ

---

28)　［訳注］底本に П. 69. Д. 132. とあるのを修正した。

280——解　　題

の中国人留学生の年次受け入れについて

出典：АВП РФ. Ф. 09. Оп. 30. П. 14. Д. 180. Л. 63. 写。タイプライター版。

文書 383

1937 年 3 月 22 日。1937 年 3 月 22 日付全連邦共産党（ボ）中央委員会政治局決議（49）。
中華民国の政治家孔祥熙のソ連来訪への不快感について

出典：РГАСПИ. Ф. 17. Оп. 162. Д. 21. Л. 2. 写。タイプライター版。初公刊。

文書 385

1937 年 4 月 15 日。1937 年 4 月 15 日付全連邦共産党（ボ）中央委員会政治局決議（68）。
新疆について

出典：РГАСПИ. Ф. 17. Оп. 162. Д. 21. Л. 22. 写。タイプライター版。

文書 387

1937 年 5 月 5 日。駐華ソ連全権代表 D. V. ボゴモロフよりソ連外務人民委員代理 B. S.
ストモニャコフ宛書簡。現段階における日中およびソ中関係の展望について

出典：АВП РФ. Ф. 09. Оп. 27. П. 110. Д. 25. Л. 78-89; Ф. 05. Оп. 17. П. 132. Д. 69.[29] Л. 147-
158. 原本。タイプライター版。初公刊。

文書 388

1937 年 5 月 13 日。ソ連外務人民委員代理 B. S. ストモニャコフよりソ連教育人民委員ブ
ーブノフ宛業務メモ。義和団蜂起期にロシアのコサックによる火災を免れ、レニング
ラード国立大学図書館に保管されていた著名な 15 世紀のミンスクの百科事典 11 巻分
を中国に譲渡することの政治的妥当性について。ならびに、アカデミー会員 V. M. ア
レクセーエフより全連邦対外文化交流協会宛書簡。1937 年における手稿の保管につい
て

出典：АВП РФ. Ф. 0100. Оп. 21. П. 189. Д. 47. Л. 16, 18. 写。タイプライター版。

文書 390

1937 年 5 月 27 日。全連邦共産党（ボ）中央委員会政治局決議第 361 号。日本について

出典：РГАСПИ. Ф. 17. Оп. 162. Д. 21. Л. 49-59. 写。タイプライター版。

文書 391

1937 年 6 月 2 日。全連邦共産党（ボ）中央委員会政治局決議。満洲里駅での会議の休憩
時間におけるモンゴル人民共和国代表団の反応について

出典：РГАСПИ. Ф. 17. Оп. 162. Д. 21. Л. 52. 写。タイプライター版。

文書 392

1937 年 6 月 3-5 日。ソ連外務人民委員部第 2 東方局長より駐華ソ連全権代表 D. V. ボゴ
モロフ宛情報メモ。ソ中文化交流の発展をめぐる計画について

出典：АВП РФ. Ф. 0100. Оп. 21. П. 189. Д. 47. Л. 21. 写。タイプライター版。

文書 393

1937 年 6 月 5 日。全連邦共産党（ボ）中央委員会政治局決議。中東鉄道について

出典：РГАСПИ. Ф. 17. Оп. 162. Д. 21. Л. 52. 写。タイプライター版。初公刊。

29）［訳注］底本に Д. 69. П. 132. とあるのを修正し、Ф. 05. の情報を加えた。

解　題——281

文書 394

1937 年 6 月 8 日。ソ連外務人民委員代理 B. S. ストモニャコフより駐華ソ連全権代表 D.
　V. ボゴモロフ宛書簡。中国で起きている歴史的経過についての「生」の、分析的報告
　の形式を備えた資料を中央に送付する必要性について

出典：АВП РФ. Ф. 09. Оп. 27. П. 110. Д. 25. Л. 96-99. 原本。全体としては初公刊。

一部既刊：ДВП. Т. XX. Док. № 193[30].

文書 395

1937 年 6 月 11 日。ソ連外務人民委員 M. M. リトヴィノフと駐ソ中華民国大使蔣廷黻の
　会談記録。太平洋協定の展望、駐華ドイツ顧問、ならびに産業建設の経験を全面的に
　研究するためにソ連訪問を計画している中国代表団について

出典：АВП РФ. Ф. 0100. Оп. 21. П. 187. Д. 10. Л. 10. 写。タイプライター版。初公刊。

文書 396

1937 年 6 月 18 日。駐華ソ連全権代表 D. V. ボゴモロフより外務人民委員代理 B. S. スト
　モニャコフ宛書簡より。現段階における中国の消極的抵抗の時期について

出典：АВП РФ. Ф. 0100. Оп. 21. П. 187. Д. 5. Л. 77-79. 写。タイプライター版。

文書 397

1937 年 7 月 2 日。駐華ソ連全権代表 D. V. ボゴモロフの日記より抜粋。中国人留学生の
　ソ連での就学問題について

出典：АВП РФ. Ф. 0100. Оп. 21. П. 189. Д. 24. 写。タイプライター版。

付録 9　西安の紛争　1936 年 12 月

付録 9-II

1937 年 1 月 21 日。駐華ソ連代理大使 I. I. スピリヴァネクと、中華民国の政治家および
　海外の外交官との会談記録。西安危機後の国内の政治情勢について

出典：АВП РФ. Ф. 05. Оп. 17. П. 132. Д. 69. Л. 17-30. 原本。タイプライター版。初公刊。

付録 9-III

1937 年 1 月 24 日。駐華ソ連代理大使 I. I. スピリヴァネクよりソ連外務人民委員代理 B.
　S. ストモニャコフ宛報告。西安における張学良の蜂起について

出典：АВП РФ. Ф. 05. Оп. 17. П. 132. Д. 69.[31] Л. 40-67. 原本。タイプライター版。初公刊。

付録 10　儀礼関係

付録 10-II

ソ連外務人民委員代理 B. S. ストモニャコフより駐華ソ連全権代表 D. V. ボゴモロフ宛書
　簡。蔣介石の子息蔣経国の中国への帰国について

出典：АВП РФ. Ф. 09. Оп. 30. П. 14. Д. 180. Л. 68-69. 写。タイプライター版。初公刊。

---

30)　［訳注］底本に № 20 とあるのを修正した。

31)　［訳注］底本に Д. 69. П. 132. とあるのを修正した。

解説 1　1937 年前半におけるソ連の対中、対日認識

家 近 亮 子

　近代中国を動かした対外要因の中で、日本が重要なアクターとしての役割を果たしたことは言うまでもないが、同様にソ連も大きな存在であった。日本要因に関しては、これまでかなりの部分が明らかにされてきているが、ソ連要因には長く謎とされる部分が多かった。

　その理由の一つには、社会主義体制下での情報統制があったが、ソ連解体後情報公開が進んだ現在でも、ソ連のアルヒーフ（公文書）は十分には活用されていない。「蔣介石日記」や台湾・国史館の檔案史料は、今では中国研究者には一般的になっているが、ソ連の一次史料を使用できる研究者はごく稀である。

　このたび、本書において河原地英武、平野達志両氏の多大なる努力の結果、ソ連の外交に関する公文書が邦訳され、詳細な解題が書かれたことは、中国研究ばかりでなく、日本研究、日中関係史研究にとってもきわめて有意義である。

　本書が収録したのは、1937 年という限られた一年間の史料ではあるが、それでも中国と日本の近代史、日中関係史にとって、さらに国際政治史にとって、意味のあるものである。本「解説 1」においては、盧溝橋事件にいたるまでの 1937 年前半のソ連から見た、中国、日本情勢、そしてその相互関係について分析していく。

　岩谷將が「解説 2」で指摘したように、中国共産党の革命史観においては、中国国民党とソ連の関係はあまり注目されてこなかった。ただ、「対日戦を始めるにあたって、また対日戦の緒戦を戦うにあたって、ソ連の有形無形の援助は国民党にとって不可欠であった」という側面は認めることができる。

　しかし、蔣介石の対ソ認識は、時期によって、また場面によって多少の変化は見られるが、基本的には「反共・抗ソ」であったと言わざるを得ない。それ

284——解説 1　1937 年前半におけるソ連の対中、対日認識

は、蔣が近代中国の抱える最大の課題に「中華の復興・領土の回復」をあげていたことに起因する。蔣の革命の原点は、日清戦争によって台湾・澎湖諸島、そして「朝鮮」を失ったことにあり、革命の動機は辛亥革命時にロシア帝国の支援の下で外モンゴルが独立を宣言したことにあった[1]。

　ただ、蔣介石は 1937 年から 1941 年 4 月の日ソ中立条約締結までの時期は、ソ連および日ソ開戦への期待を抱き続け、対ソ接近をした時期であったと言える。蔣のその国際情勢認識の背景には、ソ連と日満軍との国境紛争の頻発[2]、コミンテルンの中国革命に対する方向転換がもたらしたソ連の蔣に対する評価の変化があった。

対中認識——西安事件・蔣介石に対する評価・蔣経国の帰国

　ソ連の西安事件に関する記述は、主に【文書 1】と【文書 9】に見られる。

　1936 年 12 月 12 日の早朝に起きた西安事件は、一般的には中国近代史上きわめて大きな出来事であったと評価されている。それは、その事件によって、中国国民党と中国共産党が和解し、抗日民族統一戦線があたかも成立したかのごとく、共産党史において語られているからである。しかし、確かに剿共戦は停止されたが、それでもなお蔣介石は抗日民族統一戦線の形成には懐疑的であった。

　1937 年元旦の「蔣介石日記」（以後、「日記」）には「一年の計」12 項目が記されている。それによると、「対内方針」の第 1 項は、相変わらず「共匪」対策であったが、「せん滅と宥めつけ」を同時におこない、「粛清がしやすくなるのを待つ」とある。西安事件によって、共産党政策に微妙な変化が認められる記述であるが、蔣にとって、共産党はあくまでもいつかは粛清すべき存在であったことには変わりがなかった。また、「一年の予定」を見ると、内戦は避けるべきで、国内統一を基本政策とするとの認識を見せている。蔣にとって「安内

---

1)　この点に関しては、家近亮子「蔣介石による戦時外交の展開——中国 IPR への領導と中華の復興・領土回復の模索」（『軍事史学』第 53 巻 2 号「日中戦争 80 周年特集号」2017 年 9 月）で詳述した。

2)　満ソ国境紛争は、1936 年は 152 回（長嶺峰事件など）、1937 年には 113 回（乾岔子島事件など）も起きており（花田智之「ノモンハン事件、日ソ中立事件」筒井清忠編『昭和史講義——最新研究で見る戦争への道』ちくま新書、2016 年、175 頁）、1937 年前半期の日本の新聞各紙の報道も日ソ開戦の危険性を伝える記事が多かった。

攘外」は、剿共と国内統一・建設の両面の達成を意味しており、基本政策には変化はなかったと言える。蔣は、国民大会の開催、憲法の制定までをその年の予定に入れていたのである。

日本に対しては、「抵抗するが排除せず」、「応戦するが、『求戦』せず」、交渉に関しては、「刺激せず、畏縮せず、現状を維持する」方針であることを綴っている。蔣介石は、この年の初め、日本との戦争はできる限り避け、交渉によって現状を維持しながら、中国の共産化を阻止しつつ、何とか国内の統一と国家建設を達成したいと願った。また、「華北行政の主権を回復し、中日平等条約の締結」を目ざす方針も見られる。そのため、直ちに抗日民族統一戦線を結成するということは考えにくい。共産党の主張に反して、国内的にも対外的にも「西安事変によって抗日に舵を切ったとは思われたくない」とする、蔣および国民政府の方針があったと思われる。

そのような中国に関して、【文書1】からは大変興味深いソ連側の見解を知ることができる。2月16日のボゴモロフと蔣廷黻の会談記録には、ソ連側の西安事件に関する中国の報道に対する強い不満が見られる。ボゴモロフは、次のように発言している。

　　　本使は遺憾ながら、次のことを指摘しなくてはならないと言い添えた。すなわち、周知のようにソ連社会は、中国の世論がソ中接近の問題に何の反応も示さないことに失望している、と。例えば我が国の新聞が、西安事件についてきわめて好意的な記事を載せた後も、中国の新聞はこれを肯定的に受け止めるどころか、むしろ逆に、『プラウダ』や『イズヴェスチヤ』が述べている事柄を黙殺したのである。

　　　中国に対して好意的な記事の内容でさえ報道されなかったのが問題なのだ、と。だいたい中国の新聞は日本との接近を望む声であふれているのに、ソ連との接近を求める記事はめったにないと本使は述べた。これは大きな欠点だ。

西安事件に関しては、事件の経過は省略するが、事件発生の1936年12月12日朝、張学良は延安の共産党に対して、蔣介石の身柄を拘束したことを打電した。13日の共産党機関紙『紅色中華』は、事件の第一報を「西安抗日蜂起、蔣介石拘留さる」と伝えた。ここでは、張学良と楊虎城の行動は「革命行動」

286——解説 1　1937 年前半におけるソ連の対中、対日認識

とされ、「全国の人民大衆は、漢奸・蔣介石を人民裁判にかけることを要求している」との文字が躍った。また、一気に「中華民主共和国の実現」にまで言及している。これは、共産党特有のプロパガンダに過ぎなかったことは言うまでもない。

　12 月 13 日、延安で政治局会議を開いた毛沢東は、「蔣介石を罷免し、人民裁判にかけること」を要求し、「排蔣抗日」による張学良、楊虎城と共産党との連帯の方針を主張し、周恩来、秦邦憲、葉剣英を西安に派遣することを決定した。そして、ソ連の意向を聞くこととし、モスクワに事件の概要を打電する。これに対して、14 日のソ連共産党機関紙『プラウダ』は社説で「中国の事件」を論評した。その内容からは、ソ連の立場はきわめて慎重で、事件の重要性を指摘しながらも「内政不干渉主義」を強調し、「中国の真の独立を獲得するためにすべての勢力を統一・糾合する政策」を進めることが肝要であることを主張したことがわかる[3]。そのことは、【文書Ⅲ-371】のソ連外務人民委員代理 B. S. ストモニャコフの書簡にある「中国国内の事件に我々が積極的に介入するかのように解釈されるようなことがあってはならない」というソ連の政治方針が物語っている。

　張学良自身は早くからスターリンとの関係を強調する発言を繰り返していたが、12 月 16 日になって、コミンテルンは共産党中央に「張学良の行動はその意図が何であったにせよ、客観的には中国人民の勢力を抗日統一戦線に結集させることを害し、中国に対する日本の侵略を助長するものである」と打電した[4]。この時期、スターリンが最も恐れたことは、中国の分裂であった。分裂は、日本の華北への侵略を深化、拡大させ、延いてはソ連の利権をも侵害することになる。1935 年 7 月のコミンテルン第 7 回大会の決定により、抗日民族統一戦線の結成が急がれたが、あくまでもそれは「連蔣」によって実現されるべきものであると認識されていた。ヨーロッパにおいては、ファシズム勢力が台頭し、国内においてはスターリンによる大粛清の影が色濃く残っている政治状況のなかで、隣国中国に政変が起きることは望ましいことではなかったのであ

---

　3)　『プラウダ』の記事の邦訳は、伊丹明彦「西安事変前の張学良とソ連の接近」（麻田雅文編『ソ連と東アジアの国際政治』みすず書房、2017 年）222 頁にある。
　4)　同上、222-223 頁。

る。

　すなわち、この時期、ソ連およびコミンテルンは、蔣介石こそが中国を統一できる唯一の指導者と見なし、重視していたといえる。そのことは、

　①【文書1】に見られる蔣廷黻の発言……「大使の情報によれば、本日、上海から南京に蔣介石がやってくるそうだが、あらゆる政治問題の最終的な決定権を握っているのは、実質上、彼である」、

　②【文書9（Ⅲ-386）】で駐華米大使・ジョンソンが示した見解……「彼が捕らわれると国内情勢が変わった。……多くの者が蔣介石の政策に反対であった。だが、蔣介石は中国統合の旗頭である。彼の拘束は内戦を再開させ、中国を弱体化させるおそれがあった。それで世論の圧倒的多数は蔣介石の側につき、張学良に反対したのだ」、

　③そして、やはり【文書9（Ⅲ-386）】における宋子文の見解と発言……中国の内政事情に関しては、西安事件のあと、蔣介石のもとに全ての勢力が集結した由。蔣介石の役割について宋は、次のように自分の考えを定式化した。「蔣介石は聖人でも英雄でもない。がしかし、彼は我々にとって最良の人物なのだ」。「宋が考えるに、蔣介石が死ねば内戦が勃発する」などの発言に対する容認によって、明らかになると考えられる。

　ソ連は、延安にいた毛沢東を【文書4】に見られるように単なる紅軍の指導者として見做していた。張学良ばかりではなく、このとき毛沢東にもソ連の対応に忸怩たる思いがあったことは想像に難くない。この時期毛沢東率いる中国共産党は、瑞金を放棄して逃れ、延安にしか根拠地を持たない弱小革命勢力に成り下がっていたのである。そのため、【文書Ⅲ-376】に見られるように、ボゴモロフは中国政府が「我々に与えるべき保証」に「共産党の合法化」とともに「紅軍に一定の地区を提供し、中国政府の指示のもとでそのリーダーを行政職に就かせる」ことを要求するように提案している。

　これに対して、【文書Ⅲ-378】に見られるように、蔣介石は陳立夫の秘書の張冲を通して、周恩来に次のような提案を行っている。

　1．中国紅軍は紅軍と称するのをやめ、政府の軍事機構に合流する。

　2．旧紅軍部隊の兵員数は5個師団分または60,000-70,000人にとどめる。

　3．南京政府はこれらの部隊に対し、1ヶ月当たり100万ドルの融資を行う。

4．「ソヴィエト共和国」の名称は廃止する。これに属する地区（山西北部、
甘粛北東部）は中央政府の全面的な行政統治下に置く。

5．共産党は国民会議の後に初めて合法化されるものとし、同会議には共産
党も代表を派遣する。

6．共産党は南京政府に反対する扇動活動を停止する（張冲は、これは南京政
府の転覆への呼びかけを意味していると念を押した）。

張冲によれば、周恩来はこれらの提案をすべて受け入れた。これを西安事件
時の蔣介石から共産党への資金援助の約束の具現化と見れば、大変興味深い。

全国レベルでの抗日民族統一戦線の結成は、蔣介石率いる国民政府が実行し
なければ、成功しない。それがソ連とコミンテルンの共通認識であった。いず
れにしても、蔣は自らの命の危険と引き替えに、統一戦線結成時には紅軍をも
その指導下に置くことを中国共産党からも、ソ連からも確約されたことになる。

確かに、中国の新聞にはソ連が望んだような論評は全く見ることができない。
先に述べたボゴモロフの不満の源泉はここにあった。なぜなら、『中央日報』
『民国日報』などの中国国民党の機関紙は、事件を単なる軍内部の内紛、張学
良個人が蔣に対して起こした「謀反」として伝え、抗日統一戦線の結成、共産
党との合作、連ソの可能性などに関しては、1937 年に入っても一貫して触れて
いない。中国における西安事件の報道からは、情報と世論の操作を国共両党共
に行っていたことがわかる。

それが変わるのは、経国が帰国してからである。その理由は、【文書 9】から
明らかになる。ただ、川島真と河原地が指摘するように、本史料の時間軸には
多少の問題がある。史料は、5 月 5 日の日付だが、「日記」によると、ウラジオ
ストクから上海に着いた経国一家が蔣介石のいた杭州に行ったのは 4 月 18 日
であり、実際に会ったのは翌日の 19 日の午後であった。「日記」には「直ぐに
会うことは願わなかった」、とある。このことは、蔣と宋美齢の複雑な心境を
表していた。美齢は、2 月頃から体調を崩し、精神的に落ち込むことが多かっ
たようである。一度も会ったことがない義理の息子の帰国は、夫のはやる気持
ちとは裏腹に、気の重い、不安なことであったのであろう。

経国の帰国は、スターリンの指示により 3 月 15 日には内定していた（【文書
3】に見られるように、3 月 8 日時点では「蔣介石の息子がもし同意するなら、彼の中国

訪問に反対しない」とあり、帰国ではなく、「訪問」となっていた）。それを蔣自身が知るのは、2日後の17日である。この日の「日記」には、「経児（経国の愛称）が帰国するという消息を聞く。経児が手紙を寄こすという情報を密かに得た」「（これを聞いて）安心した。10年の苦闘。国と家にとっての光明である」とあるが、実際に会った後の4月20日の「日記」の冒頭には、「国を治めることは容易ではない。家を治めることはさらに難しい」とある。経国は、「蔣夫人」を「新しい母親」とは認めないという発言をして、実母・毛福梅のいる渓口鎮へと19日のうちに向かってしまう[5]。その後、経国の美齢に対する反抗的態度は、蔣を苦しめることになる。

　経国のソ連からの帰国に関しては、川島の「解説」に詳しいので、ここでは一つの見解のみを示しておく。すなわち、蔣介石にとってはある意味、スターリンは命の恩人にあたる。しかし、国民政府は西安事件とソ連との関係を公にしないように報道管制を敷いていたと思われる。それは、最大の懸案が解決できていなかったからであった。経国を「人質」にとられている状況下で、「中ソ接近」を報道することはできないというのは、中国マスコミ界の共通認識であったと言える。【文書9】には、次のような記述がある。

　　蔣介石と面会した。通訳は彼の妻が務めた。蔣介石は、ソ連諸民族の首領であるスターリン同志によろしく伝えてほしいと再度依頼し、西安事件の際にソ連がとった立場に感謝した。会談は極めて友好的な雰囲気のなかで行われた。

　　『大公報』編集者の胡霖が訪ねてきた。

　　彼は中国世論を代表し、西安事件に際してソ連の新聞がとった立場に感謝した。

　　胡が力説するところによれば、私がモスクワへ経つまでは、ソ中国民の間にまだ障害があって緊密な友好関係を築けなかったが、西安事件後の今日、それらの障害は全て取り除かれた。

ここで胡霖が言った「障害」には経国の帰国が含まれていたことは明らかである。西安事件への関与、中国の指導者としての蔣介石に対する評価、長年の

---

5)　Hannah Pakula・林添貴訳『The Last Empress──宋美齢傳』東方出版社、北京、2012年、197頁。

290──解説 1　1937 年前半におけるソ連の対中、対日認識

懸案であった経国の帰国許可など、ソ連の対国民党政策はこの時期、これまでになく友好的であったといえる。蔣は、そのようなソ連の対応に一定の評価を示し、感謝の意を伝えつつ、ソ連からの軍事物資の買い入れの交渉（それは、【文書 9】にあるように、「援助」ではなく、物々交換による貿易であった）など現実的な政策を実行した。しかし、それでも蔣はソ連との「領土問題」に関する粘り強い交渉に臨む姿勢は崩さなかった。また、川島の「解説 3」にあるように、新疆に対する南京国民政府の行政権の確立、外モンゴルに対する直接交渉による「10 年後」の独立の承認など、蔣は長年にわたる持論を崩すことはなかったのである。蔣は、外モンゴルに対する「宗主国」の立場を維持するため、宋子文をモスクワに派遣し、1945 年になってもソ連と粘り強い交渉を重ねていくのである[6]。すなわち、中ソ接近は、根本問題を胚胎しながらも、現実的な要請の中で行われることになるのであった。

ソ連の対日認識・IPR・太平洋協定

西安事件が起きると、日本では主要新聞各紙が号外を出していっせいに伝え、関心の高さを示した。1936 年 12 月 13 日の『東京朝日新聞』朝刊の見出しは、「張学良軍の兵変・蔣介石氏を監禁」「張学良氏が指揮して西安の宿舎襲撃　クーデター敢行」であったが、同時に張学良が「対日即時宣戦」するとの記事も見られ、国民政府が圧力により「容共政策」を第三国の影響下で受け入れることになれば、日本は国民政府の決定いかんでは、「断乎たる決意の要」があるとした。

同紙には同時に北平で北京大学と東北大学の学生 2000 人が大規模な「排日デモ」を行い、その背後には太平洋会議（第 6 回ヨセミテ IPR──筆者注）帰りの胡適（北京大学文学部長）がいるとする記事が載せられている[7]。蔣介石は、1931 年 10 月の第 4 回上海・杭州 IPR から中国 IPR を領導するようになり、そこを日本との様々な矛盾を解決する場として、極めて重視していた。日本にとって、中国 IPR の代表であり、満洲問題で日本批判を繰り広げていた胡適が

---

6)　この時の交渉に関しては、寺山恭輔『スターリンとモンゴル 1931-1946』（みすず書房、2017年）参照。

7)　『東京朝日新聞』1936 年 12 月 13 日付朝刊。─胡適は、中国 IPR の創始者であった余日章が体調を崩したため、1933 年 8 月の第 5 回カナダ・バンフ会議から中国側の代表となっていた。

「排日デモ」を煽動したとなれば、五・四運動以来の危機と映ったであろう。いずれにしても、西安事件によって、中国が全国的な抗日に踏み切るかどうか、日本の関心はそこに集中していたと言える。

　日本にとっては、ソ連の介入による「支那の赤化」が現実となれば、最終的な「覚悟」が必要となる。そのような疑念と緊張を和らげるためにも、先に述べた『プラウダ』の記事は効果的であったと言える。15日の『東京朝日新聞』の夕刊は「ソ連当局が今次の事件には全く関係していない」「一切の干渉も支持も与えていない」「張学良氏との同盟も全く根拠のない風説に過ぎない」ことを発表したことを紹介している。

　ソ連の西安事件への最初の論評が電文ではなく、新聞記事という形をとったのは、国際世論——特に日本——に配慮したためと思われる。張学良の主張では必ず背後にソ連がいることを疑われる。ソ連は、その疑念をまず晴らすため、新聞記事として自らの立場を公にしたものと思われる。イギリスやイタリアは、ソ連の関与を示唆し、フランスは「日独協定に対するソ連の復讐である」との見解まで示していたのであった。

　この時期、ソ連は【文書1】に見られるように、日本との関係は「決して良好とは言えないものの、外交関係はつづいている。石油と漁業の利権問題について言えば、ソ連との関係改善を望む日本側勢力との良好な関係を保つことに反対する理由はない」との見解を示していた。また、【文書Ⅲ-376】に見られるように、1937年2月の時点でボゴモロフは「日本が大規模な対ソ戦争を直ちに実施する準備ができていないのみならず、中国単独に対してさえも大規模な戦争を行う準備ができていないということである」という見解を示していたのである。

　むしろ懸念していたのは、日独協定が成立しているにもかかわらず、国民政府がドイツ人顧問を雇い続けていることであった。ボゴモロフは、次のように述べている。「中国軍司令部はドイツ人顧問であふれているというのに、中国の政治家たちが日本との抗戦を口にするのは甚だ不可解である」【文書1】と。また、リトヴィノフは「中国軍にはまだたくさんドイツ人顧問がいるのか、中国の軍事機密が日本の友好国であるドイツを通じて日本に流れる危険性はないのか」【文書5】と述べている。この点も、ソ連側の国民政府に対する不満と

292——解説 1　1937 年前半におけるソ連の対中、対日認識

見ることができる。

　「太平洋協定」に関しては、平野の「解題」にあるので、詳述は避けるが、蔣介石自身もこの協定成立には強い意欲を示していた。国際連盟を 1933 年 2 月に脱退した日本にとって、IPR は国際舞台で日本人が発言できる唯一の場であり、「各国もこの会議での日本人参加者の発言に注意を払わざるを得なかった」[8]。蔣は、一貫して日本との紛争が起きると、連盟に提訴してその問題を国際化し、国際世論を味方につけ、中国に有利に解決しようとしてきた。

　しかし、日本が連盟を脱退してからはこの戦略が使えなくなったため、その代わりとなる場を探していた。その格好の場が IPR であったのである。連盟にはアメリカも加盟していなかったため、アメリカが中心となっていた本会議は極めて重要と認識された。アメリカ IPR の代表的人物であったオーエン・ラティモア（Owen Lattimore）をローズヴェルト大統領に要請して 41 年 7 月から私的顧問として雇い入れたのもそのためであった[9]。37 年 3 月 5 日の「日記」には、午前中アメリカ大使であったジョンソンと会ったことが記されているが、この時「太平洋和平会議の準備」との記述がある。これは、IPR を基礎とする新たな地域協定となるものであった。

　【文書 5】は 3 月 11 日のリトヴィノフと蔣廷黻の会談記録である。

　この時、リトヴィノフは「太平洋地域協定の構想を詳述したところだ。この種の協定のみが日本の侵略を最終的に終わらせ、極東に平和をもたらし得ると信ずる。日本にしても、他の太平洋諸国の連合から背を向けることはできないだろうし、そうするつもりもあるまい。早晩それに加盟せざるを得ないはずだ。われわれはこの構想を支持している」と述べている。

　これに対して、蔣廷黻は中ソ二国間協定を先にした方が効果的であるという意見を述べたが、リトヴィノフは、それは「むしろ逆効果」であるとして一蹴し、「イギリスとアメリカを太平洋協定案に引き入れるには、多大の働きかけが必要だ。最終的にそのような協定が無理だと判明した暁には、より限定的な協定を考えてもよい」という見解を示している。もちろん、蔣介石にとっても

---

8)　山岡道男『「太平洋問題調査会」研究』龍渓書舎、1997 年、17 頁。
9)　家近、前掲「蔣介石による戦時外交の展開——中国 IPR への領導と中華の復興・領土回復の模索」81 頁。

アメリカとイギリスが参加しない協定は、何らの意味も持たなかったのである。

しかし、【文書14】にはトロヤノフスキーがローズヴェルト大統領と会談し、同協定に対して「日本抜きの協定は意味がない」という見解が示され、（軍事同盟であるため）中立法のあるアメリカの参加は不可能であると告げられたことがわかる。

【文書Ⅲ-389】にはこの件に関してボゴモロフが馮玉祥とも会談した記録が残されている。

馮：しかし、日本がこの提案に断固として反対を表明することは全く明らかです。もし交渉に応じてきたとしても、当然満洲国を引き入れることを要求するでしょう。そのとき我々はどうすればいいのでしょうか。

D. V. B（ボゴモロフ）：たとえ日本が拒否したとしても、太平洋協定を締結しようという提案自体は、日本国内においてさえも一部の世論の支持を得られるでしょう。（さらにボゴモロフ同志は、5月17日付『シャンハイ・タイムズ』紙の社説を引用しつつ、日本国内にもなお産業界と軍部の間に対立的な特徴があると述べ、日本の商工業界は、たとえ衷心からではないとしても、この協定に有利となる意見を表明するはずであると指摘する。……）

日本の中国侵略に関して、【文書9（Ⅲ-386）】には興味深い宋子文の発言が記されている。それは、次のようなものである。

日本情勢に関して宋は極めて楽観的で、会話のなかでも「日本はもう落日を迎えています」と言っていた。日本はもうじき中国の侵略から完全に撤退せざるを得なくなると確信しているようだった。

中央の省に関する貴兄の結論はおそらく正しいが、日本が今後、北部の省で侵略を手控えるとは思えないとの私の意見に対し、宋はこう答えた。日本の華北膨張は収まったと思われる。日本の対外侵略が止まった主な原因は、日本の内政事情が軍国主義者たちにとってきわめて悪化したためだとみてよい。新しい選挙をやっても状況は変えられないし、野党は依然として多数派を占めるだろう。中国は必要とあれば今すぐにでも日本の侵略を軍事的に撃退し得る。そして日本人自らも「小さな戦争」で済ますことはもはや不可能なこと、だが、大戦争をする用意は自分たちにないことを悟っている。それゆえ、日本の中国侵略は終焉を迎えつつある、と彼は見

294——解説 1　1937 年前半におけるソ連の対中、対日認識

なしているようだ。

　この宋子文の見解は、蔣介石のこの時期の考えを代弁したものであった。蔣は、まだ日本では政党政治が機能し、日本の世論は日中和平へと傾くと信じていた（信じたいと思っていた）のである。

　このようなある意味楽観的な中ソの日本侵略観に反して、【文書 15、16】に見られように、日満軍とソ連軍の国境軍事衝突が頻発するようになり、緊張は一気に高まり、盧溝橋事件を迎えることになるのであった。

解説2　1937年後半における中国の対日方針とソ連

岩　谷　　將

　1937年後半、すなわち日中戦争開始後の中国対日方針とソ連の関係について、中ソ不可侵条約を除いて本書の史料が新たに明らかにしている問題はそれほど多くない。この時期については、文書Ⅲに新たに収録されたものが比較的多いものの、各文書の訳注にあるように部分的なものも含めれば多くの史料が既出のものである。しかしながら、言語上の問題があるとはいえ、すでに一部中国語訳があるにもかかわらず、そしてまたその重要性にもかかわらずソ連史料はほとんど利用されてこなかった。理由は様々あるであろうが、少なくとも国民党とソ連が互いの関係を当時できるだけ目立たないように振舞っていたこと、また共産党を中心的な対象としていた戦後の研究動向が国民党とソ連の関係について注目してこなかったことが指摘できるであろう。

　しかし、本書をご覧になった読者はすでにお気付きのように、対日戦を始めるにあたって、また対日戦の緒戦を戦うにあたって、ソ連の有形無形の援助は国民党にとって不可欠であった。とりわけ、これまで注目されてきた中ソ不可侵条約、ブリュッセル会議における中国への支持のみならず、航空機と武器援助に関する具体的な内容とソ連側の考えが明らかとなることによって、中国の抗戦が初期の段階で、ドイツのみならずソ連に多くを負っていたことが理解される。以下では、中国の対日方針と対応させながら、いくつかの文書を参照しつつ中ソ関係について検討する[1]。

---

1)　詳細な説明や各典拠については岩谷将「日中戦争拡大過程の再検証──盧溝橋事件から第二次上海事変を中心に」『軍事史学』第53巻第2号、2017年9月、および岩谷将「日中戦争初期における中国の対日方針──トラウトマン工作をめぐる孔祥熙の活動を中心として」劉傑・川島真編『対立と共存の歴史認識──日中関係150年』東京大学出版会、2013年、参照。

296——解説 2　1937 年後半における中国の対日方針とソ連

　蔣介石は 1937 年の後半においても引き続き対日戦の準備に邁進していたが、華北における日本への準備を本格化させるのは 6 月の末ごろであった。これは、当時華北において 7 月ごろに日本が何らかの行動に出る可能性が指摘されていたことと関係している。

　7 月 7 日に生じた盧溝橋事件に対し蔣介石は、すぐに中央軍の北上を決定するなど、積極的に応戦の態度を示した。【文書 20】のボゴモロフと孫科会談では、蔣介石が 9 日の時点で紛争の大規模化と泥沼化が起きると確信していたことが、蔣と会談した孫科によって語られている。実際に蔣介石が対日戦を避けられないと考え始めたのは 7 月 12 日のことであり、29 軍に対して抗戦を指示しつつ、動員後河南省境に留め置いていた中央軍を北上させて保定に進めることを決心する。その後、蔣介石は 17 日に盧山談話によって応戦の決意を内外に示し、28 日の日本側による華北総攻撃までは、華北における対処を基本的には 29 軍に任せていた。

　蔣介石が積極策に転じたのは、7 月の末のことであり、これは華北での紛争拡大と上海における戦闘発起決定に伴うものである。この決定は日本の兵力が手薄な上海で短期決戦による攻勢を狙ったもので、中央の精鋭部隊を投入して事態をコントロールしつつ主導権を握るためであった。蔣介石は 7 月 30 日には日本海軍陸戦隊への対応策を策定し、精鋭部隊の教導総隊を急派した。また、同じく精鋭部隊である 87 師、88 師に加え、36 師を上海周辺に集中させた。上海における中国側の最終準備が本格化するのは 11 日であり、同日には中央執行委員会政治委員会で大本営と最高国防会議の設置が決定され、翌日には中央執行委員会政治委員会で蔣介石が大元帥に推挙されるとともに、「本日より全国が戦時状態に入ったことは疑い得ない」ことが確認、決議された。

　蔣介石は 8 月 13 日に在京の英米仏独伊大使を招集し、「中国は戦うことを望んでいないし、日本に対して戦争を行うことを意図していない」ことを強調した。同日、蔣介石は上海の戦闘を指揮する張治中に対して 14 日払暁を期して攻撃を開始するよう命じ、空軍に対しては爆撃を、海軍に対しては江陰の封鎖を命じた。上海戦では、蔣介石は宋美齢が指導していた航空戦力にも大きな期待を寄せていた。

　【文書 33】の蔣介石の考えにあるように、日中戦争が本格化した場合、日本

と「同盟」関係にあるドイツからの軍事物資の調達は困難となり、現在の状況
では6-7ヶ月しか持たない。したがって、中国にとって、ソ連からの航空機と
武器援助は不可欠のものであり、また抗戦の前提であった。したがって、応戦
を決定した17日以降、19日【文書26】、23日【文書31】と幾度も援助の具体化
について催促を行っている。とりわけ、エンジンが製造できない中国にとって、
航空機の購入は死活問題であった。

　しかし、この軍事物資援助の問題は、当初中ソ不可侵条約あるいは相互援助
条約と関連づけられていたため、実現までには紆余曲折を経ていた。そもそも、
ソ連は極東の安定と中国との関係について1）中国政府による太平洋地域条約
の提案、2）ソ中間の不可侵条約、3）上の2つに引き続いての相互条約交渉を
進めることを考えていた【文書22】。ただ、中国側は1）については九ヶ国条約
との関係もあり否定的で、むしろ3）の相互援助条約から始めたいと考えてい
た【文書26】。ソ連は7月末の段階では相互援助条約から交渉を開始する事には
否定的であった【文書31】。そのため、中国側は軍事調達の問題を政治問題と切
り離し、純粋な通商上の問題として扱うことを提案した【文書33】。ソ連側も相
互援助条約が即時対日宣戦となることを恐れ、中国側の提案を受け入れて純粋
な軍事物資の取引として扱うことに同意し、あわせてその実施条件として不可
侵条約の締結を要求した【文書III-400、39】。武器の調達が喫緊の課題となって
いた中国はこの提案を受け入れ、8月21日に中ソ不可侵条約を締結した【文書
III-402、III-404、III-405、49、53、54】。中国は条約締結の段階になって、それま
で否定的であった不可侵条約と軍備供給協定を結びつけて同時調印を考えたが、
ソ連側の消極的反応に断念した【文書55】。最終的に軍備供給問題は【文書68】
にあるように、8月27日に陳立夫とボゴモロフとの間で、基本的に合意された。
条件については文書にある通りである。一つ注目されるのはドイツとの軍事物
資取引と同様、中国からはレアメタルを含む金属類が主たる対価として支払わ
れることは興味深い。なお、新たに公開された史料【文書76】によって、中国
側がソ連に対してどのような兵器を要求し、ソ連側が最終的にどのような兵器
の提供を決定したのか、その詳細が明らかとなった。この回答からは中国側が
要求していた重爆撃機と重砲の提供は見送られたことがわかる。また、もう一
つ注目すべき点としては航空機の輸送経路としてモンゴル共和国を通じて、蘭

州経由で中国まで送ることをソ連側が提案していることである。これは、蘭州におけるソ連の領事館開設と関わっており、ソ連の西北への強い関心を表している。新たに公開された【文書98、99、108、109】では、蘭州にソ連領事館を開設することを決議している。無論、中国側は新疆へのソ連の強い影響に鑑みて、影響力のさらなる拡大を非常に警戒し、可能な限り避けようとしているが、一方で新疆から蘭州を経て西安に至る経路は中国の抗戦にとってソ連からの物資を得るためのいわば生命線でもあり、扱いの難しい問題であった。

10月26日、大場鎮が陥落し、形勢は中国にとって不利となったが、蔣介石はブリュッセル会議への影響を恐れて撤退をためらった。結局、11月5日に日本の第10軍が杭州湾に上陸したことにより中国軍は挟み撃ちとなり、蔣介石は上海・蘇州河南岸からの撤退を決心した。撤退を遅らせてまで期待をかけたブリュッセル会議はほとんど成果を得ないまま11月24日に最終声明を採択して閉幕した。ソ連は中国支持を約してブリュッセル会議に参加したものの、そもそも九ヶ国条約加盟国でないうえ、単独での行動や対日非難に慎重であったことから、ほとんど影響を与えることはなかった。

この頃、中国の対日方針には動揺が生じていた。蔣介石はあくまで抗戦を続けるつもりであったが、蔣の考えが不動の支持を得ていたわけではなかった。日本軍が首都へと迫る状況に直面し、和平とは言わないまでも、一旦停戦して立て直すべきだとの考えが指導者の大勢を占めるまでに至っていた。とりわけ、ドイツによる和平調停は、中国はすでに苦境に陥っていると考える多くの指導者にとって考慮に値する提案であった。【文書121】で楊杰が親日派と名指しした何応欽、張群、汪精衛、熊式輝ら（さらに徐永昌など）はいずれも日本との停戦を考慮していた。

11月27日、行政院院長を務めていた孔祥熙は、蔣介石に対して「重要な同志と会談を重ねたが、このままの状態を長引かせるのは良策ではなく、すでに調停を申し出る人物が現れ、時期もまた悪くない。党政軍および民間世論を調査したところ徐々に厭戦気分が現れている。私の見るところ、すでにわれわれの犠牲は甚大で、軍事的に確実に勝利を得られるのでない限り、ここで一度停戦し、国力の保全を図って捲土重来を期すべきだ」と調停受け入れを進めた。11月29日に蔣介石は日記に「ドイツ大使が敵国から和議の要求を伝えてきた

との報告を得たので、わざわざ南京に招いて面談することにした。時間稼ぎのためにはやむを得ない」と記したが、これはドイツ調停によるリスクヘッジとともに、【文書130、131】にあるように、ソ連側に対して中国の「妥協」の可能性と日中和解とドイツとの緊密化というソ連への影響をほのめかし、ソ連の対日参戦を促す狙いがあった。そもそも蔣介石は10月末ごろからしきりにソ連が対日参戦に対してどの程度積極的であるかを駐ソ大使である蔣廷黻や交渉のため蔣がソ連に派遣していた楊杰・張冲に対して問い合わせていた。

【文書121】にあるように、11月18日の楊杰・張冲とスターリン・ヴォロシーロフの会談において、スターリンは「もし中国が日本の攻撃を首尾よく撃退することができれば、ソ連は開戦することはないであろう。日本が勝利を収めようとすることがあれば、ソ連は戦争に踏み切る」と述べ、また18日にはヴォロシーロフが、「中国の抗戦が生死関頭の時に至ったならばロシアは出兵し、けっして座視しない」と回答したことが報告されていた。これを受けて蔣介石は「もし現在、閣下が東アジアの危機的状況を救うため、貴国軍を派遣する決断をされれば、その決断は中ソ間の恒久的協力の精神を強化するものとなろう」とスターリンに対して書簡を送っており、蔣介石の対ソ依頼心が高まっていたことがうかがい知れる【文書127】。

結局、12月5日にスターリンから対日参戦に回答が寄せられ、国際協調を旨とするソ連としては日本が挑発しない限り、単独で対日参戦を行うことは日本への侵略行動となるため不可能であることを伝えてきた。蔣の顧問を務めていたドナルドによれば、当時蔣はロシアおよび国内の共産主義者の両方に裏切られたと述べていたという。ただ、スターリンより回答を得た後もなお、蔣介石はソ連に対して一縷の望みを持っており、新着任のオレリスキー駐華ソ連大使に対し、ソ連政府に対して「もしソ連が軍事力を公然と対華支援のために出動させなければ、中国の敗北は不可避である」との伝言とともに、新師団の編制に必要な武器供与や参謀の派遣を3ヶ月以内に行うよう依頼している【文書141】。蔣廷黻駐ソ大使が駐ソアメリカ臨時代理大使に語ったところによれば、中国国内でソ連が対日武力出動に積極的であると報告する勢力があり、またソ連側でもそれらの言動について積極的な取締りを行わなかった。ソ連の対日態度について楽観的な報告を行う勢力の存在とソ連の対応が、蔣介石の政策判断

300——解説 2　1937 年後半における中国の対日方針とソ連

に影響を与え、対ソ期待感を過度に高める結果となったことは指摘しておく必要がある。

　ソ連からの回答が寄せられる前の 12 月 2 日に、蒋介石は在京の将領を集めてドイツ調停について検討を行った。各将領はおおむねドイツ調停に賛同し、蒋介石の決定にゆだねた。蒋は「ドイツによる調停は拒絶してはならない。これらはまだ亡国的な条件ではない」と述べ、当初は交渉を継続する方針を取った。しかし、南京の陥落以降、日本側条件の加重が伝えられると、蒋介石は態度を硬化させ、「もし今和平を唱えるならばそれは滅亡と変わらない。外からの侮りが止まないばかりか、内乱はますますひどくなる」と考えるようになり、ドイツ調停に消極的となっていった。

　12 月 23 日に改めてドイツから伝えられた条件が大幅に加重されていることを知った蒋介石は「条件とその方式がこれほど過酷であれば、我国は考慮する余地がなく受諾の余地もない。相手にしないことに決めた」と記し、和平を考慮しないことに決した。汪、孔、張らは依然として停戦の可能性を求めて日本側への具体的反問を伴う回答を作成していたが、仲介の可能性を探っていた米国から積極的な感触を得た蒋介石は具体的反問を伴う回答を拒否した。日本側は中国の態度を遷延策として交渉の打ち切りを通告し、ここの日中間の正式な和平交渉は終焉を迎えた。

301

解説 3 「蔣介石日記」から見た 1937 年ソ連外交文書

川 島　　真

　1937 年の中ソ関係は極めて微妙な状況にあった。蔣介石は、中国共産党との抗日統一戦線形成には依然懐疑的であったし、ソ連の対中侵略に対しても警戒的であった。だが、ソ連による日本への牽制という要素は捨てがたいというのがその実情であったろう。1937 年の中ソ関係に関する昨今の研究としては、河原地英武「一九三七年の極東情勢とソ連──中ソ不可侵条約の成立過程」が、主にソ連側の史料に基づきながら論じている[1]。河原地が依拠しているのはまさに本書に採録されているソ連側の外交文書である。そこで本稿では、河原地の論考を参照しつつ、スタンフォード大学フーバー研究所所蔵の「蔣介石日記」と対照させ、1937 年のソ連の外交文書を中国側から検討してみたい。

1937 年 1 月

　西安事変から南京に戻った後、蔣介石は休養も兼ねて故郷の浙江省奉化県に滞在し、西安事件の体験記である「西安半月記」を記すなどしていた。また、この月には西安事変の事後処理にも追われていた。そのため、1 月はさまざまな政策の構想を練る期間でもあった。

　年の冒頭、蔣介石は「今年の対内的な方針」を記している。ここでは、「対イギリス、ソ連外交の促進」をあげ、またなすべきことを列記した「大事表」にあげられた 76 の案件のうち、「27　ロシア交渉の進行については、イギリス、フランスを媒介とする」などとある。また、「本年の政策」という部分には、「乙　ソ連と和して共産党を制する」とある。そして、1 月の「大事予定表」に

---

1)　麻田雅文編著『ソ連と東アジアの国際政治　1919-1941』（みすず書房、2017 年所収）。

302——解説 3 「蔣介石日記」から見た 1937 年ソ連外交文書

は、「対ソ連、対共産党の方針の研究」と記されている。ソ連側は、1937 年初頭から蔣介石政権との関係強化に乗り出し、ドミトリー・ボゴモロフ駐華ソ連全権代表（大使）がその工作を任されることになった。同大使は 1936 年 12 月に中国から一時帰国し、対中政策を策定していたこともあり、1 月には中ソ間で具体的な動きはあまり見られてないようである。

1937 年 2 月

　2 月 9 日、蔣介石は杭州から上海に戻り、新年（2 月 11 日）を過ごしたあと、14 日には南京に入った。いよいよ本格的に政務に復帰することになったのである。2 月 10 日の日記で蔣は、「ドイツ政府が、われわれの鎬児（ドイツ留学中の蔣経国のこと――筆者注）の行動についても干渉をくわえてきている。帝国主義が他人に害を与えるその獰猛さといえば、ロシア（ソ連）もドイツも皆同じである」と帝国主義批判を展開し、また 12 日には「連ソ容共の分析」と注意書きしている。この段階ではソ連のことを信用することはできなかったのである。

　【文書 1】は 2 月 16 日の蔣廷黻駐ソ大使とソ連に帰任中のボゴモロフ駐華大使の会談記録である。ここでボゴモロフはソ連社会での見方として、「中国の世論がソ中接近の問題に何の反応も示さないことに失望している」と述べたというが、これは上記のような「蔣介石日記」での記載を見れば、当然の状態であろう。中国側はこの段階では対ソ接近についての決断をしていなかったのである。また、この文書にある英仏についての分析は興味深い。上述のように、「蔣介石日記」には「27　ロシア交渉の進行については、イギリス、フランスを媒介とする」と記されているからだ。蔣大使は、イギリスが中国の中央政府を支持していると述べ、またフランスについてはソ連の極東への深入りを望んでいないとしている。これは、中国から見れば、英仏を対ソ交渉の窓口、媒介とすることは得策だということになる。この点、ボゴモロフは反論しているが、蔣介石と蔣大使の見解は重なっている。また、ボゴモロフは中国とドイツの接近についても問題にしているが上述の 2 月 10 日の記述にあるように、蔣介石はしばしばドイツへの不満も抱いていたのだった。この点、蔣大使が述べた「すべての中国人は親中派である」という言葉は正鵠を射ている。

　この 2 月の段階では、河原地が述べるように、「中ソともに相手の真意を測

解説 3 「蔣介石日記」から見た 1937 年ソ連外交文書——303

りかね」ていたということだろう[2]。

1937 年 3 月

　3 月に入り、蔣介石も西安事変の後遺症から立ち直りつつあった。だが、一日の日記ではこの日に受けた X 線検査では脊椎損傷の回復が芳しくないことが記されている。この後も蔣介石はひんぱんに X 線で脊椎の状況を調べていた。

　3 月上旬、蔣介石は二度にわたり対ソ政策の策定に注意すべきだと日記に書き込んでいる（3 日、注意「辛　対俄交渉」、8 日　注意「五　対倭、対俄之外交方鍼」）。まさに 3 月 8 日、【文書 3】にあるようにソ連共産党政治局が中国問題に関する決議をおこなっていた。ここでは、中ソ不可侵条約交渉をボゴモロフに任せること（第 1 項）、また多国間安全保障条約の締結を目指すことが記されている（第 2 項）。さらに、蔣経国の帰国にも同意していたのだった（第 5 項）。

　河原地論文にあるように、この 3 月 8 日の決定は蔣大使に伝えられていない。【文書 4】にあるように、蔣大使は 3 月 8 日にボゴモロフ大使と会い、同大使が 16 日に中国に帰任するとの回答を得ているが、8 日のソ連共産党政治局の決定は会合に際しての話題になっていない。また、【文書 5】にあるように、11 日に蔣大使が多国間条約を担当するリトヴィノフにも会っている。ここで蔣大使は、まず中ソ二国間条約を締結してから多国間条約の締結に向かうべきとしたのに対し、リトヴィノフは同時並行で進めることを主張したと河原地は指摘している[3]。だが、これらの点については蔣介石日記に記されていない。

　他方、新疆代表団のソ連訪問を秘匿していたとして、蔣大使がソ連側を批判したように、新疆問題は中国にとっては敏感な問題であった。無論、通常の貿易ならば問題ないのであるが、それ以上の関係性がソ連と新疆との間にあるのではないか疑っていたのである。蔣介石も、日記でしばしば「西北問題」の処理を課題として取り上げていた（1 月 19 日　対西北問題及各省問題、3 月 3 日　注意　己、西北処理）。蔣介石からすれば、ソ連は一面で南京との協力を提起しながらも、新疆などへの侵出を強めていたように見えたであろう。実際ソ連は、1937 年に新疆で発生したウイグル人の反乱に際しても軍を派遣し、ハミに部

---

2)　河原地前掲論文、232 頁。
3)　河原地前掲論文、233 頁。

隊を駐留させた[4]。

【文書6】はまさに蔣介石の関心事である蔣経国のソ連からの帰国に関することである。ここでは、「中国へは（スターリンの指示に従い）ウラジオストク経由で行くこと、そして上海に着いてからも、本使（ソ連の駐華大使——筆者注）とのコンタクトを維持すること」とされている。これに対応するのは、蔣介石日記の3月25日、「本日、モスクワの蔣大使からの電報に接した。それによれば、経国が駐ソ中国大使館に赴いて話をしたという。すでに妻と一人の子がおり、およそ来月には上海に到着するとのことである」。

3月、蔣介石は引き続き対ソ政策を検討し続けている。3月15日の日記には、「中国は始終、日本とソ連の双方から挟撃される中で活路を見出だそうとしている」と記し、また月末の反省録には「対英、対ソ、対日本の外交方針について、徹底的に研究しなければならない」として、対ソ連政策を検討課題に挙げていた。対日政策については、「排日ではなく、抗日をおこなうのだ」というフレーズが複数回でてくるが、それでも、対ソ政策や対日政策も含め、対外政策は依然検討段階にあったということであろう。

1937年4月

4月は【文書8、文書9（Ⅲ-386）】しかなく、また河原地論文も中ソ関係についてとくに記していない。だが、日記の記述は比較的多い。

まず本月大事予定表という、月初めに記された当月の予定には、西北全体の整備計画とソ連に対する「協商」が記されている。当時の南京国民政府にとって、新疆省をいかにその直接支配下に組み込むのかということが大きな課題であった。また、対ソ連関係において、ここで「協商」という用語が使われたことには意味があろう。蔣介石は、この段階でおそらくソ連との何かしらの協力をすることを想定したものと思われる。

4月2日に蔣介石は集中的に対ソ連問題を記している。「注意」として、ソ連の姿勢に対して一貫性のなさを指摘し、さらに「蒙古、新疆問題」をとりあげ、

---

4) 寺山恭輔「一九三〇年代を中心とするソ連の対モンゴル、新疆政策の類似点と相違点」（麻田雅文前掲編著書所収、170頁）、同『スターリンと新疆　1931-1949』（社会評論社、2015年）参照。

解説 3 「蔣介石日記」から見た 1937 年ソ連外交文書——305

新疆については南京の行政下に置くこと、また西北地方全体の整備計画が必要だとしている。蔣介石がこの日に集中的にソ連のことを記しているのは、2 日の予定として「会見俄大使」、つまりボゴモロフとこの日に会見することが予定されていたからである。ただ、【文書Ⅲ-386】を見るとボゴモロフは 2 日ではなく、3 日に蔣介石と会い、蔣から西安事件の際にソ連がとった立場について感謝されたとしている。2 日は金曜日、3 日は土曜日であり、3 日に会見したとされていることにはやや違和感がある。

　なお、「蔣介石日記」の来週の予定表に、対英、ソ連の計画について研究する、と記されている。今週の反省録にも、蔣廷黻駐ソ大使からの報告が記されており、蔣介石にとっては、4 月初旬ににわかに対ソ問題がひとつの焦点になったことがうかがえる。蔣大使については、【文書Ⅲ-386】の 4 月 9 日の項にその評判が芳しくなく、後任として賀耀組の名があがっていることが記されている。

　4 月 15 日になると、日記の「注意」事項にまた「対ソ問題」が取り上げられるとともに、「中ソ仏協商の利害は如何」と記しており、蔣介石がフランスを組み込んだソ連との協商関係を模索していたことがうかがえる。4 月 20 日、「対ソ、対英、対日（倭）外交について、それをいかに進めるのか、いかに具体的に交渉するのかということを集中的に考える。心身不安になり、未だに緒についていない」と記している。4 月 23 日には、「ソ連に対して、外モンゴルと中国とが直接接触して独立問題について解決し、10 年後の独立を承認する」と記されている。このモンゴルの主権問題をソ連との交渉で解決し、中ソ協商を実現し、中国のモンゴルへの宗主権を確定させた上で、モンゴルの独立を宣言するというのが蔣介石の考え方であった。10 年後の独立というのは、中国の宗主権の下での独立ということである。

　この月の末の「今月反省録」で蔣介石は、「対英、対ソ交渉では相当に得たものがある」としていた。蔣介石なりに対ソ連方針に納得のいく方向性が定まっていたのだろう。それはおそらく、新疆やモンゴルの主権問題を明確にしつつ、対ソ協商を模索するということだったと思われる。

　こうした方向性は、【文書Ⅲ-386】にある『大公報』の胡霖の発言、「新疆における政治状況は、現段階ではまだ南京政府を満足させるものとは言い難い。

306——解説 3 「蔣介石日記」から見た 1937 年ソ連外交文書

この現実は解消せねばならない。そして新疆の政治状況を他の全ての省と同等の形にし、南京政府の管轄下に置くことが必要である」との文言に通じる。

4月にはもう一件重要なことがあった。それは、前述の蔣経国のモスクワからの帰国である。RKO4 に採録された、5 月 5 日付の【文書 9】は 4 月のことも含んでいるものと思われ、河原地もそう判断をしている。【文書 9（Ⅲ-386）】を見ると[5]、ボゴモロフは 4 月 2 日に陳立夫に会い、ボロゴロフから陳に蔣経国の帰国を伝えると、陳はそれを聞いて狂喜し、「蔣介石は息子の帰国に協力してくれたソ連政府への恩をいつまでも忘れないだろうと彼（＝陳立夫──筆者注）は言った」とある。蔣の 4 月 12 日の日記には、「経国の電報に接した。今日ウラジオストクから乗船して帰国する。我が心は安らいだ」などとある。そして 4 月 19 日に「午後、経国に会った」とある。この親子は別離してから 12 年が経っていた。

河原地は、この蔣経国の帰国をスターリン自身が下した決定としており、またそれが「蔣介石を喜ばせ、中ソ関係の改善に役立つと判断してのことだろう」と推測している[6]。中ソ関係の改善にどの程度貢献したかは不明だが、蔣介石やその周辺を喜ばせたことは確かだろう。だが、河原地が『東京日日新聞』を用いて述べている、4 月の「大体 20 日夜」に蔣介石・経国親子が杭州で再会したというのは、「大体」といえば正しいが、日記に基づけば 19 日に再会した、ということになる。蔣介石はその前日の 4 月 18 日に飛行機で杭州入りしていたのである。

また、河原地も指摘するように蔣経国の帰国日は明確でない。だが、4 月 19 日の日記には蔣経国は前日、つまり 18 日は杭州入りしていたが、同日に到着していた蔣介石に直ちに会おうとはしなかったとの記載がある。親子は、ともに到着の翌日になって対面したのである。

1937 年 5 月

【文書 9（Ⅲ-386）】にあるように、ボゴモロフは二国間条約と太平洋地域条

5）　河原地前掲論文、237 頁に記されているように、RKO4 に採録された【文書 9】には、RKO3 の文書 Ⅲ-386 にあるように、4 月のものも含まれていた。
6）　河原地前掲論文、236 頁。

約の二本立ての交渉ではなく、二国間条約交渉について不可侵条約と相互援助条約に選択肢を分けていた。そしてボロゴロフはまずは太平洋地域条約、それがだめなら軍事的色彩の強い相互援助条約の交渉をおこなうことを想定していた。その相互援助条約との関係は不明であるが、同時にもう一つの選択肢である不可侵条約にも意欲を見せていた。だが、中国側は当初不可侵条約にあまり関心を示さなかったようである。河原地は、中国側が求めていたのは、軍事援助が得られるような、積極的な相互援助条約であったものの、ソ連との交渉を一気に進め日本からの反発を招くようなことは避けたかったのではないか、と指摘している[7]。この点のほかにも、中ソ間には新疆やモンゴル問題などの懸念材料があったことは前述の通りである。

　他方、【文書9（Ⅲ-386）】はソ連側が王寵恵を通じて太平洋地域条約構想を提案したことも記している。ボゴモロフは、「王寵恵は我々の提案に興味をもったようで、それらの提案を政府や蔣介石と検討してみようと言った。個人的には、太平洋条約構想を非常に気に入っているとのことであった」と記し、王からは15日以降に返事をすると述べたという。

　ボゴモロフはまた、【文書10】で日中関係に対する分析をおこなっている。そこでは「日中が一時的な合意に達することはあり得る。それで両者は一休みできるからだ。しかしその合意が長続きするとは思えない」というように、日本の対中侵略が和らいでも、それは一時的であり、最終的に日中関係は破綻すると見ている。

　5月の日記で、蔣介石は18日の馮玉祥－ボロゴロフ会議（【文書Ⅲ-389】）については記していないが、20日と21日にソ連との関係に言及し、「閻（錫山）、共（産党）、日（本）、ソ（連）」を四大問題としている。すでに「抗日」の意識を強く持ってはいたものの、同時にソ連もまた主権侵害、そして共産党とつながる大きな問題だと蔣は認識していたのだろう。

　そのような蔣介石の対ソ政策をめぐる「逡巡」は日記にも現れる。本月大事予定表にも、「対ソ交渉と方法」が挙げられ、また第一週の来週の予定表には「ソ連に対する方法としては、外モンゴル政府と直接我が政府がその独立への

---

7)　河原地前掲論文、234頁。

308——解説 3 「蒋介石日記」から見た 1937 年ソ連外交文書

プロセスについて交渉し、モンゴルに対する我が宗主権を維持する」と述べている。しばしば蒋介石の日記に現れるモンゴルの「独立」は、前述のように、あくまでもモンゴルに対する中華民国が宗主権を維持した上でのことだと思われる。モンゴル以外にも、新疆も大きな問題であった。5 月 15 日の日記には、「新疆に対する工作の開始」とあり、その週の反省録には「新疆への注意」、次週の予定表には「新疆問題の人選」というように、この 5 月に新疆問題の処理をおこなったことがうかがえる。そして、5 月 25 日には外モンゴル、新疆への考察団について提案したことが記されている。

だが、この月の下旬になっても、対日、対ソ交渉に対する回答は出ていなかった。5 月 19 日の日記では、「対外政策の面で、日本とソ連という二つの問題について、徹底的に分析して生かさなければならない」とか、「ソ連との貿易の方法」を留意点として挙げるなどしていた。また上述のように 19 日と 21 日には、閻錫山、中国共産党、日本、ソ連を四大問題として研究課題として挙げているし、28 日にも引き続き注意点として対ソ連交渉を挙げている。5 月末日や翌週の予定表に、「対日、対ソ連方策の総検討」をあげ、今月の反省録には、「対ソ連外交はなお未だ着手せず」という一節がある。5 月は依然検討を継続していたことがうかがえる。

1937 年 6 月

5 月末から、ソ連の太平洋地域条約構想については、必ずしもイギリスやアメリカの支持が得られないことが次第に明らかになっていき、中ソ間の二国間条約へと焦点が移っていくことになる。外交文書に採録されている 6 月の【文書 14、15】のうち、前者はローズベルトがトロヤノフスキーに、「アメリカは同盟やその類のものに加わることはできない」と太平洋地域条約構想に否定的な見解を示している。後者は、ソ満間の国境での小競り合いについての日ソ間のやりとりである。

蒋介石の日記は、6 月もソ連からの武器購入など協力関係構築を視野にいれつつも、まだソ連を十分に信じることはできなかったことを示す。それは、新疆情勢や軍事産業協力などの面で、直接人を現地に派遣して状況を確認しようとする蒋の姿勢からも理解できる。他方、蒋介石は日本の対中侵出について、

ソ連で軍隊への粛清が激化したことに乗じて、日本が攻勢にでるのではないか、またこの機に日英がそれぞれの在華権益の相互承認をおこなうのではないかと、日英交渉に神経を尖らせていた。日本の対中政策も、こうした列強間関係で決まるところが大きいと、蔣介石は考えていたのだろう。

日記の「本月大事予定表」には、新疆考察団の設計、外蒙考察団の擬議などとともに、対ソ連外交の設計ということが挙げられている。6月2日、新疆考察団の発起をあげつつ、注意点として、「ソ連からの武器購入問題については、慎重にして急ぐべきではない」と述べている。6月7日には、注意点として第三インターとソ連との関係をあげ、13日にはソ連への考察員派遣をあげている。15日、ソ連の飛行機工場の経過をあげて、ソ連との軍事協力にも関心を示していた。

日本の満洲侵出については、日本が北満に二万を増派したことに注目していた。6月16日には、「ソ連が軍隊内の粛清をしている機会を利用して、日本はドイツとともにソ連を攻めるつもりか。しかし、いまはその時ではない」などと記している。その週の反省録にも、「日本とソ連に対する外交交渉ではいまだに進展がない。日本の北満増兵は何のためか」とし、この段階でも対ソ、対日ともに判断がつかない様を示している。6月24日になると、引き続き対日、対ソ外交問題に続き、イギリスの動向にも注意を払うべきだとしている。また、28日にはソ連の武官に会って、日本がソ連の軍隊への粛清の機会を利用して侵攻（原文は進攻）してくるのか蔣介石は尋ねたという。

蔣介石は今月の反省録にも、「対日、対ソ外交はともに進展がない」と記している。7月7日の盧溝橋事件の前夜は、このような状況であった。

1937 年 7 月

7月初旬、【文書16、17】にあるように、ソ満国境付近で小規模の紛争が生じていた。ヴィノクルカ山系地域の国境付近での日満軍の越境、また両軍が撤退することになっていたアムール川の島々で発生していた。このことは蔣介石の日記にも表れている。月頭の本週反省録に7月4日の注意にこうしたことが記され、日ソ両国間で一定の解決が諮られたものの、まだまだ波乱含みだと予想している。

310──解説 3 「蔣介石日記」から見た 1937 年ソ連外交文書

　7 月 7 日の盧溝橋事件は、周知の通り、戦争の開始を必ずしも意味しなかった。戦争は 7 月後半頃に次第に日中両国に認識され始め、やがて両国によって 7 月 7 日の盧溝橋事件が戦争の起点として認識されるに至ったのである。【文書 18】のいう「いつもの挑発行為」、これが盧溝橋事件に対する当時の大方の見方であったろう。興味深いのは【文書 19】で、燕京大学の学生たちが盧溝橋事件直後に日本への宣戦布告を求めているということである。また、【文書 20】では、立法院長孫科の発言として、「蔣はこの紛争がますます大規模なものとなり、泥沼化するだろうとの確信を口にしたという[8]。彼（孫科──筆者注）自身は紛争が日中間の公然たる戦争に発展すると考えている」との分析が述べられている。盧溝橋事件後の早い段階で、こうした観点がソ連側に伝えられていたことには注目していいだろう。

　他方、盧溝橋事件が生じる前から、日中関係の悪化にともない、蔣介石は対ソ交渉に高い関心を示していた。第一週の本週反省録に「対ソ外交は積極的に進行しなければならない」とし、6 日の日記には注意点として「対ソ連交渉の研究」、7 日にも注意点として「ソ連情勢報告」、そして 9 日には予定として「対ソ交渉の研究」を挙げている。そして 14 日には具体的に、「立夫（陳立夫──筆者注）を派遣してソ連大使と会見させる」としている。その前後には、本週反省録として、ソ連の南京駐在武官と 1 時間話したとも記されている。

　7 月 16 日の【文書 21】、また 7 月 17 日付の【文書 23、24】は、7 月 16 日に駐ソ中国大使蔣廷黻から外務人民委員リトヴィノフに送られた文書のことを示している。この中華民国外交部の声明文は、日本の対中侵略に抗議するものであり、蔣介石の日記では同日に内容を確定したことが記されている。中国側としては、日本の行為を九ヶ国条約、ケロッグ＝ブリアン条約、国際連盟規約に違反しているとして抗議し、英米仏などとともにソ連も共同歩調をとるように促したのだった。しかし、その三国はソ連に連絡をとってきてはいなかった（後にある程度の協調が図られる。【文書 30、34、36、37】参照[9]）。これを受けた【文

────────────

　8)　この【文書 20】で孫科は王寵恵外交部長の取次をしているが、孫と王とは、1930 年代初頭の広東国民政府構想も含め、連携して行動をとることが多かった。1930 年代の国民党内の政治闘争についての昨今の日本語文献として、張集欽「1930 年代における国民党党内権力闘争の一側面──寧粵対立の中の蔣胡合作構想」（『研究論集』、北海道大学文学部、15 号、2016 年 1 月）参照。

書22】は重要である。これもまた、南京の王寵恵外交部長の依頼を受けた（上海にいる）立法院院長の孫科と、上海にいたボゴモロフのやりとりである。ここで、孫科は、米英仏も含めた共同歩調のことには触れず、「現在考えているのはソ中間の相互援助条約であると言って締めくくった」という。ボゴモロフとしては、「何の新味もない」ことだったが、中国側としては大きな提案であった。だが、ボゴモロフは必要があれば南京に行く用意があると交渉に可能性を残したのだった。

　このような中国側の判断については、蔣介石の日記の「本月反省録」が参考になる。それは以下のような記述である。「3　日本が我々に共同で対ソ防衛をおこなうこと、また同時に満洲国と華北の特殊化を要求してきた。ここでもし中国がソ連と先に相互不可侵条約を締結すれば、先んじて日本の"迷夢"を打破し、今後何も要求できなくさせることができる。もし、共同で対ソ防衛をおこなうことを許したら、華北が日本統治下に入るだけでなく、中国全体が第二の満洲国になる。無論、もしソ連と条約を結べば日本はそれに怒るかもしれないが、それでも華北が侵略占領されるのが最大の損害であり、国家の存在そのものまではおかされないだろうし、まして中国全体を占領することなどさせられるわけはなかろう。この双方の選択肢に見られる損害を比べて軽い方をとれば、どちらを選ぶか決めることができるだろう」。つまり、日本から対ソ共同防衛を提案され、それへの反応としてソ連との相互援助条約締結の決断をした、ということであった。

　しかし、【文書25】のボゴモロフの情勢分析にあるように、ソ連もこの蔣介石の決断を歓迎したわけではない。「南京政府の政策は、相変わらず駆け引きばかり」であり、また「日ソ戦争への期待は、相変わらず蔣介石の固定観念」だと批判し、そして日本については「（イギリスを怒らせないためにも）、日本は北平とチャハル地区だけで満足し、他の省、特に山東には侵入しないものと思われます。上海に関しては、事を荒立てようとする気配は全くありません」というように、日本の側の打算にも注意を払っていた。

───────────

9)　このほか【文書40】にあるように、ソ連が米英仏に接近したり、中国を支援した場合には、ドイツやイタリアとの関係悪化も予想された。このような中国をめぐる列強間国際政治も、ソ連側外交文書には多く見られるが、この点は蔣介石日記には必ずしも多く見られるわけではない。

312——解説 3 「蔣介石日記」から見た 1937 年ソ連外交文書

　【文書 26】は、前述の 7 月 14 日の日記にあった、陳立夫の来訪である。蔣介石は、王寵恵外交部長ルートとは別に、陳を特使に立てて、上海のボゴモロフとあわせていたのである。ここで陳は、ボゴモロフの言う通り、王寵恵と同じ説明をし、ソ連がまず必要としていた太平洋地域条約でも、あるいは地域条約の次とされていた相互不可侵条約でもなく、むしろ相互援助条約について提案し、さらに前述の 6 月 2 日のソ連からの武器購入についての具体的な提案をしている。ボゴモロフが述べるように、ソ連からすれば、もはや日本は軍事力で勝るソ連に単独で敵対することはありえないし、またソ連から中国に武器を提供するならば、「提供した武器が、ソ連に向けられることがないよう、保証を得ておく意味合い」のためにも、相互援助条約ではなく不可侵条約の締結が必要になるのだった。

　【文書 31】は 7 月 23 日に、南京でボゴモロフと王寵恵が会談した時の模様を伝えている。軍事資金援助と相互援助条約締結交渉開始という二大案件のほか、中国政府の盧溝橋事件に関する声明についてのソ連の見解を王はとりあげた。王は、日本の華北侵出は対ソ戦を意識したものだとしていた。ソ連からすれば、日本が単独で対ソ戦をおこなうことはないとみなしていたし、また華北の宋哲元らが日本と独自に講和する可能性もあると考えていたのだった。ボゴモロフは、これらの件について本国の回訓を求めていた。【文書 33】は、蔣介石の特使として訪れた張冲との会談の模様を伝えている。これも上の王の件同様に日記には見られない。張は、日中戦争遂行上、中国がソ連からの支援に期待していることが述べられている。

　【文書 39】はソ連の方針を示している点で重要である。ここで、中国側の要求する相互援助条約と武器購入支援ではなく、相互不可侵条約と武器購入支援をパッケージにするという案であった。相互援助条約締結は、まさにソ連による日本への宣戦布告を意味するというのがリトヴィノフの判断であった。また、武器購入支援については【文書Ⅲ-400】に記されている。

　1937 年 8 月

　8 月にはいると、中ソ不可侵条約交渉が一気に本格化する。これは河原地の指摘する通りである [10]。日記の、本月大事予定表にも「ソ連との相互不可侵条

約締結」が挙げられている。

　【文書40】は、日中戦争に関して、アメリカが必ずしもイギリスと共同歩調をとろうとしないこと、またドイツ、イタリアが、もしソ連が中国をなんらかのかたちで支援すれば、日本と手を結ぶと中国側に伝えたことなどが記される。この内容は基本的に【文書39】と繋がる。興味深いのは【文書42】である。8月2日付だが、内容としては1日のことと考えられる。この日、王寵恵とボゴモロフが会い、孫科を通じたソ満国境地帯へのソ連軍の展開要請のこと、また列強の日中戦争への姿勢、そして中ソ相互防衛条約のことが話題になった。ボゴモロフは、「晩に蔣介石と会談する予定」であったために話を抑制していた。実際、この日、ボゴモロフは蔣介石に会っている（日記、8月1日）。同日の蔣介石の日記には、「ソ連は武器の支援について同意している。だが、不可侵条約の締結を条件としていた。自分はこれを斥けた。ソ連の外交の狡猾なること、無比である」と述べられている。この段階では、蔣介石のソ連への疑念が強いことがわかる。ボゴモロフはまた王寵恵が日中戦争勃発という事態に右往左往しているといった印象を抱いている。

　このあとソ連外交文書には8月10日付の【文書49】まで条約締結関連文書が採録されていない。だが、この間、中国側では対ソ交渉についての検討が進められていたようである。8月2日には、「ソ連対策として、まずはソ連と相互不可侵条約を締結すれば、それは日本に対する脅威となり、これによって日本に対しても不可侵条約を締結するように要求することができ、中国が中立を固守することになるであろう」と記し、8月5日には「対ソ連外交」を注意点にあげていた。8月6日には、蔣介石から駐ソ蔣大使に打電している（内容は不詳）、かつ日記に「ソ連が不可侵条約を提起してきたことについて、外モンゴル問題と『不宣共産問題』に特に注目、重視すべきである」と記し、その週の来週の予定表にも、「対ソ外交について、その方策と進行について決定する」と記している。8月の初旬には、まだソ連の提案に応じるか否か判断がつきかねていた、ということだろう。

　8月9日の日記では、「対ソ相互不可侵条約によって、日本が再び日中で共同

_____
10)　河原地前掲論文、239頁。

314——解説 3 「蔣介石日記」から見た 1937 年ソ連外交文書

防ソ条約を締結するという夢を抱かないようにする」と記し、10 日に「対ソ、対日の外交の理解」を検討事項に挙げている。しかし、この過程で中ソ相互不可侵条約に疑義を呈した政治家がいる。汪精衛である。日記には、「汪は中ソ協定に懐疑的である」と記し、「対日問題について、今一度討論する」などと記し、14 日にも注意点として「対ソ外交」をあげている。この段階で、国民政府中枢での調整がはかられていたことがわかる。ソ連側の文書にも条約についての調整が見て取れる（【文書Ⅲ-404、406】など）。

そうした中で、【文書 44、文書 47、文書Ⅲ-405】などにあるように、新疆経由の中ソ航路が開かれ、他方でソ連側が中国側の要求を受け入れて、中国の新疆に対する主権を認めたことは、蔣介石の懸念をひとつ払拭することになったであろう。また、【文書 46】にあるように、ソ連の中には日本の対中侵略への意欲を見極め、さらに日独枢軸の形成を確実視する見方があった。

中国側の外交文書を見ると、王寵恵に対する、不可侵条約締結交渉に関する全権証書は 8 月 15 日付となっている。また、条約草案は 8 月 5 日付のものから始まっている。これ以前からソ中間で案文の調整がされていた可能性はあるが、少なくとも外交部では 8 月 5 日には踏み込んだ草案を作成していた[11]。そして、8 月 15 日付で王寵恵に全権証書が発出された。8 月 17 日と 18 日、「蔣介石日記」にはソ連大使と会談した旨が記されている。ソ連側の【文書 49】は、おそらくは 17 日の会談であろうが、いずれにせよ一度分の会談しか記されていない。興味深いのは、ここでは条約のことは敢えて議論されず、主に空軍の軍事支援の要請が蔣介石からあったと記されていることである。河原地は、蔣介石が条約調印に「さほど関心があるわけではなく、もっぱらソ連からの軍事支援について論じている」としているが[12]、蔣の日記からすると条約調印に関連付けてなるべく多くの協力や支援をソ連からひきだそうとしているように見える。また、ソ連側から見て急に蔣介石が態度を変えて軍事支援を求めたように見えたのには、「日記」にあるように、この時期に空軍の重要性が増し、戦力増強が必要となったためであろう。8 月 18 日には空軍が夜間に上海を空爆して無事に帰隊したことが、また 21 日には「本日は航空機 4 機を失った。開戦

---

11) 「中蘇不侵犯条約」（外交部檔案、11-04-15-06-03-003）。
12) 河原地前掲論文、240 頁。

解説 3 「蔣介石日記」から見た 1937 年ソ連外交文書——315

以来最大の損失である」といったことが記されている。また、今月反省録では空軍の将校を批判しながらも、上海戦で中国空軍が予想外の戦果を挙げたことを指摘している。

不可侵条約については、日記には、「8 月 19 日、注意。ソ連との条約へのサインを急ぐ」とある。実際の条約が結ばれたのは 8 月 21 日であり、30 日に公表されることになっていた[13]。【文書Ⅲ-408、409】は条約締結の条件調整内容、【文書 53】はその条約本文であり、【文書 54】は条約締結に臨んだボゴモロフの報告である。ここでは、30 日のプレス報道のために、29 日に報道機関に発表することとされている。21 日の日記には、「午前に国防最高会議を開催し、午後に外交部に対ソ条約のサインを促した。夜にはソ連大使に会った」とあり、また、注意点として「中ソ不可侵条約については、その締結の理由を英独に説明しなければならない」と述べられていた。

【文書 55】は、調印翌日のボゴモロフの報告である。ここでは、蔣介石の周辺で親日派と反日派が争っている様子、また中国側が不可侵条約と軍事支援を結びつけようとする方向へと転じたことなどが述べられている。だが、日記から見ると、対日政策をめぐり親日、反日両派が争っている様子は必ずしも見られない。

8 月 22 日の日記には、予定として「耿光（楊杰のこと——筆者注）をソ連に派遣する」、注意として「ソ連との条約とドイツとの関係」と記されている。楊は実業考察団を率いてソ連を訪問した。【文書 63】にあるように、楊の派遣は武器支援を受けることと関連付けられていた。【文書 58、59】の蘭州での領事館開設問題、そして軍事使節団派遣などもソ連から中国への空軍支援問題と関連付けられていた。

8 月末の記事には、26 日に注意として「ソ連への外交によってその参戦を促す」とある。蔣介石にとっては、不可侵条約にしても武器支援にしても必ずしも最終目標ではない。やはり、ソ連の対日参戦が大きな目標であった。この点、河原地は 9 月下旬に蔣大使がストモニャコフに参戦を求めたことに関連付けて指摘している[14]。

---

13) 1937 年 8 月 26 日、王寵恵ヨリ電（外交部檔案、11-04-15-06-03-003）。
14) 河原地前掲論文、241 頁。

316——解説 3 「蒋介石日記」から見た 1937 年ソ連外交文書

　また、27 日に「午後、ソ連大使に会った」と記されている。この会談の内容
が【文書 70】である。その日の午前、蒋介石は軍学校 11 期の卒業式に出席、
空軍について 1 時間も話していた。そのあとにボゴモロフにも会い、空軍の話
をしていたのである。

　なお、不可侵条約は 30 日に公表されたが、今月の反省録では、この条約締
結を発表したことについて、現在の情勢に照らして利が多く害が少ないとして
いる。また、31 日には「日本（倭）、ドイツ、イタリアなどの「法息使（ファシ
スト）」諸国は、中ソ協定について驚き、恐れているようだ。だが、極端な反対
の声は聞こえてこない」と記している。ドイツ、イタリアへの関心は高く、9
月初旬にドイツ大使、イタリア大使と頻繁に会見することになる。

　他方ソ連側では、【文書Ⅲ-412】にあるように、中ソがこのような条約を締
結したにもかかわらず、中国が日本との間で交渉を続けていたことに不満の声
が出ていた。

1937 年 9 月

　9 月に入ると、日記におけるソ連関連の記事は激減する。9 月 3 日の日記に
は、「外モンゴルと満洲国とが会議を開催しているというが、それもソ連の奸
計によるのだろう」としている。たとえ不可侵条約を締結したとはいえ、相互
の不信感は明確に存在していた。それが【文書 75】に現れている。中華民国側
もドイツ、イタリア大使などと会見するなどして条約の意図を説明し、その反
応を確かめていた。それは前述のとおりである。また、9 月 3 日の日記の注意
として汪精衛の外交に対する態度が挙げられていることには留意しておきたい。

　河原地論文が指摘するように、この時期、中ソ間では武器援助に関する文書
の交渉がおこなわれていた。9 月 10 日付の【文書 76】に基づいて、調印の期
日について、「たぶんそれから数日以内のことではないか」と河原地は推測し
ている[15]。日記には、9 月 9 日に「ソ連の外交は、ソ連が自らのために中国を
支援しないわけにはいかないということを深く確信した」と記されている。こ
れはソ連を日中戦争に引き込むことを意味しているが、だがソ連側はそれを回

---

15)　河原地前掲論文、241 頁。

避しようとしていた。だからこそ、武器援助にしても、ソ連側が簡単には応じてこないことに蔣は気づいていた。「日記」の9月10日には注意として「ソ連は躊躇している」、12日には注意としてソ連の態度をあげている。そして、13日に「ソ連との飛行機交渉が終わった」と述べている。「数日以内」という河原地の予測通りであった。また、数回にわたって、飛行機の譲渡を促すといった内容も見られる。ソ連との協定が締結されても、実際に航空機が来るかどうかが問題であり、最終週の「来週の予定表」にも「ソ連機が甘粛に到着するだろう」などと記している。また、引き続きソ連からの支援を得ることも計画しており、26日には注意点として「ソ連との交渉」が、そして28日には「ソ連の軽機槍の購入」などと記されている。

　河原地論文が取り上げているボゴモロフ大使の帰任については、日記の24日に注意点として、「ロシア大使の帰国は何故か」と記されている。

　なお、月末には英ソ関係に注目しており、最終週の「来週の予定表」に「対英、ソ関係の運用」を挙げ、28日に「外交の重点はイギリスとソ連にある」、29日には「イギリスはソ連の極東戦争への参加を望んでいないのか」、30日には「イギリス代理大使に会ったが、彼はソ連の極東戦争参加について悲観的であった。イギリス人は自らの利益だけしか考えない」などと記している。日中戦争に他の列強を引き入れていくという蔣介石の戦略は簡単には実現しなかったのであった。その点で興味深いのは月の反省録である。「ソ連は始終冷淡で、投機的だ。ソ連が約束した飛行機も月末には蘭州に着くことになっているが、いま1機も到着していない。それに、大使まで召喚し、その意図がどこにあるかわからない。ソ連は狡猾で日本は暴力的だが、中華はその両者に挟まれた状態にある」などと述べていた。

1937年10月―12月

　10月に入ると、国際的な舞台では国際連盟や九ヶ国条約がひとつの焦点になった。【文書107】にもそれが現れている。蔣介石の日記にも、10月9日に「九ヶ国条約会議の研究」が注意としてあげられ、11日にも「国際連盟と九ヶ国条約会議の結果は如何」と記されている。

　中ソ関係ではソ連からの飛行機が届かず、蔣介石が苛立つ時間が長引くこと

318——解説 3 「蔣介石日記」から見た 1937 年ソ連外交文書

になった。10 月 1 日にも「ソ連機がすぐに到着するように催促する」、2 日には注意で「ソ連機がまだ新疆に到着しない」などと記されている。こうした記事は 10 月 9 日にも見られる。10 日には、「ソ連の態度は曖昧である。新甘粛空港の設備はソ連の東進の基礎か」と述べ、警戒心を示している。他方、ソ連側が【文書 98、99、108】で問題にしている蘭州のソ連領事館開設問題は必ずしも取り上げられない。

　中ソ関係については、蔣介石のソ連への不信感が日記に見られる。第一週の反省録には、「ソ連大使の帰国は何故か」とし、10 月 7 日には注意として「ソ連の態度は積極的に我が国を助けようとするものではない。それが容易に見て取れる」、8 日には「ソ連の態度はいっそう冷たくなっている。これは意外なことではない」などとされている。

　ソ連が最終的に対日戦争に引き込まれるかどうかが中国にとって大きな問題であったが、10 月 7 日に「日本は果たしてソ連を攻めるか」と注意に、9 日にも注意で「ソ連の態度はわからない」、「日ソ関係の研究」などと述べている。13 日には、さらに具体的に「ソ連と日本との戦争をなるべく早く発動させる」と述べ、20 日には「イギリスをして、ソ連が対日戦争を起こすことを黙認するようにさせる」としている。23 日には英米両国にソ連の対日参戦を認めさせようとする蔣介石の構想が述べられている。

　11 月に入ってもソ連からの飛行機は到着せず、蔣介石のソ連不信は増幅していったが、それでもソ連を対日参戦させる希望は捨てられていなかった。二国間でも、また国際会議、組織の舞台でもそうした努力が続けられていた。【文書 111、114】はそのような両国関係を反映するようなやりとりである。蔣介石は 4 日の日記で、「ソ連はすでに希望がない」と述べている。12 日には、蔣廷黻大使を休暇帰任させるとしている。実際の帰任は 12 月後半であった。総じて 11 月は、二国間交渉というよりも、国際的な舞台に関する内容がソ連側の史料では多くなっている。

　日記では、17 日に注意として「英米をしてソ連を参戦せしめる」と述べ、21 日には注意点に「ソ連の動向」をあげ、23 日にはさらに注意点で「ソ連の態度に変化はない」、25 日にも注意として「ソ連の情況」をあげる。【文書 124】にある蔣介石からのスターリン宛書簡については十分に日記で述べられてはいな

解説 3 「蒋介石日記」から見た 1937 年ソ連外交文書——319

い。だが、28 日の日記には「ソ連機はすでに到着した。これで戦局を救うことができるかもしれない」と述べられている。【文書 125】は、日ソ漁業協定に言及があるが、この点は日記の 22 日に「日ソ漁業条約がサインされた」とある。

なお、11 月 5 日には「敵がドイツを通じて講和の条件を伝えてきた。防共協定がその主な内容だったが、自分は断じてそれを拒絶した」と述べている。トラウトマン交渉である。この点は 12 月に持ち越されることになる。

12 月に入ると、ソ連からの航空機と空軍の将兵が到着したことで多少は中ソ関係が改善されたように見えるが、蒋介石の対ソ不信感は継続していた。だが、12 月 1 日の日記に「ソ連機の第一隊が今日南京に到着した。あまりに到着が遅れてしまったのが惜しまれるが、それでもなお有用である」とあるように、飛行機がようやく到着した。これは一定程度蒋介石の溜飲を下げたであろうが、3 日にはすぐに「今日ソ連武官態度の傲慢、己を求めるの要を覚える」とあり、また第一週の反省録に「ソ連空軍の人員は死を恐れて努力もしない。かえってわが空軍にとって大きな妨害を加える。他人に頼るというのは、害が多くまた無益なことである」と述べられている。ソ連空軍からの具体的な支援が新たな問題をうんだことがうかがえる。

トラウトマン工作については、【文書 130】などにあるが、日記には 2 日に「ドイツ大使と講和問題について討論する」などと書かれ、6 日には「日本がドイツ大使に対して示した調停の方法について、自分は屈服できない、ドイツ大使もすでに調停をやめることを決断した」などとしている。蒋の決断は【文書 139】にあるインタビューなどに示される。月末の 26 日には日本からの講和条件が緩和されたとも記しているが、蒋介石は停戦に応じる用意はなかったようである。

【文書 124】にあった蒋介石からスターリン宛の書簡に対してスターリンが返書を送っている[16]。これはソ連側の文書にはないようだが、日記の 12 月 5 日

---

16) この返書の中国語訳は「史達林委員長、伏羅希洛夫元帥自莫斯科致蒋委員長申述蘇聯不能即刻対日出兵之理由及提供委員長與德大使陶德曼談判時応採取之態度電（訳文）」（中国国民党中央委員会党史委員会『中華民国重要史料初編—対日抗戦時期』台北、中国国民党中央委員会党史委員会、1981 年、第 3 編戦時外交 (2)、339-340 頁）として公刊されている。この史料集では日付不詳とされているが、12 月 5 日に蒋介石がこの書簡の内容を検討しているのだから、それ以前ということになる。

には、注意として「スターリンへの返電の研究。ソ連の出兵はすでに絶望的だ」などとある。6日にも、「スターリンからの返電がもうきている。日本とソ連の態度はすでに明らかである。もう待つところなどない」としている。

この時期、蔣介石はソ連といかなる関係性をもつか判断しかねていたようだ。【文書136】にあるように、中国としてはソ連の参戦が必要であり、ソ連の言う列強の集団的行動の必要性を踏まえて、中ソ二国間交渉だけでなく、米英を促してソ連を参戦させようとしていた。こうした点について、2日には注意点として「ソ連の態度に対する研究」、4日にも注意として「日本とソ連は中国を戦場にし、また中国を犠牲にしようとしている」と悲観的になったが、6日には「ソ連には希望がない。だが絶望することもできない」としている。また、22日には「イギリスはソ連を信じられない」とあり、英米を通じた工作にも限界を感じ出していたようである。他方、この時期には中国共産党が独自の動きを見せており、10日の日記にもソ連と中共の関係性を疑う記述がある。

なお、12月にはルガネツ＝オレリスキー大使の着任が予定されており、この関係で、19日には注意として「ソ連大使に対する方策」、20日には「ソ連大使は遅々としてまだ移動しない」などといった記述がある。28日には、「晩、ソ連の新大使に会う。約2時間半話をする」とある。その時の内容が【文書141】である。ここに示されているトラウトマンの新たな動きが日記の26日にある内容である。前述のように、この新提案にも蔣介石は応じるつもりはなかった。蔣介石は、徹底抗戦のためにもソ連の支援が必要だと改めて訴えたのである。

以上、本書に掲載されているソ連側の文書について、また主に河原地論文を参照しながら、「蔣介石日記」の叙述内容と照らし合わせて検討した。そこからは、中ソ間の思惑の相違とともに、蔣介石がソ連を決して信用できずに状況が推移したこと、それでもその空軍を中心とする軍事支援を求めながらも、それが思い通りにいかずに苛立ったこと、そして国際的舞台でも日本への攻勢を強めつつ、英米などをしてソ連の対日参戦をおこなわせようとしたがそれが叶わなかったことが看取できる。しかし、たとえ蔣介石に信じられていなくても、中国に対する重要な支援元である状態を維持する程度の対中関与をソ連は維持していた。抗戦初期の段階では、英米よりもソ連の方が、軍事面での具体的支援を中国にする存在であったのであり、その点で蔣介石はソ連を完全に断ち切

ることもできなかったのである。また、そのソ連からの支援を得るにしても、満洲、華北、そして山西などのルートが遮断される、あるいは停滞する中で、甘粛省の蘭州の役割が重要となっていることにも留意したい。中央アジアから蘭州を経た、中ソ間の「援蒋ルート」がこの時期に機能しようとしていた、と見ることもできるだろう。

あとがき

　本書は、科学研究費「世界戦争としての日中戦争——マルチ・アーカイブによる多角的アプローチ」（基盤研究 B、課題番号 15H03322、2015-17 年度）による成果である。本科研は、研究代表者である家近亮子、分担者である川島真、岩谷將という中国史研究者と、同じく分担者である河原地英武というロシア史研究者の共同研究であった。

　日中戦争研究は、歴史的にも、また現在の歴史認識問題などから見ても極めて重要である。だが、それに対して実証的な歴史研究は十分とは言い難い。特にそれぞれの国や地域でそれぞれの視点で研究史が蓄積され、それぞれの自国史を中心にして戦争を記述してきたために、歴史叙述が各国・地域別に引き裂かれた状態にある。また、用いる史料も、たとえマルチ・アーカイブであったとしても、自国の言語の史料を重んじ、自国の言語の史料でまず論点を作ってから、他国・地域の言語の史料で補充するために、多角的な視点がなかなか育まれない傾向にあったようだ。研究史同様に史料も依然、国・地域別に編まれたり、収集されたりしがちだ。

　こうした状況を克服しなければならないのは、たとえ当時の個々のアクターにそれぞれの立場や考えがあったとしても、そのそれぞれの立場や考え、あるいは行動を個々に明らかにすれば歴史家としてそれで足りるというわけではないからだ。日中戦争という歴史事象を全体として捉えるためには、少なくとも政治外交史であれば日中双方からの検討が必要だし、可能ならばそこに関わった米英ソ独などの国々の視線を踏まえた議論が必要だと考えられる。

　これらの課題を克服する上での手法は多々あろうが、ひとつの突破口は、日本の中国史やロシア史研究者、あるいは各国・地域の外国史研究者がそうした

引き裂かれた研究史や史料を媒介する役割を果たすことにある。無論、それがどれほどの効果をもつかはわからないし、できることには限界があるものの、何かしらの貢献も可能である。

　こうした課題意識に基づき、本プロジェクトでは、戦争当事国である日中両国の史料だけに基づく研究ではなく、関係各国の文書などをおさえながら、マルチ・アーカイブに基づく国際政治史、あるいは政治外交のほかにも経済、社会、文化などの多様な側面を取り入れた関係史として多角的に日中戦争を捉え直すことを試みた。最終的には個々の担当する分野での実証研究を成果として出すことを目指したが、研究会を重ねる中で、言語的な問題、とりわけロシア語史料の問題に直面した。共同研究のメンバーは、ロシア側の史料を日中戦争研究に活用する重要性を認識し、基本史料さえもこれまで十分に活用はされていなかったことを確認したが、その利用は言語問題もあって容易ではなかった。そこで、まずはプロジェクト参加者のために、公刊されている1937年のロシア外交文書の翻訳プロジェクトに着手したのだった。

　その翻訳プロジェクト開始に際して、東京大学大学院総合文化研究科事務補佐員の平野達志が加わり、河原地の下で翻訳、解説の作成を進めた。研究会を重ねる度に翻訳の成果が示されるようになると、この史料の重要性が感得できただけでなく、中国側の史料と突き合わせることでさまざまな関係性を指摘することができた。また、河原地・平野の翻訳が精緻でわかりやすく、その成果を単にプロジェクト参加者だけが使用するのではなく、ロシア語を必ずしも解さない日本の歴史研究者に広く提供できればとの着想をもつに至った。

　そこで東京大学出版会の山本徹氏に出版についてご相談したところ、快く出版を快諾くださり、出版を視野に入れた翻訳作業をおこなうことになった。前述の通り、翻訳は河原地と平野が担当したが、固有名詞などについては、中国史研究者のメンバーが協力して訳を確定する作業をおこなった。また、下訳が作成した段階で、ロシア史研究者の寺山恭輔、アメリカ史研究者の高光佳絵を招いて研究会を開き、下訳に対する貴重なご意見、コメントを賜った。そこでは、多くの訳文をめぐる問題点とともに、2010年に刊行された『中ソ関係』第3巻1937年の文書が約50点含まれていることが指摘された。その結果、下訳に含まれていない案件については、訳に加えることにした。寺山、高光両氏

あとがき——325

には厚く御礼申し上げたい。本書刊行にあたり、翻訳者が詳細な解題を記した。翻訳に際しての問題点だけでなく、それぞれの箇所の歴史的意義や解説を与えている。これらを読むことで1937年のソ連から見た対中関係が理解できるであろう。

そして、本プロジェクトの3名の中国史研究者からの解説も合わせて付することとした。1937年は中国にとっても重要な1年であった。1936年12月の西安事変を経て、中国国内には日本との戦争準備が本格化するとの言説もあったが、蔣介石自身は必ずしも直ちに戦争を起こす準備があったわけではない。蔣介石は国際情勢を見極めようとしていたし、また国内の地方軍事勢力や共産党勢力を掃討しながら対日戦争準備を進めようとしていた。ソ連はこうした観点から見ても極めて重要だった。中国から見てソ連は共産主義拡大を目指し、また中国での利権獲得を目指す危険な存在ではあったが、同時に目下最大の敵である日本を牽制する上で戦略的に重要な存在であり、さらに中国に軍事的、経済的支援を与える可能性のある支持者でもあった。1937年はそうした中ソ関係の複雑さが顕著に現れる1年であった。さらに、蔣経国がモスクワから帰国したのもこの年であった。

こうした点を踏まえ、この共同研究に加わった、家近、川島、岩谷の三名が、蔣介石日記や中国の外交文書と比定した場合にロシアの文書がいかに読めるのか、また日中戦争の展開過程から見て、ロシアの動向をいかに判断できるのかといったことなどについての解説をほどこした。これらのソ連側、中国側からの解題、解説を合わせ読むことで、この文書の意義を立体的に理解するための手がかりを読者が得られれば幸いである。

最後になるが、本書の出版について、東京大学出版会の山本徹氏に深く感謝申し上げたい。刊行をお引き受けいただいただけでも十分ありがたいのだが、執筆編集のプロセスについても常に適切なアドバイスをいただき、刊行プロジェクトを領導いただいた。本書が刊行できたのもひとえに山本氏の労に負うところが大きい。また、翻訳に際してご指導いただいた方々、岡部赳大、徐偉信、花田智之、早丸一真、藤井元博の諸氏に感謝申し上げたい。ロシア語の外交文書の日本語翻訳は、専門用語の訳し方や、キリル文字で表記された中国語の特定などさまざまな意味で課題が多く、こうした方々のご助力無くして本書の刊

行には至らなかったであろう。

　本書が書籍として「問世」されることは関係者の喜びであるが、同時にこれが日中戦争史をめぐる研究史や史料の分断状況の克服に少しでも貢献できればこの上ない喜びである。

　2018 年 7 月　酷暑の東京にて

家近亮子・川島　真

索　　引

人名索引

ア　行

アヴノール, ジョゼフ（Joseph Avenol）　150, 266

アスターホフ, ゲオルギー・アレクサンドロヴィチ（Георгий Александрович Астахов）　243

アソル（John Murray, 11th Duke of Atholl）　221-222

荒木貞夫　192

有田八郎　25-27, 30

アレクサンドロヴァ, A.（A. Александрова）　70

アレクサンドロフスキー, セルゲイ・セルゲーエヴィチ（Сергей Сергеевич Александровский）　243

イッキーズ　→イッケス

イッケス, ハロルド・L.（Harold L. Ickes）　189

イーデン, アンソニー（Robert Anthony Eden, 1st Earl of Avon）　50-52, 79-82, 85, 87-88, 184, 186, 188, 191, 214, 221, 256, 272-273

イングラム, モーリス（Maurice Ingram）　142

殷汝耕　18, 41, 43, 45, 63, 68-69

ヴァルヴァンヌ, フーゴー（Hugo Valvanne）　43

ヴァルガス, ジェトゥリオ（Getúlio Vargas）　226, 235

ウィルソン, ヒュー・ロバート（Hugh Robert Wilson）　234-235

ウィルソン, ホーラス（Horace Wilson）　221

ウェッカーリング, ジョン（John Weckerling）　166

ウェッブ, シドニー（Sidney Webb, 1st Baron Passfield）　221, 273

ウェッブ, ベアトリス（Beatrice Webb, Baroness Passfield）　221, 273

ウェルズ, サムナー（Sumner Welles）　170-172, 226, 270

ヴォロシーロフ, クリメント・エフレーモヴィチ（Климент Ефремович Ворошилов）　21-22, 84, 120, 128, 137-138, 142, 144-146, 169, 176, 178, 180-183, 196, 198-203, 205-206, 216, 239, 264-265, 275-277, 299

于国槙　19

ウマンスキー, コンスタンチン・アレクサンドロヴィチ（Константин Александрович Уманский）　93-94, 169, 172, 227, 235, 269-271

梅津美治郎　35, 41, 45, 218

于右任　19, 202

エヴァレット, カーティス・トマス（Curtis Thomas Everett）　136

エジョフ, ニコライ・イヴァノヴィチ（Николай Иванович Ежов）　21, 120, 128, 137-138, 142, 169, 176, 253

閻錫山　182, 307-308

王曉籟　42, 69

王叔銘　109, 116, 122-123, 146, 149, 262-263

汪精衛　8-9, 202-203, 298, 300, 314, 316

王正廷　106, 230

王寵恵　18-19, 37-39, 41, 43-46, 48, 59-63, 70-71, 76, 90-91, 101-103, 107, 109, 111, 143-144, 219, 256-262, 266, 269, 307, 310-315

汪兆銘　→汪精衛

翁文灝　112

王明　196-197

王陸一　19

岡本季正　162-163

オシャーニン, イリヤ・ミハイロヴィチ（Илья Михайлович Ошанин）　50, 70

オレリスキー　→ルガネツ＝オレリスキー

カ　行

ガイダ, ヴィルジーニョ（Virginio Gayda）　192

328——索　引

ガウス，クラレンス・E.(Clarence E. Gauss)
　　235
何応欽　18, 35-36, 41, 45, 202-203, 218, 298
カガノーヴィチ，ラーザリ・モイセーエヴィチ
　　(Лазарь Моисеевич Каганович)　120,
　　128, 137-138, 142, 169, 176
郭泰祺　87-88, 221, 269, 272-273
カーター，エドワード・C.(Edward C. Carter)
　　230-231
カチャーノフ，クジマ・マクシモヴィチ
　　(Кузьма Максимович Качанов)　110
カドガン，アレクサンダー(Alexander Montagu
　　George Cadogan)　82
カーメネフ，レフ・ボリソヴィチ(Лев
　　Борисович Каменев)　276
賀耀組　37, 176, 305
カリーニン，ミハイル・イヴァノヴィチ
　　(Михаил Иванович Калинин)　217-218
川越茂　45, 128
顔恵慶　42, 175, 267
顔徳慶　42
韓復榘　200-201, 278
ギブソン，ヒュー・S.(Hugh S. Gibson)　214
キーロフ，セルゲイ・ミローノヴィチ(Сергей
　　Миронович Киров)　203, 276, 278
クー，ウェリントン(Wellington Koo)　→顧
　　維鈞
虞洽卿　69
クライン，ハンス(Hans Klein)　12
クラシンスキー(Красинский)　70
クランボーン(Viscount Cranborne, Robert
　　Gascoyne-Cecil, 5th Marquess of Salisbury)
　　175, 211
クリーヴランド，グロヴァー(Grover Cleveland)
　　228
グリニコ，グリゴーリー・フョードロヴィチ
　　(Григорий Фёдорович Гринько)　94
クルィロフ，イヴァン・アンドレーエヴィチ
　　(Иван Андреевич Крылов)　224
グルー，ジョセフ(Joseph Clark Grew)　67,
　　74, 100, 166, 225
クレスチンスキー，ニコライ・ニコラエヴィチ
　　(Николай Николаевич Крестинский)　3,
　　14
グローモフ，ミハイル・ミハイロヴィチ
　　(Михаил Михайлович Громов)　225
ケラン，ファーディナンド・ルイス(Ferdinand

Louis Kerran)　190
ケルジェンツェフ，プラトン・ミハイロヴィチ
　　(Платон Михайлович Керженцев)　21,
　　278
顧維鈞　150, 175, 207, 209-211, 266-268
コヴァリョフ，アレクサンドル・セミョーノヴ
　　ィチ(Александр Семёнович Ковалёв)
　　70, 163
孔祥熙　6, 8, 18, 34, 51-52, 88-89, 157, 159,
　　272, 280, 295, 298, 300
高宗武　19, 43
コズロフスキー，ベネジクト・イグナーチエヴ
　　ィチ(Бенедикт Игнатьевич Козловский)
　　53, 55, 112-113, 120, 128, 138, 142, 262,
　　279
呉鼎昌　128
胡適　290
呉南如　37
近衛文麿　97, 132, 199
コーラ，ジュリアーノ(Giuliano Cora)　42
胡霖　34-35, 260, 289, 305

サ　行

蔡廷鍇　201
ザゴルイコ，V.(В. Загоруйко)　216
佐藤尚武　12, 29-32, 272, 274-275
サバーニン，アンドレイ・ヴラジーミロヴィチ
　　(Андрей Владимирович Сабанин)　106
サラトフツェフ，パーヴェル・ガヴリーロヴィ
　　チ(Павел Гаврилович Саратовцев)　70,
　　279
ジーガレフ，パーヴェル・フョードロヴィチ
　　(Павел Фёдорович Жигарев)　110, 217
重光葵　25-27, 30, 54-56
シードロフ(Сидоров)　216
ジノヴィエフ，グリゴーリー・エフセーエヴィ
　　チ(Григорий Евсеевич Зиновьев)　276
シマンスキー，ボリス・ミハイロヴィチ(Борис
　　Михайлович Сосновский-Симанский)
　　162
周恩来　9, 17-18, 73, 286-288
周天儻　19
シュテイン，ボリス・エフィーモヴィチ(Борис
　　Ефимович Штейн)　243
シュレイ，リーヴ(Reeve Schley)　187
シューレンブルク，フリードリヒ＝ヴェルナ
　　ー・フォン・デア(Friedrich-Werner Graf von

der Schulenburg) 88, 275

蔣介石 4-9, 11, 17-21, 28, 33-34, 36-40, 43, 59-60, 63-64, 66, 68-73, 76, 78-80, 82, 90, 102-103, 106, 109, 111, 113, 115, 117, 121-123, 129-130, 133-134, 146, 149, 159, 169, 179-180, 182-183, 199, 201-205, 211-212, 215-218, 221, 238-241, 258-262, 264-266, 275, 277-279, 281, 283-290, 292, 294, 296, 298-320

蔣経国 20, 28, 34, 279, 281, 284, 288-290, 302-304, 306

蔣廷黻 8, 19, 21-23, 37, 48, 59, 65, 87, 105, 126-127, 157-159, 236, 238, 256, 258, 262-264, 266, 269, 274-276, 281, 285, 287, 292, 299, 302-305, 310, 313, 315, 318

邵力子 19, 37

徐永昌 298

徐謨 19, 90, 102, 110-111, 259

ジョーンズ, ローデリック(Roderick Jones) 221

ジョンソン, ネルソン・T.(Nelson T. Johnson) 39-40, 42, 78, 151, 276, 287, 292

秦邦憲 286

杉山元 82-83

スクヴォルツォフ, チーホン・フェドートヴィチ(Тихон Федотович Скворцов-Токаринин) 70

スジイン, セルゲイ・コルニローヴィチ(Сергей Корнилович Судьин) 94, 176-177

スターリン, ヨシフ・ヴィサリオノヴィチ(Иосиф Виссарионович Сталин) 10, 17, 22, 28, 34, 120, 128, 137-139, 142, 144, 167, 169, 176, 178, 196-206, 211, 215-216, 238-239, 253, 255, 260, 264-265, 267, 275-279, 286, 288-290, 299, 304, 306, 318-320

ストモニャコフ, ボリス・スピリドノヴィチ(Борис Спиридонович Стомоняков) 3-4, 14, 22, 26, 34, 51, 57, 67, 77, 84, 86, 91-93, 96, 101-102, 105, 112-118, 120-121, 127-128, 136-144, 157, 159, 166-169, 176-177, 185, 187, 236-237, 252, 263-264, 272, 276, 278, 280-281, 286, 315

スパーク, ポール=アンリ(Paul-Henri Spaak) 208

スピリヴァネク, イヴァン・イヴァノヴィチ

(Иван Иванович Спильванек) 3, 279, 281

スラヴィンスキー, ボリス・ニコラエヴィチ(Борис Николаевич Славинский) 259

スラヴツキー, ミハイル・ミハイロヴィチ(Михаил Михайлович Славуцкий) 135-137, 139-141, 162-163, 192

セイア, フランシス・B.(Francis B. Sayre) 223, 271

成燮超 20

盛世才 176, 199-200

セシル, ロバート(Edgar Algernon Robert Gascoyne-Cecil, 1st Viscount Cecil of Chelwood) 227-228

宋慶齢 11, 14, 16, 68

宋子文 6, 8, 35, 40, 256, 261, 287, 290, 293-294

宋哲元 58, 63, 66, 68-69, 77, 312

宋美齢 34, 40, 102, 109, 111, 133, 259, 262, 264, 288-289, 296

曾養甫 42

曾鎔浦 42

ソスノフスキー=シマンスキー →シマンスキー

ソトフ, A. I.(А. И. Сотов) 70

ソールズベリー(Robert Arthur Talbot Gascoyne-Cecil, 3rd Marquess of Salisbury) 228

孫科 41, 43, 46-48, 59-63, 90, 111, 212, 217, 236, 257-259, 269, 296, 310-311, 313

孫文 14-16, 68, 211

タ 行

チアノ →チャーノ

チェレパーノフ, アレクサンドル・イヴァノヴィチ(Александр Иванович Черепанов) 110

チカーロフ, ヴァレリー・パーヴロヴィチ(Валерий Павлович Чкалов) 52, 225

チフヴィンスキー, セルゲイ・レオニードヴィチ(Сергей Леонидович Тихвинский) 9, 13, 73, 207, 245

チャーノ, ガレアッツォ(Galeazzo Ciano) 50, 143

チュイコフ, ヴァシーリー・イヴァノヴィチ(Василий Иванович Чуйков) 110

張維 92

張学良 9, 39-40, 200, 281, 285-288, 290-

291

張嘉璈　169

張群　8, 18, 43, 128, 203, 219, 240, 298

張公権　→張嘉璈

張自忠　63, 67

張治中　296

張西曼　279

張冲　10, 17-18, 79, 122, 131, 146, 196, 199-200, 202, 205-206, 215-216, 218, 262-263, 265, 277, 287-288, 299, 312

張発奎　201

陳紹禹　→王明

沈德燮　112-113, 127, 132, 262-263

陳友仁　202, 278

陳立夫　17, 34, 37, 42, 70-72, 76, 111, 113, 130-132, 169, 173, 203, 257-258, 261, 263-264, 287, 297, 306, 310, 312

デイヴィーズ，ジョセフ・E.(Joseph E. Davies)　215

デイヴィス，ノーマン・H.(Norman H. Davis)　183-187, 193-194, 196, 207, 209, 213-215, 231, 267-268, 270-271, 273

デイチマン，イサーク・ナウモヴィチ(Исаак Наумович Дейчман)　96, 98, 104, 137-138, 275

ディミトロフ，ゲオルギ(Георги Димитров)　250, 278

テッサン，フランソワ・ド(François de Tessan)　208

デルボス，イヴォン(Yvon Delbos)　164, 183-184, 195, 210

デ・ロス・リオス，フェルナンド(Fernando de los Ríos Urruti)　234-235

トゥハチェフスキー，ミハイル・ニコラエヴィチ(Михаил Николаевич Тухачевский)　22, 276

鄧文儀　19

ドゥーマン，ユージン(Eugene Dooman)　137-139, 275

唐有壬　20

杜月笙　42, 69

ドッド，ウィリアム(William Dodd)　189-190, 214

トラウトマン，オスカー・パウル(Oskar Paul Trautmann)　218, 220, 240, 260, 268, 295, 319-320

ドラトヴィン，ミハイル・イヴァノヴィチ

(Михаил Иванович Дратвин)　110, 217-219

ドリンスキー(Долинский)　162, 238

トロツキー，レフ・ダヴィドヴィチ(Лев Давидович Троцкий)　277

トロヤノフスキー，アレクサンドル・アントーノヴィチ(Александр Антонович Трояновский)　52-53, 185, 187, 190, 192-193, 213, 223-224, 227, 239, 242, 257, 267-269, 271, 273, 293, 308

ナ　行

ナイ，ジェラルド(Gerald Nye)　232

中嘉一郎　30, 275

ナギ，アレクセイ・リヴォーヴィチ(Алексей Львович Наги)　136

ナジ・アーコシュ(Nagy Ákos)　→ナギ

ナジャール，ポール＝エミール(Paul-Émile Naggiar)　39, 276

ナポレオン(Napoléon Ier)　198

ハ　行

バイドゥコフ，ゲオルギー・フィリポヴィチ(Георгий Филиппович Байдуков)　52

梅蘭芳　18

白崇禧　133-134, 203

バジレーヴィチ，ゲオルギー・ドミトリエヴィチ(Георгий Дмитриевич Базилевич)　94

長谷川清　162-163

畑俊六　139

バックネル，ハワード(Howard Bucknell)　151

バティスタ，フルヘンシオ(Fulgencio Batista y Zaldivar)　235

パーニュシュキン，アレクサンドル・セミョーノヴィチ(Александр Семёнович Панюшкин)　218

ハーバート，アルフレッド(Alfred Herbert)　221

林銑十郎　42

ハリソン，リーランド(Leland Harrison)　164-166, 173-174

バーリノフ，ヨシフ・プロコーフィエヴィチ(Иосиф Прокофьевич Баринов)　146, 148-149

ハル，コーデル(Cordell Hull)　52-53, 58, 67, 74-75, 78, 81, 88, 93, 100, 106, 132, 136-137, 151-152, 164-166, 170, 173-174, 185,

187, 194, 196, 223, 225, 231, 234-235, 271

ビトネル＝エリバウム，アナトーリー・ヴァシ
ーリエヴィチ（Анатолий Васильевич
Битнер-Эльбаум） 69-70

ヒトラー，アドルフ（Adolf Hitler） 24, 27,
50, 229

ピャタコフ，ゲオルギー・レオニードヴィチ
（Георгий Леонидович Пятаков） 39, 276

ビュエル，レイモンド・レスリー（Raymond
Leslie Buell） 229-230

廣田弘毅 4, 11, 25-26, 67, 82-83, 85, 97-
98, 104, 135-136, 139-142, 162, 192, 199

ファルケンハウゼン，アレクサンダー・フォン
（Ernst Alexander Alfred Herrmann Freiherr von
Falkenhausen） 12

馮玉祥 16, 19, 46-49, 60, 69, 200-201, 256,
261, 293, 307

傅作義 201

ブーティ，ジーノ（Gino Buti） 142

ブハーリン，ニコライ・イヴァノヴィチ
（Николай Иванович Бухарин） 277

フメリニツキー，ラファイル・パーヴロヴィチ
（Рафаил Павлович Хмельницкий） 196

フリノフスキー，ミハイル・ペトローヴィチ
（Михаил Петрович Фриновский） 84

プルーナス，レナート（Renato Prunas） 142

ブレジネフ，レオニード・イリイチ（Леонид
Ильич Брежнев） 247

ブロウン（Броун） 21

ブロンデル，ジュール＝フランソワ（Jules-
François Blondel） 142

ベック，ユゼフ（Józef Beck） 24, 50

ベック，ウィリス・ラグルス（Peck, Willys
Ruggles） 58

ベネシュ，エドヴァルド（Edvard Beneš） 243

ベリャコフ，アレクサンドル・ヴァシーリエヴ
ィチ（Александр Васильевич Беляков）
52

ヘンダーソン，ロイ・ウェスリー（Loy Wesley
Henderson） 88, 137, 152

彭学沛 99-100

卜道明 19

ボゴモロフ，ドミトリー・ヴァシーリエヴィチ
（Дмитрий Васильевич Богомолов） 3-4,
8, 10-11, 13-14, 20-23, 27-28, 32-34, 44,
46-50, 52, 57, 59-61, 64, 67, 70, 73, 76-77,
79, 85-86, 90-91, 93, 95-96, 99-103, 106-

116, 118, 120, 122-123, 128, 130-134, 137,
143, 146, 159, 162, 178-180, 202-203, 212,
256-264, 266, 269, 272, 274, 276-281, 285,
287-288, 291, 293, 296-297, 302-303, 305-
307, 311-313, 315-317

ポスクリョブィシェフ，アレクサンドル・ニコ
ラエヴィチ（Александр Николаевич
Поскрёбышев） 28, 196

ポチョムキン，ヴラジーミル・ペトローヴィチ
（Владимир Петрович Потёмкин） 46, 86,
105-106, 120, 126-128, 134-135, 137-138,
140, 142, 167, 176, 193-195, 207-209, 211,
239-240, 242-243, 266-268, 273

堀内謙介 29

ホーンベック，スタンリー・クール（Stanley
Kuhl Hornbeck） 107

マ　行

マイスキー，イヴァン・ミハイロヴィチ（Иван
Михайлович Майский） 81-82, 87, 221-
222, 242, 269, 272-273

マクガウン，ハリー（Harry McGowan, 1st Baron
McGowan） 221-222

マクダーモット，マイケル・ジェイムズ（Michael
James McDermott） 94

馬虎山 199

馬仲英 199, 206

マレー，ジョン　→アソル

万福麟 200

宮川船夫 53-55

ミャスニコフ，ヴラジーミル・ステパーノヴィ
チ（Владимир Степанович Мясников） 17,
33, 245

ミロヴィツカヤ，ライサ・アナトーリエヴナ
（Раиса Анатольевна Мировицкая） 113,
245

ミロシニコフ，イヴァン・イヴァノヴィチ
（Иван Иванович Мирошников） 21

ムッソリーニ，ベニト（Benito Mussolini）
210, 229

メッサースミス，ジョージ・S.（George S.
Messersmith） 223, 271

メラメード，グリゴーリー・モイセーエヴィチ
（Григорий Моисеевич Меламед） 17,
168-169, 203, 212, 218-220, 236, 278

メンニ，アルトゥール・リーハルドヴィチ
（Артур Рихардович Мэнни） 110, 173,

332——索　引

176, 247, 264

毛沢東　21, 286-287

毛福梅　289

ヤ　行

ヤゴーダ，ゲンリフ・グリゴーリエヴィチ
（Генрих Григорьевич Ягода）　277

熊式輝　203, 298

ユレーネフ，コンスタンチン・コンスタンチノ
ヴィチ（Константин Константинович Юренев）
25-26, 30, 32, 278

楊永泰　20

楊杰　10, 112, 122, 131-132, 146, 157, 178-
183, 196-206, 212, 215-216, 263-265, 275,
277, 298-299, 315

葉剣英　286

楊虎城　9, 116, 120, 131, 263, 285-286

吉田茂　44, 50, 52, 272

米内光政　83

余銘　43-44, 59

ラ　行

ライヴィード，ニコライ・ヤーコヴレヴィチ
（Николай Яковлевич Райвид）　26, 29,
274-275

ライオンズ，ジョセフ（Joseph Lyons）　51, 53

ラティモア，オーウェン（Owen Lattimore）
292

ラデク，カルル・ベルンガルドヴィチ（Карл
Бернгардович Радек）　39, 276-277

ラーニン（Ланин）　149

ラモント，トマス・W.（Thomas W. Lamont）
187-188

ランカスター，ウィリアム・W.（William W.
Lancaster）　187

リース＝ロス，フレデリック・ウィリアム
（Frederick William Leith-Ross）　52, 106

李迪俊　42

劉蘆隠　19-20

梁鋆立　219

リンク，イヴァン・アレクサンドロヴィチ
（Иван Александрович Ринк）　139

林森　217-218

ルイコフ，アレクセイ・イヴァノヴィチ
（Алексей Иванович Рыков）　277

ルイス，ジョン・L.（John L. Lewis）　232

ルイチャゴフ，パーヴェル・ヴァシーリエヴィ
チ（Павел Васильевич Рычагов）　110, 217

ルイバルコ，パーヴェル・セミョーノヴィチ
（Павел Семёнович Рыбалко）　110

ルガネツ＝オレリスキー，イヴァン・トロフィ
ーモヴィチ（Иван Трофимович Луганец-
Орельский）　17, 69, 179, 240, 265, 278,
299, 320

ルーズヴェルト　→ローズヴェルト

ルビン，イサドア（Isador Lubin）　231

黎照寰　41-42

レイトン，ウォルター・トマス（Walter Thomas
Layton, 1st Baron Layton）　221

レヴァネフスキー，シギズムンド・アレクサン
ドロヴィチ（Сигизмунд Александрович
Леваневский）　225

レヴォニェフスキ，ジグムント（Zygmunt
Lewoniewski）　→レヴァネフスキー

レドフスキー，アンドレイ・メフォジエヴィチ
（Андрей Мефодьевич Ледовский）　17,
33, 66, 245

レーニン，ヴラジーミル・イリイチ（Владимир
Ильич Ленин）　253

レーピン，アナトーリー・ヤコヴレヴィチ
（Анатолий Яковлевич Лепин）　69, 102,
178-179, 203, 277

ロゴフ，ヴラジーミル・ニコラエヴィチ
（Владимир Николаевич Рогов）　70

ローズヴェルト，フランクリン・デラノ
（Franklin Delano Roosevelt）　24, 36, 53,
151-152, 170-172, 176, 184-185, 189-190,
194, 207, 223-224, 226-235, 240, 242, 256-
257, 269-271, 292-293

ロス・リオス　→デ・ロス・リオス

ロゼンゴリツ，アルカージー・パーヴロヴィチ
（Аркадий Павлович Розенгольц）　21

ロッソ，アウグスト（Augusto Rosso）　88, 275

ローパー，ダニエル・カルフーン（Daniel
Calhoun Roper）　152

ロヤコーノ，ヴィンチェンツォ（Vincenzo
Lojacono）　43

ローリングス，バーナード（Bernard Rawlings）
42

ワ　行

ワイルド，オスカー（Oscar Wilde）　156

ワカツキ　163

事項索引

ア 行

亜鉛　35
アジア　9, 48, 77, 82, 153, 173, 187, 227, 321
　　東——　65, 83, 150, 212, 215-216, 260,
　　　269, 271-272, 299
アビシニア　156, 171, 185, 188, 225, 255
アムール川　29, 55-56, 121, 309
アムール汽船会社　121
アリューシャン列島　229
アルマアタ　41, 78, 146, 217
アルメリア　154-155
安渓　78, 148
アンチモン　115, 118-119, 132, 262
安内攘外　284-285
アンモニア　115-116, 118-119
イタリア　24, 42-43, 50, 88, 94, 128, 134,
　　138, 142-143, 149, 159, 186, 188-192,
　　194-195, 198, 207-208, 210, 213-214,
　　222-223, 225, 235, 243, 255, 269-270,
　　272-273, 275, 291, 296, 311, 313, 316
イルクーツク　146
インド　138, 225
インドシナ　53, 175-176, 183, 205, 210, 225,
　　231, 239, 257
インドネシア　205
ウイグル人　199-200, 206, 303
ヴィノクルカ山　55-56, 309
ウィーン　→オーストリア
ウォルフラム　→タングステン
ウスリー川　29
梅津・何応欽（何梅）協定　35, 41, 45, 218
ウラジオストク　25, 28, 30, 84, 288, 304, 306
ウランバートル　158
ウルグアイ　235
ウルムチ　35, 78, 99, 110, 112, 131, 168-169,
　　173, 217, 264
雲南（府）　35, 100, 231
エジプト　225
エチオピア　→アビシニア
沿海（地方）　77, 205
欧亜航空（公司）（Eurasia Aviation Corporation）

　　99-100, 276
オーガスタ　106
オーストラリア　51, 53, 164, 175
オーストリア　88, 225, 243
オデッサ　25, 103-104
オホーツク海　31
オランダ　38, 160, 175, 195, 209

カ 行

外交政策協会（Foreign Policy Association）　229
海上封鎖　150, 155, 181, 229, 242, 264
華僑　206
隔離演説　→シカゴ演説
カザフスタン　205
ガソリン　→石油
華中　32, 51, 240, 272
カナダ　290
華南　51, 60, 77, 272
河南　197, 296
華北　14, 36, 41, 51, 57-63, 65, 67-69, 74,
　　76-77, 79-80, 82-87, 91, 97-98, 129, 218,
　　236, 240-241, 262, 272, 285-286, 293, 296,
　　311-312, 321
河北　41, 45, 59, 63-65, 129
樺太　→サハリン
漢口　→武漢
贛州　148
甘粛　18, 78, 90, 102, 112-115, 118-120, 129,
　　132-133, 176, 199, 217, 288, 317-318, 321
乾岔子　54, 284
広東　42, 100, 145, 149, 161, 198, 205, 220-
　　221, 225, 240, 263-264
絹　8
キューバ　235
冀察　66, 74
　　——政務委員会　18, 63, 66, 68, 179
九ヶ国会議　→ブリュッセル会議
九ヶ国条約　→ワシントン条約
共産党（中国）　→中国共産党
漁業　10-11, 25-26, 31, 212, 291, 319
義和団　143, 280
空爆　→爆撃

334——索　引

グリディロン・クラブ　229
軍備供給　17, 33, 70, 72, 79, 84, 87, 90, 94,
　　102, 109-111, 113, 115-121, 131-132, 136,
　　140, 142, 145-146, 148-149, 151, 154, 176,
　　178, 220, 231, 259, 261-264, 268-269, 277,
　　297
軍部(日本)　25, 47, 57, 97, 139, 163, 293
計画経済　42
経済制裁　64, 172, 267
ケロッグ＝ブリアン条約　61, 65, 107, 123,
　　310
憲法　18, 95, 106, 285
黄河　128
工業部赴ソ実業考察委員会　122, 263
航空路　35, 46, 93, 96, 99-100, 114, 146, 167,
　　276
紅軍　5-6, 17-18, 21, 40, 58, 62, 287-288
杭州　112, 288, 290, 302, 306
杭州湾　298
広西派　19-20
黄埔(軍官学校)　19, 36
国際連盟　6, 18, 32, 61, 64-65, 75, 87, 105-
　　106, 108-109, 127, 130, 136, 149-157, 159-
　　160, 164-165, 172, 174-176, 178, 210, 215,
　　222, 254-255, 265-267, 269-270, 292, 310,
　　317
　　——規約　61, 65, 105, 150, 159, 266, 310
　　——総会　149, 152-155, 172, 175, 178,
　　266
　　——理事会　150, 153
国民党　3, 6-7, 14-15, 17-19, 21, 24, 33, 37,
　　62, 64, 70, 101, 125, 128-129, 146, 173,
　　217-218, 254, 261, 283-284, 288, 290, 295,
　　310, 319
黒海　77
湖南　35
コミンテルン　9, 27, 31, 33, 98, 250-251,
　　255, 274-275, 284, 286-288
　　反——協定　→防共協定
孤立主義(米国)　24, 170-172, 188, 190, 223,
　　230, 232-234, 239, 242, 269-273
コルホーズ　92
牯嶺　→廬山
コロラド　231-232
昆陽　197

サ　行

サハリン　138
サルィ・オゼク　78
山西　18, 41, 57, 90, 182, 287, 321
山東　57, 69, 129, 311
サンフランシスコ　190
三民主義　15
シカゴ演説　176, 184-185, 189-190, 207,
　　227, 230, 232-234, 270-271
四川　42, 100, 197-199
自治領(英国)　195, 208
シャム　205
上海　3, 5, 8, 20, 28, 34, 41-42, 58-61, 67,
　　69, 70, 76-77, 79-80, 88-89, 100, 106, 112,
　　124, 127-129, 132, 161-163, 179-180, 182,
　　197, 201, 203, 225, 235, 240, 265, 287-288,
　　290, 295-296, 298, 302, 304, 311-312, 314,
　　315
　　——(停戦)協定　35, 41, 45, 218
集団安全保障　18, 53, 105, 222, 230, 233,
　　255
粛清　253, 255, 276-278, 284, 286, 309
ジュネーヴ　50-52, 75, 136, 149-151, 154-
　　155, 159-160, 164, 170-172, 175, 185, 214,
　　222, 232, 238, 266, 270, 272
植物油(マーガリン)　35, 149, 260
徐州　148
ジョンソン法　190
辛亥革命　284
シンガポール　240, 242
新疆　21-22, 35, 46, 54, 77-78, 93-94, 96,
　　99, 102, 110, 145, 148, 169, 173, 176, 199,
　　202, 206, 236, 255, 263-264, 276, 280, 290,
　　298, 303-309, 314, 318
親ソ　4, 7, 17, 261, 278
親日　4, 8, 33, 36, 43, 111, 129, 143, 175, 203,
　　227, 232, 237, 241-242, 259, 272, 278, 298,
　　315
瀋陽　9, 74
綏遠　14-15, 57, 129
枢軸　98, 143, 227, 235, 314
スカンディナヴィア　195, 208
錫　8, 20, 35, 115, 118-119, 132, 260, 262
スペイン　35, 85, 94, 113, 117, 121, 153-157,
　　184, 187, 189, 191, 198, 224-225, 232, 234-
　　235, 255, 266

事項索引——335

スレードニー島　29
西安　40, 43, 99-100, 131, 168-169, 197-198,
　　286, 290, 298
　——事件（事変）　9, 17, 34, 36, 39-40, 43,
　　200, 260, 281, 284-291, 301, 303, 305
成都　5, 100
西北　298, 303-305
政友会　97
赤軍　69, 148
赤十字　150, 161, 171, 236-237
石油　10-11, 145, 147-148, 152, 199, 265,
　　267, 269-270, 291
石家荘　41, 45, 63, 90
世論　6, 9, 22, 24-26, 34, 40, 47-49, 77, 85,
　　128, 137, 184-186, 189, 214, 225-226, 230,
　　234, 240, 242, 257, 270-271, 285, 287-289,
　　291-294, 298, 302
セントルイス　231
全連邦対外文化交流協会　42, 279-280
全連邦対新疆貿易連盟　94
剿共　284-285
相互援助条約　6-7, 38, 49, 51, 75, 101, 140,
　　142, 255-257, 311
　ソ蒙——　5, 25
　中ソ——　4-5, 7, 10, 32, 38, 46-47, 49,
　　62, 70-72, 76, 86-87, 90, 173, 255-258,
　　260-262, 264, 297, 307, 311-312
　仏ソ——　6, 49, 183
蘇州　78, 130
ソ中相互援助条約　→相互援助条約
ソ中不可侵条約　→不可侵条約

　　タ　行

大粛清　→粛清
大西洋　226
太平洋　23, 32, 38, 48, 53, 64, 123, 164, 171,
　　189-190, 226, 242, 255-257, 269, 273, 292
　——会議　21, 255, 290
　——協定（条約）　20-21, 23-24, 32, 36-38,
　　44-53, 62, 70-72, 254-258, 260-261,
　　266, 269, 272, 281, 290, 292-293, 297,
　　306-308, 312
　——問題調査会（IPR）　230, 255, 290, 292
第二次世界大戦　9, 33, 101, 246, 269, 271
大連　41
台湾　283-284
ダリレース　121-122

塘沽（停戦）協定　35, 41, 45
タングステン　8, 20, 35, 115-116, 118-119,
　　260, 262
チェコスロヴァキア　23-24, 49, 88, 134, 137,
　　181, 225, 228-229, 234, 243
チェース・ナショナル銀行　187
地中海　214, 229, 243
茶　8, 20, 35, 115, 118-119, 131, 149, 260,
　　262
チャハル　64, 67-69, 129, 311
中央軍　296
中央航空学校　112
中華民国臨時政府　→北京政府
中国共産党　5, 9, 14, 17-18, 24, 33, 58, 62,
　　64, 73, 101, 124-126, 196, 205, 283-288,
　　295, 301-302, 307, 308, 320
中国航空（公司）（China National Aviation Corpo-
　　ration）　99
中ソ相互援助条約　→相互援助条約
中ソ不可侵条約　→不可侵条約
中ソ文化協会　41, 279
中日戦争　→日中戦争
中立法　48, 138, 152, 170-172, 230, 233, 257,
　　270, 293
長江　→揚子江
長沙　197, 221
朝鮮　65, 138, 205, 284
長嶺峰　284
チョチェク　99
チリ　235
青島　90
通州　58
鉄　41, 49
鉄道　11, 15, 25, 35, 41-42, 45-46, 63, 99,
　　168-169, 231
　粤漢——　221
　中東——　8, 10-11, 280
　隴海——　168-169, 200
テフノエクスポルト　94
デンヴァー　231
天津　41-42, 58, 63, 65, 67, 73, 83, 85, 89,
　　124-126, 161, 163, 240
ドイツ　4, 10-13, 23-27, 30, 33, 36, 39-40,
　　64, 79, 86, 88, 91, 93-94, 96, 98-100, 113,
　　128-129, 134, 138-139, 143, 157, 181, 184,
　　187-191, 198-199, 201, 203-204, 207-208,
　　210, 218-220, 223, 225-226, 235, 238-240,

336——索　引

243, 249, 255, 260-262, 265, 268, 270, 272-276, 281, 291, 295-300, 302, 309, 311, 313-316, 319

東京　25, 27, 42, 45, 54, 61, 80-82, 89-91, 136-137, 141, 192, 208

東北大学(中国)　290

トラウトマン工作　→トラウトマン(人名索引)

トルコ　134

トロッキー派併行本部事件　39, 276

ドンガン人　199, 206

　　ナ　行

ナショナル・シティ銀行　187

ナショナル・プレス・クラブ　227

南開大学　161

南京　3-4, 8-9, 14, 22, 32, 34-35, 37, 42, 50, 63, 68-70, 72, 74, 78-79, 84, 86-87, 93, 96, 100, 107, 109-110, 112-114, 127, 134, 137, 158-159, 161-163, 167-169, 177, 200, 202, 215-217, 221, 225, 233, 240, 265, 276, 279, 287, 299-303, 305, 310-312, 319

　　――(国民)政府　18, 20, 34-35, 45, 58, 66, 68, 82-84, 88, 92, 97, 112, 125, 146, 167-168, 199, 287-288, 290, 304-306, 311

ニジェ・ミハイロフスコエ　29

日独防共協定　→防共協定

日清戦争　284

日ソ漁業協定　→漁業

日ソ中立条約　259, 284

日中戦争　32-33, 59, 66-67, 74, 79-80, 85, 87, 90, 98, 105, 127, 132-134, 164, 185, 187, 217, 219, 236, 240-241, 245-246, 250-251, 254, 260, 264-265, 295-296, 312-313, 316-317

ニュージーランド　164

ニューヨーク　81, 112, 151, 231

熱河　237

ノルウェー　207

　　ハ　行

ハイフォン　77

白衛兵　76, 79, 89

爆撃(空爆)　90, 124, 133, 138, 153, 161-165, 170, 172, 231, 275, 296, 314

八路軍　196, 205

パナイ号　233, 271, 273

パネー号　→パナイ号

ハミ　78, 93, 96, 99-100, 148, 217, 276, 303

パリ　12, 30, 50, 59, 62, 88, 99, 107, 116, 120, 127, 131-132, 137, 172, 193, 210, 243

　　――講和会議　87

　　――平和条約(1928年)　→ケロッグ=ブリアン条約

ハルビン　53, 121

ハワイ　229

反ソ　11, 25, 98, 124, 143, 192, 271

反日　4-7, 32, 39, 83, 111, 218, 230, 232-234, 240, 259, 271

バンフ　290

東アジア　→アジア

東トルキスタン　200

廣田三原則　67

ファシズム(ファシスト，ファッショ)　25, 40, 88, 97, 187-188, 191-192, 199, 214, 224-226, 229, 232, 235, 242, 271, 273, 286, 316

フィンランド　42

不可侵条約　25, 51, 53, 95, 101, 141, 257, 259, 313

　　中ソ――　4, 7, 10, 20, 32-33, 37-38, 44, 48-49, 62, 72, 77, 79, 84, 86-87, 92, 95, 100-103, 107-110, 130, 134-135, 137, 139-143, 152, 173, 202, 248, 254-255, 257-262, 264, 273, 277, 295, 297, 301, 303, 307, 311-316

武漢　5, 42, 87, 212, 221, 238-240, 265

武器供給　→軍備供給

武昌　→武漢

不戦条約　→ケロッグ=ブリアン条約

フフホト　201

ブラゴヴェシチェンスク　29, 121

ブラジル　88, 192, 226, 235

プラハ　→チェコスロヴァキア

フランス　6, 12, 16, 23-24, 38-39, 49, 60-62, 80- 82, 85, 88, 91, 105, 109, 113, 117, 120, 134, 138-139, 142-143, 164, 175, 181, 183-186, 191, 207-210, 213, 224-225, 228, 231, 234, 243, 249, 253, 256, 263, 266, 269-270, 272, 274-276, 291, 296, 301-302, 305, 310

ブリュッセル　183-185, 187, 191, 193-195, 207-210, 213, 232, 249, 267, 270

　　――(九ヶ国)会議　32-33, 177-178, 181,

事項索引——337

183-185, 187, 190-191, 193-196, 207-210, 213-214, 219-220, 223, 232, 249, 254, 265, 267-268, 270-271, 295, 298
平和愛好国　150, 222, 269
平和主義　190, 222, 232-233
北京(北平，燕京)　30, 42, 57-58, 61, 65, 67-69, 73-74, 81, 83, 85, 100, 125-126, 167-168, 225, 237-238, 240, 290, 311
——議定書　65, 143
——条約(1924年)　95, 143-144
——政府　236-238
——大学　58, 290, 310
ベーリング海峡　31
ペルー　235
ベルギー　177, 186, 208-209, 213-214, 267
ベルリン　24, 86, 88, 99, 131, 143, 189, 203, 214
防共(反共，反コミンテルン，日独)協定　4, 12, 24-27, 30-31, 95, 98, 100-101, 139, 141, 191-192, 208, 219, 259-260, 262, 273-275, 291, 319
澎湖諸島　284
豊台　58
北海　5
保定　59, 63, 68, 90, 200, 296
ポーランド　24, 134, 175, 225
ボリショイ島　56
ボリビア　195
ポルトガル　38, 195, 207-208
香港　77, 190, 202, 220-221, 229, 240, 242-243

　マ　行

マーガリン　→植物油
満洲　8, 11-12, 25, 28-30, 39, 47, 53-57, 59, 62, 65, 69, 82-84, 87, 90-91, 121-122, 138, 156, 171, 184-185, 188, 218, 236-237, 240-241, 255, 257, 284, 290, 293-294, 308-309, 311, 313, 316, 321
——事変　156, 184
ミズーリ　231-232
民政党　97
メキシコ　72, 187, 195, 235
——ドル　20, 72, 76, 260
綿　41, 45, 138, 152
モスクワ裁判　276-277

モスクワ中山大学　277
モルガン　187, 194
モンゴル　5, 25, 46, 110, 145-146, 148, 158-159, 172, 202, 217-218, 255, 263-264, 280, 284, 290, 297, 304-305, 307-309, 313, 316

　ヤ　行

ヤンチヘ　28
宥和　32, 53, 213-214, 272-274
ユーゴスラヴィア　243
揚子江　201, 203, 221, 278
ヨセミテ　255, 290

　ラ　行

藍衣社　37
洛陽　40, 197
蘭印　53, 225, 257
蘭州　35, 41, 78, 110, 114, 118, 120, 145, 148, 166-169, 176-177, 217, 264, 298, 315, 317-318, 321
柳条湖事件　250
竜陽　41, 45
レディバード号　273
連盟　→国際連盟
盧溝橋　57-58, 61, 65-66, 73-74, 83, 125, 183, 220, 248-249, 251, 257, 260-261, 265, 269, 272, 274-275, 283, 294-296, 309-310, 312
廬山　59, 66, 70, 73, 296
ロシア革命　246
ローマ　24, 88, 137, 142-143, 210
ロンドン　34, 50-51, 59-60, 62, 67, 82, 85, 88, 137, 143, 175, 178, 183, 208, 228, 272
——不干渉委員会　154, 214

　ワ　行

ワシントン　57, 59, 61-62, 93, 123, 137-138, 189, 221, 231
——(九ヶ国)条約　38, 61, 65, 71, 81, 123, 159, 172, 175, 178, 183-184, 186, 193, 195, 210, 256, 266-267, 297-298, 310, 317

　アルファベット

IPR　→太平洋問題調査会
J. P. モルガン　→モルガン

執筆者紹介

[訳著]

河原地英武（かわらじ ひでたけ）

　京都産業大学外国語学部教授。1959 年生
　専門：ロシア政治、安全保障問題

平野達志（ひらの たつし）

　東京大学大学院総合文化研究科事務補佐員。1981 年生
　専門：国際関係史、日本外交史

[監修]

家近亮子（いえちか りょうこ）

　敬愛大学国際学部教授
　専門：日中関係論、近現代中国政治史

川島　真（かわしま しん）

　東京大学大学院総合文化研究科教授。1968 年生
　専門：アジア政治外交史

岩谷　將（いわたに のぶ）

　北海道大学大学院法学研究科教授。1976 年生
　専門：中国政治史

日中戦争と中ソ関係
——1937年ソ連外交文書邦訳・解題・解説

2018 年 9 月 28 日　初　版

［検印廃止］

訳　著　河原地英武・平野達志
　　　　かわらじひでたけ　ひらのたつし

監　修　家近亮子・川島　真・岩谷　將
　　　　いえちかりょうこ　かわしま　しん　いわたに　のぶ

発行所　一般財団法人　東京大学出版会

代表者　吉見俊哉
153-0041 東京都目黒区駒場 4-5-29
http://www.utp.or.jp/
電話　03-6407-1069　Fax 03-6407-1991
振替　00160-6-59964

組　版　有限会社プログレス
印刷所　株式会社ヒライ
製本所　牧製本印刷株式会社

©2018 Hidetake KAWARAJI and Tatsushi HIRANO, Translation and commentaries
Ryoko IECHIKA, Shin KAWASHIMA and Nobu IWATANI, Editorial supervision
ISBN 978-4-13-020307-4　Printed in Japan

JCOPY 〈(社)出版者著作権管理機構　委託出版物〉
本書の無断複写は著作権法上での例外を除き禁じられています．複写され
る場合は，そのつど事前に，(社)出版者著作権管理機構（電話 03-3513-6969，
FAX 03-3513-6979，e-mail: info@jcopy.or.jp）の許諾を得てください．

著者	書名	判型	価格
劉傑・三谷博・楊大慶 編	国境を越える歴史認識	A5	2,800 円
劉傑・川島真 編	対立と共存の歴史認識	A5	3,600 円
劉傑・川島真 編	1945 年の歴史認識	A5	3,200 円
東郷和彦・A.N.パノフ 編	ロシアと日本	A5	4,400 円
塩川伸明・池田嘉郎 編	東大塾 社会人のための現代ロシア講義	A5	3,000 円
高原明生・丸川知雄・伊藤亜聖 編	東大塾 社会人のための現代中国講義	A5	2,800 円
服部龍二 著	日中歴史認識	四六	3,200 円
高原明生ほか編	日中関係史1972-2012［全4巻］	A5	各 3,000 円〜3,800 円
益尾知佐子・青山瑠妙・三船恵美・趙宏偉 著	中国外交史	A5	2,900 円

ここに表示された価格は本体価格です．御購入の際には消費税が加算されますので御了承下さい．